国家出版基金项目
NATIONAL PUBLICATION FOUNDATION

"百部好书"扶持项目
GUANGDONG PUBLISHING

明清实录藏族史料类编丛书

"十三五"国家重点图书出版规划项目

名誉主编◎顾祖成　　主编◎孔繁秀

清实录藏族史料类编

第七集

孔繁秀　主编

中山大学出版社
SUN YAT-SEN UNIVERSITY PRESS

·广州·

版权所有 翻印必究

图书在版编目（CIP）数据

清实录藏族史料类编．第七集／孔繁秀主编．—广州：中山大学出版社，2019.10

（明清实录藏族史料类编丛书／孔繁秀主编）

ISBN 978-7-306-06695-4

Ⅰ．①清… Ⅱ．①孔… Ⅲ．①藏族－民族历史－史料－中国－清代 Ⅳ．①K281.4

中国版本图书馆 CIP 数据核字 (2019) 第 196235 号

QINGSHILU ZANGZU SHILIAO LEIBIAN DIQIJI

出 版 人：	王天琪
策划编辑：	嵇春霞　罗雪梅
责任编辑：	罗雪梅
责任校对：	靳晓虹
封面设计：	林绵华
装帧设计：	曾　斌
责任技编：	何雅涛
出版发行：	中山大学出版社
电　　话：	编辑部 020-84110779，84111996，84113349，84111997
	发行部 020-84111998，84111981，84111160
地　　址：	广州市新港西路135号
邮　　编：	510275　　传　真：020-84036565
网　　址：	http://www.zsup.com.cn　E-mail: zdcbs@mail.sysu.edu.cn
印 刷 者：	常州市金坛古籍印刷厂有限公司
开　　本：	787mm×1092mm　　1/16
总 印 张：	176.375印张
总 字 数：	2800千字
版次印次：	2019年10月第1版　　2019年10月第1次印刷
总 定 价：	1350.00元（全九集）

如发现本书因印装质量影响阅读，请与出版社发行部联系调换

○《清实录藏族史料类编》编辑委员会

顾　　问：杜建功　扎西次仁
主　　任：欧　珠　刘　凯
委　　员：邹亚军　扎西卓玛　史本林　袁东亚　王沛华　张树庭
　　　　　顾祖成　索南才让　张宏伟　王斌礼　陈敦山　袁书会
　　　　　丹　曲　徐　明　孔繁秀

○《清实录藏族史料类编》由西藏民族大学承编

名誉主编：顾祖成
主　　编：孔繁秀
编辑人员：赵艳萍　张若蓉　崔　茋　陈鹏辉　顾浙秦　李　子
　　　　　马新杰　冯　云　马凌云

目录

廓尔喀借端侵入西藏，清廷调派军队进藏堵剿（续）/ 1673

鄂辉、成德率军抵后藏进剿，巴忠奉旨赴藏办事；鄂辉等奏称入侵者逃归，被抢之地收复 /1673

拨解粮饷，设立台站及在藏采买稞麦、牛羊等 /1693

查处第巴桑干私增课税，停止噶伦索诺木旺扎勒之子袭职 /1701

胁噶尔西藏兵丁竭力守御；萨迦喇嘛、仲巴呼图克图等私自遣人说和 /1706

罪责驻藏大臣庆麟、雅满泰张皇其事、在藏筹买军粮不善以及私令说和等 /1712

廓尔喀退兵，鄂辉等奉旨议订设站定界章程和酌议藏中事宜 /1722

八世达赖之兄弟、商卓特巴等营私舞弊，责令其进京，派遣噶勒丹锡哷图赴藏帮同办事及病故拉萨 / 1735

廓尔喀二次大举侵藏，福康安督率大军击败入侵者，奉旨酌定藏内善后章程 / 1739

廓尔喀袭占聂拉木，人举侵入后藏，抢掠扎什伦布寺；七世班禅避难拉萨；巴忠畏罪自尽，鄂辉、成德奉旨率兵急速进藏堵剿 /1739

谕令福康安督率剿办，调遣海兰察、索伦达呼尔兵等勇将劲旅，取道青海急驰入藏进剿，廓尔喀入侵者退踞济咙、绒辖等地 /1750

对上年私自许银赎地及隐匿廓尔喀表贡等情事之巴忠、丹津班珠尔、保泰、雅满泰、鄂辉等人的追究、惩处 /1785

惩处驻藏大臣保泰妄言内迁达赖、班禅；查处扎什伦布寺喇嘛占卜惑众，散乱人心 /1800

拨解银饷，孙士毅、惠龄、和琳分理军糈办运；西藏地方踊跃出售食粮，办理乌拉 /1806

两淮、长芦、山西、两浙商人捐银助饷 /1828

福康安檄谕布鲁克巴、作木朗、披楞、哲孟雄、宗木诸部并力进剿廓尔喀 /1829

福康安率军驱逐廓尔喀入侵者，攻克热索桥，深入廓境，兵临阳布，廓尔喀吁降，允降班师 /1831

惩处沙玛尔巴挑唆廓尔喀侵藏 /1854

英人在廓尔喀侵藏战争中之动作 /1864

对立功、伤亡官员弁兵的议叙、议赏、议恤 /1865

清厘军需核销，办理善后诸事宜，明定驻藏大臣权力，鼓铸官钱，设立边界鄂博，训练藏兵，酌定藏内善后章程 /1890

金瓶掣签制度的创建 / 1913

普免西藏民众历年欠赋，拨库银赈济灾民，减轻聂拉木、宗喀、济咙等地赋税，查禁前藏私用乌拉和苛派杂役 / 1922

镇慑果洛克滋扰 / 1925

查办贵德、循化、德格、里塘、巴塘、阿足、察木多诸地"夹坝"窃劫，设立鄂博，分定界域，订立缉拿章程 / 1928

拒绝为哲孟雄、作木朗与廓尔喀分定疆界 / 1938

调遣屯练土兵剿讨湖南苗民起事 / 1940

审理番民和廓尔喀商人斗殴事件 / 1945

藏族僧俗官员的封授、罢黜 / 1946

驻藏大臣及其他驻藏官员的任免、奖惩 / 1950

朝贡与封赐 / 1963

    八世达赖 /1963

    七世班禅 /1965

    萨迦呼图克图 /1966

    噶伦班第达 /1966

    金川土司头人 /1966

    廓尔喀 /1969

    布鲁克巴等 /1977

赈灾、免赋 / 1978

廓尔喀借端侵入西藏，清廷调派军队进藏堵剿（续）

鄂辉、成德率军抵后藏进剿，巴忠奉旨赴藏办事；鄂辉等奏称入侵者逃归，被抢之地收复

○乾隆五十三年（戊申）九月庚申（1788.9.30）

谕军机大臣等："本日成德奏八月十六日行抵里塘，该土司前来谒见。并据禀称，里塘所属番民为数不多，于承办乌拉之外不能复拨土兵。里塘一处如此，则其余巴塘、明正、德尔格情形恐亦相同。著传谕李世杰、成德，如各等处所派之兵有愿赴藏协剿者，仍听其随同前往外，其有不愿者，即毋庸勉强。设西藏堵剿贼匪前调之兵尚不敷用，不妨仍于内地满汉官兵及屯练降番内续行调用。"

（高宗朝卷一三一二·页九下～一〇上）

○乾隆五十三年（戊申）九月丁卯（1788.10.7）

谕曰："巴忠著带领扎萨克喇嘛格勒克纳穆喀前往后藏，有应办事件，著各赏银二百两。其带往之笔帖式庆德、永福等，著各赏银五十两。均令一体驰驿。"

谕军机大臣曰："李世杰奏，接据粮员鲁华祝禀称，庆麟已将班禅额尔德尼接赴前藏。恐该处正资大兵接应，已飞咨鄂辉，酌带兵将克日出口等语。所办似是，然细阅之，总不明晰。满汉屯土各兵既经李世杰撤回本处，则鄂辉所带者又系何兵？是否止系前驻炉城之满兵五百名？抑系所撤之兵又复全行带往？该督既已错办于前，则此次折内自当逐一详细声叙，庶朕阅之可以一目了然。乃复含混其词，致朕数千里外为之紫（萦）念。李世杰在成都得信自早，虽据称尚未接准庆麟等咨会，而粮员等业已禀报班禅

额尔德尼接至前藏。是该处正须兵力协剿，李世杰正当就所报情形随时筹办，何以尚不催令各兵迅速前进？著传谕李世杰，即将续派之满汉屯土各兵速令前往。成德于八月十七日已过里塘，著即加紧前进，愈速愈妙。鄂辉、佛智、张芝元亦著带兵兼程速赴西藏会同剿贼，以冀克期蒇事。总之，朕所降谕旨，系就伊等奏到之折揆度情形，遥为指示。及经伊等接奉时，前后机宜又或互异，该督等正当按照彼处现在情形随机妥办，原不必稍存拘泥，方为善体朕怀也。"

（高宗朝卷一三一二·页二二上～二三下）

○乾隆五十三年（戊申）九月癸酉（1788.10.13）

谕军机大臣等："据李世杰奏，现在成德等既行程日远，将次抵藏，鄂辉即带后起官兵迅速遄行。该督复移驻炉城，声势相联，办理始为妥协。至粮石等项，业经李世杰派员运往，亦俱陆续出口。并经译谕各土司分拨转输，用资接济。所办皆好。至抵藏以后所需口粮，就地采办糌粑等物，原系用价采买，并非令其供应，想该处亦所乐从，办理自为便易。计目下成德将次到彼，鄂辉复督催大兵继进，军威壮盛。谅巴勒布贼众无能，无难一举蒇事。著各将行抵该处日期及剿贼情形，随时迅速驰奏。"

（高宗朝卷一三一二·页四七下～四八下）

○乾隆五十三年（戊申）九月甲戌（1788.10.14）

谕军机大臣等："据庆麟、雅满泰节次奏报，所办皆不合机宜。惟雅满泰现往后藏，保护扎什伦布，指示噶布伦、戴绷等用心防守，尚属稍为晓事。班禅额尔德尼业已迁赴前藏，彼处人众自必益滋疑惧。庆麟何见不及此，乃借护送班禅额尔德尼之名，遂其畏葸退避之计，岂复尚有人心！……又据（庆麟、雅满泰）奏贼匪以牛测水深浅，计欲渡河，是巴勒布贼并无窜回之意。著传谕鄂辉、成德等愈宜加紧遄行。现在巴忠已自京起程，亦宜星速赴藏，与成德等会同商议，悉心办理，以慰廑注。"

（高宗朝卷一三一三·页二下～四上）

○乾隆五十三年（戊申）九月乙亥（1788.10.15）

又谕："唐古忒等虽素性懦怯，今若依附劲旅，振作其气，亦可转弱为强。鄂辉等前往胁噶尔必由前藏经过，著传谕庆麟等预派一能事噶布伦作为向导，并挑选唐古忒兵数百名，俟鄂辉、成德一到即令会合前往，亦可得力。庆麟等务即妥速预备，不可令成德等稍有掣肘。"

（高宗朝卷一三一三·页七上～下）

○乾隆五十三年（戊申）九月丁丑（1788.10.17）

谕军机大臣等："据庆麟奏哈喇乌苏三十九部落番兵先调取一千名，妥协预备等语。兵力增多，愈可示威。著传谕庆麟，若此项番兵已经到藏，即交与成德一同带往，不必停止；如尚未到藏，亦毋庸督催，不可稍有拘泥。……"

（高宗朝卷一三一三·页一二上）

○乾隆五十三年（戊申）九月戊寅（1788.10.18）

谕军机大臣曰："成德奏带兵已至乍丫、巴塘一折，内称此时暂令官兵按站行走，沿途留心探听，若贼众剿败，即带兵奋力追剿，若贼众早经远遁，自无庸前往等语。所办非是。昨庆麟奏到噶布伦扎什端多克带领唐古忒兵丁到胁噶尔进剿，贼匪渐渐散去各情形。朕思唐古忒兵丁本非精壮，何以一到胁噶尔贼匪即纷纷逃窜？且杀贼不过二十余人，亦不足令其丧胆。自系贼匪闻知内地大兵将到，震慑先声，预为奔窜之计。鄂辉、成德正应会合兵力赶紧行走，乘胜追杀。若此时接准庆麟咨会，遽行停止前往，万一贼匪去而复来，又须纷纷征调，成何事体？现据庆麟奏称，贼匪散去后，或绕道前往萨喀，亦未可定。若果绕至萨喀地方滋扰，鄂辉、成德即可带兵亲往该处，将屯聚贼众痛加歼戮。务使慑伏军威，永远不敢侵占，方可谕传该头目到营，勘明定界，设誓立限。倘或贼匪自胁噶尔败逃后，实已出境远窜，则抢去之聂拉木、济咙、宗喀等处已无贼人踪迹，收复虽易，究不能大加剿杀，不足令其畏惧。著传谕鄂辉、成德于收复聂拉木等处之后，仍即统率大兵前往巴勒布界内，将其附边地方攻克一二处，声言尚有数万官兵陆续前来，克期大举。或贼匪畏伏请降，或传令该头目来营，将天朝兵力强盛无敌不摧，断难始终抗拒各情形严切晓谕。并令诚心立誓，勘定界址，安设鄂博，以期一劳永逸，绥靖边圉。断不可因有贼匪败逃信息进兵稍缓，又致迟误事机也。"

又谕："巴勒布贼匪已陆续由胁噶尔撤回至墨尔木地方，现在鄂辉、成德等带兵将到，大加剿戮，贼匪自必慑服投诚，即可定界藏事，似不必张大办理。但唐古忒兵徒有其名，平日并不操演，又不防守边境，皆系分散居住，贼匪猝来侵犯，征调不能齐集。且因未操之兵不谙战阵，以致聂拉木等处被贼抢占。巴忠办理善后事宜时，务将前后藏各派兵若干名分驻防守，并平素如何操防，如何饬令第巴等管束之处，俱著酌定章程，妥议具奏。至此项兵丁应得口粮，前藏由达赖喇嘛商内支给，后藏由班禅额尔德尼商内支给。其驻藏办事大臣，每岁轮派一人前往接壤之处巡查操演，照内地查阅营伍之例一体办理。"

（高宗朝卷一三一三·页一五上～一七下）

○乾隆五十三年（戊申）九月乙卯（1788.10.19）

谕军机大臣曰："鄂辉奏筹办进兵事宜一折。所办俱好，一切具有成见。至所奏德尔格尔、乍丫、察木多三处酌派一千名，先经译谕饬备等语，此则可以不必。成德带往官兵已有一千二百名，鄂辉带往满汉屯土官兵又有二千余名，足资剿捕之用。现据庆麟奏，贼匪纷纷散去，自系闻知内地大兵将到，震慑先声，预为奔窜之计。鄂辉等惟当率领现派弁兵乘胜追杀。况现在兵数不为不多，其德尔格尔等处番兵一千名即可不必派往。……"

（高宗朝卷一三一三·页二一上～下）

○乾隆五十三年（戊申）九月辛巳（1788.10.21）

谕军机大臣等："前据庆麟奏，巴勒布贼匪渐渐散去，或绕道前往萨喀，亦未可定等语。已降旨催令鄂辉、成德会齐兵力迅往追剿矣。但恐贼匪闻风全行逃匿，而附近边界又无地方可取，我兵无所斩获，既未便撤兵空还，又未便深入穷追，莫若先遣第巴中能事者，或副我将弁一二人前往宣谕该处头目，传令来营，诚心设誓，再行勘定界址。俾贼匪不敢侵占，以期一劳永逸。鄂辉等惟当酌量情形相机妥办。"

（高宗朝卷一三一三·页二六下～二七上）

○乾隆五十三年（戊申）九月癸未（1788.10.23）

又谕（军机大臣等）："据庆麟奏，巴勒布贼匪自胁噶尔败逃之后又退一站，已至第哩朗古地方等语。即现在情形而论，贼匪愈遁愈远，看来不复前至后藏地方滋扰，竟可无需多兵进剿。鄂辉、成德、佛智惟当统率现在带往官兵加紧行走，赶上贼匪，将在后之贼痛行剿杀。若贼匪去远，再遣第巴中能事者，或副我将弁一二人前往宣谕该处头目，传令来营，诚心设誓，勘定界址。贼匪震慑兵威，知有界限，不敢复致滋扰，方可期永远无事。若巴勒布头目不敢来营，或即在前后藏现作买卖巴勒布贸易头人内择一的当者派往亦可。其续行派往之兵未及赶上鄂辉等随同前进者，著李世杰竟行停止，撤回原处。至李世杰前因其驻扎成都，距藏较远，于筹办一切军营事宜恐鞭长莫及，曾谕令该督前驻打箭炉就近调度。今贼匪纷纷逃散，愈遁愈远，已无庸大办。总督统辖全省，应办事务较多，李世杰竟当回至省城办事，毋庸在打箭炉驻扎。"

（高宗朝卷一三一三·页三〇下～三一下）

○乾隆五十三年（戊申）九月乙酉（1788.10.25）

谕军机大臣等："前因巴勒布贼匪退至第哩朗古地方，愈遁愈远，竟无须多兵进剿，已降旨谕知鄂辉等，令将现带官兵率领前往，其续行派往之兵竟行停止。今鄂辉筹办情形，尚与前旨相合。惟所称头起满兵内挑选二百名前进，其实亦可不必。但既经带领先行，自应迅抵后藏并力追剿。本日午刻又据庆麟等奏，贼匪约有千余人绕至萨喀地方，陆续渡河等语。前因贼匪在胁噶尔退败，正虑其纷纷远窜，我兵不便深入，未能大加剿杀。今贼匪复由萨喀渡河，转可因其前来痛加歼戮。若成德行走稍迟，大兵抵彼时，或贼又远去，既不能多有斩获，使贼畏惧慑服，又不值尽力穷追，深入其境。设撤兵后贼复伺间侵扰，又须调派征剿，殊非一劳永逸之计。成德务宜加紧行走，愈速愈妙，鄂辉亦宜趱程进发，趁贼匪未退之先赶抵萨喀，迎截堵杀，使之望风胆落，将所抢济咙等处地方全行收复。再传令该处头目来营设誓，勘定界址，永远不敢复行越境滋事，以靖边隅。至贼匪究属无能，成德所带之兵已有一千余名，鄂辉等现又带兵一千数百名，接续前进，尽敷剿捕之用。其续行派往之兵仍当停止。鄂辉等不可因闻有贼匪之信，又复纷纷檄调，过涉张皇。若已调兵启行，又不必泥于遵旨撤回。仍将于何日驰抵该处，剿杀贼匪情形，迅速复奏，以慰廑注。"

（高宗朝卷一三一三·页三五上～三六下）

○乾隆五十三年（戊申）九月丁亥（1788.10.27）

谕军机大臣曰："李世杰奏，维州协副将那苏图所领屯练五百名，前经鄂辉奏明暂留炉城，相机减撤。现准庆麟咨送折稿，内称列子地方有贼千余人接续过河，来近萨喀。贼既渡河而来，自必尚需兵力。已饬该副将，将所带屯练即于打箭炉驻扎，一俟得有实信，如果无庸前往，再行遣回，较为妥协等语。所办甚是，正与朕旨相合。其粮石一切此时自未便一律转输，致滋糜费。该督就近随时探听，审度情形，如有需用之处，再加紧运供，无虞缺乏。办理轻重得宜，既不致稍涉张皇，亦不致临时贻误，诸凡妥当之极。从前庆麟等不将该处情形咨会内地，以致该督不得确信，难于预筹妥备。今庆麟等已将折稿随时咨送，川省距彼较近，该督系能事之人，早得信息，自更可相机妥办，以副委任也。"

（高宗朝卷一三一三·页四〇上～四一上）

○乾隆五十三年（戊申）十月甲午（1788.11.3）

又谕："据鄂辉奏接准成德咨送庆麟折稿，内称萨喀地方现有贼人千余。是后藏尚未竣事，现仍统领兵官加紧巡行。所办尚是。又据奏口外自里塘以至西藏原有安设卡隘，番兵查缉夹坝，但路长兵少，巡哨难周，已面谕各土司，再加派土兵来往稽查，俟军务完竣，仍即裁减等语。巴勒布贼番近已纷纷窜遁，现虽又有千余名渡河前至萨喀，闻信数日，又无声息。看来贼众究属无能，不值大办。或鄂辉未到以前，成德先已抵彼歼退贼众，收复地方，亦未可定。则鄂辉到彼，不过设誓立界等事，不特加派之土兵应早行裁减，即鄂辉等带往之满汉屯番各兵亦毋庸在彼久驻。盖大兵驻藏日久，既虑唐古忒人众或致滋扰，而内地源源输运，所费亦多，彼此均有不便。著再传谕鄂辉等，务遵前旨，赶紧速办。只须俟贼众败退，所抢地方全行收复，即可将派往官兵酌留数百名在彼弹压，其余尽交穆克登阿、张芝元先行分带撤回。成德或在彼帮同鄂辉、巴忠办理善后事宜，或亦带兵先回内地，俱无不可。至各土司添派土兵，既为防守卡隘而设，自应一体赏给钱粮，俾得日食有资。惟所奏俟军务定竣，再行裁减之处可以不必，止须酌量情形，俟大兵有撤退之信，即可先行停撤。又，此项土兵，据奏因粮饷军火经行防护宜严，是以加倍添办，查缉夹坝。但贼众无能，断无久延时日之理。前、后藏现贮口粮足敷五月之用，其内地粮石更可无须续行运往，徒滋劳费。即军火一项，若与贼打仗持久，自须随时接济。今贼已退遁，渡河者不过千余，无难剿办。所有各兵丁随身裹带火药、铅弹等项尽敷应用，则口外一带又何有粮饷、军火经行之处！此项土兵现在应否尚须添设，并著鄂辉、李世杰悉心查酌，据实具奏。"

（高宗朝卷一三一四·页一五下～一七下）

○乾隆五十三年（戊申）十月乙未（1788.11.4）

谕军机大臣等："巴勒布在后藏边界滋扰两月有余，今经喇嘛等前往讲论，遽行撤回。自必因闻大兵将到，心怀畏惧，遂借讲和为名乘机逃遁。将来大兵撤回，安知不复潜出侵扰，著传谕鄂辉、成德迅速赶赴后藏，务遵前旨严行剿办，再定疆界，以靖边隅。至贼众无能，现已纷纷退遁。无须多兵剿捕。鄂辉、成德等亲自带往之兵出口已远者，自应仍听带往，以壮声威。所有续调之兵出口未远及在打箭炉驻扎者，概应撤回。著鄂辉、李世杰即酌量情形，遵照办理。其鄂辉昨奏口外沿途安设卡隘之土兵更可无用，竟当全撤。著李世杰即一面裁撤，一面知会鄂辉等查照。至粮饷一项，藏内采买尽敷支用，现在内地未运出口之粮石概可毋庸运送，以节縻费。又，庆麟奏藏内驻防官兵，明春即届换防之期，请于此次成德所带绿营兵内照数酌留等语。所奏尚属可行。现距明春不远，著即于成德带往之绿营各兵内如数扣存，在彼防守，以省往返之烦。"

又谕："巴勒布贼匪无故侵犯藏界，今据庆麟、雅满泰奏，萨嘉呼图克图等私自遣人说和，贼等即行退回。此事未可凭信，断不可因此草率完事。庆麟一人畏怯，闻贼匪散去欣喜过望，纷纷撤兵，实为非是。雅满泰奏，伊等私自说和，不足为凭，总俟贼匪悔罪投诚，再行妥办等语，尚为近理。想鄂辉稍有主见，断不似庆麟之一闻贼退即思将就了局，不复前进。著传谕鄂辉、成德，伊等先后带兵到藏，若贼众仍在通拉、萨喀等处，务即尽力剿杀，收复聂拉木等处地方，再办设誓、定界等事。若贼众已回部落，道路遥远，亦可不必深抵贼巢。但于边外扎营，张大声势，遵照前次屡降谕旨，妥协办理，再行撤兵。……至庆麟折内称，戴绷巴载等拿获贼匪二名，现已解送前藏。但巴勒布因何动兵之处，未据该戴绷等询明，甚属糊涂。著鄂辉等于贼匪解到时，即巴勒布起衅缘由明白审讯，遇便奏闻。"

（高宗朝卷一三一四·页一七下～二一上）

○乾隆五十三年（戊申）十月戊戌（1788.11.7）

谕军机大臣曰："鄂辉奏接准庆麟咨会，即将挑带之兵暂在巴塘停息，鄂辉仍酌带弁兵一百余名兼程前进等语。所办虽是，但此事昨据成德奏到，以仲巴呼图克图与萨嘉呼图克图并不先行禀知即私自差人议和，其中有无别情，难以悬定。俟抵藏后讯明贼情，严行酌办。所奏颇有主见。乃本日鄂辉折内，于讲和一事竟未提及。看来该将军亦未免有将就完事之意，此则不可。巴勒布贼众擅敢侵犯藏界，业经内地派兵前往，若不示以兵威，任令红帽喇嘛等私与议和，因而完结，则置达赖喇嘛、班禅于何地？且贼众无所畏惧，将来大兵全撤，设复潜来滋扰，势必又烦纷纷征调，成何事体？在庆麟等怯懦无能，方以贼众说和撤退为幸。而鄂辉等系特派之人，断不可存此将就之见。朕非乐于用兵，不恤士卒，希图多有斩获。但贼既侵犯天朝边界，若不加之惩创，何以安番众而靖边圉？此朕不得已之苦心，屡经降旨训谕，鄂辉等岂尚不能仰体耶？现在贼众虽已全撤，鄂辉等带兵驰赴该处，若尚能赶上，将贼匪痛加歼戮，固属甚善。倘贼去已远，不值为穷追之计，亦应遵前旨将巴勒布附近边界地方夺取一二处，使之震慑乞降，再传唤该头目来营，令其设誓定界，方能蒇事。况藏内采办粮石本可供三千官兵四月口粮，今后起各兵已经全撤，而鄂辉等所带之兵又在巴塘留驻，是鄂辉、成德等前后带往之兵合计不过一千数百名，不及一半，该处粮石已极充裕，鄂辉等即在边界留驻旬月，亦无不可。总之，此事既经发兵剿办，务使贼匪畏惧敛迹，庶可一劳永逸，鄂辉等不可不遵照妥办也。再，巴勒布在后藏滋扰将近三月，萨嘉呼图克图等既可与之讲和，何不及早办理，乃直至此时始遣人前往？自必因官兵将到，借此声势以为慑服之计。若果如此，尚不至于失体。倘竟有异词讲解之处，则其不是尤大。并著巴忠到彼后，密行查访该喇嘛如何说和情形，先行据实具奏。"

（高宗朝卷一三一四·页二二下~二四下）

○乾隆五十三年（戊申）十月庚子（1788.11.9）

又谕（军机大臣）："据雅满泰奏，萨喀一路与贼打仗情形，唐古忒兵尚能出力。现在成德带兵已至前藏，雅满泰赶回商议一切进兵事宜，亦稍能晓事。总之，贼匪如因萨嘉呼图克图等议和早经远遁，办理较难，今列子等处尚有贼匪未退，我兵正可乘机攻剿。著传谕鄂辉、成德速往萨喀等处，遵奉节次谕旨，痛加歼戮，俾贼众胆寒，然后再办定界等事。再，从前聂拉木、济咙、宗喀等处第巴并未拒贼，以致被掳，是以谕将三处第巴查明革退。胁噶尔第巴及唐古忒兵丁尚能竭力守御，曾分别赏给银、缎，以示奖励。今萨喀一路亦能打仗杀贼，并生擒贼匪一名，虽当贼已退败之时，究属奋勉，亦当加之鼓励。著鄂辉、成德查明此次打仗出力之人，仍照前例赏给，俾益踊跃从事。并将现在办理情形迅速具奏。"

（高宗朝卷一三一四·页三八上~下）

○乾隆五十三年（戊申）十月丙午（1788.11.15）

谕军机大臣曰："成德奏，九月二十二日抵藏，将喇嘛私自与巴勒布讲和一事细询庆麟等，并与达赖喇嘛详加讲论，随会同商酌，将差去之堪布喇嘛等赶回，不必前往，现在天气晴暖，即酌筹进剿等语。与朕节次谕旨相合，所见甚正，可嘉之至。巴勒布贼匪胆敢侵犯后藏边界，若闻大兵将到即闻风远窜，转不能痛加歼戮，使之畏惧慑服。今因喇嘛等私自差人讲和，贼众在边境听候。成德到彼，即将差往讲和之人撤回，贼匪无从得信，自必在彼等候观望。成德统率大兵，乘其不备，正可奋力剿扑，多有斩获。此亦似迟而实速之极好机会。计鄂辉此时亦已抵藏，该将军等务当益加勉力妥办，以副委任。……将此由六百里加紧各传谕知之。"

（高宗朝卷一三一五·页四下～七下）

○乾隆五十三年（戊申）十月丁未（1788.11.16）

谕军机大臣曰："鄂辉奏接准成德咨会，知聂拉木等处尚须剿捕，随咨行佛智、穆克登阿带兵遄进；又副将哈丰阿所带汉兵三百名，亦令管领前往等语。同日，又据李世杰奏，贼番闻风破胆，官兵自可无庸进发，已飞咨鄂辉审度情形就近撤回等语。此项后起官兵，鄂辉既檄令前进，而李世杰又令就近撤回，所奏互异，岂不使官兵等无所适从疲于奔走？计后起兵丁出口未远，李世杰驻扎打箭炉相距较近，此事竟著交该督察看情形。如各官兵接到鄂辉檄调之信已经前往，竟听其进发，以壮军威，亦无不可；若各官兵因接到李世杰停止之信，已经转回，该督即令其各归营伍，虽续得有鄂辉檄调之信，亦不必复令前进，徒滋劳费。鄂辉、成德所带官兵共有二千余名，而贼匪又已纷纷退遁，所有德尔格尔预备土兵亦可不必调用矣！至此事因该处喇嘛、噶布伦、唐古忒人等识见庸鄙，不谙大体，而庆麟等又怯懦无用，种种乖谬，思之实增烦懑。巴勒布侵犯后藏边界，该处喇嘛如果能与之以理讲解，从前曾办有成案，庆麟等即应早为妥办。或庆麟等不敢擅专，亦何妨将仿照筹办缘由据实奏闻。乃于此事初起时并不详加斟酌，辄一面具奏，一面檄调内地官兵前往。及大兵将到，又任令喇嘛等私自说和。试思天朝大兵不远数千里赴藏剿贼，若因喇嘛等与贼说和徒手而回，岂不师出无名！且大兵撤后，设贼匪又乘间滋扰，仍须纷纷檄调，不但官兵跋涉为劳，兼使贼番等无所畏惧，愈滋其轻忽之心。况大兵既往，因讲和议撤，则将来喇嘛等亦觉进退操纵，可以专主，尚复何事不可为？而驻藏大臣几为虚设矣！总之，此事内地派往官兵，朕原为保护达赖喇嘛、班禅及爱惠众唐古忒等起见，乃庆麟等办理不善，于粮运一节始则诿诸内地，断则劝令该处赶紧备办，又不将给予价值之处明白宣示。以致喇嘛、噶布伦等见小畏难，竟似虑内地官兵前往需其供给，不免扰累，意存将就完事，不欲官兵进剿。昨成德奏，班第达以早寒雪大，难以进讨为词，已可概见。殊失朕始终保全爱护卫藏之至意。著巴忠到彼后，会同鄂辉等将庆麟等节次办理错误，及朕派兵赴藏为保护伊等缘由，向喇嘛、唐古忒等明白开示，俾咸喻朕意，倍加感激，方为妥善。再，藏内人众素性多疑，昨有旨以班第达怯懦无能，谕令鄂辉等诸事不必与之商酌，但伊见内地派往大臣置之不理，又未免心生疑虑。著再传谕鄂辉等，于筹办一切惟须内持定见，不为浮言所惑，仍不妨与之讲论，俾免猜疑。想该将军等自能仰体朕怀，妥协办理也。"

（高宗朝卷一三一五·页九上～一二上）

○乾隆五十三年（戊申）十一月甲子（1788.12.3）

谕军机大臣曰："成德奏，于十月初八日已至后藏，拟令庆麟酌带官兵，于萨喀、列子一带往返周查，万一贼匪潜出，即可堵杀，并于防守扎什伦布声息相通等语。所办甚是。巴勒布不过么么小丑，成德等未到之先，以雅满泰、庆麟怯懦无能，在彼防守，尚可无事，今成德已赴聂拉木等处剿贼，而鄂辉等带领后起官兵接续前进，大兵齐至，声威壮盛，自无难克期蒇事。伫俟捷音速至。贼匪前曾在萨喀、列子一带滋扰，该处防守亦关紧要，庆麟即应赴彼小心防范，不必复请随同剿贼。又据奏各兵所用面食、糌粑均系达赖喇嘛捐给等语。前经降旨谕令鄂辉等于藏内预备口粮，支用一石即给与一石之价，想成德尚未接奉前旨，故有此奏。内地官兵前往卫藏剿捕，原为保护达赖喇嘛、班禅及唐古忒人众起见，若令捐给口粮，则伊等见小，必以为累，屡经有旨训示。著传谕鄂辉等务向达赖喇嘛、班禅额尔德尼详悉晓谕以从前庆麟等办理不善，未将赏给价值之处谕知，致令捐给口粮，岂不转致苦累？殊非大皇帝轸念唐古忒人等之意。业已节次降旨，将庆麟等严饬，并令面为晓示，按数给价。若达赖喇嘛等以捐办在先，欲于奉旨之后始领价值，其未奉旨以前所用者仍恳捐办，亦不可如其所请。惟当按用过粮石，照彼处时价如数补给，以示朕多方体恤至意。……"

（高宗朝卷一三一六·页一三上～一四下）

○乾隆五十三年（戊申）十一月壬午（1788.12.21）

谕军机大臣等："本日阅鄂辉复奏各折，所办甚是。此时该将军自已抵藏，著即酌带官兵赶紧行走，前抵聂拉木等处，会同成德遵照节次所降谕旨酌量情形，相机妥办。至成德前称遄赴后藏，随即带兵前进，现在已阅二旬，其曾否追蹑贼匪痛加剿杀，并将聂拉木等处收复，及作何办理之处，尚未据续有奏报。著传谕成德，即将近日办理情形迅速复奏，以慰廑念。"

（高宗朝卷一三一七·页一一～一二上）

○乾隆五十三年（戊申）十一月丁亥（1788.12.26）

又谕（军机大臣等）曰："成德自十月初八日行抵后藏，即起程前往胁噶尔，迄今一月有余，鄂辉此时亦已到藏，于贼众情形若何，未据续有奏报，朕心悬注甚切。或成德在胁噶尔、宗喀等处，雨雪过大，邮报不能速行。雅满泰现驻前藏，庆麟现驻后藏，访知该处实在情形自当迅速奏闻，何近日亦未具奏？著传谕鄂辉、成德、雅满泰等将成德所带之兵于何时至胁噶尔，贼匪如何败窜，我兵如何剿杀，及鄂辉何日抵藏之处，俱著速行具奏。"

（高宗朝卷一三一七·页二七上～下）

○乾隆五十三年（戊申）十二月戊子（1788.12.27）

谕军机大臣等："据巴忠奏称，行抵察木多，将后起兵丁五百余名留彼驻守，并将萨嘉呼图克图所遣喇嘛二名明白开导等语。所办甚妥。现今鄂辉等已带官兵二千余名前往，藏内又有达木厄鲁特等番兵，尽敷剿捕之用。其后起兵五百余名暂驻察木多巡查防范，亦甚有益。著即照巴忠所奏办理。……"

（高宗朝卷一三一八·页一下～二上）

○乾隆五十三年（戊申）十二月辛卯（1788.12.30）

谕军机大臣等："据成德奏，行抵胁噶尔，探听贼匪尚在聂拉木、宗喀、济咙等处屯占，现分兵两路进剿等语，所筹一切皆妥。但成德此奏系初至该处筹办情形，尚未与贼打仗。此时鄂辉想已到彼，与成德会合。该将军等务宜乘贼尚未远扬，痛加歼戮，俾知畏惧，将所占聂拉木等处地方全行收复。再遵前旨，定立贸易、疆界，并取具巴勒布甘结，以靖边隅。惟折内称：行至拉子地方，查询该处糌粑仅有二百余石，止敷现兵支食，胁噶尔所存糌粑亦只敷四五日之用，其达赖喇嘛商上办出口粮四千六百余石，俱散在各处存积，程途遥远，不能随军前进等语。军行粮食最关紧要，此系驻藏大臣专责，官兵未到之前，早应设法运送，俾兵至粮随，焉有散在四远，致令缓不济急、临事周章之理！庆麟等竟思官兵抵藏并不进剿贼匪，惟在前藏将商上粮石坐食，遽尔撤兵耶？总之，剿办巴勒布一事，种种皆系雅满泰、庆麟贻误。即此次粮运迟延，亦由伊二人玩误所致。庆麟系恳请前赴后藏之人，乃并不沿途查察，赶紧办理，其罪尤重。著以蓝翎侍卫，在章京上效力行走，交与鄂辉、巴忠等差遣委用。如再不知愧奋，朕必将伊即在该处正法示众。雅满泰著降为头等侍卫，速赴后藏，专办粮务。如办理妥协，尚可以功抵罪；倘再有贻误，必将雅满泰一并治罪。仍著鄂辉、巴忠等，将伊二人传旨严行申饬，并面加训斥。所有驻藏大臣印信，即著巴忠接管。俟舒濂到彼交代后，酌量该处诸务办竣可以起身，即行奏明回京。又，据成德奏称前此拿获之贼，在前藏起身时尚未据解到，途间亦未遇见，是以无从审办。贼匪等早经拿获，乃解送迟至数月之久，此固由该处第巴任意延玩，亦总由雅满泰、庆麟全不以事为事，并不预行严催所致。著传谕巴忠，即查明此次解送贼匪是何处第巴所误，先行斥革，并将解到之贼迅速录供复奏。至鄂辉前奏，于十一月初五日可抵前藏，何以未据将抵藏筹办情形续行具奏？现在聂拉木等处剿贼正需人分路带兵，鄂辉应趱程前进，与成德商办一切，迅速蒇事。"

（高宗朝卷一三一八·页五上～七下）

○乾隆五十三年（戊申）十二月癸未（1789.1.1）

又谕（军机大臣等）："昨因成德奏巴勒布贼匪尚在聂拉木、济咙、宗喀等处屯踞，现分兵两路进剿。业经谕令鄂辉趱程前进，与成德会商妥办。兹据鄂辉奏报驰抵西藏筹办各情形，俱能井井有条。计此时自已会同成德协力进剿，当乘贼匪屯聚之时痛加剿杀，俾知畏惧慑服，勿令闻风远窜。鄂辉等务遵照节降谕旨，善为办理。若贼匪被官兵剿杀，纷纷逃散，固不值穷兵追剿，但当此大兵云集，若事机可乘，可以长驱直入，鄂辉等竟能犁庭扫穴，永靖边隅，朕自当格外优奖。然亦不得因有此旨，遽尔贪功，冒险前进。惟当察看情形，熟筹妥办。想鄂辉等自能善体朕意，筹画万全也。至前此生擒贼匪二名，雅满泰于该犯解到时，因讯供游移未及具奏，足见雅满泰之无能。而于采办粮石，并不及早设法运至军前，其迟误之咎，尚何待言！昨已将雅满泰降为头等侍卫，所有驻藏大臣印信，谕令交巴忠接管。巴忠于接印后，务将藏内应办诸务及筹运粮饷各事宜，悉心妥办，不可如雅满泰之玩忽，以致再有贻误。"

又谕："……至巴勒布起事之端，若因不用伊等新钱，尚得谓番夷惟利是图，不遂其私，遂相仇怨。如以售与恶盐，兼增税赋。则是由噶布伦、戴绷等专利所致。著传谕鄂辉、成德、巴忠等查明巴勒布起衅如因增税、售盐等事属实，即遵照前降谕旨妥协办理具奏。"

（高宗朝卷一三一八·页一五上～一七下）

○乾隆五十三年（戊申）十二月甲辰（1789.1.12）

谕军机大臣曰："成德于十一月初六日至第哩朗古，督兵躧路前进，至今已逾一月，并未续有奏报。必因该处雪大封山，致多阻滞。但我兵既不能进取，贼匪又闻风远遁，即传令伊等头目来营办理定界等事，亦恐为冰雪所阻不能前来。藏内办出粮饷只足供四月之需，倘俟积雪融化，始能办理完竣，必迟至明年二三月间。前藏米粮既难接续，而雅满泰所奏后藏预备米面、牲畜是否足敷接济，亦当先期酌核，以期有备无患。且藏内除现存粮食外，未识更能采买若干，若因屡经采买，价值倍昂，或唐古忒人众糊涂，不知保护伊等之意，反以骚扰为嫌，亦未可定。巴忠现在管理驻藏印务，自应酌量情形，预为妥协办理。著传谕鄂辉、成德、巴忠等将第哩朗古等处之雪每年何时融化，此事何时始能完结，现在前后藏办出米粮、牲畜能否敷用之处，悉心查核具奏。若除现在存粮外不能再行采买，内地距藏窎远，又断难设法运送，或暂为撤兵，或另筹良策，总期于事有济。鄂辉、成德、巴忠等务须熟商妥议，断不可使大兵久驻于藏，滋扰唐古忒番众，亦不可因此苟且了事，致贼匪不知所惩。朕因此甚切焦思，著速行复奏，以慰廑注。"

（高宗朝卷一三一九·页三下～五上）

○乾隆五十三年（戊申）十二月庚戌（1789.1.18）

谕军机大臣曰："鄂辉奏查看后藏情形一折，所办皆是。惟折内称成德由第哩朗古进取，为前途通拉山大雪所阻，现在觅道进攻，尚未得收复原界之信。前据成德奏因雪大封山，躐路前往。其折系十二月初九日奏到，迄今已阅旬余，其曾否觅道进攻及收复聂拉木、济咙等处，总未据续行奏报。或成德闻鄂辉将次到彼，或俟鄂辉到后会同具奏，亦未可定。总之，此事以疾速成功为要。若官兵在彼久驻，一切粮饷等项，藏内究恐不敷采买。著传谕鄂辉，务须酌量情形，遵照节次所降谕旨，速为办理，毋庸在彼久驻。前因庆麟等办理粮运迟延，已降旨将庆麟降为蓝翎侍卫，在章京上效力行走；雅满泰降为头等侍卫，速赴后藏专办粮务，以专责成。所有大兵未撤之前，一切粮运雅满泰务当妥协办理，以赎前愆。"

（高宗朝卷一三一九·页一八下～一九上）

○乾隆五十三年（戊申）十二月癸丑（1789.1.21）

谕曰："巴忠奏此次屯练兵丁赴藏，徒步越岭，裹负口粮，不辞劳瘁，请每人再赏银三两，以备御冬衣履等语。屯练等每遇调遣最为出力，此次冲寒赴藏，口外道路崎岖，该兵丁等徒步遄行，甚为奋勉，尤属可嘉。著加恩每人各赏银五两，以示鼓励。"

（高宗朝卷一三一九·页二一上～下）

○乾隆五十三年（戊申）十二月丙辰（1789.1.24）

又谕（军机大臣等）曰："巴忠奏于初六日起程，先赴胁噶尔等语。该处现有鄂辉、成德相机办理，谅剿贼尚易完事。巴忠接奉此旨，著即回前藏。仍毋庸在彼久驻。至巴勒布去年所递之呈，前已有旨，令伊等向哈瑚询问。今巴忠既赴后藏，著传谕佛智，即就近传讯哈瑚。如原呈尚在伊处，可令藏内能识番字之人即行译出，缮录进呈。倘业经送回，亦将呈内情词一一询明，速行由驿具奏。"

（高宗朝卷一三一九·页三三上～下）

○乾隆五十四年（己酉）正月庚申（1789.1.28）

又谕（军机大臣等）曰："据成德奏，率领官兵自第哩朗古觅取小路进发，收复宗喀、济咙，即取道克复聂拉木等语。所办甚是。现在鄂辉已领兵将到，而巴忠又访闻贼众力穷，不耐寒冷，大兵一到定可即日成功。鄂辉、成德、巴忠著每人赏给大荷包一对、小荷包二对，以示优奖。伊等倍当奋勉出力，以期速为竣事。至藏内用过粮石，务即给还价值。以后随时支用，即如数陆续给价，断不可稍有迟延，致伊等又滋疑虑。再，巴勒布商头哈瑚前因形迹可疑拿获监禁，如果有潜通信息之事，置之不办，不足示惩。著鄂辉等于事竣后，明谕哈瑚：'此事本应将尔即行正法，姑念外番无知，大皇帝格外从宽，不加深究，将尔送至内地安插。'一面即行派员护解至京。其红帽萨嘉呼图克图，于巴勒布之事先行构衅，后复议和，自不免有侵夺黄教之意。但红教相沿已久，传习亦众，未便遽行更张。著传谕巴忠，只须密为留心，防范藏众渐归红教，不可稍露声色，俾各相安无事。"

（高宗朝卷一三二〇·页六上~七上）

○乾隆五十四年（己酉）正月乙亥（1789.2.12）

谕军机大臣等："据巴忠奏于十二月十九日已抵胁噶尔，访得巴勒布贼匪因不耐寒冷大半病毙，藏事无难，且接续口粮甚为充裕。朕览奏为之稍慰。鄂辉、成德已从第哩郎古小路潜进，此时贼匪力穷，大兵到彼，痛加歼戮，谅聂拉木等处定可不日收复，绥定边陲。鄂辉、成德于事完之后，即会同巴忠将一切善后事宜悉心妥议，立定章程。一面先将兵弁撤回，毋致在彼久驻。现在有何信息之处，仍著速行奏闻。"

（高宗朝卷一三二一·页八下~一九上）

○乾隆五十四年（己酉）正月壬午（1789.2.19）

谕军机大臣等："据鄂辉等奏，从通拉山后可通宗喀小路进攻，现在已到公达山根，即日前抵宗喀，并以次收复济咙、聂拉木地方等语。巴勒布贼众力穷，兼畏大兵剿戮，岂能肆其螳臂！此事自易完结。又据奏巴勒布等起衅根由，实由唐古忒等拣择银钱，加增税额，并于售卖盐斤内搀和沙土，种种积怨，及遣人讲论，又复置若罔闻。巴勒布心怀不平，无可雪愤，以致兴兵。果不出朕之所料，此事皆由噶布伦索诺木旺扎勒及巴桑干二人起衅。鄂辉等将宗喀、济咙、聂拉木收复后，即传唤该头目到营，遵照前降谕旨明白晓谕。务使感畏交深，永远不敢侵犯边界，诚心立誓，方可撤兵。至现在曾否与贼打仗，及将各地方全行克复之处，并著迅速奏闻。"

（高宗朝卷一三二一·页一五下～一六上）

○乾隆五十四年（己酉）二月庚子（1789.3.9）

又谕（军机大臣等）曰："据巴忠奏，探得鄂辉、成德等已将宗喀收复，该处人民妥为安置后，即以次克复聂拉木、济咙；现在巴勒布头目带领属下人等迎接，似欲有所禀报等语。巴勒布原系在藏往来贸易，久享天朝利益，断不敢无端抗拒。兹闻大兵一到，即迎接将军、大臣，意欲禀明情节，听候剖断。是伊等尚知恭顺，必系将平日受屈之处告知将军等，恳求代为办理。著传谕鄂辉、成德、巴忠，如巴勒布头目果有诉告被欺情节，即明谕以尔等系属小番，料非无故妄兴争斗，明系藏内噶布伦、第巴等平素苛求勒索，增收税课。尔等欲抒诚纳贡，借以奏闻大皇帝，又被噶布伦等谎言阻止。因此，负屈含冤不能解释，致起兵端。大皇帝早已洞鉴隐微，一秉大公处置。噶布伦索诺木旺扎勒业经身故，将伊各台吉职衔停袭，第巴桑干发往烟瘴，藏内大臣及其余噶布伦等一并革职治罪，想尔等亦已闻知。今深谅尔等起事之由实因逼迫所致，且大兵到临，即谨顺乞降，是以并不严加剿办。尔等此后益当感戴大皇帝鸿恩，安分守职。若再如此妄行，断难轻恕。将此明白晓谕，俟定价等事完竣，即将官兵撤回。此旨到时，倘巴勒布已回本境，鄂辉等即遵照译写唐古忒字咨文，速行发往。至第巴索诺木策凌与贼打仗奋勉出力，著加恩赏戴花翎，并量与顶戴，俟戴绷缺出，即行补用。所有保护胁噶尔之噶布伦扎什端珠布、第巴尼玛达尔济、戴绷将结、索诺木喇什及小第巴等六十三人、唐古忒兵丁二百十四人，虽前已赏给缎、银，著再加一倍赏赍，以示奖励。"

（高宗朝卷一三二二·页二七下～二九下）

○乾隆五十四年（己酉）二月甲寅（1789.3.23）

又谕（军机大臣等）："据巴忠奏，遵奉谕旨即由胁噶尔回至前藏，毋庸再行前往等语。巴忠之见未免拘泥。前因藏内无人，是以降旨令其不必久驻胁噶尔。今鄂辉等业将宗喀地方收复，带兵向聂拉木、济咙前进，与巴勒布头目办理定界等事，虽鄂辉等亦足资料理，但未谙唐古忒语，仅遣通事传达，毕竟不能详尽。且巴忠前与廓尔喀书，识其情性，若在彼会同帮办，自更有益。著再传谕巴忠，于接奉此旨后如鄂辉等已收复聂拉木、济咙，诸事早经完竣则已，倘该处尚未蒇事，巴忠仍应作速前往，商同鄂辉，与巴勒布议定疆界，面为宣示朕旨。"

（高宗朝卷一三二三·页三八上～三九上）

○乾隆五十四年（己酉）二月乙卯（1789.3.24）

又谕："据鄂辉等奏，收复宗喀地方后，因连降大雪，官兵暂行守候，现在觅路速进，即行传唤该头目来营，大约三月内可以完事，藏内办出粮饷足资接济等语。巴勒布头目前据奏在交界地方听候官兵到彼欲行申诉，鄂辉等务宜作速前进，酌量雪势稍薄可以行走之处，绕至聂拉木、济咙亟为收抚，即问明该头目等起衅情由，遵照节次谕旨，剀切宣布，总在慴服伊等之心，使永远不敢侵犯。立定界址，即行撤兵，勿致久稽时日也。"

（高宗朝卷一三二三·页四二下～四三上）

○乾隆五十四年（己酉）三月戊寅（1789.4.16）

又谕（军机大臣等）："据巴忠等奏鄂辉、成德自宗喀前进，因积雪甚深，不能迅速完事。该处地极冱寒，雪深梗路，以致行走多延时日，原属无可如何。然此时天气已届融和，想积雪亦当消化，何该将军等久无信息，朕甚为之焦急。……"

（高宗朝卷一三二五·页六下～七上）

○乾隆五十四年（己酉）三月己卯（1789.4.17）

谕军机大臣曰："鄂辉等寻觅小路，恢复宗喀，复因该处积雪甚深，阻滞不能前往。万一军粮不济，兵丁等不耐寒冷，不服水土，致多伤损，转属于事无益。聂拉木、济咙二处究系偏僻小地，无甚紧要，理宜将兵撤回。朕此旨到时，若雪已融化，鄂辉业经前进，传唤巴勒布头目来营，诸事办妥，固属甚善；倘积雪未消，我兵既不能前往，巴勒布头目亦不能前来，鄂辉等不必固执前旨，不敢撤兵。朕反复思之，此时竟以暂行撤回为是。但撤兵时，须于噶布伦内择一能事可信者，并拣藏内旧有官兵及鄂辉等带有屯练内熟习唐古忒话之人，各派一名，会同前往巴勒布地方，谕以从前噶布伦索诺木旺扎勒侵渔商人，第巴桑干私行增税，及尔等投递呈词又未代为陈奏，大皇帝已一切鉴知，故将索诺木旺扎勒、桑干俱分别惩治，尔等纵有屈抑亦已伸雪。前因卫藏并未预备，内地大兵相离较远，致尔等抢掠聂拉木、济咙、宗喀等处。迨奉旨调兵前来，又遇雪阻，实是尔等徼幸万一。今以大兵不宜在此久驻，暂行撤回。尔等若倚恃雪阻，于官兵撤回后复敢互有侵犯，我兵追驻藏内，尔等于春夏时滋扰，即行痛加剿戮。若仍俟冬雪之时借以抗拒，试思尔等既至藏界，归途岂独无雪，我兵当乘胜掩杀，绝其后路，不令一人生还，彼时追悔何及！如此明白指示，令噶布伦等传知。伊等如何登答，亦令噶布伦转行禀复，即可知其诚伪。此事亦不必明言谕旨，即作为将军、大臣之意，一面遣人前往，一面即将官兵撤回，在扎什伦布等候，噶布伦等回时，再行撤至前藏。但撤回之后，或巴勒布再有蠢动，亦难保其必无。鄂辉等当与巴忠会议，或于此次所调达木兵内及伊等带往应行换班之兵，共拣选一二千名作为后护，仍留在藏，不时演习，以备不虞，更为妥周。著传谕鄂辉等即行熟商定议，迅速奏闻。"

（高宗朝卷一三二五·页七下～九下）

○乾隆五十四年（己酉）三月癸未（1789.4.21）

谕军机大臣等："自二月二十九日鄂辉等递到奏折后，迄今又将一月，并未续有奏报。虽系雪深路险，事难速竣，然此时鄂辉等究系作何办理，并该处积雪约计何时可以融化，亦当随时奏闻。巴忠现在前藏，既知官兵为雪所阻未能前进，自应遣人急往探访信息，岂亦无风闻之处？朕因此事甚深悬念，宵旰不宁，伊等岂不知之？著传谕鄂辉、成德，现在路径曾否已通，究竟作何计议，即行奏闻。巴忠、舒濂等得有访闻确信，亦即迅速驰奏。"

（高宗朝卷一三二五·页一四下～一五上）

○乾隆五十四年（己酉）四月丁亥（1789.4.25）

又谕（军机大臣等）："据巴忠等奏，探得廓尔喀特遣小头目前至军营通信。此事虽无关紧要，但小头目既可前来，其大头目宁独不能行走？倘借此反复支吾，日久从他路潜遁，转将我兵后路冲截，尤属不成事体。虽巴勒布无能小丑谅断不敢出此，然不可不预为之防。此旨到时，若鄂辉等诸事办妥，聂拉木、济咙地方业经归复，巴勒布大头目亦已来营谢罪乞降，自是好事。倘该头目仍延挨未到，鄂辉即遵照前降谕旨明白晓示，一面遣人前往，一面即暂行退兵，至扎什伦布驻扎。俟伊等回时再将可否全撤，及仍须留驻之处，详细酌量办理。万一贼匪复来尝试，即带兵前往剿杀，亦属近便。今巴忠已驰往胁噶尔会同鄂辉等悉心酌办，自更有益。但巴忠等尚以访闻之信具折陈奏，鄂辉、成德何不将现在筹办情形据实奏闻？朕为此日夜悬心，伊等岂不知仰体耶？著传谕鄂辉等接奉此旨，即将如何遵办之处速行由驿复奏。"

（高宗朝卷一三二六·页二下～三下）

○乾隆五十四年（己酉）四月癸巳（1789.5.1）

又谕："据鄂辉等奏：巴勒布人等一闻大兵奄至，俱未敢抗拒，即先行逃归本处，业将济咙被抢之地收复，并安抚迁避之唐古忒人等，现复传唤巴勒布之头目，俟到来时晓谕后，再行奏闻等语。鄂辉等此次办理巴勒布事务尚属周详。鄂辉、成德、巴忠、穆克登阿、张芝元均著加恩交部议叙，兵丁著各赏给一月钱粮。"

（高宗朝卷一三二六·页八下～九上）

○乾隆五十四年（己酉）四月辛丑（1789.5.9）

谕："此次由成都派出满洲兵丁内有一百五十二名，由打箭炉直至胁噶尔俱系负粮步行，登山越岭，不辞劳瘁，甚属可嘉。著加恩每人赏银三两，以示鼓励。"

（高宗朝卷一三二六·页二三下）

○乾隆五十四年（己酉）六月己未（1789.7.26）

谕军机大臣等："此次调往赴藏协剿之屯练降番等俱系曾往台湾剿贼之人，该屯番等由川赴闽，沿途州、县折给夫价，以及督、抚等量加犒赏，俱得厚沾余润。此次赴藏，一出打箭炉俱系穷苦番地，于口粮之外并无另有得项。虽台湾之例外多得原不能引以为常，但恐屯番等无知，因前赴闽省俱获厚利，今不能一律得有赢余，惟令冲寒跋涉，耐受劳苦，心怀畏惧，将来设再有征调，不能仍前踊跃，亦未可知。现在，巴勒布业经乞降藏事，所有调往屯练降番等，著传谕鄂辉、成德即酌量赏给。并向其明白晓谕以尔等从前赴台湾，曾经打仗出力，此次并未打仗，且系口外，非台湾可比。皇上因念尔等远赴后藏协剿，口外地方又属贫苦，别无得项，是以仍加恩赏。其进口后，再著李世杰酌赏。使该屯番等知奉调征剿，不以为累而以为乐，方为妥善也。将此由五百里传谕知之。"

（高宗朝卷一三三二·页九下~一〇下）

○乾隆五十四年（己酉）八月丙辰（1789.9.21）

谕："据李世杰奏遵旨酌赏赴藏协剿之屯练降番银两一折，内称请将屯番兵丁及行营外委每名加赏银二两，额设千、把、外委每名加赏银三两，屯备每员加赏银四两，其行至里塘、察木多之弁兵七百九十四员名系中途转回，毋庸给赏等语。此次调往后藏随征之屯番人等，因远赴口外地方，边境苦寒，别无得项，是以特加赏赉。其行至里塘、察木多即经撤回之弁兵七百九十四员名，虽系中途转回，较之前抵藏地者远近自属有间，但业已奉调出口，行至半途，究有跋涉之劳，著加恩酌赏一半，以示体恤屯番恩膏周沛至意。"

（高宗朝卷一三三六·页四上~下）

拨解粮饷，设立台站及在藏采买稞麦、牛羊等

○乾隆五十三年（戊申）九月庚午（1788.10.10）

谕军机大臣等："据李世杰奏，接到庆麟等咨会，即遵照续降谕旨，飞咨鄂辉带领各兵迅速前进。所办始觉渐有头绪。至所称前后两次拨米一万石转运炉城,陆续运赴口外,足支官兵沿途口食,仍分饬各台员就近采买稞麦、糌粑等项,不致缺误。所办好。又据另片奏,明正、巴塘、里塘为大兵必经之所,现在该土司应付乌拉蛮夫,一切均资其力,将该处之兵暂缓拨调,其德尔格尔地不当冲,部落亦大,附近各土司亦当有可酌量派调者,现咨明鄂辉酌量情形量加调拨等语。所办甚是。现在派调各处官兵俱已陆续进发,军威壮盛,巴勒布贼众本属无能,自不敢复行抗拒。鄂辉等统兵剿捕,驰抵该处,虽不必扫穴犁庭,尽歼其丑,但不可止将贼众剿散逃遁,俾胁噶尔之围一解即云完事,必须将前此被贼抢占之济陇、聂拉木、宗喀等处地方全行收复。并勒令该处头人,将该处与后藏贸易,明定地界,严立章程,令其出具甘结,不敢复行越界滋事。惟当趁此兵威,使之畏惧慴服,以期一劳永逸,方为妥善。"

又谕曰:"……此事朕为达赖喇嘛、班禅额尔德尼及藏内人众特发内地之兵,唐古忒等理应感激,急筹兵丁粮饷。乃噶布伦等竟以不能办理为词,庆麟、雅满泰又不能剀切晓示,令其感悟。况兵丁并非专需米石,凡麦、面、牛、羊等物俱可作为口粮。近派后藏之兵,仲巴呼图克图即援引前辈达赖喇嘛书内有免派扎什伦布之语互相推诿,是辜负朕怜悯伊等之意。著庆麟、雅满泰即以大义明切晓示,严催办理。再,四川官兵赴藏,沿路口粮俱由李世杰处承办,庆麟、雅满泰何至今始将折稿咨行?且寄信李世杰,自当以汉字书写便于观览,乃复给以清字。庆麟、雅满泰种种错误之处,著严行申饬。倘仍蹈前辙,朕必重治其罪。并将此旨发交巴忠阅看,即将聂拉木等处增税第巴查明。并唐古忒兵将来如何训练之处,俱留心酌议奏闻。"

(高宗朝卷一三一二·页三四上~三七上)

○乾隆五十三年(戊申)九月癸酉(1788.10.13)

谕军机大臣等:"据李世杰奏,现在成德等既行程日远,将次抵藏,鄂辉即带后起官兵迅速遄行。该督复移驻炉城,声势相联,办理始为妥协。至粮石等项,业经李世杰派员运往,亦俱陆续出口。并经译谕各土司分拨转输,用资接济。所办皆好。至抵藏以后所需口粮,就地采办糌粑等物,原系用价采买,并非令其供应,想该处亦所乐从,办理自为便易。计目下成德将次到彼，鄂辉复督催大兵继进，军威壮盛。谅巴勒布贼众无能，无难一举藏事。著各将行抵该处日期及剿贼情形，随时迅速驰奏。"

（高宗朝卷一三一二·页四七下~四八下）

○ 乾隆五十三年（戊申）九月甲戌（1788.10.14）

谕军机大臣等："……再据（庆麟、雅满泰）奏，噶布伦等只办出稞麦四千余石，足支三千兵丁四月口粮，其从前采买旧案，系由聂拉木地方籴取，今该处业被贼占，实难办理等语，尤属无理。藏地甚广，岂止聂拉木一处为产米之区，况兵丁口粮一切糌粑、面食等物俱可应用。此明系噶布伦等借辞推诿，庆麟等信以为实，并不以理穷诘，实为无能可鄙。著庆麟、雅满泰再严行训谕噶布伦等：现由内地派兵，专为保护合藏人众。特以路隔五千余里，粮运维艰，是以转向尔等商办，且照时价发给，并非无故索取。尔等稍有人心，即当奋勉供支。乃现办麦四千余石，仅敷三千兵丁四月口粮。此事若于四月内完竣，固属甚善。万一不能速竣，兵丁等岂能枵腹剿贼？惟有将达赖喇嘛、班禅额尔德尼移居泰宁，尔等后悔何及！且尔等如此负恩，大皇帝不特不加怜悯，必且从重治罪。将此严切晓谕伊等，自必翻然改悔，将存贮米粮尽数出粜以备官买。雅满泰行抵后藏，亦应于班禅额尔德尼商上及附近各乡村再为预备数千石，尤觉妥善。……"

（高宗朝卷一三一三·页二下~四上）

○ 乾隆五十三年（戊申）九月乙卯（1788.10.19）

谕军机大臣曰："……又，据李世杰奏，续办米一万石，先拨五千石转运炉城等语。藏内采买稞麦四千六百余石，各兵粮饷已敷给发。巴勒布不过么么小丑。现已纷纷逃散，岂有阅四月之久尚不能竣事之理？况该处道路险远，输送维艰，若多为运往，存贮无用，亦未免徒滋糜费。著传谕李世杰，如此项米石尚未起运，即饬令停止；如已经起运，即留贮打箭炉仓，以作各台每年支食之用，亦无不可。总宜酌量情形妥协办理。"

（高宗朝卷一三一三·页二一上~二二上）

○乾隆五十三年（戊申）九月癸未（1788.10.23）

谕："据庆麟奏，藏内办出稞麦四千六百余石，又拨出牛一千一百头、羊一万只，达赖喇嘛不敢领价，情愿作为兵丁口粮等语。朕鉴达赖喇嘛诚意肫恳，深为嘉悦。此次派出内地兵丁，原以护卫达赖喇嘛、班禅额尔德尼及矜恤唐古忒僧俗番众。但自内地至藏远隔数千里，粮运维艰，藏内地广粮充，兵丁所需口粮理宜本地采买。今达赖喇嘛所办粮食、牛羊，情愿作为兵丁供应不领价值，甚属可嘉。然此项粮石、牛羊原系达赖喇嘛商内预备众喇嘛等养赡所需，若不支给价值，朕心实有不忍。著将官兵支给若干之处，仍行照数给价。俟事竣买补足额，以备养赡喇嘛之用。第该处唐古忒兵丁亦必需用口粮，朕意即于此项拨出粮石内酌量稍加赏赉。现在达赖喇嘛不免遇事焦劳，而班禅额尔德尼尤属年幼，已特派侍郎巴忠带同扎萨克喇嘛格勒克纳穆喀前往慰视。巴忠至彼，想剿贼事已完竣，著仍派庆麟护送班禅额尔德尼回至扎什伦布，以安居止。"

（高宗朝卷一三一三·页二八上～二九上）

○乾隆五十三年（戊申）十月辛卯（1788.10.31）

又谕（军机大臣等）："前经屡降谕旨，指示雅满泰办理口粮，原为预备添兵之用。现在贼已陆续退去，无须调遣多兵，前藏办出之粮已敷四月之用。雅满泰岂无见闻？即此项粮石尚且不能用完，后藏更何须此许多粮畜？且后藏与萨喀相近，贼匪由胁噶尔撤退，复由列子前至萨喀，现在贼势如何，该第巴等能否抵拒，理应详悉奏闻。乃折内并未声叙，转将添办粮饷及交给廓尔喀檄谕烦琐叙入，抑何糊涂至此！再，仲巴呼图克图所称不领价值，亦因闻达赖喇嘛之言，不得不照样呈请。然达赖喇嘛所办粮石支用若干，仍降旨照数给价，仲巴呼图克图所办粮畜岂有转不给价之理？总之，内地兵丁赴藏如携带口粮用罄，先尽前藏所办之粮。按日给发，仍须节省。倘前藏粮石又复渐次用完，再将后藏此项存粮陆续接济。支用多少，照数给价。此时尚不必尽数采买，雅满泰何俱未经见及？著传旨严行申饬。并寄知鄂辉等，于到藏时再向仲巴呼图克图等明白晓谕：此事原为保护尔等，即备办兵丁粮饷，仍系官给价值，并非勒派办理。庶伊等无知之人，不致稍有疑虑。"

（高宗朝卷一三一四·页六下～七下）

○乾隆五十三年（戊申）十月壬辰（1788.11.1）

又谕（军机大臣等）："征剿巴勒布贼番一事，川省距藏窎远，派给官兵口粮势不能多为裹带，且从前藏内用兵时，于该处就近采买具有成案。庆麟等于此事初起时，并不仿照办理，竟思将办粮一事诿诸内地。及经降旨训饬，又不将给价采买之处善为晓谕，惟知催令速办，类于纷纷搜括。似此次派兵前往非爱之，而转以累之，殊属不晓事体。试思番众等如果知大兵赴藏系为保护伊等起见，所有储蓄即应及早供输，何待庆麟等分派，乃直至此时始行认办，可见其贪利见小，并非出于情愿。巴勒布不过么么小丑，现已纷纷远遁，大兵一到即可克期蒇事。岂有数月之久，尚不能完竣之理？现在官兵前往，既各有裹带口粮，而前藏办出稞麦业可供三千官兵四月之用。昨据雅满泰奏于后藏办粮一千二百石，计亦足敷月余。以贼匪情形而论，不特雅满泰续备口粮可以无需支发，即前藏所备稞麦尚属宽裕。鄂辉、成德到彼后，务将剿杀贼匪各事宜妥协速办。虽不可将就了事，致撤兵后复生事端，然亦须通盘筹画，总期于四五月之内回至打箭炉。不可因藏内现备粮石宽裕，多耽时日，以致唐古忒人等供应日久，粮食告乏，渐至市价增昂，或生怨望。所关甚要，鄂辉等均系特加委任之人，不可不善体此意。再，现在赴藏之屯练降番等俱系曾往台湾剿贼之人，该屯番等由川省赴闽，所过州、县皆系内地，各州县等因其剿贼出力，沿途宽为应付，如折给夫价等事，自所不免。而督、抚等又以其远涉随征量加犒赏，亦属事之所有。计每人所得不下百金。此次赴藏，一出打箭炉俱系穷苦番地，于口粮之外并无例外得项，该屯番等因赴台湾获利，而此次不能一律另有赢余，或不肯出力，甚至借端扰索，亦未可定。著传谕鄂辉、成德等，务当严行约束，恩威并用，勿任滋事。并著鄂辉、张芝元向其明白晓谕，以上年前赴台湾剿贼，所经俱系内地，不特屯番等各沾余润，即如鄂辉、张芝元带兵之员得项亦较宽余。现在前往西藏，所经多系番地，番众贫苦，安能有例外供支！该屯番等惟当恪遵条约，仍前奋勇杀贼，迅速蒇事，皇上自有重赏。不可因此次未获余润稍生懈怠。至庆麟等于办粮一事，虽节经严饬，并令善为晓谕，但恐庆麟等俱不晓事体之人，未能宣达朕意。巴忠到彼后，务即向该处噶布伦及喇嘛、唐古忒人等剀切传知，以庆麟等经理不善，业经降旨严饬。现又谕令带兵大员严约兵众，勿许滋事，并赶紧办竣，以免伊等多费供给。其所办粮石，目下虽已预备，将来大兵遣撤，已用之粮照数给价，余剩之粮仍行给还。使知朕爱护伊等，曲加体恤，不肯稍有苦累之意。自必益怀感激恭顺，方为妥善。"

（高宗朝卷一三一四·页九下～一二下）

○乾隆五十三年（戊申）十月辛丑（1788.11.10）

谕军机大臣等："前因巴勒布贼匪滋扰藏界，派兵进剿，动拨山西、陕西银各五十万两，复于楚省工赈余银改拨五十万两，一并解交川省，以备军需。今贼匪业经败退，大兵一到，克日蒇功。续调之兵，昨已降旨停止。粮饷、军火等项，藏内储备及官兵随带者，亦已宽然有余，俱毋庸内地续行运送。前拨军需银两为数较多，自属有盈无绌。著传谕李世杰，即将此项官兵赴藏，至将来凯旋时撤回内地，约计应用军需银若干，分晰查明，据实复奏。"

（高宗朝卷一三一四·页三九下～四〇上）

○乾隆五十三年（戊申）十月戊申（1788.11.17）

军机大臣议复："四川总督李世杰奏称：酌定运藏粮石脚价，每米一石，用牛马一只，每站给银一钱六分，每二只给夫一名，每名、每站、照台费旧例折给口粮一分，计每米一石，自炉直运至藏，需银二十六两八钱零。查所定运脚，较节年办过例案大为减省。又称：运送饷鞘、军火、装械等差、每牛马一头，需夫一名照料。较之照例设站亦属节省。均应如该督所奏。惟查藏内既有庆麟等所办粮食，且官兵赴藏各有裹带口粮，其藏事撤回，是否将藏内余米量为裹带，此项米石是否预备接济沿途不敷之用，抑或因察木多等处采买不敷必须内地接济之处，原折均未详晰声明，请交该督查明复奏。"

得旨："依议。巴勒布贼匪易于剿办，目下即可竣事。且藏内备办粮石充裕，原毋须内地多运米石接济。所有运送出口米四千余石，自系预备沿途支食之用。但官兵赴藏各有裹带口粮，自应核计裹带粮食若干，足敷几日支食，足至何处。若自打箭炉裹带之粮，是计日至藏之数，则藏地已有庆麟等所办之粮，足敷三千兵四月之用，又何用自打箭炉运至藏乎？且此项米石是否运至察木多及巴塘、里塘等处存贮，抑系自炉直运至藏，该督折内均未声叙明晰。著交该督再逐一查明，迅速复奏。"

寻奏："前后藏所备粮食充盈，即官兵撤回时，余剩之粮尽敷裹带，无庸内地运供。所有运送出口米四千余石，本系预备官兵沿途裹带之用。内惟察木多距藏尚远，中有拉里一台，酌拨米数百石，俾资接济。余俱分贮里塘、巴塘、察木多三处，以备官兵往返按站供支，并未运交西藏。前折所称自炉直运西藏，系合计运价而言，并非实有运藏之米。"报闻。

（高宗朝卷一三一五·页一五下～一七下）

○乾隆五十三年（戊申）十一月癸亥（1788.12.2）

谕军机大臣等："据李世杰奏称，该省办理军需，前拨陕西、山西银一百万两，尽属充裕，续拨楚省银五十万两，可无需用，已就近飞行停止等语。此项银两业据毕沅等彼此札商，如所解之银已入川境，自应解往川省；若起程不远，未出楚省，又不妨仍留湖北备用，以省解送之烦。总在该督等酌量妥办，不必拘执。又，李世杰奏称，派往办粮之郎中良柱等八员现无应办事件，应否留川补用等语。西藏军务渐次完竣，粮运一切均已停止，前次派赴川省各员内阿精阿系刑部司员，刑名尚为谙习，应令回京供职。其良柱等七员，著李世杰酌量情形，如该省现在需人，即奏留数员，以相当之缺补用；若无需用之处，即可遣令回京也。"

（高宗朝卷一三一六·页九下～一〇下）

○乾隆五十三年（戊申）十一月甲子（1788.12.3）

谕军机大臣曰："……又据（成德）奏，各兵所用面食、糌粑均系达赖喇嘛捐给等语。前经降旨谕令鄂辉等于藏内预备口粮，支用一石即给与一石之价，想成德尚未接奉前旨，故有此奏。内地官兵前往卫藏剿捕，原为保护达赖喇嘛、班禅及唐古忒人众起见，若令捐给口粮，则伊等见小，必以为累，屡经有旨训示。著传谕鄂辉等务向达赖喇嘛、班禅额尔德尼详悉晓谕以从前庆麟等办理不善，未将赏给价值之处谕知，致令捐给口粮，岂不转致苦累？殊非大皇帝轸念唐古忒人等之意。业已节次降旨：将庆麟等严饬，并令面为晓示，按数给价。若达赖喇嘛等以捐办在先，欲于奉旨之后始领价值，其未奉旨以前所用者仍恳捐办，亦不可如其所请。惟当按用过粮石，照彼处时价如数补给，以示朕多方体恤至意。……"

（高宗朝卷一三一六·页一三上～一四下）

○乾隆五十三年（戊申）十一月乙丑（1788.12.4）

谕军机大臣曰："雅满泰、庆麟办理粮饷，始则委诸内地，继又将给价采买之处不令唐古忒人等知悉，竟同勒取。朕屡降旨谆饬，并令该将军等随时支取，照数给价。昨据成德奏到所给兵丁面食、糌粑仍系达赖喇嘛协济。是以又降谕旨谆切训示，令将用过粮石若干补给价值。朕思此项口粮，雅满泰等并未发价，或因尚未接奉前旨，但行兵给饷原有定例。内地派往兵丁，其随带之粮足敷几日口食，到藏之后有无赢余，自藏至聂拉木等处共有几站，约计兵丁每名需用口粮若干，该处承办之员自应按站计日通盘筹画，雅满泰何亦未经奏及？军需粮饷所关甚巨，即此项粮食系达赖喇嘛预备，亦岂可不加撙节，任听内地官兵支销，致有多费。著将雅满泰、庆麟严加申饬。仍饬将备办粮饷于何日始行动拨，及因何未将按日给发详悉声叙之处明白回奏。鄂辉、成德、巴忠等务遵前降谕旨，将达赖喇嘛等所备粮石按数发价。并核实支给，以归节省，断不可稍滋浮费。"

（高宗朝卷一三一六·页一六下～一七下）

○乾隆五十三年（戊申）十二月庚寅（1788.12.29）

谕军机大臣等："日来西藏递到奏折稀少，或因打箭炉口外雪大难行。该处文报向系乌拉递送，加以冰雪阻滞，益难迅速，朕盼望甚切。著传谕李世杰务即设法办理，以速邮传。"

（高宗朝卷一三一八·页四下）

○乾隆五十三年（戊申）十二月丁未（1789.1.15）

谕军机大臣等："此次进剿巴勒布贼匪，道路辽远，粮运最关紧要。若由内地运往，难资接济，因令于西藏地方就近购办粮石，以供大兵口食。此系朕特降谕旨，筹办军粮方能充裕。今该督奏分饬西藏粮员赶运，务使粮随兵转等语。所奏不明，且似有影射居功之意。然此尚系小事，至大兵自西藏凯旋，沿途均需粮石。所有口外各台站，著传谕李世杰预为筹画，务使途中存粮充裕，克敷凯旋官兵支用，毋使稍有缺乏。"

（高宗朝卷一三一九·页一〇下～一一上）

○乾隆五十四年（己酉）三月戊寅（1789.4.16）

又谕（军机大臣等）："……至（巴忠等）折内所称前后藏七千石口粮止用过二千余石，所余尚为充裕等语。此次口粮皆在扎什伦布及胁噶尔一带存贮，今鄂辉在宗喀以西地方为雪所阻，曾否将粮石运至军营，速行查明复奏，并将鄂辉等现在曾否前进，迅速奏闻。"

（高宗朝卷一三二五·页六下～七上）

查处第巴桑干私增课税，停止噶伦索诺木旺扎勒之子袭职

○乾隆五十三年（戊申）九月庚午（1788.10.10）

又谕曰（军机大臣等）："庆麟等奏，巴勒布起衅，因聂拉木等处第巴妄增税课所致。国家设立驻藏大臣原为办理地方事务，彼处第巴等滥行增税，庆麟、雅满泰平日岂无见闻？即五月中巴勒布给噶布伦等书信一事，维时噶布伦等虽未禀明，伊二人竟形同木偶乎？若即据实奏闻，则刻下大兵早至，何致迟误。且噶布伦等早经得信，未即具报。至聂拉木、济咙被劫，不能隐匿，始行报明。是虽噶布伦等之罪，而庆麟、雅满泰亦至此方为查询，其平时所司何事？巴勒布既因增益税课致起兵端，如果实有其事，当将擅自增税之第巴等押解来京。若致伊等先行潜逃，庆麟、雅满泰恐不能当此重谴。至从前第穆呼图克图私自调停办理时，并未禀知驻藏大臣。今届掣肘之时，始行举出恳求，殊属可笑。庆麟、雅满泰并无一语理责其非，实为无用。再发父廓尔喀檄谕，立言尤当得体。今庆麟等书稿中竟称廓尔喀为王，是果朕所封之王乎？其余措词错谬之处，不可枚举。……"

（高宗朝卷一三一二·页三五上～三六上）

○乾隆五十三年（戊申）九月丁丑（1788.10.17）

谕军机大臣等："……又，巴勒布起衅缘由，因第巴等私加税课而起，此虽系达赖喇嘛之事，庆麟等宁得诿为不知！巴忠到彼后办理善后事宜，

若查明第巴等加税属实，著即指名参奏。并将嗣后如何均平抽税之处悉心妥议，永为定例。"

（高宗朝卷一三一三·页一二上～下）

○乾隆五十三年（戊申）十二月癸未（1789.1.1）

又谕："……至巴勒布起事之端，若因不用伊等新钱，尚得谓番夷惟利是图，不遂其私，遂相仇怨。如以售与恶盐，兼增税赋。则是由噶布伦、戴绷等专利所致。著传谕鄂辉、成德、巴忠等查明巴勒布起衅如因增税、售盐等事属实，即遵照前降谕旨妥协办理具奏。"

（高宗朝卷一三一八·页一六下～一七下）

○乾隆五十三年（戊申）十二月乙亥（1789.1.7）

谕军机大臣等："……再，噶布伦索诺木旺扎勒辱骂达赖喇嘛，并向巴勒布商头哈瑚苛索物件，以后巴勒布起事，索诺木旺扎勒畏惧服毒身死一款，倘索诺木旺扎勒果有向商头苛求情事，以致结仇起衅，现虽其人已死，而其子亦断不可录用。此事务当彻底清查。且索诺木旺扎勒如何辱骂达赖喇嘛，如何向巴勒布商头索取物件，必有闻见之人，即伊服毒而死亦是否确有证据，一经查察，无难悉得实情。此案俱系巴忠参奏，巴忠不可以虚为实，欲践前言，亦不可有意消弭复图见好。现在审讯此事，亦无甚紧要。鄂辉、成德竣事后必回前藏，俟伊等到时，会同巴忠秉公逐一查办，不可稍有瞻顾。尔等若不据实具奏，经舒濂至彼查出，恐不能当其罪也。"

（高宗朝卷一三一八·页三〇下～三二下）

○乾隆五十三年（戊申）十二月戊申（1789.1.16）

谕军机大臣等："据雅满泰奏，请将索诺木旺扎勒所遗扎萨克一等台吉，令伊长子索诺木堆承袭等语。昨据巴忠参奏，索诺木旺扎勒曾向巴勒布商头哈瑚苛索物件，以致巴勒布怀恨兴兵。此事如果属实，使伊身尚在，即应治罪，岂可复令伊子承袭台吉？即或巴忠此奏，雅满泰尚未闻知，但伊驻藏多年，于索诺木旺扎勒如何滋事兴戎之处岂亦毫无闻见？况现当有事之时，凡遇陈奏事件，自应将成德所带之兵曾否由第哩朗古觅道前进并贼势作何动静详晰奏闻。乃于此等要事转无一语提及。雅满泰何糊涂至此，著传旨严行申饬。所有扎萨克一等台吉，且俟巴忠至彼查明巴勒布之事是否由索诺木旺扎勒酿成，再行定夺。现鄂辉、成德带兵已至何处，贼匪情形若何，著即迅速奏闻。"

（高宗朝卷一三一九·页一三上～一四上）

○ 乾隆五十三年（戊申）十二月癸丑（1789.1.21）

又谕："……至索诺木旺扎勒酗酒纵恶，勒取商头物件，此次巴勒布侵藏之事即伊激成，使其身尚在，自当从重治罪。今伊业已病故，姑勿深究，但所遗扎萨克台吉岂可仍令伊子承袭，所有索诺木旺堆承袭之处，著即行停止。……"

（高宗朝卷一三一九·页二一下～二三下）

○ 乾隆五十四年（己酉）正月乙巳（1789.2.6）

驻藏大臣巴忠奏："遵旨至扎什伦布，将三处第巴逐加研讯。惟聂拉木第巴桑干私增税课，致酿事端，应照唐古忒例，应斩之犯深透刺字，发往烟瘴桑盖因种地方。其济咙、宗喀第巴贼至不能堵御，拟解至前藏枷号一个月，满日重责，再发唐古忒近边地方充当苦差。"

谕军机大臣等："据巴忠奏，审明聂拉木第巴桑干私添税课，以致激起事端，甚属可恶。其济咙、宗喀第巴虽无情弊，而贼至溃逃，各失所守，俱当严行治罪。著即照巴忠所拟，分别办理，以昭炯戒。巴勒布人众在藏往来贸易由来已久，一切税务自有成规，第巴等何得滥行增额！且巴勒布于去岁呈请进表纳贡，即因添税一事。噶布伦等平日受第巴贿赂，恐该番等赴京控告，有心袒护，妄以表文傲慢为词寝而不奏。此事若置之不办，将来复何所底止！著传谕鄂辉、成德、巴忠，传集唐古忒人等明白晓谕，使知该第巴等罪在不赦，故尔加以严惩。朕办理庶务，一秉大公，即边远之区，功罪惟视其人之自取也。鄂辉等现已在第哩朗古会合进兵，此旨到时，恐该处天气融和，冰雪已化。著即遵照节次谕旨，妥为办理，以冀迅速藏功。"

（高宗朝卷一三二〇·页一四下～一六上）

○ 乾隆五十四年（己酉）正月庚午（1789.2.7）

谕军机大臣等："昨巴忠奏，行抵扎什伦布即向胁噶尔前进。想此时业与鄂辉、成德先后晤见。伊三人会同妥商，藏事自属更易。但我兵撤回之后，尚恐贼匪乘间窃发，著传谕鄂辉、成德于巴勒布头目唤到时，告以尔等系边外小番，何胆敢侵扰天朝藏界。如果不用尔等新钱，必系所铸之钱银色低潮，故藏内人不愿使用。试思尔等常在藏内交易，设唐古忒等将丑恶货物高抬价值，或于银内镕化铜铅，转相售给，尔等亦岂甘承受？至加增税项一事，尔等亦可遣人告知噶布伦，令其查明究办，何遽妄自兴兵？想因索诺木旺扎勒平日向贸易人等苛求勒索已非一日，聂拉木第巴桑干又复加税不止，尔等欲奉表进贡，借以呈诉天朝，又被噶布伦等谎言阻止，匿不上闻，尔等负屈含冤末由解释，以致激起争端。此事大皇帝洞鉴隐微，索诺木旺扎勒虽系身故，其台吉职衔不准伊子承袭，桑干亦已照例拟斩，先行刺字发往烟瘴，并将驻藏二大臣革职治罪。大皇帝天下一体，并不以尔等僻处外番，视同膜外。有善必奖，有恶必惩，何所偏倚于其间！今我等带兵至此，本应痛加剿戮，姑念尔等究系徼外番夷，不晓大体，暂为宽恕。若再似此妄为，断无轻纵之理，必将尔全境荡平，不留遗孽，后悔何及！如此剀切宣谕，方足坚其感戴畏服之忱。……"

（高宗朝卷一三二〇·页一六上～一七下）

○ 乾隆五十四年（己酉）正月壬午（1789.2.19）

谕军机大臣等："……又据（鄂辉等）奏巴勒布等起衅根由，实由唐古忒等拣择银钱，加增税额，并于售卖盐斤内搀和沙土，种种积怨，及遣人讲论，又复置若罔闻。巴勒布心怀不平，无可雪愤，以致兴兵。果不出朕之所料，此事皆由噶布伦索诺木旺扎勒及第巴桑干二人起衅。鄂辉等将宗喀、济咙、聂拉木收复后，即传唤该头目到营，遵照前降谕旨明白晓谕。务使感畏交深，永远不敢侵犯边界，诚心立誓，方可撤兵。至现在曾否与贼打仗，及将各地方全行克复之处，并著迅速奏闻。"

（高宗朝卷一三二一·页一五下～一六上）

○ 乾隆五十四年（己酉）二月乙巳（1789.3.14）

谕军机大臣曰："佛智奏，审讯巴勒布商人哈瑚，据称前年曾将伊头目所交文书转呈庆麟等，并有'恳请照前遣使入贡，求为代奏'之语。此事亦不出朕所料，可见前将庆麟、雅满泰治罪，实为咎所应得。外夷输诚纳贡，遣使请安，自应即为陈奏。乃庆麟既不识廓尔喀字，未能译出，又称其词僭妄，自相刺谬。此皆索诺木旺扎勒任意妄行，以致庆麟等为所愚弄。著传谕鄂辉等，遵照前降谕旨，将此事向巴勒布头目确切访察相机办理外，至索诺木旺扎勒专恣横行，当与众噶布伦无涉。使索诺木旺扎勒尚在，自应重治其罪，今已幸逃显戮，因将伊子革去噶布伦，并停袭扎萨克台吉，以示惩戒。但恐众噶布伦等未能深知，妄生疑惧，亦未可定。鄂辉等可将索诺木旺扎勒已故，并不责备伊等之处明白晓谕，令其毋庸疑惧，嗣后只须黾勉办事，毋蹈前辙。至班第达系休致之人，尤无关涉也。……"

（高宗朝卷一三二三·页九上～一〇上）

○ 乾隆五十四年（己酉）二月丁未（1789.3.16）

又谕（军机大臣等）："巴勒布夷人侵扰藏地一事，皆由噶布伦索诺木旺扎勒肆意妄行，苛取商人物件，第巴桑干擅增税课等事起衅。今虽将索诺木旺扎勒之子及桑干分别惩处，但念达赖喇嘛诚实忠厚，遇事无所主持，一切俱恃左右喇嘛区处，必有狡黠之人在旁任用，是以索诺木旺扎勒借得交通恣横。此辈互相交结，若不投之远方，久之仍不免滋生弊端。巴忠熟悉该处情形，自伊到彼以来，有无此等情节，自不难一望而知。著传谕巴忠，将达赖喇嘛属下亲信喇嘛内密加查察。如向日并无与索诺木旺扎勒交通之事则已；若有其人，巴忠亦不必明言，即向达赖喇嘛告称此人学问甚好，意欲与伊同赴京城，在雍和宫居住。倘达赖喇嘛靳而不与，或称西宁、果莽等系口外地方，何不令往彼处住持，教训该寺喇嘛，亦一善事。巴忠务以婉言劝导。总须将此等喇嘛携带同行，俾绝后患，方为妥协。可否如此办理，仍著巴忠揣度情形据实具奏。并著舒濂、普福等一体留心。"

（高宗朝卷一三二三·页一三上～一四上）

○乾隆五十四年（己酉）三月戊午（1789.3.27）

又谕（军机大臣等）："从前索诺木旺扎勒承办噶布伦事务时，勒取巴勒布商人物件，致起争端。其余谬戾之处不一而足。设伊尚在，自当立予正法。今幸逃显戮，是以降旨不准伊子袭职，以示惩创。乃巴忠折内有暂行停袭之语，竟似日久仍可准令承袭，欲为预留地步，是何意见？著传旨申饬。所有索诺木旺扎勒袭职之处，著永行停止。"

（高宗朝卷一三二四·页三上～下）

○乾隆五十八年（癸丑）二月壬辰（1793.4.9）

谕军机大臣曰："福康安等复奏查明索诺木旺扎勒并无苦累巴勒布商人私加税银之事。自系实情。伊世袭扎萨克台吉业已革去，所有家产毋庸再行查办。……"

（高宗朝卷一四二三·页一七下～一八上）

胁噶尔西藏兵丁竭力守御；萨迦喇嘛、仲巴呼图克图等私自遣人说和

○乾隆五十三年（戊申）九月乙未（1788.11.4）

又谕（军机大臣等）："巴勒布贼匪无故侵犯藏界，今据庆麟、雅满泰奏萨嘉呼图克图等私自遣人说和，贼等即行退回。此事未可凭信，断不可因此草率完事。庆麟一人畏怯，闻贼匪散去欣喜过望，纷纷撤兵，实为非是。雅满泰奏伊等私自说和，不足为凭，总俟贼匪悔罪投诚，再行妥办等语，尚为近理。想鄂辉稍有主见，断不似庆麟之一闻贼退即思将就了局，不复前进。著传谕鄂辉、成德，伊等先后带兵到藏，若贼众仍在通拉、萨喀等处，务即尽力剿杀，收复聂拉木等处地方，再办设誓、定界等事。若贼众已回部落，道路遥远，亦可不必深抵贼巢。但于边外扎营，张大声势，遵照前次屡降谕旨，妥协办理，再行撤兵，至萨嘉呼图克图等遣人议和，其意虽未始不善，然亦应请示于达赖喇嘛、班禅额尔德尼，会同遣人前往。藏内有达赖喇嘛，即第穆呼图克图职分较大，尚不应私自出名与外夷部落交接，况仲巴呼图克图系班禅额尔德尼属下之人，何得任意自

专若此！若在藏众喇嘛均可与外夷部落私相往来，尚复成何事体耶？即和息一事，亦必须倚仗兵威，使贼震怖，方可永远宁谧。如以心存懦怯，辄往议和，转为贼人所轻，安能保其不复滋事！此次萨嘉呼图克图等究竟如何遣使立说之处，庆麟等折内亦未声叙明晰。巴忠到藏时，可即向仲巴呼图克图详细问明，据实具奏。再，合藏无知之辈闻有议和一节亦必共相喜悦，谓可无烦内地兵丁征剿，伊等粮米亦可节省。巴忠到彼，并当谕以萨嘉呼图克图等虽遣人两处说和，断不能久安长治。大皇帝特为保护尔等不惜内地兵力，为一劳永逸之计。今尔等愿草率完事，若贼匪续来侵犯，岂不更费周章？且内地兵丁已有旨令将军大人等严行管束，断不致稍有肆扰。即所用米粮仍系照价发给，尔等更何所用其畏怯。将此明白晓示，务使该番众等共知大义，勿存见小苟安之心，方为有济。……"

（高宗朝卷一三一四·页一八下～二一上）

○ 乾隆五十三年（戊申）十月戊戌（1788.11.7）

又谕："巴勒布无故侵扰藏地，特调内地兵丁严行剿办。近闻萨嘉呼图克图与仲巴呼图克图私相约会，遣人往贼营议和，所办甚属错谬。况萨嘉呼图克图系红帽喇嘛，唐古忒等不达事理，或因此议和一节心怀感激，渐至信奉红教，侵夺黄教之权，关系颇为紧要。已有旨谕知巴忠，于到藏后明白宣示。今思西宁所属蒙古人等亦系素奉黄教，自应一体晓谕。著将昨降谕旨抄寄普福阅看，即行遍为宣示。伊等议论如何之处，并著奏闻。"

（高宗朝卷一三一四·页二七上～下）

○ 乾隆五十三年（戊申）十月庚子（1788.11.9）

又谕（军机大臣）："据雅满泰奏萨喀一路与贼打仗情形，唐古忒兵尚能出力。现在成德带兵已至前藏，雅满泰赶回商议一切进兵事宜，亦稍能晓事。总之，贼匪如因萨嘉呼图克图等议和早经远遁，办理较难，今列子等处尚有贼匪未退，我兵正可乘机攻剿。著传谕鄂辉、成德速往萨喀等处，遵奉节次谕旨，痛加歼戮，俾贼众胆寒，然后再办定界等事。再，从前聂拉木、济咙、宗喀等处第巴并未拒贼，以致被掳，是以谕将三处第巴查明革退。胁噶尔第巴及唐古忒兵丁尚能竭力守御，曾分别赏给银、缎，以示奖励。今萨喀一路亦能打仗杀贼，并生擒贼匪一名，虽当贼已退败之时，究属奋勉，亦当加之鼓励。著鄂辉、成德查明此次打仗出力之人，仍照前例赏给，俾益踊跃从事。并将现在办理情形迅速具奏。"

（高宗朝卷一三一四·页三八上～下）

○乾隆五十三年（戊申）十月辛丑（1788.11.10）

又谕（军机大臣等）："据庆麟等奏，萨嘉呼图克图等所遣喇嘛将贼匪遵议和息之信寄回，即商同达赖喇嘛、班第达，令堪布、第巴等前往立约。所办甚属糊涂。巴勒布本系无能小丑，所以从前第穆呼图克图时，曾以私和完事。庆麟、雅满泰等如果稍知事体，当贼众滋扰之初即将利害祸福严行晓谕，使贼即行远窜，原不必兴师大办。只因庆麟、雅满泰俱未历练，毫无主见，而达赖喇嘛等又一闻贼匪侵扰即至张皇无措，以致轻调内地之兵。今内地业经发兵前往，理宜静待兵至，将贼匪痛加歼戮，使其畏惧求和，方可藏事。乃因萨嘉呼图克图等私议和息，即共深欢庆，遣人惟恐不速，殊属非是。前阅雅满泰不准私和之奏，朕方为其稍知大体。今一抵前藏，即与庆麟等扶同入奏，可见伊等皆欲草草完事，以图塞责。且达赖喇嘛遣堪布、第巴等与贼讲和，究竟作何措词，或以婉言相劝，或以大义训饬，奏内并未提及。至所获贼匪二名是否已解至前藏，亦未据奏闻。何至疏忽若此？本日据巴忠奏称，萨嘉呼图克图或因藏内喇嘛懦弱，先令巴勒布滋扰，复欲以讲和市恩，断不可受其笼络，仍当进兵严办等语。所奏甚为合理。朕早经洞鉴及此，已屡降谕旨训示。况巴勒布贼匪，一得萨嘉呼图克图之言即愿遵照和息者，自系闻知内地大兵将至，正在畏惧退遁之时，讲和一节自所乐从。但不大加惩创，终非久长之计。且萨嘉呼图克图红教喇嘛恃此议和之功，必思侵夺黄教之权，而唐古忒人等愚昧无识，私相感激，渐至兴起红教，所关尤为紧要。今达赖喇嘛及合藏人等惟知苟且偷安，独不思永远宁谧之道乎？且即欲讲和，亦当传唤贼人头目来营设誓，今反听从伊等之约遣人前往，似此倒行逆施尚复成何事体？著巴忠到彼，将庆麟、雅满泰严行申饬外，并传集达赖喇嘛、班第达、噶布伦等将此旨明切宣谕。此时鄂辉、成德谅已先后抵藏。务即速往萨喀，遵照屡降谕旨，乘贼匪未经全退，痛加歼戮。倘贼以讲和为言，该将军等即示以侵犯天朝边界，为天讨所必加。我等奉命领兵，惟知剿洗等语。严切晓谕。务使贼人恐惧乞命，恭顺求降，然后再办善后事宜。或达赖喇嘛亦主和议，以不必战争为请。鄂辉等亦将利害所在剀切开导，使知远大之图，勿狃目前小利，至合藏之人无不急思息事乐于议和者，必因虑内地兵丁至彼，或有扰累。鄂辉、成德更须约束兵丁，申严禁令，毋许私取藏地一物，方为妥协。再，庆麟等奏事竣后聂拉木、济咙等处必须酌添唐古忒兵丁防守等语。此等地方从前未始不设兵驻防，特因平时并未操演，以致一闻贼至即皆望风退避。著传谕巴忠将聂拉木、济咙、宗喀三处第巴全行革退，并派员解送至京。倘达赖喇嘛向其乞恩，亦无庸代为陈请。至萨嘉呼图克图或有微露居功之意，巴忠即以伊等私自遣人并不禀知大臣之非，据理责之，令其折服。仍俟军务告竣，将一切应办事宜，会同鄂辉、成德悉心筹画。以期卫藏宁帖，永无后患。"

（高宗朝卷一三一四·页四一下～四四下）

○乾隆五十三年（戊申）十月丙午（1788.11.15）

谕军机大臣曰："成德奏九月二十二日抵藏，将喇嘛私自与巴勒布讲和一事细询庆麟等，并与达赖喇嘛详加讲论，随会同商酌，将差去之堪布喇嘛等赶回，不必前往，现在天气晴暖，即酌筹进剿等语。与朕节次谕旨相合，所见甚正，可嘉之至。巴勒布贼匪胆敢侵犯后藏边界，若闻大兵将到即闻风远窜，转不能痛加歼戮，使之畏惧慑服。今因喇嘛等私自差人讲和，贼众在边境听候。成德到彼，即将差往讲和之人撤回，贼匪无从得信，自必在彼等候观望。成德统率大兵，乘其不备，正可奋力剿扑，多有斩获。此亦似迟而实速之极好机会。计鄂辉此时亦已抵藏，该将军等务当益加勉力妥办，以副委任。至萨嘉呼图克图等私自差人说和，庆麟等接到喇嘛呈报，并不严行驳饬，即同公班第达告知达赖喇嘛，差人前往，糊涂已极，岂待伊二人之自言！今成德抵藏后，将达赖喇嘛所差之人赶回，此系成德之意，与伊二人何涉，乃觍颜附衔具奏？并称庆麟随先驰往后藏，将派拨防守事务妥为料理，尤属无味之极！现在鄂辉、成德已先后抵藏，所有剿捕及一切事务，著专交鄂辉、成德办理，俟巴忠到彼，再会同商办，毋许雅满泰、庆麟二人搀越其事。如雅满泰、庆麟以此事不令伊二人办理遂思从中掣肘，恐不能当此重戾也！又，成德折内称：据公班第达称，后藏一带天寒甚早，恐后雪大封山，官兵不能前进等语。前因公班第达在藏办事日久，于该处情形自较熟悉，是以谕令庆麟等诸事与之商酌。今阅其告知成德之语，竟系一怯懦无能之人，不过以雪大为词阻止官兵进剿，希图说和，将就完事。所言全不足信。试思如此将就完事，贼若再来，又如何办？著传谕鄂辉等，嗣后一切须坚持主见妥办，不必再向班第达会商也。至雅满泰等前奏拿获贼匪二名，系八月二十八日之事，乃迟至九月二十五日成德发折时尚未解到前藏。可见，雅满泰、庆麟全不以事为事，于拿获匪犯，竟听该处第巴等任意耽延，并不催令速解，讯问情形具奏，实属怠缓已极。雅满泰、庆麟二无用物，著传旨严行申饬。并著成德，即传该第巴面加严饬，并将拿获解到之犯隔别研讯确供具奏。如有紧要情节，即一面具奏，一面将该二犯派委妥员严行分别管解，并于藏内遴选谙晓巴勒布语之通事一名，一并妥速送京，以备讯问。再，萨嘉呼图克图等差人私下与贼众说和时究竟如何措词，是否以大兵将到声势恐吓，贼众因而畏惧听从，抑竟有巽词说合之处，及此次达赖喇嘛所遣往之堪布等虽已赶回，但差往用何言辞说和，并著巴忠到彼后，务遵前旨，会同鄂辉、成德详查据实具奏。此时成德早已带兵驰赴聂拉木等处，而鄂辉亦指日可到，谅巴勒布么么小丑，一经官兵会剿，无难克期藏事。惟伫盼捷音之速至耳！并著赏给成德小荷包一个。将此由六百里加紧各传谕知之。"

（高宗朝卷一三一五·页四下～七下）

○乾隆五十三年（戊申）十月丁未（1788.11.16）

谕军机大臣曰："……至此事因该处喇嘛、噶布伦、唐古忒人等识见庸鄙，不谙大体，而庆麟等又怯懦无用，种种乖谬，思之实增烦懑。巴勒布侵犯后藏边界，该处喇嘛如果能与之以理讲解，从前曾办有成案，庆麟等即应早为妥办。或庆麟等不敢擅专，亦何妨将仿照筹办缘由据实奏闻。乃于此事初起时并不详加斟酌，辄一面具奏，一面檄调内地官兵前往。及大兵将到，又任令喇嘛等私自说和。试思天朝大兵不远数千里赴藏剿贼，若因喇嘛等与贼说和徒手而回，岂不师出无名！且大兵撤后，设贼匪又乘间滋扰，仍须纷纷檄调，不但官兵跋涉为劳，兼使贼番等无所畏惧，愈滋其轻忽之心。况大兵既往，因讲和议撤，则将来喇嘛等亦觉进退操纵，可以专主，尚复何事不可为，而驻藏大臣几为虚设矣！总之，此事内地派往官兵，朕原为保护达赖喇嘛、班禅及爱惠众唐古忒等起见，乃庆麟等办理不善，于粮运一节始则诿诸内地，断则劝令该处赶紧备办，又不将给予价值之处明白宣示，以致喇嘛、噶布伦等见小畏难，竟似虑内地官兵前往需其供给，不免扰累，意存将就完事，不欲官兵进剿。昨成德奏，班第达以早寒雪大，难以进讨为词，已可概见。殊失朕始终保全爱护卫藏之至意。著巴忠到彼后，会同鄂辉等将庆麟等节次办理错误，及朕派兵赴藏为保护伊等缘由，向喇嘛、唐古忒等明白开示，俾咸喻朕意，倍加感激，方为妥善。……"

（高宗朝卷一三一五·页九上～一一下）

○乾隆五十四年（己酉）正月辛酉（1789.1.29）

又谕曰："成德奏，访察仲巴呼图克图等遣人议和，当以大兵威吓，并无异词求解等语。朕思伊等议和即无异词求解，但贼已屡次败北，萨嘉呼图克图等探知内地大兵将至，阳托议和之名，实以送信与贼，俾得及早躲避，已属显然。设不遣人前赴贼营，贼匪无从得信，大兵一至，定可痛加剿戮，使之丧胆，完事岂不更易！著巴忠等将此存记，俟事竣之日，面谕萨嘉呼图克图及仲巴呼图克图：'尔等遣人与巴勒布议和，虽托词以大兵恐吓，其实借此送信，使该番等闻风远遁。今事已完竣，姑不深究。尔等务当感激大皇帝宽宥鸿慈，嗣后凡事俱听命而行，不可仍前任意，致干咎戾。'伊等如何登答，并著据实奏闻。"

（高宗朝卷一三二〇·页一〇上～一一上）

○乾隆五十四年（己酉）七月庚戌（1789.9.15）

又谕（军机大臣等）："据鄂辉等奏，遵照前奉谕旨，将萨嘉呼图克图及仲巴呼图克图遣人与巴勒布通信之处明白饬谕，伊等俱已悔罪谢恩等语。鄂辉等现在扎什伦布晓谕萨嘉、仲巴两喇嘛，并办理一切事宜，乃巴忠迳自先回，殊属非是。已屡经降旨训饬。著再传谕巴忠，伊回至扎什伦布时，计鄂辉等尚在该处逗留，巴忠即当会同商办诸事，务须遵照节次所降谕旨妥协办理，毋庸急于回京也。"

（高宗朝卷一三三五·页二九下～三〇上）

○乾隆五十七年（壬子）六月戊辰（1792.7.19）

又谕："……又据（福康安）奏，萨嘉呼图克图现在听达赖喇嘛分派，一体出办乌拉、粮石，尚为恭顺。是其初原不免心存观望，今见大兵前进，声威壮盛，亦知感畏出力。且据福康安等细加访察，该喇嘛尚不敢与贼匪有勾通情事，如此却好。其前此向贼匪递送哈达一节，此时亦可毋庸深究也。"

（高宗朝卷一四〇六·页四上～五下）

罪责驻藏大臣庆麟、雅满泰张皇其事、在藏筹买军粮不善以及私令说和等

○乾隆五十三年（戊申）九月庚午（1788.10.10）

又谕（军机大臣等）曰："庆麟等奏巴勒布起衅，因聂拉木等处第巴妄增税课所致。国家设立驻藏大臣原为办理地方事务，彼处第巴等滥行增税，庆麟、雅满泰平日岂无见闻？即五月中巴勒布给噶布伦等书信一事，维时噶布伦等虽未禀明，伊二人竟形同木偶乎？若即据实奏闻，则刻下大兵早至，何致迟误！且噶布伦等早经得信，未即具报，至聂拉木、济咙被劫不能隐匿，始行奏明，是虽噶布伦等之罪，而庆麟、雅满泰亦至此方为查询，其平时所司何事？巴勒布既因增益税课，致起兵端，如果实有其事，当将擅自增税之第巴等押解来京。若致伊等先行潜逃，庆麟、雅满泰恐不能当此重谴。至从前第穆呼图克图私自调停办理时，并未禀知驻藏大臣，今届掣肘之时始行举出恳求，殊属可笑。庆麟、雅满泰并无一语理责其非，实为无用。再，发交廓尔喀檄谕，立言尤当得体。今庆麟等书稿中竟称廓尔喀为王，是果朕所封之王乎？其余措词错谬之处，不可枚举。此事朕为达赖喇嘛、班禅额尔德尼及藏内人众特发内地之兵，唐古忒等理应感激，急筹兵丁、粮饷。乃噶布伦等竟以不能办理为词，庆麟、雅满泰又不能剀切晓示，令其感悟。况兵丁并非专需米石，凡麦、面、牛、羊等物

俱可作为口粮。近派后藏之兵，仲巴呼图克图即援引前辈达赖喇嘛书内有免派扎什伦布之语互相推诿，是辜负朕怜悯伊等之意。著庆麟、雅满泰即以大义明切晓示，严催办理。再，四川官兵赴藏，沿路口粮俱由李世杰处承办，庆麟、雅满泰何至今始将折稿咨行？且寄信李世杰，自当以汉字书写便于观览，乃复给以清字。庆麟、雅满泰种种错误之处，著严行申饬。倘仍蹈前辙，朕必重治其罪。并将此旨发交巴忠阅看，即将聂拉木等处增税第巴查明。并唐古忒兵将来如何训练之处，俱留心酌议奏闻。"

（高宗朝卷一三一二·页三五上～三七上）

○ 乾隆五十三年（戊申）九月癸未（1788.10.23）

谕军机大臣等："巴勒布贼匪起事之初，庆麟等稍知事体善为办理，亦不至如此张皇。即如口粮一事，并不先事通融酌办，转据噶布伦等推诿之词含糊入告。及朕代为筹画，将达赖喇嘛、班禅额尔德尼商上及各村庄所贮粮石官为采买，并牛、羊亦可作为口粮之处详悉指示，方得略有头绪。但彼时因贼匪未回，陆续添派兵丁，不可不预为筹备。今贼匪已由胁噶尔渐次撤回，我兵到时不过定界等事，无需四月之久即可撤兵。计从前办出口粮已足敷用，庆麟乃复固执，勒令办出牲畜，又不支给成德所带兵丁，转另给钱粮，令其自行买食，留此项为续进大兵之需。任意妄奏，不料其糊涂一至于此；除严加申饬外，著传谕庆麟将现在办出四千余石稞麦无庸全行发价，内地派往兵丁各有裹带口粮，行抵彼处时设有不足，再于此内支给。成德等带兵无多，此四千余石口粮已为裕如，可将续办牛、羊全行给回。再，昨据普福奏，查阅西宁所属卡座，严加防守等语。现在贼匪遁退，藏内谅无大事。西宁地方若系向例设卡防守，仍应照常办理；如因巴勒布滋事，始行预备，即令各回游牧，毋致纷纭滋扰。仍晓谕库库诺尔各蒙古王公等令其安堵如初。"

（高宗朝卷一三一三·页二九上～三〇下）

○ 乾隆五十三年（戊申）九月甲申（1788.10.24）

谕军机大臣等："阅雅满泰奏到各折，甚属糊涂。伊既至后藏，理应明示仲巴呼图克图等：现由内地派兵，程途遥远，需用口粮断无由内地运送之理。藏内现有存粮，自可宽为预备。况系照价发给，毫无扰累。如此明白宣谕，伊等断无不踊跃从事。乃并不将此详悉晓谕，转严行交办，使仲巴呼图克图等不知怜悯伊等之心，反若于贼匪抢夺之外更增一番骚扰，尚复成何事体！至唐古忒人等懦怯性成，自应多方鼓励，俾知奋勇。今贼匪已由胁噶尔撤退，朕尚虑其渐次远窜，不能痛加歼戮，乃雅满泰转以贼匪设计埋伏等词致伊等更增疑惧，尤属可笑。著传谕巴忠，于到藏后一一宣示仲巴呼图克图，并传集后藏之噶布伦、戴绷、第巴等，将雅满泰降旨严行申饬。"

（高宗朝卷一三一三·页三二下～三三下）

○乾隆五十三年（戊申）十月辛卯（1788.10.31）

又谕（军机大臣等）："前经屡降谕旨，指示雅满泰办理口粮，原为预备添兵之用。现在贼已陆续退去，无须调遣多兵，前藏办出之粮已敷四月之用。雅满泰岂无见闻？即此项粮石尚且不能用完，后藏更何须此许多粮畜？且后藏与萨喀相近，贼匪由胁噶尔撤退，复由列子前至萨喀，现在贼势如何，该第巴等能否抵拒，理应详悉奏闻。乃折内并未声叙，转将添办粮饷及交给廓尔喀檄谕烦琐叙入，抑何糊涂至此！再，仲巴呼图克图所称不领价值，亦因闻达赖喇嘛之言，不得不照样呈请。然达赖喇嘛所办粮石支用若干，仍降旨照数给价，仲巴呼图克图所办粮畜岂有转不给价之理。总之，内地兵丁赴藏如携带口粮用罄，先尽前藏所办之粮。按日给发，仍须节省。倘前藏粮石又复渐次用完，再将后藏此项存粮陆续接济。支用多少，照数给价。此时尚不必尽数采买，雅满泰何俱未经见及？著传旨严行申饬。并寄知鄂辉等，于到藏时再向仲巴呼图克图等明白晓谕此事原为保护尔等，即备办兵丁粮饷，仍系官给价值，并非勒派办理。庶伊等无知之人，不致稍有疑虑。"

（高宗朝卷一三一四·页六下～七下）

○乾隆五十三年（戊申）十月己亥（1788.11.8）

又谕："据庆麟奏，照料班禅额尔德尼回至前藏，接奉申饬谕旨，称伊已与雅满泰商定，仍赴扎什伦布地方，后又接奉著雅满泰前往后藏之旨，雅满泰即前往扎什伦布地方去讫，今成德到彼，令雅满泰至前藏，庆麟速往扎什伦布地方去等语。庆麟竟属病狂，从前伊托辞照料班禅额尔德尼来至前藏，竟将后藏弃掷于一庸懦之仲巴呼图克图矣！扎什伦布地方何可无大臣在彼？倘若班禅额尔德尼去后，众心散乱，扎什伦布地方被贼占据，更属不成事体。曾经申饬庆麟，庆麟并不认罪，胆敢在朕前诈称伊曾言定仍欲前往扎什伦布地方等语。竟不成话，似此糊涂，尚敢在朕前取巧具奏，岂能逃朕洞鉴？庆麟著革去公爵，赏给头等侍卫，仍留在彼，协同雅满泰办事，效力赎罪。庆麟之世袭公爵，著交该旗或拣选班第子嗣，或巴禄之别子承袭，庆麟之子不必承袭。"

（高宗朝卷一三一四·页二八下～二九下）

○乾隆五十三年（戊申）十月丙午（1788.11.15）

谕军机大臣曰："……至萨嘉呼图克图等私自差人说和，庆麟等接到喇嘛呈报，并不严行驳饬，即同公班第达告知达赖喇嘛，差人前往，糊涂已极，岂待伊二人之自言！今成德抵藏后，将达赖喇嘛所差之人赶回，此系成德之意，与伊二人何涉，乃觍颜附衔具奏？并称'庆麟随先驰往后藏，将派拨防守事务妥为料理'，尤属无味之极！现在鄂辉、成德已先后抵藏，所有剿捕及一切事务，著专交鄂辉、成德办理，俟巴忠到彼，再会同商办。毋许雅满泰、庆麟二人搀越其事。如雅满泰、庆麟以此事不令伊二人办理遂思从中掣肘，恐不能当此重戾也！又，成德折内称据公班第达称，后藏一带天寒甚早，恐后雪大封山，官兵不能前进等语。前因公班第达在藏办事日久，于该处情形自较熟悉，是以谕令庆麟等诸事与之商酌。今阅其告知成德之语，竟系一怯懦无能之人，不过以雪大为词阻止官兵进剿，希图说和，将就完事。所言全不足信。试思如此将就完事，贼若再来，又如何办？著传谕鄂辉等，嗣后一切须坚持主见妥办，不必再向班第达会商也。至雅满泰等前奏拿获贼匪二名，系八月二十八日之事，乃迟至九月二十五日成德发折时尚未解到前藏。可见雅满泰、庆麟全不以事为事，于拿获匪犯，竟听该处第巴等任意耽延，并不催令速解，讯问情形具奏，实属怠缓已极！雅满泰、庆麟二无用物，著传旨严行申饬。并著成德，即传该第巴面加严饬。并将拿获解到之犯隔别研讯确供具奏。如有紧要情节，即一面具奏，一面将该二犯派委妥员严行分别管解，并于藏内遴选谙晓巴勒布语之通事一名，一并妥速送京，以备讯问。再，萨嘉呼图克图等差人私下与贼众说和时究竟如何措词，是否以大兵将到声势恐吓，贼众因而畏惧听从，抑竟有巽词说合之处，及此次达赖喇嘛所遣往之堪布等虽已赶回，但差往用何言辞说和，并著巴忠到彼后，务遵前旨，会同鄂辉、成德详查据实具奏。此时成德早已带兵驰赴聂拉木等处，而鄂辉亦指日可到，谅巴勒布么么小丑，一经官兵会剿，无难克期藏事。惟伫盼捷音之速至耳！并著赏给成德小荷包一个。将此由六百里加紧各传谕知之。"

（高宗朝卷一三一四·页四七下～四九下）

○ 乾隆五十三年（戊申）十月戊午（1788.11.27）

谕军机大臣曰："雅满泰、庆麟等数日并无奏报，甚切廑思。从前屡次所降谕旨，伊等接奉后自应一一复奏。且萨喀地方戴绷巴载等生擒贼匪解送前藏之处，具奏已逾半月，此时想早经解到，亦当将因何起事缘由审明奏闻。况萨嘉呼图克图等所差和息喇嘛如何立言之处，前经垂询，亦并未据奏及。雅满泰等系驻藏办事大臣，今既不能办事，岂于应行陈奏事件亦漠不关心若此耶？雅满泰、庆麟著传旨严行申饬，仍将从前接奉谕旨陆续迅速复奏。再，成德已驰抵后藏，旬日以来何以未见奏到一折？此时鄂辉亦已将次到藏，著将到彼后如何剿贼情形，及办理一切之处，星速奏闻，以慰廑注。"

（高宗朝卷一三一五·页三〇下～三一上）

○ 乾隆五十三年（戊申）十一月庚申（1788.11.29）

谕军机大臣等："巴勒布贼寇情形旬余未见奏报，盼望颇切。今阅雅满泰所奏，只将节次接奉谕旨往复絮聒，而于贼寇情形终未提及。况据奏现在所用麦面、牛羊等项，俱由达赖喇嘛、班禅额尔德尼备办，并非官为采买，尤属糊涂。从前屡降谕旨，交伊等动项采买，断不可稍有抑勒，明白开示至再至三。今既由达赖喇嘛、班禅额尔德尼商内办出，自应一面动支，一面按数给价。乃雅满泰尚称非由官买，是真欲勒取耶！朕特派官兵前往，原系拯救生灵，奠安卫藏，岂可因接济军粮，转使惠爱之心反成扰累之事！况成德谅已驰抵后藏，其如何剿贼之处，雅满泰岂无闻见，亦无一语奏及？即噶尔丹西勒图、萨穆迪巴克什所寄书信交与噶布伦等之后，伊等议论如何，或深感激，或生畏惧，设伊等并无言语，亦应察其情状若何据实具奏。乃于此等处全无理会，雅满泰真形同木偶矣！著再严行申饬。此时成德自已到彼，仍著将贼匪情形及如何剿办之处，迅速奏闻。"

（高宗朝卷一三一六・页三上～四上）

○乾隆五十三年（戊申）十一月甲子（1788.12.3）

谕军机大臣曰："……又，雅满泰等所奏拿获活口二名，迄今已两月有余，何尚未据录供复奏？著再传谕雅满泰，即向该犯严密讯取确供，将此次因何滋事情形据实速奏，以便朕指示办理。现据成德奏，噶布伦、戴绷等所报多未确切，雅满泰于此事办理无能尚可原恕。若复与噶布伦等扶同隐匿不将讯出贼匪实情具奏，不特昧尽天良，将来一经巴忠查出，恐不能当此重戾也。"

（高宗朝卷一三一六・页一三上～一四下）

○乾隆五十三年（戊申）十二月辛卯（1788.12.30）

谕军机大臣等："……惟（成德）折内称行至拉子地方，查询该处糌粑仅有二百余石，止敷现兵支食，胁噶尔所存糌粑亦只敷四五日之用，其达赖喇嘛商上办出口粮四千六百余石，俱散在各处存积，程途遥远，不能随军前进等语。军行粮食最关紧要，此系驻藏大臣专责，官兵未到之前，早应设法运送，俾兵至粮随，焉有散在四远，致令缓不济急，临事周章之理！庆麟等竟思官兵抵藏并不进剿贼匪，惟在前藏将商上粮石坐食，遽尔撤兵耶？总之，剿办巴勒布一事，种种皆系雅满泰、庆麟贻误。即此次粮运迟延，亦由伊二人玩误所致。庆麟系恳请前赴后藏之人，乃并不沿途查察，赶紧办理，其罪尤重。著以蓝翎侍卫，在章京上效力行走，交与鄂辉、巴忠等差遣委用。如再不知愧奋，朕必将伊即在该处正法示众。雅满泰著降为头等侍卫，速赴后藏，专办粮务。如办理妥协，尚可以功抵罪；倘再有贻误，必将雅满泰一并治罪。仍著鄂辉、巴忠等，将伊二人传旨严行申饬，并面加训斥。所有驻藏大臣印信，即著巴忠接管。俟舒濂到彼交代后，酌量该处诸务办竣可以起身，即行奏明回京。……"

（高宗朝卷一三一八·页五上～六下）

○乾隆五十三年（戊申）十二月戊戌（1789.1.6）

又谕（军机大臣等）："据巴忠参奏庆麟占据唐古代 [忒] 等处地方，挖河乘船游玩，并造园舍亭台，令兵丁等演戏各款。前因庆麟、雅满泰办理巴勒布一事错杂无序，而庆麟复敢于朕前饰词巧奏，已将庆麟革去公爵，降为蓝翎侍卫，尚未知伊如此妄为。今阅巴忠此奏，是治伊之罪不啻上天示意于朕躬，实为可畏！但所奏各款内如止于挖河、造园、演戏等项，不过年轻任性，犹不至关系紧要。倘有奸宿番女，并滥行贪刻之事，尤当从重办理。著传谕巴忠，抵藏时严加审讯。若庆麟只系年少习气纵意游观，即在该处枷号示众。倘此外复有贪淫劣迹，即当奏明正法。巴忠务即审讯明确，据实奏闻。再，巴勒布滋扰一案，皆因庆麟、雅满泰种种办理不善，以致贻误至此。昨据成德奏，伊等办理粮务又复迟延怠玩，是以令庆麟在章京上效力行走，雅满泰亦降为头等侍卫，发往后藏办理粮饷，令巴忠于舒濂未到以前接管驻藏大臣印务。今巴忠所奏适与朕旨相合，现在雅满泰亦当审问，巴忠且不必往鄂辉、成德处帮办剿捕事宜，著即驻扎前藏，秉公办理一切。"

又谕："据巴忠参奏庆麟折内有巴勒布于去岁呈请纳贡，该大臣等未经具奏等语。此事虽未知真假，如果属实，大兵至彼，或伊等又求进贡，亦未可定。鄂辉、成德至彼时不妨询问该头目，倘果有情愿纳贡之事，即为允准所请，此事更易完结。著传谕鄂辉等，妥为留心办理。"

又谕："据巴忠参奏庆麟各款，已降旨令其审明办理。但思驻藏大臣等所住之房，系从前珠尔默特纳木扎勒所盖，原有园亭，并闻多栽树木，引水入内。后因入官，作为该大臣衙门，历任驻藏大臣俱略为修葺。庆麟年轻，或更加以粉饰，尚无关系。即买松石等物，如系发银交唐古忒转买，亦属事之所有。著再传谕巴忠，庆麟若止此数款，尚可毋庸深究，即将伊办理巴勒布一案种多错谬及迟误粮米等事定罪完结。倘审有奸宿番女及肆意贪刻各情弊，再行从重定拟具奏。至驻藏大臣二人从前原系同住一处，自珠尔默特纳木扎勒起事后，将伊房屋入官，始分两处居住。若令照旧同住一处，则彼此商办事宜，以及稽查情弊，耳目较近，自更有益。著鄂辉、成德、巴忠等，于办理善后事宜时，将驻藏大臣等仍令一同居住之处，一并入议奏闻。"

（高宗朝卷一三一八·页二七下～三〇上）

○乾隆五十三年（戊申）十二月乙亥（1789.1.7）

谕军机大臣等："从前驻藏大臣所居闻系三层楼房，楼高墙固，即偶有意外之事，易于防守。而该大臣等同居一处，彼此商办事务，自有裨益，已令鄂辉等于办理善后事宜时，妥议具奏矣。至兵丁作为优人一节，尤大不可。驻藏兵丁特为防守地方，平日自当演习武艺，倘有不肖兵丁私学唱戏者，大臣等尚宜严禁，岂可反令改作优伶？此不过该大臣等不理政事，徒借此消遣烦闷耳！试思驻藏不过三年便当撤回，何闷之有？即或闲居无事，令兵丁等学习骑射，演试枪炮，不惟可以消遣，并可操练兵丁，何念不到此，而徒以游戏为事耶？嗣后该处除商民唱戏毋庸禁止外，倘该大臣等仍有听兵丁演戏者，朕必从重办理。又，六月内因庆麟服满演剧一款，尤为不堪陋习。况庆麟于六月服满，而令兵丁演习，系在伊服满之前，岂复尚有人心者乎？……"

（高宗朝卷一三一八·页三〇下～三一下）

○乾隆五十三年（戊申）十二月癸丑（1789.1.21）

又谕："前因巴勒布贼番侵扰藏界，据庆麟、雅满泰奏报，藏内唐古忒懦怯性成，未谙军旅，特派内地将军、大臣带兵前往。此皆朕矜恤达赖喇嘛、班禅额尔德尼暨唐古忒等番众，故不惮劳师远涉，以期绥靖边隅。但道路遥远，粮运维艰，从前西藏用兵，即在该处采买支应。乃庆麟、雅满泰愚昧无知，不思预为备办，并未将发价采买之处遍行晓谕，以致噶布伦等畏难推诿，将拯救伊等之举转似涉于骚扰。幸朕洞烛先几，预料庆麟、雅满泰不能办理此事，早派巴忠前往，相度机宜，宣播德意。今巴忠到藏，即向达赖喇嘛、班禅额尔德尼暨唐古忒番众，将朕爱怜伊等代为筹画万全，欲令永享敉宁之意明白宣示，伊等始俱欢忻踊跃。并将庆麟、雅满泰等平日任意妄为之处一一查出具奏。如修饰衙署、兵丁演戏等事已属不合，而去岁廓尔喀头目呈请愿进表纳款，庆麟等误听噶布伦等之言，以其呈词傲慢驳回未奏，尤属乖谬。外夷等愿通职贡，边疆大吏理宜据情入告，其可否准行，候朕降旨。即文词果有倨傲，亦当奏明定夺，小则训饬，大则征剿，俱无不可。乃庆麟等竟敢驳回不奏，其意只因平素噶布伦等向巴勒布苛派勒索，积怨已久，恐其到京呈诉，故尔有心欺隐。即此一事，其罪已应正法，姑念庆麟年少无知，被索诺木旺扎勒蒙蔽所致，庆麟著革职，在该处枷号三年，以示惩儆。雅满泰虽到藏日浅，并未将索诺木旺扎勒查参，亦属非是，著一并革职，摘去花翎，在笔帖式上行走。……著将此通谕中外，俾咸知朕意。"

（高宗朝卷一三一九·页二一上～二四上）

○乾隆五十三年（戊申）十二月甲寅（1789.1.22）

谕："昨据巴忠奏，去岁巴勒布头人情愿进表纳贡，庆麟等因其呈词傲慢并未奏闻。已将庆麟、雅满泰等分别治罪矣。今思巴勒布部落本非所属，且向未加以扰害，伊既倾心内附，欲求进贡，何至有傲慢之语？此不过因第巴、噶布伦等平时妄肆侵渔，或于呈内略为申诉，而噶布伦等遂以傲慢为词希图掩饰，庆麟等堕其术中，竟尔驳回未奏。夫使呈诉属实，自应将贪污之噶布伦等严加究办，方足以服其心。向来外夷内附恳请纳贡之事，亦所时有，边疆大臣从未有匿不上闻者。即各直省遇有讦告大臣事件，一经奏闻，朕必详加究察，不肯稍涉颟顸。况以外番向化纳款，而因控告噶布伦等微嫌，遂致隐匿不奏，有是理乎？此事甚关紧要，若不彻底查办，将来相率效尤，尚复成何事体！但巴忠折内尚未将巴勒布呈词如何倨傲之处详晰声叙。著传谕鄂辉、成德、巴忠等即行悉心查访，务得其实。此项呈词经噶布伦译出，庆麟自已见过，可即向伊询问，谕以在彼枷号，尚属从宽，此事若再不实言，倘从他人询出，朕必将伊从重治罪。再，巴勒布商头哈瑚现尚囚禁藏内，或向彼查询，亦可探得实情。且鄂辉、成德等不妨将巴勒布贼目唤至，询其起衅缘由，并告以尔等去年恳请纳贡，因该大臣等未奏，业经治罪。尔等所递呈内究系作何言语，此时若原呈尚在，可即送阅，以便代为奏闻。如有屈抑之处，即当秉公究办。似此剀切晓谕，伊等自必毕露悃忱。朕所以必欲穷究底里者，盖以欺隐之习不可不防其渐。朕临御五十余年，无日不以勤政为念，今虽年近八旬，而惟日孜孜，罔或稍懈。于大小臣工功过，一秉大公至正，从不稍存假借，此众所共知者。鄂辉、成德等务须仰体朕意，迅速查明，据实复奏。"

（高宗朝卷一三一九·页二五上～二七上）

○ 乾隆五十四年（己酉）正月庚午（1789.2.7）

谕军机大臣等："……再，达赖喇嘛系出家长厚之人，今闻庆麟、雅满泰等治罪，或欲代为恳求，向鄂辉等言及，亦未可定。如有此事，即告以伊二人在彼办事，种种失宜，是以降旨治罪。此正大皇帝仁爱达赖喇嘛及整饬卫藏之至意。今达赖喇嘛欲为伊二人邀恩，恳请代为陈奏，我等若不据情入告，则亦同庆麟、雅满泰之糊涂。设或奏而不准，则又与达赖喇嘛颜面攸关，此事正难悬定。伊复作何言语之处，并著遇便奏闻。"

（高宗朝卷一三二〇·页一七下～一八上）

○ 乾隆五十四年（己酉）二月乙巳（1789.3.14）

谕军机大臣曰："……并著巴忠于办理贼匪事竣，由胁噶尔回时再行严讯庆麟。前年巴勒布呈请遣使进表，伊岂毫无闻见，乃始终隐匿不奏，究系何心，即录确供遇便奏闻。"

（高宗朝卷一三二三·页九上～一一下）

○ 乾隆五十四年（己酉）二月己酉（1789.3.18）

又谕（军机大臣等）曰："庆麟抵藏后任意修饰房屋，诸事废弛。又将巴勒布呈进表文，听信索诺木旺扎勒之言隐匿不奏。是以前降谕旨，将庆麟在彼枷号三年。但枷号庆麟之意，特为驻藏大臣、官员示儆，非以垂戒唐古忒人也。打箭炉为入藏通衢，大臣、官员俱由该处经过，触目警心，足昭炯戒，著将庆麟解赴打箭炉枷号三年，不必在藏办理。"

（高宗朝卷一三二三·页一六上）

廓尔喀退兵，鄂辉等奉旨议订设站定界章程和酌议藏中事宜

○乾隆五十三年（戊申）十月庚寅（1788.10.30）

谕军机大臣曰："……再，近日屡据庆麟等奏报，后藏胁噶尔之围已解，巴勒布贼众退遁二站，后又有千余名，由列子陆续渡河前至萨喀等语。看来贼众无能，若竟退归巢穴，转难深入穷追。今乘其自来，正俟待我兵至藏痛加歼戮，使之畏惧乞降，永靖边隅。著将庆麟等近奏之折并所降谕旨，一并抄寄阿桂阅看。将此由四百里传谕知之。"

（高宗朝卷一三一四·页二下~五上）

○乾隆五十三年（戊申）十二月戊子（1788.12.27）

谕军机大臣等："……至驻藏大臣役使该处兵丁，虽系相沿旧习，但何至使用一半，况该大臣等任意役使，其属员中再行分占数名，该处兵丁尚安有操演武备之人？著传谕鄂辉、成德、巴忠等于办理善后事宜时悉心核议，将该大臣官员各衙署中应用兵丁几名足敷差委之处，定以额数，永远遵行。并将该兵丁等使用番妇之风严行禁止。"

（高宗朝卷一三一八·页一下~二上）

○乾隆五十三年（戊申）十二月癸丑（1789.1.21）

谕军机大臣等："据巴忠奏到藏后即将访闻庆麟各款审讯明晰并查办诸事各折，俱属妥协。除将朕办理藏务始末及庆麟、雅满泰分别治罪之处明降谕旨外，著传谕巴忠，将庆麟藏内所有物件一并查抄，以昭儆戒。现在前藏乏人，巴忠毋庸久驻后藏，著仍遵前旨即回前藏办事。从前留保住在藏办理一切事宜虽尚周详谨慎，然未将索诺木旺扎勒等专恣不法查出具奏妥办。今留保住年已七十有余，如再令远赴该处，朕心实有不忍，是以雅满泰之缺，已将普福调任。巴忠俟舒濂、普福先后到藏，将一切事务交代明白再行回京，亦未为迟。至班禅额尔德尼情愿暂驻前藏，传习经典，可即照所请，俟明年六月内再送回扎什伦布。现在前后藏红教喇嘛甚多，自不便严行禁止，但煽聚日久，若致黄教渐入红教，则大不可。并著密为查察，务使两教画然不相紊杂，方为妥善。舒濂、普福到时亦著一体留心

稽察，毋稍疏懈。"

（高宗朝卷一三一九·页二四上～二五上）

○ 乾隆五十四年（己酉）正月乙亥（1789.2.12）

谕军机大臣等："据巴忠奏于十二月十九日已抵胁噶尔，访得巴勒布贼匪因不耐寒冷大半病毙，藏事无难，且接续口粮甚为充裕。朕览奏为之稍慰。鄂辉、成德已从第哩朗古小路潜进，此时贼匪力穷，大兵到彼，痛加歼戮，谅聂拉木等处定可不日收复，绥定边陲。鄂辉、成德于事完之后，即会同巴忠将一切善后事宜悉心妥议，立定章程。一面先将兵弁撤回，毋致在彼久驻。现在有何信息之处仍著速行奏闻。"

（高宗朝卷一三二一·页八下～九上）

○ 乾隆五十四年（己酉）二月甲辰（1789.3.13）

又谕（军机大臣等）："巴勒布系边夷小丑，无故断不敢滋生事端。今据鄂辉等奏，查明起衅情节，果不出朕之所料。伊等此时如已收复聂拉木、济咙地方，即当将朕屡次所降谕旨明白宣谕巴勒布等知悉，令彼设誓定界，即行撤兵。但此事虽易完结，而藏内诸事究无一定章程。倘日后复有匪徒侵扰，又需再为经理，藏众亦不得长享安全。从前补放噶布伦、戴绷、第巴等缺，俱由达赖喇嘛专主，驻藏大臣竟不与闻。现在达赖喇嘛朴实无能，不过倚仗一二近侍喇嘛办理一切，未免轻听属下人等情面，不择贤愚滥行补放，以致噶布伦索诺木旺扎勒、第巴桑干等肆意妄行，酿成边衅。今新疆回部补放大小伯克俱系驻扎办事大臣等拣选补放。嗣后藏内遇有噶布伦等出缺，亦当照回部伯克之例由驻藏大臣拣选请补，较为妥协。并著驻藏大臣等平日先将各噶布伦、戴绷、第巴或优或劣悉心查察，分别存记。俟缺出拟补时，自更得有主见，不为属下人等欺罔，而于偶遇紧要之事，差遣亦可期得力。至驻藏大臣内或有不公不法情事，每年达赖喇嘛、班禅额尔德尼遣使呈进丹书，亦可顺便将其错谬之处据实陈奏，朕即重治其罪，决不宽恕。自平定回部以来，派令大臣等前往驻扎办事三十余年，亦只有素诚、高朴、格绷额三人任意纵恣，经朕查讯得实，即行正法，并未稍有姑息，众所共知。嗣后驻藏大臣必须秉公办事，断不可图利徇私自贻伊戚。再，藏内地广人稠，界连外番，平素虽有弁兵之名，而于如何操演，如何防守，如何给予口粮之处，向未定有条规。此次巴勒布忽然滋扰，竟至不能抵御，以致调发内地大兵。此事甚关紧要。嗣后藏内挑取兵丁一二千名，每年应于何时操练，各隘口如何驻防，及边界地方如何安设台站，务须妥协定议，永远遵行。但唐古忒等皆以种地、牧放为生，宜将藏内各地方气候寒燠及外番部落相离远近详晰查明，酌定何处当设兵驻防，何时可撤回更换，务令该兵丁等生计有益，不误耕种、牧放之期，而又能实力操阵，于天时地利两无贻误，方为妥善。再，此项兵丁自须酌给口粮。今所以大加整顿者，特为保护达赖喇嘛、班禅额尔德尼并全藏地方起见，所需各项自应在达赖喇嘛、班禅额尔德尼商内均匀支给。但伊等商内是否足敷给发，亦当悉心筹画办理。著传谕巴忠，将朕怜悯阖藏人众，代谋久安长治之策，详悉晓谕知之。此时舒濂谅已到彼，鄂辉、成德、巴忠等可即与舒濂会同妥议，俾日后遵循妥协，得有主持也。"

（高宗朝卷一三二三·页五下～八下）

○乾隆五十四年（己酉）二月乙巳（1789.3.14）

谕军机大臣曰："……再，该处补放噶布伦、戴绷、第巴及操演兵丁、防守要隘等事，昨已降旨，令鄂辉等妥速酌议章程具奏。但思从前班第驻藏之时办事甚好，原俱定有成规，黄教诸人亦皆从顺。今舒濂、普福断不如庆麟等之糊涂废弛。然诸事径由大臣专办，不稍留达赖喇嘛地步，似于达赖喇嘛既失体面，而于全藏观瞻亦大有关系。著传谕舒濂、普福，务将从前班第办过之事阅看，率由旧章。若达赖喇嘛所言当理，即可照彼施行；倘揆之于理未甚妥协，自不可曲意听从，并将达赖喇嘛所言失当之处据实陈奏。即如噶布伦、戴绷、大第巴皆有办事之责，向来出缺俱将伊子补放，亦属相沿旧习。今若尽行更改，未免过于偏执。若仍照向例俱将伊子补用，则又几似承袭，必致所用非人，于事无裨。嗣后缺出时，总视伊子之贤否，酌定去取。其能办事者，即予挑补；其不能办事者，断勿徇情。至小第巴为数较多，且系分驻各处，路途亦远，若必尽由大臣等验放，此辈能否优劣究难周知，且令伊等跋涉，不免拮据。嗣后小第巴缺出，即责成该管之噶布伦、戴绷等，务令各举贤能充补，想伊等自不敢任情瞻徇，而小第巴等亦可免往返之劳。著鄂辉、成德、巴忠、舒濂、普福将此等事悉心筹度，会同妥议。……"

（高宗朝卷一三二三·页九上～一一下）

○ 乾隆五十四年（己酉）二月己酉（1789.3.18）

又谕（军机大臣等）："据巴忠奏，鄂辉等办理一切事宜，大约三月内便可撤兵，口粮足敷支用，无庸另筹采买等语。所办甚好。此次用兵，原为一经惩创使巴勒布不敢再有侵犯，永保卫藏之意。但藏内人性愚鄙，所有赏给粮价，自须传唤供运乡民，面行晓谕发领，方不致有侵渔之弊。舒濂此时谅已到藏，普福亦不久可至。伊等务须亲身督办，断不可交噶布伦、第巴等转给，以致从中克扣，俾有向隅。巴忠由胁噶尔回藏，一切应办事宜俱明白告知舒濂、普福，交代停妥，仍即赶至聂拉木一带，会同鄂辉等与巴勒布头目议定界址。并将前此发往谕旨详晰宣示，令其俯首帖服。然后将藏内操演兵丁、防守要隘及补放噶布伦、第巴等事一一酌定章程。并于红教相沿不致混入黄教之处，密为加意防范。巴忠务俟诸事俱臻完善，再行回京。"

（高宗朝卷一三二三·页一五上～一六上）

○ 乾隆五十四年（己酉）四月甲午（1789.5.2）

谕军机大臣等："此次巴勒布侵扰后藏边界，总由卫藏距川省内地道路险远，粮运艰难，调兵赴剿一时不能速到，以致宗喀、济陇、聂拉木三处均被抢占。现经鄂辉等带兵前往，番众畏惧，先行退避。昨据该将军等奏，巴勒布所占地方，业经全行收复，边界廓清，其大头人为雪所阻，俟天气晴暖即前来叩见，再宣谕威德，晓以顺逆，令其输诚归服，永遵王化，即次第撤兵等语。巴勒布原因与唐古忒人众争竞，故致后藏边界侵扰。今经鄂辉等向其头人剀切晓谕，番众等怀畏天朝威德，从此自不敢再犯边境。但兵可百年不用，不可一日无备，而军行粮随尤关紧要。四川为产米之乡，向来粮价最贱。朕尝阅该督奏报粮价清单，至打箭炉地方，每米一石即需银四五两不等。自由该处距省已远，兼之地方碛确，山径险峻，产米较少，贩运维艰，是以价值比内地倍数增昂。况打箭炉以西口外地方，其粮价较之打箭炉自必更须加增。与其待需用之时，临期挽运，不特缓不济急，抑且费用不赀，莫若于寻常无事粮价平减之际，交地方官采买储备，择其易于运送时，由雅州一带陆续运至打箭炉及察木多两处分贮。倘因口外难运，不妨交便人零星带运，不拘石数，但能源源运往，即可积少成多。设遇征调需用，易于就近裹带，以利遄行而资口食。况打箭炉、察木多等处粮价本昂，节年运往之粮出陈易新，所得赢余，又可供零星运脚之费，既可不致虚糜，而于边储更属有益。著传谕李世杰，即通盘筹画，将川省内地米石价值若干，由雅州运至打箭炉需用脚费若干，由打箭炉遇便运至察木多需费若干，并将来出陈易新能否敷运脚之用，及如何酌定章程妥协办理之处，详细查明，悉心确核议奏。至藏内向来亦无储备，此次调兵赴剿，口粮一项，庆麟等办理不善，始则诿诸内地，继复不将给价之处晓谕喇嘛及唐古忒人等，纷纷派办，几至该处人众受累抱怨。经朕屡次训饬，为之多方筹画，并令巴忠传旨剀切开导，伊等始皆踊跃输供，得无贻误。但以官兵所用，取给喇嘛商上，虽宽予价值，究属不便。嗣后应于藏内附近处所就地采买青稞、糌粑等项，妥为储蓄，于支放兵粮时，出陈易新。既可以有备无患，亦不至蠹朽为虞，自属妥善。其如何定立章程之处，著传谕巴忠、舒濂、普福等会同妥议具奏。至巴勒布之抢占宗喀等处地方，总由藏内番兵素未训练，且零星征调，先后不齐，加之儒怯成俗，一见贼匪即行退回，不能固守所致。屡经有旨，谕令巴忠等，将来应定以章程，认真操演，以备巡防。著再传谕巴忠等，即于筹办善后事宜时遵照妥议，并将此二事告知达赖喇嘛，与噶布伦等悉心商酌。此系朕为保护卫藏僧番人等起见，想达赖喇嘛等闻知，自无不感戴乐从也。将此由六百里各谕令知之。"

（高宗朝卷一三二六·页一〇上～一三上）

○乾隆五十四年（己酉）五月戊午（1789.5.26）

军机大臣议准四川总督李世杰奏："前奉谕于打箭炉、察木多二处酌贮粮储。惟是口外山路修阻，转输米石每石须脚价十五两有零，所费过当。查口外地方稞、麦较多，秋收时颇可采买。先经饬员就近试买，每麦一石价不过四五两之间。每麦稞一石较麦价约贱二三钱，核之运米每石十五两之价，实多节省。请于每岁秋收后，买足三千石，稞、麦各半，建仓收贮，定价不得过四两。买足时，照新疆屯防例，存七易三，借与本台商民僧番，秋后每石加耗一升缴还。"从之。

（高宗朝卷一三二八·页二上～下）

○ 乾隆五十四年（己酉）闰五月癸卯（1789.7.10）

西藏办事大臣巴忠等奏："前奉谕运送西藏米谷事宜，川省至西藏道长路险，内地之粮断难运送。查相近西藏东路之公布、西路之胁噶尔等处亦有产米之区，即扎什伦布一带粮食亦属充盈。臣前曾与舒濂、鄂辉等商酌，拟自打箭炉口外之里塘、巴塘及察木多、拉里以至西藏各台站，凡有粮员处所，均应就近采买，量为购办，自数百石至一二千石不等，建仓存贮，并酌定出陈易新之法，方为有备无患，可省远道挽运之烦。"报闻。

（高宗朝卷一三三一·页三下～四上）

○ 乾隆五十四年（己酉）六月丙辰（1789.7.23）

成都将军鄂辉等奏："巴勒布畏罪输诚，遣头目来营乞降。臣等察其意诚，随将唐古忒番兵先行撤动，一面宣布恩威，设法招致。兹据总兵穆克登阿等，带领巴勒布大头目噶登嘛撒海哈哩乌巴第哇等环跪营门，悔罪乞恩，禀称：'我等远在边外，本与唐古忒和好，常来西藏交易。近因西藏人将我等货物任意加税，并于食盐内搀入砂土，我等实不能堪，冒昧侵犯边地。今大兵远来，我等不敢抗拒，望风退回。今蒙将从前在藏滋事之噶布伦并加税之第巴等均革退治罪，又将办事驻藏大臣更换，莫不感仰大皇帝公正严明，额手称颂。'臣等随向宣布威德，大兵所向屡著荡平，并将如天好生之心向其一一晓示，番众等叩头畏服。随令西藏噶布伦、第巴等将减税、售盐等事说明，立定规条，勘明边界，各设盟誓，并取具该部落永不滋事图记番结，交噶布伦收存备案。所有汉、土官兵当令分起全撤，留换台藏、随营粮员俱以次撤回。其前藏济咙、聂拉木、宗喀、胁噶尔等处，俱各慎选总管，给与执照委牌，饬令妥为经理。复谕噶布伦、第巴等随时查察，教养兼行，俾令安分守法，以仰副皇上爱护唐古忒僧俗番众之至意。"下部知之。

（高宗朝卷一三三二·页四上～五上）

○乾隆五十四年（己酉）六月辛巳（1789.8.17）

军机大臣等议复四川成都将军鄂辉等条奏收复巴勒布侵占藏地设站定界事宜：

"一、前藏向驻绿营官兵五百十员名，现有驻藏大臣管辖。其扎什伦布地方亦应酌拨绿营官兵分驻。请于察木多抽拨外委一员、兵六十名，江卡抽拨兵三十名，硕板多抽拨都司一员、兵二十名，前藏抽拨兵四十名。以上四处，共抽拨兵一百五十名，即令抽撤之都司、外委管领，移驻后藏。再，于马兵内挑拨二人，作为军功外委管束兵丁。再，后藏既移驻官兵，由后藏至前藏一路应分立塘汛十二处，以唐古忒番兵安设。每塘挑选附近番兵四五名，并交噶布伦等办给口粮，均令驻防后藏都司随时稽查管束。

一、拉子地方请添设唐古忒番兵二百名，并添第巴二名管领，按年一次更换。至胁噶尔番兵亦不敷防守，请于拉子防兵内拨出三十名，安置胁噶尔地方。其萨喀一处距拉子不远，亦即于防兵内拨出三十名，轮赴该处巡哨。再，宗喀、聂拉木、济咙等处远在极边，其紧要处所仍须修砌卡碉，以资瞭望而严防守。

一、西藏官兵以耕牧为生，现饬噶布伦等按寨落多寡，编定数目。前藏添唐古忒兵八百名，后藏四百名，于每岁九月望后操演，至十月底止，随同绿营驻防一体练习。至操演枪箭，于绿营内挑取千、把、弁兵数十名充为教习，令其分领番兵逐日操演。惟唐古忒兵向无钱粮，今定于派出操演日期至散操日止，令噶布伦等酌给口粮。又，达木兵、向住达木角地方换班应差，今并归操演番兵内一体教习，仍照旧令达赖喇嘛月给口粮。又，查达赖喇嘛山上旧存大小铁炮二十余位，请编定号数，令绿营兵带领番兵演习施放。

一、请于今岁秋收后查明稞麦时值，动项发交该噶布伦等在附近各处买米、稞麦三千石，交驻藏粮员，于扎什伦布城内建仓收贮。俟采买二年后，按年出陈易新，以六千石常贮为额。至拉里、察木多、巴塘、里塘四处粮台皆有粮员，而察木多尤为川藏适中之地，亦请一体储备。

一、西藏所属寨落设立第巴管理，缺分甚多，其间美恶不齐，然皆有应办事件。请令噶布伦等嗣后无论缺分美恶，一体补放。务令该第巴亲往照料，不许擅差家丁代理。至差遣堪布囊苏赴京进贡，并赴打箭炉办茶，皆系经行内地，往返需时。请嗣后均由驻藏大臣会同达赖喇嘛及噶布伦等拣选妥人，给与护牌。将需用马夫，酌定数目，注明牌内，沿途照给，以杜需索。

一、驻藏大臣应于二人内按年分为两次，轮赴后藏。巡查之便，亲加掺演，分别劝惩。至藏众散居各处，耳目难周，该处设有噶布伦四人管理地方事务。嗣后，请于四人内每年轮派一人，于春秋农隙时亲往稽察。

一、从前驻藏大臣二员同居一处，自珠尔默特纳木扎勒滋事后，房屋入官，始行分驻。查前藏之撒木珠康撒尔住房即系从前珠尔默特纳木扎勒旧居，其地房屋宽敞，足敷驻藏大臣二人分驻。且同居一处，遇有公事，即可随时商办。

一、西藏贸易外番，必须老成谨慎之第巴协同该处头目，专管卡契回民及巴勒布。平日悉心抚驭，不许互相欺压争竞，以便秉公调处。仍责令噶布伦等随时访察。倘有第巴头人及官弁兵役倚势勒买，苦累外番，即禀驻藏大臣拿究。

一、向来西藏遇有讼事系归管理刑法头人朗仔辖听断，俱照夷例，分别重轻，罚以金银、牛羊。减免完结，恐有高下等弊。现在告知达赖喇嘛及噶布伦等，凡有关涉汉、回、外番等事，均令朗仔辖呈报，拣员会同审理。

一、聂拉木、济咙、绒峡三处，均与巴勒布连界，迩来贩运日多。巴勒布驮载货物来藏贸易者，第巴收税加至十分之一，易致争执。以后止准减半收取，并令勒碑界所，长远遵循。

一、西藏盐斤于沙土中刨出，本不洁净，应即于挖出时交该处第巴直验盐斤成色，酌中定价。毋许故昂，任意勒买。

一、驻藏大臣衙门向挑官兵应役，均无定额，将备以下从而效尤。应酌定名数，按期更换。至驻藏大臣差遣官兵赴省制办赏号之事，有旷操防，应咨明本省总督，饬有司代办，遇便带藏。并饬禁兵丁雇役番妇，以肃营伍。

一、西藏噶布伦、戴绷、第巴等缺办理地方，管束兵丁，均关紧要。遇有缺出，应于诚实勤妥之子弟中慎选承充。至第巴、营官、商卓特巴等不下二三百缺，逐一奏补，未免过繁。应请将大处紧要地方缺出调验补放，其偏远第巴等缺出，仍令达赖喇嘛自行选派。

一、理藩院司员并驻藏游击，向未议给关防，恳敕部铸给办理藏番事务章京关防一颗、驻藏游击关防一颗，俾办事呼应较灵。

一、宗喀、济咙、聂拉木等处为巴勒布往来门户，收税、行盐等事均关紧要。现在噶布伦等拣派第巴三人分头安设，又选老成能事戴绷驻扎胁噶尔地方，统辖宗喀、济咙、聂拉木三处，就近稽查。其缺较为繁重，请照阿哩第巴之例，由部发给号纸，以专责成。

一、从前解赴打箭炉口外兵饷皆系元宝，迨后只解碎银。但自省至藏万里崎岖，倘有碰失，各站易于推卸。况番地买卖交易均以元宝成色为足，请嗣后仍照旧以元宝起运。

一、西藏向有赏需一项，系蒙皇上轸念达木官兵素无钱粮，将三十九族每年所交例马银三百九十余两买办缎、布、烟、茶银牌，按年奖赏一次，此外并无别款。今既添设唐古忒番兵，按期操演，经驻藏大臣亲查，自当照例奖赏。请于川省闲款内加给银五百两，饬办缎、布、烟、茶银牌等项备赏。

一、口外至西藏，一切事务向归驻藏大臣管理。但里塘、巴塘与川省较近，皆有土司管理，原非西藏所属，应划分综理。请自南墩迤西一路凡属西藏所管之地，照旧归驻藏大臣管理；其巴塘迤东土司地方，归川省将军、督、提衙门就近管理。至江卡、乍丫、察木多并移驻后藏各营汛台站，统归驻藏大臣总理。其巴塘、里塘安设塘汛官兵，就近归阜和协副将兼辖。

一、打箭炉出口以至西藏，向于文职内派委州、县丞倅，武职内拣派游击、都司、守备、千总分驻办理，均三年一次更换。该文武等官员远役三年，往返将及四载，向来期满并无保题升转之途，嗣后请令驻藏大臣照金川营屯各员三年期满出具考语，奏明咨送本省将军、督、提考察保题，仿照边俸报满之例一体升用，其驻防官兵，遇换班之期，亦须选派妥干，以资防守。"

得旨："依议速行。"

（高宗朝卷一三三三·页二八上～三五上）

○乾隆五十四年（己酉）七月壬辰（1789.8.28）

又谕曰："鄂辉等奏，随征屯土备弁请照所得职衔支给盐粮，并请将随营办理粮务染瘴病故之降调知府现任成都府通判孙镐赏给知府原衔等语。川省屯土备弁屡经出力，此次派往随征亦属奋勉，所有应得盐粮，著准其照现在职衔支给。其病故通判孙镐承办粮务尚属出力，亦著照所请，赏给知府原衔，以示矜恤。"

又谕（军机大臣等）："据鄂辉等奏，巴勒布王子复遣大头人赴营禀称，情愿具表纳贡，永归王化等语。巴勒布王子巴都尔色赫普于上年即欲呈献贡物，因驻藏大臣等隐匿不奏未及举行。今复遣头目抒诚进贡，恭顺可嘉，现交军机大臣存记。俟其来使呈赍表贡至京时，再行酌量施恩，予以封爵，并赏给该头目等职衔，用示鼓励。著传谕鄂辉等，俟巴勒布头目恭赍表文贡品到藏，即派委妥员护送进京，一面先行具奏。"

又谕："据鄂辉等奏巴勒布复遣大头人前来呈请进表纳贡一折，内称巴勒布王子名唤喇纳巴都尔，伊叔大头目名唤巴都萨野。前据奏到折内又称伊王子名巴都尔色赫普，伊头目名苏尔巴尔达布哇。前后所奏名字各不相同。巴勒布既抒诚纳贡，愿附外藩之末，将来贡使到京，自应按名赏以品级，即赐伊王子敕书内亦应填写姓名，似此称名互异何以办理？此皆因鄂辉等未谙唐古忒语，巴忠又不在彼会同妥办，遽尔遄归之故。著传谕巴忠于会见沙玛尔巴呼图克图时，务将巴勒布王子究系何名，伊叔及总理事务大头目又何姓氏，一一详悉询明具奏。又，据鄂辉等奏沙玛尔巴呼图克图向穆克登阿、张芝元告称，巴勒布王子、头目尚能听我言语，但现在虽能约束，若再有接续之人，令在济咙附近庙宇居住，方有裨益等语，沙玛尔巴呼图克图能沥诚相告，甚属可嘉。现在巴勒布人等虽听伊指示管教，若无接续之人于事究属无益。但折内未将济咙附近地方何庙可以居住及庙内有无大喇嘛住持之处详晰声叙。此等事件亦当巴忠在彼办理，而巴忠概置不问，鄂辉等又不能通晓所言，以致糊涂若此。朕思济咙既与扎什伦布相近，自应仍在后藏拣择一晓事喇嘛，令其赴彼居住，方于卫藏有裨。并著巴忠回至扎什伦布，即会同沙玛尔巴呼图克图及仲巴呼图克图、戴绷、堪布等悉心商酌，选择妥实喇嘛一名具奏。或问伊等平日有无深知可信之人，公同保举。并应在济咙何庙居住之处，速行酌议奏闻。"

（高宗朝卷一三三四·页二〇下～二三下）

○乾隆五十四年（己酉）九月壬寅（1789.11.6）

驻藏大臣舒濂、普福奏："臣等原议于前藏建造仓廒，以备储积，业蒙允准。但前藏不产木植，建造维艰。查从前雅满泰所住楼房现在空旷，请即于此处贮积米谷，毋庸另建仓廒。"报闻。

又奏："西藏向未设立教场，殊乏校阅骑射之地，请于扎什地方建造，但此处采办木植路远费繁。查从前雅满泰所住楼房，除改建仓房贮米外，余房甚多，应概行拆毁，盖造教场。"报闻。

（高宗朝卷一三三九·页九上～下）

○乾隆五十五年（庚戌）九月乙酉（1790.10.15）

军机大臣会同理藩院议复鄂辉等酌议藏中各事宜：

"一、藏中旧例，凡唐古忒事务俱系噶布伦等查办，禀知达赖喇嘛裁定。自噶勒丹锡呼图禅师进京后，诸务交噶布伦办理者甚少，以致唐古忒生怨。嗣后凡补放戴绷、第巴、头目，俱令四噶布伦拣选保送，达赖喇嘛、驻藏大臣验看后，仍由达赖喇嘛处发给执照。其一切应得田产及入官抄产并因公免差，每年金差征收钱粮等事，俱令四噶布伦缮备执照，噶勒丹锡呼图禅师亲用钤记，再用达赖喇嘛印信。如有需用驻藏大臣印信之处，亦令一体印用发行。

一、凡第巴内如有办理地方事务扰害属下者，噶布伦等查出，即禀明驻藏大臣、济咙呼图克图黜革，仍禀达赖喇嘛外，其所遗员缺，俱交噶布伦等拣选人品端方、办事妥协者保送。与济咙呼图克图商定人数，先送驻藏大臣验看，再禀达赖喇嘛验放。此虽系慎重地方起见，但应行拣放之人，其贤否恐驻藏大臣究难深知。嗣后噶布伦等保送之人，先令驻藏大臣与噶勒丹锡呼图禅师公同酌定，再送达赖喇嘛验放，其执照仍旧办给。

一、凡拣放庙内堪布，请济咙呼图克图会同罗布藏根敦遴选熟悉经卷喇嘛二三人，送达赖喇嘛验放，仍禀知驻藏大臣。其应给执照，令济咙呼图克图于达赖喇嘛印照纸尾亲用钤记发给。

一、唐古忒等旧例，无论僧俗凡有劳绩者，达赖喇嘛发给免差印照。但达赖喇嘛为人长厚，属下人等有私用达赖喇嘛印信免差等事，唐古忒等颇有怨言。请嗣后全行清查，其实有劳绩应行发给者，仍用达赖喇嘛印信，补用济咙呼图克图、噶布伦钤记，另行换给外，其不应发给及贿嘱者，概行撤毁。嗣后赏给田庐、蠲免差务等事应给执照者，务令噶布伦等与济咙呼图克图商定后，再禀达赖喇嘛发给，仍禀知驻藏大臣。再，达赖喇嘛商上恐有夺人田产、赏人入官等事，现交济咙呼图克图、噶布伦等清查，禀知达赖喇嘛。内有应行退还原业者，令达赖喇嘛、济咙呼图克图发给执照退还；其不应退还者，入于达赖喇嘛商上，以为公用。其从前所给免差执照，以及有无夺产、赏人等事，即交噶布伦等先行查办。俟噶勒丹锡呼图禅师抵藏后，再行详查，与驻藏大臣酌定，再禀知达赖喇嘛给与执照。

一、旧例抄没田产什物，一并交达赖喇嘛商上，赏人田产亦听达赖喇嘛所指，噶布伦等无凭稽查，请嗣后达赖喇嘛赏人田产，俱令噶布伦等查其情理给与。如有不合，即令劝止。其应治罪者，亦交噶布伦详查，果罪应抄没，再行回明达赖喇嘛查抄，仍交噶布伦存案。但必须先回明驻藏大臣，酌定是否，然后再办。再，达赖喇嘛父母兄弟势不能不给养赡之资，请一并交鄂辉等会同噶勒丹锡呼图禅师详细拟定奏闻。

一、达赖喇嘛商上仓库向系商卓特巴专管，出入俱用达赖喇嘛印封，请嗣后零用物件仍交商卓特巴支用。所用数目按季呈明济咙呼图克图查察外，凡开闭仓库，请由达赖喇嘛、济咙呼图克图派人会同噶布伦监视，仍按季详察，核对出入总数。

一、从前来藏熬茶蒙古、番子俱自到日满支口粮，今商卓特巴等私自减半支给，请嗣后俱交噶布伦等按人满支。其赏赐熬茶人等物件，亦交噶布伦登记转给，以免从中侵换之弊。

一、跟随达赖喇嘛之孜仲，旧例一百五十余名，今近三百名，恐 时碍难褫革，请陆续裁汰至一百六十名而止。所奏虽属可行，但三百人内难保无奸诈之人，著交驻藏大臣俟噶勒丹锡呼图禅师抵藏后，噶布伦等公同详察，如有奸恶之徒，即行褫革。

一、商卓特巴、孜仲、绥绷等人数过多，最易生弊。罗布藏根敦为人公正诚实，现管达赖喇嘛私事，请嗣后自商卓特巴以下俱令罗布藏根敦管辖。

一、凡藏中公事，请令噶布伦等俱向济咙呼图克图公商，再禀达赖喇嘛酌定。济咙呼图克图私谒达赖喇嘛，请执师弟礼，其行礼会集坐位与臣等对面，令其退逊一席。布达拉、大昭二处自商卓特巴以下，内而令罗布藏根敦管辖，外而令济咙呼图克图管辖，如有滋弊，令内外公同查察，禀知达赖喇嘛严办。若事有关系，令济咙呼图克图与臣等面商。济咙呼图克图现在令其来京，已遣噶勒丹锡呼图禅师赴藏，其济咙呼图克图坐次与谒见达赖喇嘛之处俱毋庸议外，噶勒丹锡呼图禅师坐次，谒见达赖喇嘛仪注，俱照从前驻藏时行。"

从之。

（高宗朝卷一三六二·页一七下～二二上）

八世达赖之兄弟、商卓特巴等营私舞弊，责令其进京，派遣噶勒丹锡哷图赴藏帮同办事及病故拉萨

○乾隆五十四年（己酉）六月甲戌（1789.8.10）

又谕（军机大臣等）："据巴忠等奏，请将达赖喇嘛兄弟孜仲、绥绷等各赏与经典名号，俟有别庙堪布缺出即行补放等语。此事不值如此办理。达赖喇嘛兄弟近年并不闻有恣意妄行之处，若如此办理，未免情事张皇。此皆巴忠、舒濂等识见短浅，致有此奏。著传谕舒濂等，嗣后达赖喇嘛兄弟仍听其一同居住，舒濂、普福等亦照常看待。只须密为留心体察，倘伊等有滋事舞弊之处，即行奏闻治罪，如无别故，不得妄事纷更，以示体恤。"

（高宗朝卷一三三三·页一二上～下）

○乾隆五十五年（庚戌）八月甲寅（1790.9.14）

谕军机大臣曰："……再，鄂辉查办舒濂一案，已降旨将达赖喇嘛兄弟等解京，尚未复奏。西藏与川省声息相通，商贾往来得信较易，近日如得藏中信息，即迅速由驿驰奏，以慰廑注。"

（高宗朝卷一三六〇·页一一上～二上）

○乾隆五十五年（庚戌）八月戊辰（1790.9.28）

谕："本年系朕八旬大庆，达赖喇嘛、班禅额尔德尼俱遣使来递丹舒克，朕心甚为欣悦。但今达赖喇嘛之兄弟、商卓特巴等肆行舞弊，占人地亩，转尊崇素不敬奉黄教之红帽喇嘛，令与第穆呼图克图、济咙呼图克图等同坐，且与众喇嘛敛取银两，并将达赖喇嘛商上物件亦有亏缺，来藏熬茶人等应得路费亦皆减半发给。殊不知此项人等俱系特来参见达赖喇嘛，

若优礼相待，方能众心向往日多。今如此扣减，殊失人心，必致敬奉参见之人渐少，于达赖喇嘛毫无裨益。前噶勒丹锡呼图禅师驻藏之时，虽达赖喇嘛及伊兄弟均属年幼不能管事，而赖其经理，人心无不悦服，所办甚好。自伊回京后，达赖喇嘛人过诚实，专习经典，或且偏信旁人，全无主见。达赖喇嘛系朕所立，诸事如此废弛，实不能仰体朕心。藏中之事，朕若置之不管，亦无不可，但前藏僧俗、蒙古人等俱致离心，不特国体攸关，即达赖喇嘛亦复何益，是以将达赖喇嘛之兄弟、商卓特巴等全令来京，济咙呼图克图亦行撤回。又恐乏人帮助达赖喇嘛办事，为日既久，属下人等复有擅专舞弊等事，均不可定。今已讯明舒濂，而普福虽无别项情节，其一味颟顸，不能勤慎办事，雅满泰略知藏中事务，又不甚谙练，究难放心。朕因怜悯达赖喇嘛，故遣噶勒丹锡呼图禅师仍复至藏，帮同达赖喇嘛办事。伊至藏后，务将诸事整理，至迟不过三年章程自可立定，交付驻藏大臣，率领噶布伦等照办，即可将伊撤回。至达赖喇嘛之兄弟、商卓特巴等，如此舞弊殃民，将商上物件均致亏缺，有伤达赖喇嘛颜面，以致众怨沸腾，即是达赖喇嘛仇人，非但不应袒护，并应痛加惩治。特令此数人来京，实为保全达赖喇嘛，以期于藏中有益之意。今览达赖喇嘛所奏，于此事全未知悉，皆伊兄弟及商卓特巴等私自违背黄教所致。今已悔过感恩，敬谨具奏，朕心深为怜悯，特加恩赏给达赖喇嘛珍珠数珠一串，嗣后惟当勤习经典，庶得常受朕恩。鄂辉接奉此旨，即将珍珠数珠赏给达赖喇嘛，并将此项情节明白宣示。再，现在达赖喇嘛敬谨具奏，朕已将伊兄弟等送京，不能宽恕，即使施恩，亦止施与达赖喇嘛，此七人定令来京，鄂辉务遵旨办理，不可再行姑息。其僧俗人众亦皆明白宣谕，以示朕保护黄教惠爱全藏之至意。"

（高宗朝卷一三六一·页一一上～一三下）

○乾隆五十五年（庚戌）八月己巳（1790.9.29）

谕军机大臣等："昨派噶勒丹锡呼图禅师赴西藏办事，赏令由驿前往，业经理藩院行文沿途妥为照料。兹已于八月二十一日起程，著传谕经过地方各督、抚派员照应夫马，俾无濡滞。但恐随从之喇嘛人等途中或有借端扰累驿站之处，并著留心约束，毋任滋事。"

（高宗朝卷一三六一·页一五下）

○乾隆五十五年（庚戌）九月丙午（1790.11.5）

　　四川总督保宁复奏："近阅将军鄂辉所奏藏中一切情形，将达赖喇嘛之兄弟并商卓特巴等解送京城，从此藏地肃清，一劳永逸。且鄂辉向来办事精细谨慎，到藏数月颇洽人心，此事谅必易于办理，不致掣肘。"

　　得旨："所办甚好，可无他虑矣。不料其能如此，又得一好大臣，心甚欣慰。"

（高宗朝卷一三六三·页四一下）

○乾隆五十五年（庚戌）十二月丁卯（1791.1.25）

　　谕曰："舒濂办理藏务诸凡不妥，又与达赖喇嘛之弟兄结交，其咎甚重。本应交刑部治罪，姑念伊此次照料达赖喇嘛之弟兄来京，尚属妥速。著加恩赏给员外郎职衔，在军机处效力行走，以赎前愆。"

（高宗朝卷一三六九·页一四上～下）

○乾隆五十六年（辛亥）五月庚辰（1791.6.7）

　　又谕："据保泰等奏，噶勒丹锡哷图萨玛第巴克什身故等语。萨玛第巴克什长于经典，两次赴藏协同达赖喇嘛办事，俱属妥协认真。今闻身故，朕心深为恻然！著加恩赏银五百两，以作善事。派雅满泰奠醊，仍赏大哈达一、噶布拉数珠一、铃杵一分，与萨玛第巴克什塔前永远陈设。"

　　谕军机大臣等："据保泰等奏，萨玛第巴克什身故，请简派呼图克图赴藏，协同达赖喇嘛办事等语。著济咙呼图克图前往协同达赖喇嘛妥慎办事，不得因前有嫌隙，意见参差。并传谕达赖喇嘛知之。"

（高宗朝卷一三七八·页六上～下）

○乾隆五十六年（辛亥）九月壬辰（1791.10.17）

　　谕军机大臣曰："……再，向者朕以达赖喇嘛不能约束其弟，在彼随同居住，贪利作弊，于藏务无益，是以令其来京。今观达赖喇嘛能毅然决断，甚有识见，著加恩令伊弟罗布藏根敦扎克巴回至西藏，仍随达赖喇嘛居住，以资奉侍。俟今岁年班堪布等来京时，附便同回。成德等先

将此旨告知达赖喇嘛。但其弟至藏时,仍不可令其管事。除就近晓谕舒濂外,并谕令鄂辉知之。"

(高宗朝卷一三八七·页一二上~一三下)

廓尔喀二次大举侵藏，福康安督率大军击败入侵者，奉旨酌定藏内善后章程

廓尔喀袭占聂拉木，大举侵入后藏，抢掠扎什伦布寺；七世班禅避难拉萨；巴忠畏罪自尽，鄂辉、成德奉旨率兵急速进藏堵剿

○ 乾隆五十六年（辛亥）八月甲子（1791.9.19）

驻藏办事大臣保泰、雅满泰奏："据喇嘛噶布伦禀称：六月二十四日行至聂拉木，给信与廓尔喀，商议旧时未完债项。七月初六日，廓尔喀头人带领七十余人至聂拉木。次早，廓尔喀头人等领兵千余向聂拉木进发。我等见来人甚众，一时不能禁止，将彼处桥梁拆毁。廓尔喀疑断其归路，混放鸟枪，致相争闹，廓尔喀即占据聂拉木，将噶布伦、戴绷等俱围在彼处。臣等随遣都司严廷良迅赴聂拉木查问起衅缘由，并委戴绷敏珠尔多尔济带领唐古忒兵丁飞往救应。臣保泰调达木兵五百名，酌带绿营兵丁，至扎什伦布安抚人众。"

谕军机大臣等："据保泰等奏，廓尔喀将噶布伦、戴绷诱去，围在聂拉木，胆敢占据地方，保泰现往后藏酌办，并据成德亦愿前往。廓尔喀系归降外夷，何遽敢肆行滋扰？从前鄂辉、成德、巴忠办理藏务时，若将债欠查明清还，自可久远宁谧。乃含糊办理，交噶布伦私自还给，唐古忒性本琐屑，复不照原议给发，致有此事。若差去之噶布伦能知事体轻重，与廓尔喀理论限期还给，则廓尔喀亦不敢占据滋事。只因丹津班珠尔见廓尔喀人众，心存懦怯，退回拆桥。廓尔喀见桥已拆毁，怀疑生变，其情形可想而知。保泰闻信即赴后藏，如已查明办竣，固属甚好。倘若暂且不能完事，鄂辉距彼甚近，自可不时闻信。成德人稍粗率，未经历练，应令鄂辉

前往为妥。亦不必多带兵丁,不过于伊所管绿营内拣选五十人带去,已足敷用。鄂辉系总督大员,领兵前往,廓尔喀自必闻风胆落。西藏现有达木蒙古兵丁,若再有需用之处,内地相去窎远,可于土练番兵内就近调取千余名,不独顺便,且较为得力。著鄂辉探听西藏信息,相机妥办。再,保泰奏廓尔喀倘肆掠进攻,即将班禅额尔德尼移于前藏。所奏亦属太过。班禅额尔德尼在扎什伦布,众心安帖,倘一动移,后藏人众必致纷纷扰乱,不成事体。况廓尔喀既能侵后藏,亦必能侵前藏,彼时又将移达赖喇嘛、班禅额尔德尼于何地?保泰只可静守,断不可轻移妄动,致惑众心。如实有变,万不得已,不得不移,则又不必拘泥此旨。再,廓尔喀前经悔罪归顺,封锡王公,膺受恩典,唐古忒纵有欠项负约,亦当诉知驻藏大臣,恳求剖断,自能代伊查办,并将失信之噶布伦加以责处。乃并不呈明驻藏大臣,竟擅自围住聂拉木,大肆猖狂。著鄂辉、保泰多写示帖,严行晓谕以前尔等与藏内失和,任意侵掠,天朝曾发兵进讨,因尔等悔惧归诚,贳其既往,封爵优隆。今尔等不知感恩,又复滋扰,大兵即时云集,尔等自问能抗拒乎?纵再倾心降顺,泥首吁求,亦恐难邀宽免矣。如此词严义正明切晓示,并将带去兵丁扬威奋武,使之闻而慑服。保泰驰抵后藏,即将廓尔喀情形如何之处速由六百里具奏,候朕再降谕旨。"

又谕曰:"廓尔喀人等胆敢围困丹津班珠尔等,侵犯聂拉木一事,一则因当日鄂辉、成德、巴忠办理不妥,苟且了事,以致今日复生事端。彼时据鄂辉等奏,但称一切事务俱已妥为安置,欠项俱已还清,廓尔喀遣使进京瞻觐。其欠项如何拟定归还,以及两造立结之处并未具奏,显系鄂辉、成德、巴忠等急欲了事,苟且完结。此即鄂辉等之罪。二则保泰等抵藏理合查明,一面将鄂辉等参奏,一面妥办具奏,何得伴若罔闻?比及有事,始奏称询问达赖喇嘛方知此事,此乃保泰等之大误。况达赖喇嘛之所以遣丹津班珠尔特为债目,所谓查边操兵皆属假托。彼时保泰何得并不穷诘?使丹津班珠尔等晓事,亦当在附近地方留心查看。至廓尔喀人等所云还完一限,再还一限,其余即不追索之言,亦不过诓哄丹津班珠尔等前往,其意以为一经围困之后,即可为质索项。乃丹津班珠尔等并不审察轻重,但图目前之利,径行往见,入其术中,而又懦弱过甚,拆毁桥梁,致廓尔喀人等疑为断其归路。皆由保泰等未曾详察,一任达赖喇嘛遣丹津班珠尔前往之所致也。保泰等如能办结此事甚妥,万一不能,鄂辉到彼惟宜会同保泰等留心熟筹,务期作速办结。鄂辉、保泰、雅满泰均受朕重恩,稍为晓事，务期于事有益，示外夷以大方体统。廓尔喀均系内附天朝之臣仆，鄂辉、保泰、雅满泰宜遣妥干人员，见伊等宣谕云：此次尔等围困达赖喇嘛所差之人，侵犯聂拉木，不过为索取债目，今我等已代尔等向唐古忒等追出，意欲归还汝等。但汝等系归顺之臣仆，遇有事故，理宜声明情节，禀报大臣等求其剖断，既可如数得银，而此后两造贸易之事，我大臣等亦好代汝等办理，彼此断不至于拖欠，尔等亦得永沐大皇帝恩施。乃计不出此，擅敢围困丹津班珠尔，侵犯聂拉木。今我等将欠项追出，还给汝等，汝等恭顺祗领，唯命是从。倘执迷不返，我等即奏闻大皇帝立即发兵剿灭，汝等宜审度利害。如此遣人往谕。倘唐古忒等之力不能清还，即动官项代还，再勒限向噶布伦等追出归款，但此意断不可使廓尔喀人等得知。要之兵固不可轻动，然遇必需用兵之事，亦不可吝惜钱粮，因小以失大。即如康熙年间为西藏之事，两次发兵前往。鄂辉等惟宜相机办理，不得固执，亦不可张皇失措。鄂辉、保泰此次若能办妥，勉赎前愆，朕仍嘉予。但丹津班珠尔系班第达之子，班第达系西藏名门世胄，藏内之人未免有畏惧逡巡之意，班第达系最要之人，其子为廓尔喀所困，暂不能出，难保其不胡思妄作。鄂辉、保泰、雅满泰等宜潜行留心，不露形迹。至唐古忒所欠廓尔喀债目，究系拖欠几限未还之处，鄂辉到彼查明，顺便奏闻。"

又谕："本日据保泰等奏，廓尔喀现因贸易之事，复抢占后藏聂拉木地方，已降清字谕旨，指示保泰等遵照妥办。如保泰未能即时办理完结，尚须令鄂辉前往督办。前据鄂辉奏请陛见，朕本欲于鄂辉来京时令孙士毅前往川省署理总督印务。今后藏聂拉木地方既有廓尔喀抢占之事，鄂辉尚须在彼听候信息，预备前往。孙士毅现在留京并无应办要务，且曾任四川总督，该省一切地方事宜本系熟手。著传谕孙士毅接奉此旨，不必前来行在请训，即轻装减从驰驿前往四川，署理总督印务。到川省后如保泰已将廓尔喀之事办理完结，无须鄂辉前往，即著鄂辉来京陛见，候其陛见回任，孙士毅再将督篆交卸。倘鄂辉应往后藏督办，孙士毅亦应俟鄂辉办理廓尔喀事务完竣来京陛见，回任后再行交卸督篆，回京供职。孙士毅此时驰驿出京，只以鄂辉陛见令往署理督篆为辞，不必将廓尔喀之事稍为宣露也。将此谕令知之。"

（高宗朝卷一三八五·页八上～一五上）

○乾隆五十六年（辛亥）八月丁卯（1791.9.22）

谕军机大臣等："廓尔喀侵扰后藏，朕已降旨令鄂辉往办。鄂辉受朕深恩，简用总督，廓尔喀之事又系鄂辉初时办理不善，以致滋事，何尚观望不前，著严行申饬。至此事朕前交鄂辉、成德、巴忠会同办理。此次保泰奏到，朕披览之后，将折令巴忠阅看。尚未加以责斥。次日巴忠在军机大臣前自称此事办理不善，恳祈赶赴藏地，效力赎罪。经军机大臣等代奏，朕因已遣鄂辉往办，未令前往。不意巴忠即于是夜潜出，投河淹毙，殊堪骇异。因思从前商办此事时，巴忠必自倚恃御前侍卫随从有年，又为钦差大员，凡有事件，俱系自专，今复滋生事端，恐鄂辉、成德据实陈奏，心怀疑畏，是以短见自戕。伊既如此，鄂辉等闻知，未必不致狐疑慌乱。倘因此贻误公事，伊等不能当其咎也。著传谕鄂辉等，令其安心奋勉，驰赴藏地。如将此事妥办完竣，朕必加恩宽宥，以功抵罪。倘仍苟且了事，不为久远之计，鄂辉更何颜见朕耶？至保泰现已自前藏往扎什伦布，所有事务，即著保泰相机办理，不必等候鄂辉。廓尔喀虽系绝域，但其人不无诡计，保泰于临近时，务须留心防范，不可轻视。万一为其所欺，于国体大有关系。保泰惟当慎之又慎。"

（高宗朝卷一三八五·页一七上～一八下）

○乾隆五十六年（辛亥）八月壬申（1791.9.27）

四川总督鄂辉、提督观成奏："准保泰咨称，据胁噶尔第巴头人等禀称，廓尔喀将定日各寨落烧毁，恳速添兵等语。并据派往济咙之汉兵胡廷海等禀称，廓尔喀占据济咙，现经保泰派调唐古忒、达木番兵二千名，在各隘口防守等因。伏思廓尔喀甫经归顺，仍敢与唐古忒人等肆扰，不过贪图财利，又因唐古忒性懦可欺，遂思胁制，其情形大约由此。但据保泰派调唐古忒、达木番兵二千名在各要隘防守，谅该番等决不敢再行深入。至成德起程时曾与商定，此番到彼，只须差遣妥当将备向廓尔喀示以恩威，将该处头人番目唤出，妥为驾驭，自可令其慑服。今成德闻信驰往到彼，自能相机妥办。其所带汉、屯兵弁三百数十余名均精壮晓事，足资差遣。复细加商酌，若此时稍露声色，未免迹涉张皇，总俟成德等出口后，一路探得情形，知会到日，应如何酌筹策应，再行妥办。"

得旨:"自为之计则得矣,而实不出畏事脱身之见,不料汝如此。"

（高宗朝卷一三八五·页二九上～三〇上）

○乾隆五十六年（辛亥）九月丁丑（1791.10.2）

又谕（军机大臣）:"廓尔喀人等肆行滋扰,侵占地方,将噶布伦等围困执去。但唐古忒人等赋性懦弱,见敌则走,遣发大兵又不能遇贼痛剿,而我兵一撤,廓尔喀又复乘间前来。今据军机大臣等奏称:廓尔喀与西藏接壤,从前伍弥泰、萨喇善驻彼办事之时,即有因私事起衅抢掠地方及围困使人之事,旋复和好,仍旧通商,无关紧要,驻藏大臣但付之不闻,即前年廓尔喀抢掠唐古忒宗喀、济咙地方之事,庆麟张皇失措,不计事之轻重,冒昧具奏,以致大费气力,始得完事,若照前令其私下完结,何至如彼等语。极边小夷彼此劫掠,乃其常情。军机大臣等皆知其土俗,乃保泰等在彼反不知乎?国家帑项丰盈,士卒众多,发兵前往,为一劳永逸之计,诚无所惜。但廓尔喀因利相争,遣兵前往,伊等不敢抗拒,望影奔溃,势必稽颡请降。若允其请而班师,唐古忒人等又不能守约善邻,每因小利而激变,又复呈请代为办理。似此牵缠,殊属不成事体,此次之事即其明证。观保泰等此次所奏,显系忆及前岁庆麟曾经具奏,始效尤而为之。保泰、鄂辉在藏亦属多年,该处实在情形自必稔知。著传谕鄂辉、保泰,此事究竟应否作何办理,俾其私下完结之处尽心熟筹,各抒己见,据实奏闻。"

又谕曰:"保泰奏亲至扎什伦布探听廓尔喀信息,檄调唐古忒番兵,交戴绷等防守胁噶尔,并调回都司严廷良,不令前往。但察看廓尔喀情形,究系边外小部落,惟利是图,不过因唐古忒等所欠债目未偿,而所差之噶布伦不晓事体,一见贼人众多,措置乖方,以致滋蔓。若仅遣噶布伦、戴绷等带兵前往,唐古忒素性退懦,一至边境,遇敌辄自逃窜,诈称向贼打仗,占夺地方,任意饰词禀报,希图诿卸,此皆事所必有。设果如此,不特于事无益,且使我众惊疑,致廓尔喀益加恣肆。今保泰已至扎什伦布,去边境尚有千余里,远凭文报悬揣办理,不惟不能详尽,抑且实在情形未得周知。保泰虽不可过为深入,亦应带兵前往春队等处驻扎,以资弹压,伊何虑不及此耶?保泰陆续调兵,业经二千有余,且达木蒙古兵尚属得力，卫藏路程较远，鄂辉一时不能即到，保泰如安坐扎什伦布，则与安住前藏何异。保泰固当深思熟计，不可任意轻忽，亦不可止图自便，过于恇怯。保泰接奉此旨，如业经前进甚善，若尚未离扎什伦布，即往春队一带，择形胜之地，相度机宜，妥协经理。"

（高宗朝卷一三八六·页一一下～一四上）

○乾隆五十六年（辛亥）九月丁亥（1791.10.12）

谕："现在后藏边境有廓尔喀与唐古忒因帐目滋扰之事，鄂辉等带兵前往进剿，著户部于四川就近省分酌拨银二百万两照例解往，仍从户部补拨，交与该督留备军需之用。"

谕军机大臣等："后藏地方被廓尔喀侵扰，兵力无多，达木番兵打仗虽属奋勉，而人数仅止三百人，未能抵御。唐古忒兵丁又复畏葸恇怯，见贼即退，毫不足恃。保泰等现将前藏之江孜地方至布达拉一路，分起差官督催砌卡防守，一面札知都司徐南鹏驾驭番民保护扎什伦布。并以仲巴呼图克图有欲出庙过河之语，今[令]绥绷堪布作为班禅额尔德尼之意寄信阻止。现在大兵尚未到彼，亦只可如此办理。但思后藏地方为班禅额尔德尼驻锡之地，该处习俗崇信佛教，若不即移至前藏，人心尚可固守。今班禅额尔德尼业已迁移，唐古忒兵屡次挫衄，而撒迦庙红帽喇嘛等竟向贼匪投递哈达，甚为可恨。看此情形，恐扎什伦布亦难保护无虞，此时惟应饬知徐南鹏带领兵丁、番民等同仲巴呼图克图尽力防守。前藏距后藏尚有一千余里，关津要隘甚多，廓尔喀贼匪势虽猖獗，断不能越过卡寨经至前藏，保泰等惟当将沿途险要隘口分派兵丁，小心防遏。现在后藏地方既被贼匪抢占数处，保泰等防守疏虞，本有应得之咎，今姑不加深责，亦不望其进兵收复，只须将前藏地方竭力固守，毋使贼匪侵入。倘所守地方再被贼人抢占，自问当得何罪耶？保泰等若不知感激奋勉，稍赎前愆，仍似从前疏懈，竟至将达赖喇嘛、班禅额尔德尼带回内地，更有何颜见朕耶？又据鄂辉奏现已宣示唐古忒人等，告以大兵不日到来，毋得惊惶。所办尚是。保泰等自应将调派大兵即日可到之处，遍行明白宣谕，不但可以安唐古忒僧俗番众之心，兼可夺贼匪之气。看来廓尔喀明知唐古忒等素性懦弱，是以胆敢欺凌，肆行滋扰。鄂辉、成德带兵驰往该处，贼匪闻内地大兵一到，自必震慑军威，望风畏服。成德现已带第一起官兵前往，鄂辉亦已随后遄驰，赶赴该处。正当乘此兵威，痛歼贼匪，大示创惩。至鄂辉、成德等均系统兵大员，固不可畏葸不前，亦不可轻视贼匪冒昧进兵。此处最当相机奋勇，慎之又慎。成德素尚勇往，然不能深知大体，尤须计出万全，加意慎重。又，鄂辉所奏派令道员林俊驰赴打箭炉，照料各起官兵出口，并将应办一切军需事宜赶紧督同司道妥办。成德所奏分起带兵、筹备口粮、夫马并备火药、铅丸等项。所办俱妥，惟当实心经理，一切勉力为之，以期迅速藏功。再，游击乌尔公阿带兵在撒迦沟防守，今所带唐古忒兵丁退走，达木兵受伤阵亡亦多，该游击现在何处，曾否打仗，折内未据声明，著传谕保泰等即行查明具奏。其阵亡官兵等奋勇杀贼，临阵捐躯，甚为可悯。著保泰等详细查明具奏，再降谕旨交部议恤。"

又谕："廓尔喀贼匪在后藏地方肆行滋扰，明系欺唐古忒等懦弱无能，是以乘势抢占。现经鄂辉、成德等派调屯土弁兵先后带领前往，自可痛加歼戮，俾知慑伏。惟是西藏地方途长站远，所有兵饷台站并口内、口外军行一切事宜最关紧要。此时鄂辉业经前往西藏，著传谕孙士毅抵任后，即照应办各事宜先事预筹，悉心妥办，使粮饷、军需等项得以源源接济，不致临事周章。孙士毅曾在军营行走，本系熟手，务须筹办妥协，以副委任。"

（高宗朝卷一三八六·页二九上～三二下）

○乾隆五十六年（辛亥）九月戊子（1791.10.13）

又谕："昨据保泰等奏称：与廓尔喀打仗，达木之协领泽巴杰、公扎什纳木扎勒阵亡，唐古忒兵丁甚属懦弱，遇贼辄遁，达木之蒙古兵丁殊属奋勇，竭力御贼，阵亡者甚众等语。协领泽巴杰、公扎什纳木扎勒阵亡，甚属可悯。著交部照阵亡例议恤。其阵亡之达木蒙古兵丁，著交保泰等查明咨部，一体议给赏恤。唐古忒人众懦弱之极，遇贼辄即逃遁殊属可恨。其属下兵丁竟置扎什纳木扎勒于不顾，以致殒殁于阵，本应将随征兵丁治罪。今不根究治罪，伊等已属侥幸，即间有阵亡者，亦不过被贼追及见杀耳，无庸交部议恤。著交保泰等将此明白晓谕唐古忒之噶布伦、戴绷等知之。"

又谕："现在廓尔喀与唐古忒因帐目不清互相滋扰，业经调发内地兵丁，而成都将军成德、总督鄂辉均已陆续赶赴西藏矣。大兵齐集，必须熟谙领队人员，剿办始克得力，著派乾清门侍卫额勒登保、永德、珠尔杭阿、阿尼雅布、墨尔根保，即刻回家治办行装，二三日内即行驰驿起程，速由四川前赴西藏，交成德、鄂辉差遣委用。仍著加恩赏给额勒登保等五人每人银一百两，以资治装之用。额勒登保著授为头等侍卫，令其督率约束前往。"

（高宗朝卷一三八七·页二上～四下）

○乾隆五十六年（辛亥）九月己丑（1791.10.14）

谕军机大臣等："……至现在大兵陆续进发，贼匪自必闻风震慑。昨又派巴图鲁侍卫额勒登保、永德、珠尔杭阿、阿尼雅布、墨尔根保驰驿前赴军前，听候差遣。该侍卫等俱系久经行阵、奋勇出力之人。到军营后，成德、鄂辉派令带兵打仗，为绿营表率，争先杀贼，军声更可大振。至后藏地方，自班禅额尔德尼移至前藏，该处人心是否不致涣散，仲巴呼图克图现住扎什伦布，能否保护无虞，不致擅离，其江孜等处地方。把守要隘番兵近日曾否与贼接仗，胁噶尔营寨现在尚有唐古忒兵固守，迩日如何堵御情形，详悉速奏，以慰廑注。"

（高宗朝卷一三八七·页四下～六上）

○乾隆五十六年（辛亥）九月甲午（1791.10.19）

谕军机大臣等："廓尔喀侵占聂拉木、济咙，竟敢犯至扎什伦布，若不痛加惩创，断不能使之慑服。前此所言偿债之事，竟无庸提及，著鄂辉、成德即向廓尔喀谕以尔等受大皇帝隆恩，封为王公，乃敢如此妄为，甚属可恶！尔等抢夺唐古忒地方，较所欠之债已越数倍。尔等将所有抢夺物件即行呈交，方可饬令在藏番民还汝欠债。若不呈出，岂但不偿汝债，并且兴师问罪，痛加歼戮。将此明白晓谕后，即整齐军旅痛加惩剿。但计鄂辉、成德到彼需时，奎林为日更久，现值冰雪之时，贼匪定已回巢，一俟来年雪化后，务须宣示兵威，深入剿杀，使之畏惧怙服，方为一劳永逸之计。现今所调兵数略少，奎林、鄂辉、成德等公同商酌，或滇兵，或降番，再调一二千名，俟其到齐进剿。奎林、成德各领一队，分为两路前进，鄂辉自领一队，由聂拉木接应后路。不可稍存轻忽，亦不可草率完事，务使彼恭顺乞哀，真心慴服，不敢再行滋事，方为妥善。此次虽系令鄂辉、成德带兵前往，奎林、舒濂驻藏办事，但一切事务总宜和衷共济，切不可分别军务、地方，稍存畛域之见。至成德奏接准保泰来咨，不敢拘泥前旨，即兼程先赴前藏抚安众心，甚属可嘉。但伊领兵甚少，不可一到即轻易进兵。务宜持重，俟头队官兵到后，再行奋勇打仗。成德此时务须急驰到藏，将贼匪情形速行奏闻。"

（高宗朝卷一三八七·页一四下～一六上）

○ 乾隆五十六年（辛亥）九月丁酉（1791.10.22）

又谕（军机大臣等）："廓尔喀贼匪至扎什伦布，保泰闻信具奏，计已五六日尚未抢掠扎什伦布，看来贼匪无能为。即所称分为三路侵犯前藏之言，想亦虚声恐吓，断不能来侵前藏。至贼众久住扎什伦布，从何得食，不过在左近村堡抄掠，亦非长策，谅必不久遁回，岂能复至前藏乎？即或前来，成德亦将次到彼。且济咙呼图克图业经抵藏，伊尚属晓事，可谕知济咙呼图克图称：'大皇帝谕旨，廓尔喀如此肆行侵扰，大兵即至。但目下唐古忒等未免心怀惊惧，务协力抵御，方能有济。'济咙呼图克图宜转告众呼图克图，鼓励僧俗保护达赖喇嘛、班禅额尔德尼，同心捍卫。即大兵未齐，亦岂有不能固守布达拉庙宇之理？保泰等何至惶惧无措，不思经理之策，束手待毙！幸达赖喇嘛未曾摇惑。倘误听其言，遽行移动，以致大众溃乱，则保泰、雅满泰二人虽万死不足蔽辜。至所奏现今唐古忒等俱怀惊惧，保泰等自应拣派数人，使之侦探贼势，作为耳目，何以只知坐候噶布伦等禀报？若噶布伦等不行禀报，伊二人于一切情形懵然罔觉。鄂辉、成德抵藏后，著将保泰、雅满泰传旨严行申饬。再，成德抵藏时，贼匪甫行逃遁，即宜领兵进剿。若已出境远遁，即不必穷追，统俟明年雪消之后再行进剿。鄂辉、成德此时务须迅速前往，不可稍有迟滞。至在藏贸易之巴勒布人等，现在鄂辉、成德领兵多寡、卫藏情形及明年添兵进剿各事宜，断不能隐瞒伊等，此内或有传送贼信之人，亦未可定。且此辈不过能铸佛像、造作金银器皿，即不留在藏，无甚关系。此等工作，内地匠役多能为之，并非必须廓尔喀之人。鄂辉抵藏后，即将在藏之廓尔喀贸易人等密行访查，此内有与贼递信或形迹可疑者，俱解送来京，其余尽行逐令出境，一人不可遗漏。再，保泰护送班禅额尔德尼来前藏之时，扎什伦布有达木兵一百五十名、绿旗兵一百二十名，达木兵丁强壮，打仗奋勇，保泰自应留在后藏防守，何以反将达木兵带回，仅留绿旗兵一百二十名？适徐南鹏所报又称兵八十余名，其四十名又归何处？此实保泰恇怯太过，多以强兵自随，不但置扎什伦布于度外，并弃徐南鹏而不顾矣。鄂辉、成德于事定之后，查明据实参奏。"

（高宗朝卷一三八七·页一八下～二一上）

○ 乾隆五十六年（辛亥）九月辛丑（1791.10.26）

四川总督鄂辉奏："前此查办廓尔喀人等争占边界，未将伊等地租债帐查明办理，草率了事，实难辞咎。现准保泰两次来咨，知会唐古忒人等惊惶失措情形，必须前往弹压，是以成德即于八月二十二日酌带汉弁兵前往。今蒙恩令孙士毅驰驿前来署理督篆，自当即便起程，一面飞咨成德，令其在打箭炉一带暂候，到彼更换回省。现有果洛克贼番抢劫青海牛羊一案，俟此案审结后，约计彼时孙士毅已离川省不远，即将印务交藩司暂护，臣即先行驰至打箭炉一带，将成德所带之能通番语屯土弁兵分带驰赴后藏，将建昌镇总兵穆克登阿、松潘镇总兵张芝元一并带往协同妥办。"

得旨："已因汝等将就了事，致有此变。若再将就了事，其过谁当？"

（高宗朝卷一三八七·页三三下～三四下）

○ 乾隆五十六年（辛亥）九月丁未（1791.11.1）

原任西藏办事大臣保泰奏："据都司徐南鹏报称，廓尔喀贼众抢占扎什伦布，旋于九月初一日围扰营官寨，官兵施放枪炮，杀死贼首一名、贼众数十名，将寨固守。夜间贼匪将附近唐古忒积谷焚毁。"

谕军机大臣等："廓尔喀贼匪侵扰后藏，志在抢掠，断不能在彼久住，朕早已料其必思窜回。今将唐古忒粮食焚毁，可见贼匪自知势难久留，急思遁去，是以将积聚概行焚毁。看来贼匪无能，断不敢扰及前藏。此时鄂辉、成德带兵到彼，贼匪自已早窜，但必须慑以兵威，痛加剿戮，方可使之畏惧，不敢再萌窥伺。今鄂辉、成德先后奏到各折，俱不免存将就完事之见。殊不知朕之初意原不欲劳师远涉，今贼匪肆行侵扰，竟敢抢占扎什伦布，不得不声罪致讨，非彼乞哀可完之事。若因贼匪已遁，遂思就事完结，使贼匪无所畏惧，将来大兵撤归，贼匪复来滋扰，又将作何办理？此事势在必办。孙士毅、鄂辉、成德惟当坚持定见，将调派兵丁筹办粮饷各事宜通盘筹画，俟明春大举时军食充裕，兵力壮盛，一俟雪化即可穷追深入，痛加剿杀，为一劳永逸之计。至都司徐南鹏带兵固守营官寨，尚属奋勉，俟应升缺出升用，以示鼓励。"

（高宗朝卷一三八八·页一六上～一七下）

○乾隆五十六年（辛亥）十月丁巳（1791.11.11）

谕军机大臣曰："富纲奏，接准鄂辉来咨，催调滇兵迅速赴藏，现在檄催武定、曲寻二营及鹤丽、维西等营兵丁分起派拨出口等语。富纲前日奏称接据鄂辉停止滇兵咨会，即撤回大理，听候信息。朕即料及富纲接到鄂辉初次咨会，故如此办理。若鄂辉续调咨文到滇，必更纷纷调发，复降旨传谕富纲，令其遵照节次谕旨，将所调兵丁暂停赴藏。今该督接准鄂辉续咨，果又檄催各营兵丁分起赴藏，不出朕之所料。但滇兵须十月初十内外始可齐集大理，计初次停止滇兵谕旨系九月二十六日由六百里加紧发往，本月初五六间该督定可接奉遵照停发。此事总由保泰畏葸无能，一闻贼匪前来后藏滋扰，即心惊胆落，毫无主见，纷纷远调官兵援救。殊不知贼匪离前藏虽近，而距调兵之滇省甚远，亦属缓不济急。即云卫藏官兵较少，不能与贼对垒接仗，藏番又怯懦不堪，遇贼即退，然亦当聚集固守，何致扎什伦布等处遽为贼匪蹂躏？而鄂辉身为总督，亦复漫无把握，率据保泰咨会，将滇兵忽停忽调，使该省无所适从，甚属非是。著传谕富纲，如官兵业已起程，行至何处即于该处转回。若已至四川交界，即著孙士毅檄令回滇。总须俟明春大兵进剿时，再听候檄调，此时断无庸前往，徒致虚费藏米。至此次滇兵如已起身，其一应沿途往返所用粮饷，著富纲查明数目咨照川省，著落鄂辉、保泰二人赔缴，以示惩儆。现在廓尔喀业已远遁，各处续调官兵节经降旨俱令暂缓赴藏，孙士毅在打箭炉驻扎，既无贼匪信息可探，亦无照料官兵出口等事，著即回至省城，将总督衙门一切事宜次第妥办。俟春融雪化大举进剿贼匪时，该督再行前赴打箭炉驻扎，调度照料。所有调兵、运粮诸事，前已责成孙士毅悉心经理，此时停止滇兵及续调官兵一切要务，竟专交伊一人筹办，务须仰体朕心，俱臻妥协，方为不负委任。又，前据青海办事大臣奎舒奏，接到保泰知会，因廓尔喀贼匪侵扰后藏，令其于该处密为防备等语。保泰悾怯糊涂至于此极！青海离卫藏路远，且系僻途，廓尔喀在后藏滋扰与青海何涉？乃保泰率行咨会，张皇若此，推其所为，即内地各省亦将遍行知照乎？此一节，著鄂辉、成德面询保泰，令其据实登答，遇便奏闻。"

（高宗朝卷一三八九·页一上～三下）

○乾隆五十六年（辛亥）十月癸亥（1791.11.17）

谕军机大臣等："……至成德此次行走殊属迟缓，贼匪于九月初七日业已窜回，计成德十月初五日发折之期已及一月，此时成德即兼程趱行，到藏尚需时日，贼匪久经遁去，已属无及。今将成德行走日期核对西藏程图计算道里，成德现在始抵察木多迤东之猛普地方，是每日不过行一站。似此迟缓，何时始能抵藏？前因成德平日尚属勇往，朕方虑其冒昧轻进，今乃如此濡滞，岂得谓之勇往乎？著传旨严行申饬。再，成德现拟先往藏内，将所带满汉屯练兵丁交穆克登阿管领随后进发，则穆克登阿行走更在成德之后。著该总兵带领兵丁趱程前进，毋致再有迟误干咎。鄂辉接奉此旨，亦应督率兵弁赶紧抵藏，以便一切事宜遵旨筹办，不可又似成德之按站行走，致稽时日也。"

（高宗朝卷一三八九·页二一上～二二上）

谕令福康安督率剿办，调遣海兰察、索伦达呼尔兵等勇将劲旅，取道青海急驰入藏进剿，廓尔喀入侵者退踞济咙、绒辖等地

○乾隆五十六年（辛亥）九月戊寅（1791.10.3）

又谕曰："西藏、廓尔喀人等因私债未清复行滋事抢掠，将噶布伦掳去，经保泰等节次奏到时，朕皆降旨训谕，仍遣鄂辉急往妥办。今将昨日

所降谕旨、今日所降谕旨抄寄阿桂、福康安阅看。阿桂系经事之人，福康安亦甚晓事，伊等阅看后意见若何，各据所见奏闻。再，此事保泰等如能完结甚妥，万一蔓延滋扰，必须动兵时，即遣福康安前往办理。"

（高宗朝卷一三八六·页一七上～下）

○乾隆五十六年（辛亥）九月己丑（1791.10.14）

谕军机大臣等："前据雅满泰具奏：现在藏内原贮及预备兵粮可得七千石，现届秋收，又可采买粮二万石。是该处兵粮现可不虞短缺，但大兵陆续到齐，所备粮石必须倍加充裕。其采买价值，亦应按照时价酌量办理。前此巴忠办理军饷，于达赖喇嘛商上存贮粮石定价购买，每石给银二两。及舒濂等买贮仓粮，麦子每石价银一两四钱八分，青稞每石价银一两七钱四分。可见该处稞、麦时价原不及二两，从前巴忠所给价值未免过费。其意自因见好达赖喇嘛，优给价值，虚糜帑项。殊不知大兵赴藏剿办廓尔喀贼匪，原为保护达赖喇嘛、班禅额尔德尼及僧俗番众，伊等商上粮石应照时价平减用助军糈，岂得以军兴急需故抬价值，转图余利。著谕保泰、雅满泰嗣后采买粮石，只应按照舒濂等从前采买时价给付，不得因有巴忠所办之例，或致效尤。至现在大兵陆续进发，贼匪自必闻风震慑。昨又派巴图鲁侍卫额勒登保、永德、珠尔杭阿、阿尼雅布、墨尔根保驰驿前赴军前，听候差遣。该侍卫等俱系久经行阵、奋勇出力之人。到军营后，成德、鄂辉派令带兵打仗，为绿营表率，争先杀贼，军声更可大振。至后藏地方，自班禅额尔德尼移至前藏，该处人心是否不致涣散，仲巴呼图克图现住扎什伦布，能否保护无虞，不致擅离。其江孜等处地方把守要隘番兵近日曾否与贼接仗，胁噶尔营寨现在尚有唐古忒兵固守，迩日如何堵御情形，详悉速奏，以慰廑注。"

（高宗朝卷一三八七·页四下～六上）

○乾隆五十六年（辛亥）九月丁酉（1791.10.22）

谕军机大臣等："廓尔喀侵扰后藏，前已令奎林赴藏督办。今保泰等奏称：贼匪于八月二十日已抵后藏，分围扎什伦布，并扬言欲分三路直入前藏等语。现在鄂辉、成德等已带领屯土番兵分起前往，不日即可抵藏，谅贼匪自必闻风窜避，断不敢侵扰前藏。奎林自台湾取道抵藏，尚须时日。福康安素娴军旅，声势较大，或有必须到彼督办之处，亦未可定。著传谕福康安接奉此旨，即迅速趱程来京，以便预备前往。"

（高宗朝卷一三八七·页一八上～下）

○乾隆五十六年（辛亥）九月戊戌（1791.10.23）

谕军机大臣等："昨据鄂辉奏，廓尔喀贼匪已至后藏，必须多兵进剿，现已飞咨富纲挑兵二千名，由维西一路出巴塘赴藏等语。贼匪扰至后藏，现在鄂辉、成德等先后带兵前往，贼匪自必闻风窜匿。况此时将届冬令，该处山高雪大，贼匪不能耐冷，势难久留。若此时即调云南兵丁前赴该处，亦不能穷追深入，驻扎藏内，守候需时，该处地方较小，不能容多兵久驻，以致拥挤。且藏内稞麦、糌粑采办不易，粮运维艰，再添滇兵闲驻该处，办理更为掣肘。朕意此事即须大举，亦当俟明春厚集兵力，所有云南兵丁届期再行前往，亦不为迟。著传谕鄂辉等酌量情形，若此时必须添兵剿办，刻不容缓，自可毋庸停止。如现在尚可无现此项兵力，即一面奏闻，一面飞咨云贵总督及带兵将领暂缓赴藏。总在鄂辉等揆酌缓急情形，悉心妥办。并著传谕富纲，此时暂缓起程，在彼预备，总听候鄂辉等趱行咨会准信，再令赴藏。现在不必急于调发，致滋劳扰。"

（高宗朝卷一三八七·页二一下～二二下）

○乾隆五十六年（辛亥）九月庚子（1791.10.25）

又谕（军机大臣等）："前次廓尔喀侵扰西藏边境时，鄂辉等将就了事，并未大示创惩，贼匪无所畏惧。又习见唐古忒怯懦，敢肆欺凌，是以此次复来滋扰。若不示以军威，则我军甫撤，贼匪复来；方欲进兵，贼已远遁。频岁劳师远涉，仍属无功，终非一劳永逸之计。朕意自明岁春融厚集兵力，分路进讨。鄂辉资望较轻，恐难胜统兵重任。且鄂辉前在金川军营尚系守备，奎林已为领队大臣，即成德彼时职分亦在鄂辉之上。今令奎林、成德分路带兵，鄂辉在后路接应，则奎林、成德转似偏裨，恐不相下。朕再四思维，竟须福康安前往督办，方足以资统率。福康安素娴军旅，识见较鄂辉为优。且奎林系福康安堂兄，平日尚称友爱，令其同办军务，想能和衷协办，迅速蒇功。至鄂辉平日带兵不甚奋勇，筹算亦不能周到，朕意即令鄂辉留驻藏地办理粮运，毋须同在军营。况现在驻藏大臣除奎林带兵外，只有舒濂一人在彼，一切采办粮饷及接运军糈等事均关紧要，得鄂辉、舒濂商同办理，更于军行有益。著传谕福康安，接奉此旨，即趱程迅速来京，候朕面授方略。"

又谕："……至鄂辉折内又称，后藏距廓尔喀甚远，粮运乌拉更为掣肘，此时不进兵，断乎不可。若用兵大举，于事亦觉不值。看来鄂辉不免有仍前畏难将就了事之见。廓尔喀原属无能，此时鄂辉、成德等先后带兵前抵该处，贼匪自必闻风窜避。但必须慑以兵威，痛加惩创，俾知慑服，不敢再萌他念，方期一劳永逸。若少存将就了事之意，使彼无所畏惮，大兵撤后，彼必复至边境抢掠，又将作何办理？倘复须调兵进剿，是贼匪转得以逸待劳，反客为主。从来外夷反复无常，见兵威壮盛即行逃窜，及大兵撤去仍来窥伺，往往疲敝内地。用兵之道，当先发制人，若云道路遥远，粮运维艰，岂有贼匪能来我兵难往之理！鄂辉等惟当相度机宜，妥为筹办，俟兵力厚集，痛加剿杀，使之闻风胆落，不可先存迁就，致留后患。"

（高宗朝卷一三八七·页二五上～二九上）

○乾隆五十六年（辛亥）十月丙午（1791.10.31）

又谕曰："孙士毅奏，新授浙江黄岩镇总兵诸神保呈称，现值廓尔喀滋扰后藏，情愿赴藏随同带兵进剿等语。所请甚属可嘉。诸神保即著留于川省，遇有续调官兵，令其带往。俟有川省总兵缺出，即行补用。所有浙江黄岩镇总兵员缺，著海通保补授。"

（高宗朝卷一三八八·页一○上～下）

○乾隆五十六年（辛亥）十月癸丑（1791.11.7）

谕军机大臣等："……总兵穆克登阿现在带领屯练兵丁赴藏，伊系前岁熟手，即著带领兵丁，将巴勒布贸易人等押令出境。且聂拉木系贼匪占据之地，恐有与贼勾结等事更宜留心防范。穆克登阿将巴勒布等逐出边境外，即在聂拉木带兵驻守，俟大兵进剿时，即可在该处带兵会合打仗，以省往返之劳，兼杜贼匪窥伺之路。"

（高宗朝卷一三八八·页二五下～二七上）

○乾隆五十六年（辛亥）十月丁卯（1791.11.21）

又谕（军机大臣等）："现在剿办廓尔喀贼匪，索伦达呼尔兵丁向为得力。著都尔嘉将呼伦贝尔兵挑选六百名，打牲兵挑选四百名，照例办给马匹路费，令呼伦贝尔兵从多伦诺尔行走，打牲兵从八沟行走，迅速到京。所有领兵官，现令海兰察拟定富里善等十四人，将名册交与都尔嘉遵旨办理，即行起程。并严饬该管官员沿途管束兵丁，毋令稍有滋事。"

（高宗朝卷一三八九·页二八上）

○乾隆五十六年（辛亥）十月辛未（1791.11.25）

又谕（军机大臣等）："鄂辉奏：现在贼匪业已败回，不过在济咙、聂拉木一带观望拒守，俟与成德先后抵藏，督率现带之屯兵二千名设法攻取，纵使大雪封山，亦须绕路前进，痛加剿杀。以目下情形而论，滇兵尽可不调，现已飞咨停止。又据成德奏接奉谕旨，令其相机办理，不可勇往贪功，致有疏失，惟有凛遵训谕，不敢冒昧贪功等语。廓尔喀侵扰后藏，占据扎什伦布不过意图抢掠，断不能在该处久留，朕早料及，节次降旨将所调滇兵即行停止。乃鄂辉初次接到保泰咨调滇兵之信，以为尚可停止，及续得咨会复行纷纷催调，而现因贼匪退回，又称滇兵可以无用。忽调忽停，全无把握，徒费粮饷。若非朕先期谕令孙士毅、富纲将滇兵及续调三十九族番兵暂停进发，则早已启程出境，鄂辉如此进退无据，一切总待朕代为筹办，又安用带兵大员为耶？至所称贼匪现在济咙、聂拉木一带观望，如果属实，正可带兵星驰赴藏，痛歼贼众。况鄂辉既得此信，成德行走在前，亦断无不知之理，乃成德每日只行一站，并不趱程进发。前次朕方虑其冒昧轻进，降旨令其加意慎重。今似此行走多时，距藏尚远，所谓勇往者安在？是教其不可轻进，正中其退却之心矣。鄂辉身为总督，正应将成德行程迟缓之处一面参奏，一面带兵星速赶上，乘贼匪未遁之时奋力剿戮，使之震慑兵威，知所儆惧。鄂辉计不出此，成德已行走濡迟，而伊亦效尤按站缓行，坐失事机，实为可惜。且鄂辉等带领兵丁方在中途，一时尚未能抵藏、贼匪早经退去。现交冬令，该处山高雪大，道路阻绝，岂能绕道前进？乃鄂辉先为此夸大之词，不特言不由衷，抑且不知事势，竟同梦呓。再，鄂辉、成德带领多兵不能迅速抵藏剿贼，而鄂辉折内尚靦然为贼匪败回之语，殊不知耻。鄂辉等如果与贼相遇，曾经接仗，或称贼匪败回，尚属有因。今鄂辉、成德带兵行走稽迟时日，距藏尚远，而贼匪于抢掠后早经饱载而归，未见一贼，安得大言不惭，为此贼匪败回之语。此等军营虚词捏报最为恶习，明季往往如此，故有劳师远涉不见一敌，而虚报首级，邀功获赏，以致军律废弛，赏罚皆无所惩劝，朕自乾隆十九年以来办理准部、回部、平定大小两金川等事，迄今三十余年，于军务机宜无不亲为运筹指画。军营将士亦皆恪遵纪律，从不敢有虚报邀功之事。鄂辉此等伎俩，只可任听伊属下将弁欺其庸懦无能，混行禀报，伊视朕为何如主，而亦欲以此等虚词尝试耶？鄂辉、成德均著传旨严行申饬，并交部严加议处。至'贼匪败回在济咙、聂拉木一带拒守'之语，究系得自何人，仍著鄂辉据实复奏。又，鄂辉另折奏称现在带兵行走，一俟奎林到藏再行面为商酌，于春融雪化合兵进剿等语。此事现已令福康安驰赴西藏督率剿办，计其抵藏日期应在奎林之前，所有军行一切事宜，竟俟福康安到藏后，听候调度办理。鄂辉、成德既已迟误于前，若再不加奋勉，立功自赎，伊二人恐不能当其罪也。"

（高宗朝卷一三八九·页三六上～三九上）

○乾隆五十六年（辛亥）十一月壬申（1791.11.26）

谕军机大臣等："据保泰奏贼人占据聂拉木、定结等处，不肯遽行退回一节，此正极好机会。昨据鄂辉奏称贼匪现在济咙、聂拉木等处观望拒守，看来尚未退回巢穴。此时彼处大雪封山，归路阻绝，竟系天夺其魄，神灵不佑，故令其逗留边境，坐待歼诛。若鄂辉、成德行程迅速，早抵藏内，已将贼匪痛戮无遗。乃行走濡滞，失此机会，实为可惜。鄂辉、成德既已迟误于前，趁此时贼匪观望稽留，欲归无路，务当先后星速趱程奋勇前进，跟踪剿杀。若能一鼓歼诛，更可早期藏事，稍赎前愆。倘再仍前迟误，致贼匪闻风先遁，则是伊二人放走贼匪，其罪尚可问乎？再，详阅保泰折内称廓尔喀前次拘留之噶布伦丹津班珠尔及汉兵二人现已带回巢穴。看此情形，或贼匪头目已经退去，因护其辎重，恐被官兵追截，故留余匪屯聚该处，作为疑兵殿后，以便从容窜逸。鄂辉、成德应察探虚实，如果贼匪逗留尚未退去，则进退无路，正可整顿兵力，乘机痛剿。若系贼人诡谲之计，留此游兵，冀图官兵不能追赶，自当酌量带兵前往擒捕，不可为其所愚，转堕贼人奸计也。"

（高宗朝卷一三九〇·页三上～四上）

○乾隆五十六年（辛亥）十一月癸酉（1791.11.27）

谕："廓尔喀贼匪滋扰后藏，现派福康安带领巴图鲁侍卫、章京等统领劲兵进剿，以期迅奏肤功。福康安著授为将军，海兰察、奎林著授为参赞，其余随在军营及派往各大员，俱著在领队上行走，庶军行有所统摄，以专任使。"

谕军机大臣等："现令福康安前赴西藏，由青海一路行走。令勒保、奎舒将青海众扎萨克马匹调拨西宁关外，听候福康安等到时乘骑。朕为办理廓尔喀之事宵旰焦劳，此时令福康安昼夜遄行，计限四十日即抵藏中，将彼处情形速为奏闻，朕心始得稍慰。今思西宁至藏尚有三千七百余里，倘中途不换马匹，由青海直骑至藏，恐马力疲乏，转致欲速反迟。著奎舒将马匹预备二分，其一分仍于西宁关外等候，俟福康安等一到即用，不致迟误，再另备一分，先派妥员押送至尼雅玛善地方守候，以备易换。但青海一路有水草之地远近不一，倘扎萨克赶办马匹一时不能全到，或即将绿旗之马通融办理，亦无不可。现在勒保在兰州无甚紧要应办之事，兰州至西宁尚近，著勒保即速起程前往西宁，与奎舒面晤，熟筹妥议，务期勿分畛域，公同商办。再，藏内折奏由四川一路赍送到京，程途遥远，亦甚纡折，虽限行六百里，往还亦需五十余日。今查西宁到藏，路平且近，较为便捷，著勒保、奎舒即将甘肃各营及青海众扎萨克等之马调拨数十匹，从西宁至藏界，仿照康熙年间之例安置驿站，专为驰送藏中来往奏折之用。并按站分派弁兵赍领驰送，以专责成。至海兰察等带领巴图鲁侍卫、章京及调遣索伦兵一千名，亦即陆续起行，由西宁前往。伊等所骑马匹及应用锅帐等物，亦著勒保、奎舒预为料理，毋致临时竭蹶。朕又思驿站事务最关紧要，若仅责诸弁兵等办理，究恐未能妥协。甘肃藩司景安身系满洲，且系地方大员，理应随同经理。又，西宁办事大臣衙门内现有蒙古章京，可派令办理站务。著勒保、奎舒即传谕景安及该章京等，随同福康安从西宁至青海一路妥协预备，即留章京在彼查察。景安随福康安至藏，会同该处理藩院章京，将藏中回至青海沿途台站之事妥为安顿，景安方可回任。至景安起程赴藏之时，所有甘肃布政使印务，即交按察使署理。将此各谕令知之。"

（高宗朝卷一三九〇·页四下～六下）

○乾隆五十六年（辛亥）十一月甲戌（1791.11.28）

谕军机大臣等："现在剿办廓尔喀，令福康安带领章京等赴藏，由青海一路行走。复令海兰察率领巴图鲁侍卫、章京等随后起身，并调遣索伦兵一千名到京一同前往，俱从西宁出口。所用青海众扎萨克马匹稍多，众蒙古虽俱系身受重恩之人，自应遇事出力。但朕心甚为轸念，著勒保、奎舒将此次需用马匹通计若干，即照从前平定准噶尔之时采买马匹价值按数分给。并著奎舒晓谕众扎萨克等，俾共知朕恩施体恤有加无已至意。再，昨降谕旨，令藩司景安随同福康安至藏，并著派西宁及藏中蒙古章京，沿途往来巡察台站。但思此路站远途长，恐两处部院章京尚不敷用，著勒保于通省满洲道员中择其能事者再派数员，一同专管巡察，毋致贻误干咎。"

（高宗朝卷一三九〇·页七上～八上）

○乾隆五十六年（辛亥）十一月丁丑（1791.12.1）

又谕："现派海兰察带领巴图鲁侍卫、章京一百员，副都统乌什哈达、岱森保带领索伦达呼尔兵一千名，前往西藏，由直隶、河南、陕、甘前赴青海一路行走。经军机大臣酌拟日期，分拨起数，陆续起程前往。所有经过各省沿途需用车辆、马匹、廪给等事，自应专员经理，毋稍贻误，俾行走得以迅速。直隶著派阿精阿，河南著派吴璥，陕西著派和宁，甘肃著派郑制锦，各该员务须督率所属来往照料，以副委任。"

又谕曰："此次廓尔喀在后藏滋扰，由鄂辉前此办理不能妥协，以致复滋事端。现在鄂辉带领官兵前往剿办，在路行走既不能迅速，稽迟贻误，且一切剿办机宜亦不能运筹调度。将来事竣后，鄂辉自有应得之咎，不便令其回四川总督之任。此时该省督篆有孙士毅在彼署理，军需粮饷等项筹办均极周详。但孙士毅年过七旬，且汉大臣中办理部务亦尚需人，将来军务告藏后，当仍令回京供职。因思惠龄自调任山东以来，办理地方事务尚属稳妥。且向在军机处司员行走，又系纳延泰之子，卫藏情形素所知悉。若令前往该处，随同福康安经理，将卫藏一切事宜讲求熟悉，将来事定后，畀以四川总督之任，于照料卫藏，办理地方，可期得力。著传谕惠龄，即将山东巡抚印篆交与江兰暂行护理，伊即来京陛见，候朕面加训示，详悉指授，再行由驿前往。"

（高宗朝卷一三九〇·页一一上～一五上）

○乾隆五十六年（辛亥）十一月辛巳（1791.12.5）

谕："上次廓尔喀因盐税细务与唐古忒人等彼此争执，鄂辉、成德同巴忠前往该处查办，并未能剖断明确，一切皆听巴忠谬为办理，以致复滋事端。兹巴忠畏罪自戕，伊二人本有应得之咎，经朕格外加恩，不即问罪，仍令带兵赴藏，立功自赎。鄂辉、成德理应倍加奋勉，迅速趱程，克期抵藏，剿杀贼匪，以赎前愆。今伊二人任意延缓，每日只按站行走，出口多日尚未到藏。节据保泰奏报，廓尔喀贼匪于抢掠扎什伦布之后，尚在定结、第哩朗古等处逗留观望，未经退回，此正天夺其魄，俾其坐待歼诛。若鄂辉、成德行程迅速，早抵藏内，即可跟踪追剿，歼戮无遗。乃竟濡滞不前，坐失机会，其错谬甚大，岂可复膺封疆专阃？鄂辉著革去总督，赏给副都统衔，驻藏办事，仍令舒濂帮办。成德亦著革去将军，赏给副都统衔，在领队大臣上行走，听候福康安调度差遣。鄂辉、成德均系获罪之人，今复加委任，务须激发天良，勉力自赎，以观后效。若再仍前贻误，必当从重治罪，断难复邀宽贷。所有成都将军，著奎林补授，仍在参赞大臣上行走。其未到任以前，仍著观成署理，俟军务告竣，奎林再赴新任。四川总督员缺，著惠龄补授。其山东巡抚员缺，即著吉庆补授。惠龄现已谕令来京陛见，俟将卫藏应办事宜面加指示后，即驰驿赴藏，先在参赞大臣上行走，同福康安剿办廓尔喀贼匪，事竣再回成都接印任事。现在应行备办军需粮饷等项，孙士毅悉心筹画，均极周详，仍著在彼一手经理。俟惠龄事竣到任，再行交印起程，来京供职。其应支总督廉俸，仍著孙士毅、惠龄各半支领，以示体恤。"

（高宗朝卷一三九〇·页一九下～二一下）

○乾隆五十六年（辛亥）十一月乙酉（1791.12.9）

谕军机大臣等："据勒保奏，预备福康安等由西宁出口应用马匹，办理甚为妥速，无分畛域，殊属可嘉。著赏给大荷包一对、小荷包四个，以示奖励。想勒保此时已接到令伊往西宁与奎舒商办之旨，业经起行前往。再，前经降旨，令每兵应备马二匹，以资乘骑，但思道里遥远，现届冬令，正值乏草之时，恐中途不无倒毙。著传谕勒保、奎舒将青海扎萨克之马，按照每兵一名给马三匹，仍遵前旨，给予原价，途中既可轮替骑坐，到藏后亦可多得战马，岂不两有裨益耶？将此各谕令知之。"

（高宗朝卷一三九〇·页三〇上～下）

○ 乾隆五十六年（辛亥）十一月丁亥（1791.12.11）

谕："前令福康安、海兰察等分起带领官兵由西宁一路前赴西藏，所有应行骑带马匹等项关系紧要，特降旨交勒保妥为筹备。兹据该督奏官兵应需裹带口粮及雇备驼只驮运各事宜，均经勒保酌定数目，饬令附近各属预为雇就，官兵一抵西宁即可分拨驮载，依期前进。办理实为妥速，勒保著交部议叙，以示奖励。"

（高宗朝卷一三九一·页一上～下）

○ 乾隆五十六年（辛亥）十一月戊子（1791.12.12）

又谕（军机大臣）："勒保奏：接准奎舒来咨，称青海口外俱系草地，时值隆冬，冰雪甚大，炊爨维艰，牧饲缺乏，勒保现赴西宁，与奎舒面同商办等语。览奏又增焦虑。同日据奎舒奏到折内，只系接奉谕旨筹办情形，而于青海出口一路难以行走之处并未奏及。此事前因奎舒驻扎青海，是以降旨令其会同勒保筹备妥办。今奎舒既以青海一路雪大难行，如果情形属实，即应据实具奏。乃折内并无一语，转咨会勒保并令笔帖式远赴兰州面禀，明系意存推诿，以特旨交办关系军行紧要之事，其可办与否自当直奏。乃竟视同隔膜，心存取巧，著传旨严行申饬。至青海一路虽冬令冰雪较大，但该处需应马匹、口粮等项，俱经勒保预为筹备，且冰雪融化即可成水，其马草、牛粪拨开积雪亦不难于捡拾应用。况据勒保奏称山路极多，岂无林木丛薄？海兰察及巴图鲁侍卫、章京等多系东三省人，素耐寒冷。索伦达呼尔兵尤系生长边寒之地，更无虑其不能在冰雪中行走。福康安受朕重恩，又正年力富强，素性奋勉，岂有海兰察等能行之路，而福康安转不能前往之理？但朕亦不强人以所难。此事特令福康安迅速赴藏，原因鄂辉、成德漫无把握，不得该处确实情形，必须福康安到彼将一切事宜熟筹具奏，稍慰朕宵旰焦思。若青海一路实有万难行走之势，而福康安不肯遽行直陈，临期或致耽误，是欲速反迟，于此事大有关系。今竟交福康安与勒保二人面为熟商，主持定见，切勿游移两可。如青海草地尚可设法行走，福康安竟当决计取道前进，或将随从人等减之又减，并将携带行装另分一路，随后续行。福康安即轻骑遄程，以期速抵西藏，朕可早得奏报，方为不负委任。此事惟在福康安与勒保熟筹定议。现在惠龄已经到京，业将一切机宜面为指示，二三日内即令起程赴藏协同商办，务将剿办诸事，与之悉心妥酌，以期迅速蒇事。"

（高宗朝卷一三九一·页二下～四下）

○乾隆五十六年（辛亥）十一月辛卯（1791.12.15）

谕军机大臣等："昨令军机大臣询问达赖喇嘛之弟罗卜藏根敦扎克巴，据称：前年廓尔喀投顺时，出有永远不犯边界甘结，系沙玛尔巴、噶布伦丹津班珠尔、玉陀地方戴䌷同廓尔喀头人当面议定，廓尔喀以聂拉木、宗喀、济咙三处地方系他自己抢得，不肯退回，经噶布伦等许以每年给西番银元宝三百个，合内地银九千六百两，令其退还地方，曾告知鄂辉、成德、巴忠等语。噶布伦丹津班珠尔等许给廓尔喀银两一节，实属错谬。聂拉木、宗喀、济咙本系卫藏地方，被其抢占，廓尔喀既经投顺，自应将抢占地方退还，何得许给银两？乃噶布伦等私与商议，每年给元宝三百个，而巴忠颟顸完事，鄂辉、成德亦随同附和，廓尔喀借词构衅，复滋事端，是以巴忠畏罪自尽。将来事竣后，自应查明治罪。此时福康安抵藏后，惟当督率官兵大举深入，正名讨贼。至于前次巴忠等许给银两一事，不必预为访查。朕此时将罗卜藏根敦扎克巴所供情节先为谕知福康安者，惟恐大兵进剿时，廓尔喀或以此借口，福康安临时不能得有主见，难于措词，是以预行降旨。倘廓尔喀提及前此许给银两一事，福康安即不得诿为不知。总当以此原系噶布伦等与廓尔喀头人私相定议，告之巴忠、鄂辉、成德就事完结。因巴忠通晓番语，专主允行，鄂辉、成德不过随同附和。其办理错误，实系巴忠一人之罪，以安其心。统俟剿办事竣，再行查办具奏。再，本日福康安奏到接据勒保知会，驰赴西宁商办一折。前因勒保奏青海一路冰雪较大，柴草维艰，难以行走，已屡降谕旨，令福康安酌量实在情形，可以觅路行走，伊自不肯舍近求远。若实有难行之处，当即改道由四川赴藏，不可勉强，以致欲速转迟。福康安务当与勒保从长计议，与其欲速转迟，莫若以迟为速之为妥便也。"

（高宗朝卷一三九一·页八下～一〇下）

○ 乾隆五十六年（辛亥）十一月乙未（1791.12.19）

谕军机大臣等："现在藏内原驻官兵及鄂辉、成德先后带往汉、屯并先期派换班兵丁，合之添调屯练及索伦达呼尔兵，共有七千余名。计福康安明春进剿，须带兵五千名深入，而聂拉木一带后路尚须数千兵逐段屯驻，以为接应，方可声势联络，足资剿捕策应之用。著福康安抵藏后再行酌量情形，通盘筹算。如尚须添兵，或就近于德尔格及屯练降番并达木蒙古兵添调一二千名，于进剿既属得力，而后路声援亦较为壮盛。将来大兵直抵贼境，声罪致讨，贼匪自必震慑军威，乞哀吁恳，福康安固当严词驳斥，不准所请。倘贼匪真心悔罪，恳求再四，福康安自能遵照前旨，宣布威棱，严立禁约，以示创惩而尊体制，较之巴忠等前次所办自必得有把握办理完善，不致再滋事端。至福康安到藏后，当谕知鄂辉、成德以前次许给廓尔喀银两一事，总由巴忠一人意见主持，鄂辉、成德听从允行，虽有应得之咎，但究系随同附和，已将鄂辉革去总督，成德革去将军，各治以错误之罪，复蒙加恩，俱赏给副都统职衔，作为领队大臣，伊二人惟当激发天良，奋勇杀贼，立功自赎，以期承受恩施，不必复存疑畏之见。如此明白谕知，俾鄂辉、成德各知感激奋勉，安心自效，于剿办事务较为有益。"

（高宗朝卷一三九一·页一六下～一七下）

○ 乾隆五十六年（辛亥）十一月丁酉（1791.12.21）

谕："前因令福康安、海兰察等分起带领官兵由西宁一路前赴西藏，勒保预备应行骑带马匹、口粮等项，办理尚为妥速，曾降旨将该督交部议叙。今据勒保奏，现在驰抵西宁，前调蒙古马匹尚未到来，已专差通事执持令箭，前往各扎萨克游牧处所飞调严催等语。所办殊属过当。此时进剿官兵尚未至京，何必过事张皇先行催调，致滋扰累，办理实属错误，除降旨严行申饬外，所有前次交部议叙之处著即撤回。倘再不能妥协办理，必将勒保治罪。"

（高宗朝卷一三九一·页一八下～一九下）

○乾隆五十六年（辛亥）十二月壬寅（1791.12.26）

谕军机大臣等："前因勒保奏青海出口一路冰雪较大，柴草维艰，途中恐有阻滞，是以降旨令福康安到西宁后与勒保、奎舒面商定议，若青海一路势难行走，即改道仍由四川赴藏。然朕屡向军机大臣言及，以福康安素性勇往急公、能耐劳苦，如青海道路稍有可通，伊必不辞辛苦，仍由青海前进。今览奏果与朕言适相符合。且称兰州一带气候较往年和暖，此实上天垂佑，额庆之余，益深敬感。现在福康安既坚持定见由青海一路进发，嗣后所降谕旨俱由四川驰递，青海一带已令勒保毋庸安设台站，俟明春官兵过竣，再行随后设站安台。又，前令海兰察到西宁后即将所带巴图鲁侍卫、章京等暂驻西宁，俟乌什哈达、岱森保所带索伦达呼尔兵到齐后，一同管领进发。今福康安既由青海行走，抵藏较早，而勒保所备马匹过多，现在尚有三千余匹，尽为宽裕。其暂驻西宁等候分起带兵之巴图鲁侍卫、章京等，福康安酌量情形，如有应须带同前往以备差委之处，先带一起半起同行，预备军前效用，更为得力。如无可用处，仍令其暂驻西宁，等候索伦官兵一同进发，更可节省马力。"

又谕："此次所派索伦等兵不过一千名，骑驮马匹三千已足敷用。今青海蒙古等已办马三千匹，又预备一千五百匹，为数已多。勒保乃于各营内预备马千余匹，又令阿拉善王旺沁班巴尔办马一千匹，实为多事。试思一千余名之兵何需马至七千余匹之多？况索伦兵于本月二十间始能至京，及至西宁已须二月初旬，此项马匹若于月内齐到西宁，并无牧厂喂养，反致瘦损，办理尤为错误。勒保著严行申饬，仍交部议处。所有青海蒙古等预备马匹，除留存三千匹备用外，余俱著速行停止。朕平日抚恤内外各扎萨克蒙古等，惟使安乐得所，不肯稍致劳瘁。此次因剿办廓尔喀，官兵经西宁行走，需用马匹，不得不交青海蒙古等备办，是以前经降旨，特令照从前采买价值给与，以昭体恤。盖青海蒙古等非内扎萨克可比，牲畜不甚充余。现当天寒雪大，牧厂平常之际备办三千匹即不能不形拮据，乃又令多为预备，实为劳苦已甚，朕心深为不安。勒保接奉此旨，著晓谕青海扎萨克等以尔等所办马匹，甚属妥速，急公奋勉，皇上极为嘉悦。今止需用三千匹，余俱无庸预备。其三千匹亦且不必即时送来，俟官兵将至西宁，再行调取。并于其来时，即照数给价，毋使稍有拖累。"

（高宗朝卷一三九二·页一下～四上）

○ 乾隆五十六年（辛亥）十二月丁未（1791.12.31）

谕军机大臣等："贼匪前在定结屯聚，闻知大兵将到，于十一月初一日夜间奔逸。但聂拉木以外贼匪去路，屡据保泰等奏称，该处一交冬令即大雪封山，是贼匪在定结奔逸后，亦不能窜回巢穴，不过在聂拉木、济咙边界一带逗留株守。成德此时早抵后藏，鄂辉亦接续可到，所带屯练兵一千名俱已齐集，鄂辉、成德正当乘贼匪望风奔窜欲归无路之时，督率兵丁奋力进剿，大示创惩，立功自效。或贼匪在定结奔逸后竟退回聂拉木以外，希图窜归巢穴。该处虽冰雪较大，但贼既能行，我亦可往，鄂辉、成德岂宜带兵坐守，不即跟踪追捕耶？又，成德奏，据前藏噶布伦格桑纳木结等接得由贼境出来之扎萨克喇嘛书信一封。前据保泰等奏，只称噶布伦丹津班珠尔等被贼拘留，此扎萨克喇嘛自亦系达赖喇嘛所遣，或与丹津班珠尔同被裹去，著鄂辉、成德查明具奏。至贼匪狡狯性成，中怀叵测，此次扎萨克喇嘛信内所称'差大头人至聂拉木与噶布伦讲明各安住牧'之语，殊不可信。安知非贼匪另有诡谋，又似诓骗丹津班珠尔之计，亦未可定。鄂辉、成德当预为留心防范，不可令穆克登阿、张芝元轻率前往与之讲论，致堕贼匪术中。鄂辉等更应慎之又慎。再，此次自廓尔喀回藏之扎萨克喇嘛及随出之喇嘛第巴等，均著鄂辉、成德略加询问，一面录供具奏，一面将该喇嘛等派委妥员概行押解送京，以备质讯，更可详询贼情。……"

（高宗朝卷一三九二·页八上～九下）

○ 乾隆五十六年（辛亥）十二月庚戌（1792.1.3）

谕军机大臣曰："福康安一到西宁，即将青海道路访询确切，定于十二月初一日吉期起程前进，与朕心适相符合，实能仰体朕怀，克副委任，嘉慰不可言喻。且折内称近日天气和暖，为西宁边地所罕见，此实上天护佑之嘉兆，曷胜额手感谢！看来事机顺利，明春大举进剿，定能速奏肤功，从此得以稍舒驰虑，迓岁迎祥，欣慰之余，有何可谕。至勒保、奎舒于福康安未到之先，将应用驼马、帐房、口粮、柴薪等项设法赶紧筹办，并安设台站，雇觅熟习番子作为向导，福康安一抵西宁，得以定期遄发，所办俱属可嘉。勒保前次议处之处即行宽免，并著加恩与奎舒一体议叙。藩司景安亦著赏戴花翎。又据奏现在应用之马匹、驼只等项，经勒保设法赶办，传到蒙古扎萨克等多方晓谕，安设军台，均已预备齐全等语。前因索伦达呼尔兵前抵西宁尚需时日，曾经谕令勒保等青海一路此时且无需设站安台。今青海扎萨克郡王索诺木多尔济等于福康安接见时，据称情殷报效，该处新设台站例有属下蒙古等坐台，距伊等游牧地方不远，请赴各台就近稽查等语。该扎萨克等踊跃急公，言词肫切，实属可嘉。特发去大小荷包，交勒保、奎舒转行赏给，以示鼓励。其驻扎各站蒙古官兵，俱照绿旗官兵之例赏给盐菜、口粮。其余在事出力之扎萨克以上王公、台吉，著一并查明具奏，另行分别奖赏。至海兰察等前经谕令暂驻西宁，俟乌什哈达、岱森保所带索伦达呼尔兵到齐再行管领进发。今福康安、勒保预备马匹尽属宽裕，与其留存等候，徒费喂饲，莫若令海兰察及巴图鲁侍卫、章京等无须驻扎西宁，即于此时接续前进。伊等不过一百余人，即加以跟役人等，所需骑用马匹亦无须用至一千之多，而随后遄行，可期及早抵藏。彼时贼匪或尚在边界逗留，即可令海兰察等带领官兵跟踪剿杀，更为得力，计此旨到时，福康安已由青海行走二十余日，该处道路情形及气候光景自已可悉一切，即著福康安细加酌量，如青海一路可以通行无阻，即飞咨勒保告知海兰察等，令其无须驻扎西宁等候官兵一同起程前进，或作为一起行走，或分作数起，俱无不可，总以计算马力，酌量行走。此事惟在福康安相度情形，自行定夺，咨明办理。"

（高宗朝卷一三九二·页一四上～一六下）

○乾隆五十六年（辛亥）十二月壬子（1792.1.5）

又谕（军机大臣等）："廓尔喀贼匪前于滋扰扎什伦布后并不窜回巢穴，仍在定结、兴隆等处逗留观望。鄂辉、成德若能趱程行走，早到二十余日，正可乘机剿捕。乃行走濡滞，稽延时日，以致失此机会。惟当趁贼匪尚在边界屯聚之时，率领官兵，奋力鼓勇，直前进剿。现在成德已带领屯练前往追剿，鄂辉亦接续到彼，合兵前进，朕惟看伊二人如何奋勉出力、立功自赎耳。至所称贼匪先将扎萨克喇嘛等送出，是明知鄂辉等将到，借此通信，冀图剖断清还旧欠等语。此项旧欠皆因前次巴忠等办理不善，以致贼有所借口，滋生衅端。今贼匪罪恶贯盈，恣意抢占，其清还旧欠一节岂得复行提及？鄂辉、成德惟有坚持定见，带兵进剿，痛加歼戮，方为正办。又奏请于德尔格等处各土司内派调土兵五千名，令熟悉番情之将备员弁各自本处起程，赴藏协剿等语，所办尚好。著准其所请，于福康安奏续调屯练兵二千名外，再添调土兵三千名，以足鄂辉、成德所请五千名之数。并著孙士毅就近专差，分别译谕各该土司，令其早为预备，于正月初旬分起赴藏。其统领大员及熟悉番情之将备员弁亦令孙士毅妥为派定，届期带兵前往。看来成德、鄂辉于此次奏请添兵及筹办一切事宜较前稍有把握，益当倍加奋勉，立功自效。又据孙士毅奏总兵袁国璜恳请赴藏带兵一节。袁国璜在川年久，熟悉番情，且曾经出师金川、台湾，于打仗杀贼颇为奋勉，今恳请赴藏，具见实心，自应准其所请。著孙士毅于鄂辉、成德续调土兵分起赴藏时，即令袁国璜带领一起前往，交与福康安军营差遣委用，于剿捕较为得力。再，原任广东潮州镇总兵彭承尧病痊起复来京，经朕召见，看来其人尚可，且曾经出师，现已降旨令其驰驿前往四川，著孙士毅酌量，若带兵乏员，即令该镇分带续调土兵赴藏，在军营委用。若因四川总兵张芝元、穆克登阿、诸神保、袁国璜等俱带兵往藏，现在需员署理，即将彭承尧留于川省署理镇篆。总在孙士毅酌量办理。"

又谕："前派海兰察带领巴图鲁侍卫、章京一百员，副都统乌什哈达、岱森保分起带领索伦达呼尔兵丁一千名前赴西藏，俱由内地赴青海一路出口。曾经降旨，令各该督、抚将沿途应行备办事宜妥为经理。其带兵官员等如有例外需索等事，即著地方官据实参奏。朕既加恩体恤，而沿途各省于一切应付事宜亦得概从节省。因思时届隆冬，该索伦兵丁等冲寒就道，亦当加以体恤。著传谕各该督、抚于该兵丁等过境时，所有饭食、汤水等项俱应妥为预备，或于廪给之外，给猪、羊肉汤饭，俱得饱暖遄行。断不可一任办差家人等借端侵冒，给与寒冷食物，以致有名无实。与其将无益之费徒供带兵将弁骚扰，何如加恩穷苦兵丁得资饱暖，较为有益也。"

（高宗朝卷一三九二·页一八下～二一下）

○乾隆五十六年（辛亥）十二月甲寅（1792.1.7）

谕："据奎舒奏，青海蒙古扎萨克等所进马一千匹，遵旨给回。据各王、扎萨克等恳称，伊等区区微诚，所进马匹如不收纳，心实不安等语。前因各王、扎萨克等备办马匹迅速急公，朕甚嘉悦。惟因为数过多，是以降旨给回。今各扎萨克等以受朕恩至重，毫无仰报，恳称若不纳伊等马匹心实不安，殊为诚切，朕深嘉之。著交奎舒，将伊等所进马匹即照所请收纳应用，俱照数发给价值，以示朕嘉与忱悃之意。"

谕军机大臣等："据勒保奏，口外一带近日天气较往年和暖，途中水草不致缺乏。海兰察所带巴图鲁侍卫、章京等不过百余人，所骑马匹亦属无多，若俟福康安信来，又稽时日，著传谕海兰察与勒保商酌，带同巴图鲁侍卫、章京，即照在内地行走起数，由西宁启程进发，可以及早抵藏。至索伦达呼尔兵现已陆续到京，于本月二十外可以起身，计抵西宁后已属春融。该处马匹备办宽余，即著勒保令带兵之乌什哈达、岱森保率领兵丁随到随行，以期迅速抵藏。若彼处贼匪尚在聂拉木等处边界逗留，正可令海兰察等带领此项劲旅直前追剿，歼戮无遗。而藏内僧众番俗人等见有官兵早到，人心亦可镇定，于剿捕机宜实为得力。"

（高宗朝卷一三九二·页二四上～二六上）

○乾隆五十六年（辛亥）十二月庚申（1792.1.13）

谕："前因勒保驻扎西宁办理赴藏驼马、口粮等项及口外安设台站俱极妥协，节经降旨奖叙。兹据福康安奏：由西宁出口后，于初九日行抵贡额尔吉地方，沿途马匹等项均无贻误，其海兰察并巴图鲁侍卫、章京及兵丁等各起应用之马匹、口粮等项，俱经勒保预为筹备，诸事定有章程，海兰察等及后起兵丁一到西宁即可随到随行等语。此次福康安等前赴卫藏，由青海行走，从前奎舒奏报请形，未免存畏难之见，嗣经勒保驰赴该处，督率所属，调度筹办，所有驼马、军装、口粮、柴薪等项一切预备齐全，足敷应用。且口外一带应设台站，不分疆界，亦经分派各员查照旧日章程，逐站安设，俾邮递得以迅速。办理诸事井井有条，实属可嘉，除已交部议叙外，勒保著加恩给予太子太保衔，以示优奖。"

谕军机大臣曰："福康安奏出口以来，天气晴朗等语。青海一路冬令严寒，今气候和暖，遄行无阻，此实上天嘉佑，欣慰之余，倍深敬感。惟望福康安早抵该处，查明贼匪情形迅速驰奏，以慰盼望。折内称口外台站业经安设，及知会海兰察等不必暂住西宁等候索伦达呼尔兵丁，竟由西宁即行出口，其索伦达呼尔兵亦令由青海前进。所见俱与节次所降谕旨相同，实属可嘉。本日正值封篆之期，接到此奏，朕怀嘉悦，具见事机顺利，佳兆先征，迓岁迎禧，倍增喜庆。特解亲佩荷包一个以赐，用示优眷。"

（高宗朝卷一三九三·页五下～七上）

○乾隆五十六年（辛亥）十二月壬戌（1792.1.15）

谕军机大臣等："前据鄂辉、成德奏请再调土兵五千名，当经降旨，令其再行添调土兵三千名，仍著福康安通盘筹画，知会孙士毅办理。令孙士毅尚未接到此旨，即密饬德尔格、三杂谷、卓斯甲布共挑备土兵三千，咨会福康安酌量檄调，所奏适与朕旨相符。至所称续调番练二千，出口时俱亲身挑验，并因数日以来未接福康安由川赴藏之信，已飞檄南、北两路，将续调夫马减撤，以节縻费等事，无不预为筹及，动合机宜，览奏深为嘉慰，著赏给大小荷包，以示优眷。"

（高宗朝卷一三九三·页八上～下）

○乾隆五十六年（辛亥）十二月庚午（1792.1.23）

陕甘总督勒保奏："海兰察及巴图鲁侍卫等于十五、十六、十八等日行抵西宁，臣与熟商，俱陆续进发，毋庸停待。随将应行裹带等项分配用驼只运送，马匹照依品级按例分给。又念口外站远草枯，马力恐易疲乏，于应得例马外，再给余马二百余匹，以资长途替换，且到军营，即可多得战马。拟照自京启程起数，于十九、二十、二十一等日启程出口。至索伦达呼尔兵，约计头起到西宁时当在新正下旬，已谕令青海各扎萨克将所办马匹于各旗妥为牧放，临期传调，自可不误。"

得旨："欣慰览之，可嘉之外，无可批谕。汝诸事皆如朕旨先办，加恩固当也。"

（高宗朝卷一三九三·页一九下～二〇上）

○乾隆五十七年（壬子）正月癸酉（1792.1.26）

谕军机大臣等："昨鄂辉奏到讯问贼匪供词，据称巴都尔萨野派令头人一路由济咙到宗喀，一路由聂拉木到第哩朗古，两处俱有藏兵堵御，不能前进，惟玛木萨野占据聂拉木，前往后藏滋扰等语。济咙、第哩朗古两处，贼匪见有藏兵堵御不敢前进。聂拉木一处岂无藏兵驻守，何以任听玛木萨野占据，竟至无人抵御？该处所设驻藏之兵是否在彼驻扎，抑系见贼匪前来，并未迎敌，率皆奔窜，并有无带兵驻扎戴绷、第巴，亦应查究。著福康安即行查明严办，以示惩创。至供词所称聂拉木止有路两条，到处搭有偏桥，若将偏桥拆断，即不能过去等语，此殊不足虑。即如四川全仗栈道险阻，设绝栈难行，亦可觅别途前赴。今廓尔喀路径陡险，谅不至无他路可通。纵贼人拆去偏桥，亦可绕道前进，况屯练番兵最为趫捷，登山陟险是其所长，更何难超腾逾越，深入其阻。福康安及海兰察等，惟当激励将弁，统率兵丁，鼓其锐气，直捣巢穴，断不可因贼供有拆去偏桥不能过去之语，稍存畏难之见。福康安受朕恩眷，久历戎行，必能仰体朕意也。"

（高宗朝卷一三九四·页五下～六下）

○乾隆五十七年（壬子）正月乙亥（1792.1.28）

谕军机大臣曰："鄂辉奏审讯喇嘛来藏，或系沙玛尔巴令其探听信息。现将格哩及跟役等均交噶布伦看守等语。虽亦牵缀贼匪之一法，但格哩既系沙玛尔巴徒弟，今令充当扎萨克喇嘛通事到藏，必系沙玛尔巴自知罪重，暗令前来探听消息。鄂辉既知其形迹可疑，即应交驻藏官员看守，乃将格哩等竟交噶布伦看管，噶布伦岂能自行管束，仍不过转交唐古忒人等，岂能保其不将内地情形透漏乎？又据奏到译出各书信内，丹津班珠尔寄达赖喇嘛禀及寄伊家信并噶布伦等信称，我们与廓尔喀两家债帐事情，孜仲第巴带信出来，把这事说坏了，如今红帽喇嘛要与我们和好等语。孜仲第巴系何时何人遣去，保泰等从未奏过，鄂辉等折内亦未提及，著交福康安一并查明具奏。若其人可疑，即行解京。又译出各信曾否交达赖喇嘛、噶布伦等阅看，俾伊等知廓尔喀近日情事。其丹津班珠尔等在彼情形，亦应令班第达等知悉，以安其心。乃鄂辉并不给看，不但班弟达等及玉陀噶布伦家属无由知伊等消息，即达赖喇嘛亦不免心存疑惑。鄂辉并不计及此，糊涂已极，著传旨严行申饬。其格哩一犯，著福康安即行审讯，如尚有备用之处，不妨暂留藏内；若无可留用，即派员迅速解京，以备讯问。再阅各信内称，伊等在彼经红帽呼图克图时常照应，廓尔喀王子每日给与养赡，并称红帽喇嘛诚心出力，要与我两家永远和好，及廓尔喀现在发信各卡撤兵等语，全系为廓尔喀饰词开脱，以为说和地步，殊不足凭。贼匪素为狡诈，此项译出各信，必系廓尔喀逼勒丹津班珠尔等书写，以见廓尔喀本欲卫藏和好，转似天朝不听息事，以致藏中遭罹兵火，为离间藏内人心之计，此等狡猾伎俩，岂可堕其术中？但达赖喇嘛恐亦不免为其所惑，著将原信发交福康安，如鄂辉已将各信交达赖喇嘛、班第达、噶布伦等阅过则已，如未经给阅，即著福康安分给阅看。并传集达赖喇嘛、济咙呼图克图、大喇嘛、噶布伦等谕以上次贼匪滋事，即因巴忠等令丹津班珠尔等前往讲论，私与说和。今丹津班珠尔等又系达赖喇嘛遣令前往，亦不关白驻藏大臣，辄欲讲和完事。若撤兵后，贼匪故智复萌，又须烦我兵力，是天朝兵马粮饷竟为卫藏疲于支应。况贼匪复来，必致扰及前藏，更将如何办理？为此明白宣谕，若达赖喇嘛之意必欲与廓尔喀和息完事，大皇帝即听从尔等所为，将大兵撤回，此后藏内一切事务概置不问。若尔等以卫藏地方凭仗天朝保护，则须同心合力，悉听区处，不得再私遣人与贼来往。如此明白断定，俾喇嘛及唐古忒人等咸喻此意，方可协力同仇，克期蒇事。"

（高宗朝卷一三九四·页七下～一〇上）

○乾隆五十七年（壬子）正月庚辰（1792.2.2）

又谕（军机大臣等）："据成德、鄂辉所奏各折，此事总由鄂辉、成德迁延贻误，以致贼匪逃窜。今成德节奉谕旨，始行躧探道路前赴边界，鄂辉亦甫由前藏起程接应成德，皆属缓不及事。至成德折内称，闻喀尔达及第哩朗古、通拉山一带，因严寒降雪山路封阻等语。喀尔达一带既大雪封山，贼匪自不能退回巢穴，若贼人能往，则我亦能往，岂有我兵为雪所阻，而贼匪不为雪阻之理？成德已贻误于前，巧辩亦复何益？此时福康安抵藏，自能相机进剿。惟须察看情形，如贼匪屯聚尚多，转不必过于欲速，轻率前进。即使连得胜仗，收复边界，而贼匪乘间逃逸，窜入山谷，追剿转为费力。福康安惟当酌量机宜，如兵力未齐，不妨略为停待，统俟海兰察及巴图鲁侍卫、章京、索伦劲旅等接续到齐，出其不意统领大兵奋勇前进，更可一举集事，迅奏肤功。"

（高宗朝卷一三九四·页一五上～一六上）

○乾隆五十七年（壬子）正月丙戌（1792.2.8）

谕军机大臣等："驻藏事务，现据鄂辉奏，令额勒登保暂驻前藏代办事件。鄂辉所办尚是，可谓知人。福康安此时自已抵前藏，前经降旨谕令福康安到彼后，如兵力未齐不妨稍待，俟海兰察等及索伦、屯练兵丁齐集再行进剿。福康安接奉前旨，自必在藏暂驻，所有应办事件谅俱妥协。现在鄂辉已往边界，接应成德，剿杀贼匪。如实有可乘之机，当即知会福康安带兵接应。或因兵力不齐，山路雪阻，未能前进，则不必在彼驻候，应令成德驻守边界，鄂辉回前藏办事。"

（高宗朝卷一三九五·页一下～二上）

○乾隆五十七年（壬子）正月庚寅（1792.2.12）

谕军机大臣等："本日据福康安奏，于正月初二日行至多伦巴图尔地方，已抵西藏交界，并称口外气候较往岁和暖，实为边地所罕见等语。福康安由阿克塔齐岭等山绕道行走，此时自早已抵藏，遵照节降谕旨筹办一切进剿事宜，朕怀甚为欣慰。又据奏达赖喇嘛差人迎至藏界，查询廓尔喀滋事缘由一折，据堪布、卓尼等所称贼匪起衅情节及廓尔喀地方路径，与此间节次所询情形虽大概相同，然尚不及此间询问之详悉。此次福康安、海兰察等惟当痛歼贼众，从前私议给银之事自不值再行置议。至廓尔喀地方不过与内地大县相似，自边界至贼巢相距七八日，想福康安自能相机进剿，以期迅奏肤功，永绥边徼地。"

（高宗朝卷一三九五·页四上～下）

○乾隆五十七年（壬子）正月辛卯（1792.2.13）

谕曰："福康安此次统兵进剿廓尔喀，由青海一路驰赴西藏，冲寒跋涉，朕心深为廑念，且道路遥远，所有沿途犒赏不无需费。著加恩于藏内军需银两内赏给银一万两,以备犒赏而示体恤。"

又谕:"此次派出索伦达呼尔兵丁前赴卫藏进剿廓尔喀,所有带兵官员及兵丁等,业经加恩分别赏赉,但该兵丁等冲寒远涉,均堪轸念。著勒保于该官兵行抵西宁时,加恩每兵每名各赏给银二两,以资用度。至青海一带新设台站,该处道里遥远,所有坐台之蒙古兵丁等在彼常川伺候,亦属劳苦。亦著交勒保每兵每名一体各赏给银二两,以示体恤。"

(高宗朝卷一三九五·页四下~五下)

○ 乾隆五十七年(壬子)正月癸巳(1792.2.15)

谕军机大臣等:"西宁至藏一带新设台站,原以利军行而速驿递。昨据福康安奏,经过青海地方军台,其台站兵丁口粮按月裹带,并无敷余,已飞咨勒保速筹接济等语。可见该处道远站遥,诸多未便。前因打箭炉一带本有台站,文报往来向无迟滞,是以谕令福康安与勒保札商,将西宁至藏新设台站即行撤去。今思该处情形万难持久,著传谕勒保、鄂辉即将新设台站于索伦达呼尔兵过竣后以次撤回。其藏地新设台站亦以次随撤。福康安竟不必与勒保往返札商,致稽时日。"

(高宗朝卷一三九五·页七下~八上)

○ 乾隆五十七年(壬子)二月壬寅(1792.2.24)

又谕:"上年鄂辉、成德带兵前赴卫藏边界一带剿捕廓尔喀贼匪,途次行走濡迟,未能迅速,节经降旨严饬,并将该二员交部严加议处。嗣经该部议将鄂辉、成德照溺职例革职具题,朕以其现俱带兵,将部本交军机处存记,以观后效。本日据成德奏带领将备兵丁行抵拍甲岭,督率满汉屯十弁兵会合进攻,并抛掷火弹,将贼匪烧毙甚多,官兵分头歼戮,杀贼二百余名,生擒七名,现将屯聚之贼四面拿卡攻围等语。是成德此次带兵进剿,其从前行走迟延固有应得之咎,但一抵拍甲岭即能督率弁兵奋勇剿杀,痛歼贼匪,并生擒活口,尚为出力。所有成德从前革职处分,著加恩宽免。"

(高宗朝卷一三九六·页二下~三下)

○乾隆五十七年（壬子）二月乙巳（1792.2.27）

又谕（军机大臣等）："贼匪在聂拉木一带逗留，成德督领官弁分路进剿，杀贼二百余人，捉拿活口。今又将官寨四面攻围，抛掷火弹，焚烧东边寨房，贼匪望风胆落，束手待毙。其窜逃之贼亦俱歼戮无遗。看来易于剿办。但成德虽已连得胜仗，只能将聂拉木、济咙、绒辖一带屯留贼匪悉行扫除，未必即能深入，总须福康安、海兰察等统领劲旅鼓勇直前，方可大功告蒇。福康安等到彼，相度机宜，或竟于贼匪猝不及备之时，乘胜直入，或应俟兵力齐集，再行统领进发。此等迟速机宜定能熟筹尽善。至此次带兵打仗歼杀贼匪之出力员弁等，著交与福康安查明分别奖赏，以示鼓励。嗣后遇有打仗出力之员，俱著福康安随时酌量奖赏，俾各知感奋，争先出力。"

（高宗朝卷一三九六·页一三下～一四上）

○乾隆五十七年（壬子）二月丁未（1792.2.29）

陕甘总督勒保奏："青海一带台站原因福康安及海兰察等各起官兵由此出口，不可不安设军台，以利遄行，而供驰递。第该处水草不便，官兵口粮难以接济，马匹牧饲维艰。兹奉旨令俟索伦达呼尔兵过站后，以次撤回，此后福康安奏报之折竟由打箭炉一路驰递。惟查福康安于开印前已可早抵西藏，所有彼处贼匪情形，以及进剿事宜，即有飞章陆续奏报。此时五起索伦达呼尔官兵约二月初十日内可全行出口，请俟福康安将一切文报，改由打箭炉一路发递后，知会到日，再将青海台站撤回。"

得旨："所思甚妥，即如议行。"

（高宗朝卷一三九六·页一五上～一六上）

○乾隆五十七年（壬子）二月丁巳（1792.3.10）

谕军机大臣曰："福康安自正月初二日折报后，久未接据到藏奏报，正切悬念，兹据奏到藏交界后，一路并无阻滞，随行人众行走俱属平宁，所过风雪瘴疠地方并无疾病。此皆仰赖上天默佑，欣慰之余益深庆感。至所奏接准鄂辉咨会，两次与贼接仗得胜，惟恐济咙、绒辖两处贼匪乘间窜回，飞咨鄂辉等相机堵截，将济咙、绒辖两处贼人归路先为断绝，并先派巴图鲁侍卫等驰赴聂拉木以资调派。福康安办理数日，即起程前往，俟会集各兵，再行克期大举。仍侦探贼势，一有可乘之机，即行随时酌办各节。于筹办机宜已得綮要，看来事机极为顺利。福康安抵藏后，将应行查办事件赶紧办理，自即行起程，目下谅已早抵聂拉木边界，即是统领大兵进剿，惟计日以待捷音。……再，前因巴忠在藏并未将巴勒布、廓尔喀两处部落情形分晰奏明，而保泰、雅满泰所奏亦属含混，朕不知详悉，恐巴勒布部落久为廓尔喀兼并，其在藏贸易之巴勒布人等与廓尔喀自必联为一气，是以降旨谕令福康安到藏留心查办，伴送驱逐。今福康安传谕巴勒布头人，令其约束在藏之巴勒布人等，各安生业。该头人等俱称巴勒布部落被廓尔喀侵占，正深愤恨，今闻大兵进剿，我等私仇可借此报复等语。可见廓尔喀恃强恣肆，人心俱不怗服，现经福康安于在藏巴勒布人择其有家室者，酌加赏赉鼓励，带往军前，以备差遣。是巴勒布番众可为我用，或令其躧探贼情作为向导，于进剿更为有益。前此驱逐巴勒布贸易人等之语，竟可不必提及，但于善后事宜详议可也。"

（高宗朝卷一三九七·页五下～八下）

○乾隆五十七年（壬子）二月辛酉（1792.3.14）

又谕（军机大臣等）："贼匪在聂拉木西北官寨屯聚不过百余人，鄂辉、成德带领千余劲兵，攻剿旬日，尚未能将官寨全行克复，目下气候已届春深，雨雪自久经晴霁，且贼匪人数无多，水道亦已断绝，谅不能更延残喘。鄂辉等攻克官寨后，自即将济咙、绒辖两处贼匪以次剿除。至贼匪贪狡性成，其意尚欲照依前议为之清理地租。现在鄂辉等接到来禀，一面先行檄谕喇特纳巴都尔，令其亲至边界，为牵缀贼人之计，亦只可如此办理。此时福康安自已驰抵边界，遵照节降谕旨，统领大兵相机近剿，鼓勇直前，谅此么么小丑，不难克期集事。……"

（高宗朝卷一三九七·页一六上～一七上）

○乾隆五十七年（壬子）二月乙巳（1792.3.22）

谕军机大臣等："聂拉木官寨贼匪不过一百余人，株守一隅。上年十二月二十八日即经成德等攻剿焚烧，拿卡围困，水道断绝、口食无资。

是该处贼匪已属势穷力蹙，束手待毙，无难立时攻克，悉数歼除，而鄂辉、成德止派兵围困，延至一月之久，始将贼匪一百余人用火轰毙。乃奏到折内，辄觍颜称将聂拉木贼匪悉数歼除，地方全行收复，张大其词，并将带兵人员胪列名单至二十三人之多，恳请加恩升用、赏给巴图鲁名号及花翎等项。试思此处贼匪不过困守负隅，为数亦只一百余人，而剿至一月，且济咙、绒辖两处尚有贼匪屯守，安得谓之全行收复？实可谓恬不知耻！此处剿除一隅之贼，即欲如此优加恩典，将来剿办济咙、绒辖两处贼匪及直抵阳布后，又当如何加恩酬续耶？且鄂辉、成德前次奏到折内称：俟聂拉木官寨贼匪剿除后，即赴济咙、绒辖二处进剿等语。彼时即应分派将领，带兵前往二处一体围剿，迅速歼擒，方为正办。乃计不及此，直至今日将聂拉木贼匪尽行烧毙，尚不即日驰赴济咙、绒辖乘胜攻剿，且折内并未提及如何领兵前往分路剿杀，竟若歼除聂拉木贼匪后已属完事，伊二人竟别无他事者然，何糊涂至此。又，此次鄂辉、成德既将因守官寨之大头人咱玛达阿尔曾萨野拿获，系属玛木萨野之侄，实为贼匪紧要之犯，自应讯供具奏，乃止将该头人解送前藏，交福康安审讯解京，并未详细录供随折具奏，是鄂辉、成德皆因福康安在彼，即意存诿卸，诸事置之不办，种种错谬非止一端。所有咱玛达阿尔曾萨野，著福康安略加讯问，即派委妥员迅速解京。其在事之官兵除阵亡受伤兵丁照例赏恤外，至带兵各员内，朕阅鄂辉等奏折，惟侍卫珠尔杭阿、永德、阿尼雅布三人较为奋勉，著福康安传旨奖励，各赏给大缎一匹。并令鄂辉、成德同听宣谕，当面赏给，并传旨严行申饬鄂辉、成德，使知愧耻。其刨挖贼寨墙角之副土司成勒春丕勒及巴塘土兵等俱著酌量奖赏。其余鄂辉等单内所开带兵各员，并著福康安另行据实查明出力者，量加奖赏具奏，以示鼓励。"

（高宗朝卷一三九七·页二六上～二八下）

○乾隆五十七年（壬子）三月庚午（1792.3.23）

谕："俸满调回之前任云南普洱镇总兵朱射斗，著随和琳驰驿抵藏后，再赴边界，听候福康安派委带兵进剿。"

（高宗朝卷一三九八·页一上～下）

○乾隆五十七年（壬子）三月庚辰（1792.4.2）

谕军机大臣曰："鄂辉等筹办聂拉木等处分兵防守，并绘图贴说进呈，所办殊属非是。从来行军制胜之道全在能得要领，若攻其腹心，捣其中坚，自必纷纷瓦解。况贼匪巢穴既小，兵自无多，合计不过万余，即使贼兵各路散漫而来，而巢穴既覆，则贼匪失所凭依，不攻自溃，岂有于通贼道路一一派兵防御，转令进剿之兵以分而见单。即如图内所绘萨喀地方，系在绒辖、定结等处之后，贼匪又岂能越过各处绕至萨喀，乃鄂辉等亦派兵二百在彼驻守，其漫无措置，即此已可概见。看来鄂辉、成德竟系胸无把握，心存畏怯，以致调度失宜。前此朕尚虑伊二人或有冒昧轻进之处，今则不患其不详慎，只患其不奋勇矣。鄂辉、成德俱著传旨严行申饬。伊二人竟不可恃，虽据奏鄂辉现自聂拉木起程绕至拉子一带，前赴宗喀，成德亦由第哩朗古带兵前往，但伊二人既如此懦怯无能，亦未知何时能到，即使勉强到彼，带兵无几，亦难望奋勇攻剿。计此旨到时，福康安自早已驰抵边界，将屯聚之贼全行歼灭，廓清后路。现在续调屯土官兵及索伦达呼尔兵亦已陆续齐集，福康安即统领五六千劲旅进剿，为捣穴擒渠之计。至大兵深入后，济咙、聂拉木两处为通贼要路，自应分兵驻守，但只须每处派兵二三百名，足敷守御。其余各处俱不必零星分布，将有用之兵置之无用之地。"

又谕曰："奎林向来领兵打仗不辞劳瘁，此次特派前往，原以伊系军营得力之人，足当一面。乃因头患热疖，日久未愈，精神实不能支持，殊为轸念。著传谕奎林在江卡安心调理，以冀就痊，不必过于焦急，转致增剧。"

（高宗朝卷一三九八·页一七上～一八下）

○乾隆五十七年（壬子）三月甲申（1792.4.6）

谕军机大臣曰："福康安统领大兵剿办廓尔喀贼匪，特授为将军，与外省驻防将军体制、称谓相同，究觉等威莫辨，此次福康安应称为大将军。遇有檄谕行文等事，竟以大将军列衔，更觉威严尊重，足使番众生畏，贼匪破胆。"

（高宗朝卷一三九八·页二三下～二四上）

○乾隆五十七年（壬子）三月庚寅（1792.4.12）

又谕："前因福康安统兵进剿廓尔喀由青海一路驰赴西藏，道路遥远，沿途犒赏不无需费，曾经加恩于军需银两内赏给银一万两。现在福康安统领大兵已于二月十七日驰赴边界，将来进兵时一切奖赏自仍需用，著再加恩赏给银一万两，仍于藏内所贮军需银内支给，以示体恤。"

（高宗朝卷一三九九·页八下～九上）

○乾隆五十七年（壬子）四月辛丑（1792.4.23）

谕军机大臣等："粮运为军营首务，台站乌拉最关紧要，经福康安与达赖喇嘛、济咙呼图克图等札商，使各站俱有受雇牛只，照例给价，到站即行，可期无误。但必统理得人，应付更为妥协，已有旨令惠龄领兵剿贼，不必再回前藏，其一切藏务，令和琳妥为经理。和琳此次驰驿赴藏，行走迅速，约计闰四月内可以抵藏。所有此项台站乌拉等事，著交和琳督率统理，可资得力。至请将川省备调兵三千名派令来藏，廓尔喀贼匪既侵占邻近部落三十余处，地方不小，我兵乘胜穷追之时，后路愈长，拨兵接续，以防贼人抄截，已降旨令孙士毅即将前次备调川兵三千名迅速派拨，催促带兵将弁克日起程赴藏矣。藏内现备粮食已足一万五六千人一年有余口粮，此时藏内原有兵丁及派调、续调屯土各兵并索伦达呼尔兵统计共有万余，今再加以添调川省兵三千名，亦不过一万三千余名，粮石尽有敷余。著福康安等再行酌量，如大兵深入贼境后，贼匪风闻逃窜，自应乘胜穷追，若兵力尚不敷追剿，或于川省兵丁及屯练降番内就近再行添调三四千名，亦不为多。福康安可一面飞咨孙士毅檄调，一面遇便奏闻，以期肤功迅奏。或先将此续调之三千名竟行带往进剿，再酌量就近调拨三四千名以为后路接续声援，亦无不可。福康安既经朕委以军旅重寄，全仗伊调遣主持，不必拘泥请旨，以致往返稽迟。又据奏附近廓尔喀之哲孟雄、宗木、作木朗、布鲁克巴、披楞等部落，前经福康安檄谕令其发兵击贼，为我先驱，今仍各守地界，逗留不进等语。此事前据福康安奏到时，朕即以办理失之太早，节经降旨饬谕。今福康安察看各部落情形，大率观望迟疑，莫能先发，各处番兵恐不能恃以集事，果不出朕之所料。此等附近廓尔喀各部落素被贼匪欺凌，若见大兵进捣巢穴，声势壮盛，自必乘贼匪穷蹙协力攻剿，借以报复私仇。乃福康安于大兵尚未齐集之时，即檄谕各部落发兵协剿，则该部落等谁肯先与贼匪为难，其观望不前，心持两端，自系必然之理。节降谕旨甚明，福康安何始未见及此耶？至贼匪现在情形，虽已并吞三十余部落，但从来用兵之道惟在攻捣腹心，得其要领，则此外皆望风瓦解，不难一举荡平，即历观前代戡定区宇，亦不过扼据形势，于要隘地方并力攻取，其余皆可传檄而定，断无贼匪有数十部落，即须各部落处处派兵进剿之理。福康安等惟当厚集兵力，直趋阳布贼巢，使贼人失其所据。此外各部落自必纷纷瓦解，一举集事。总在福康安坚持定见，激励将士，鼓勇直前，生擒首恶，固不可存轻视贼匪之心，尤不可因贼匪并吞部落较多，稍涉迟疑，或致馁我士气也。又据奏上年贼匪滋扰扎什伦布时，各喇嘛俱已逃散。贼匪一至庙内，玛木萨野即在班禅额尔德尼静房内居住，大小头人分据各处，将庙内物件及塔上镶嵌肆行劫掠，金银佛像抢去大半，间有被毁者。贼匪在扎什伦布如此肆行作践，其造孽甚重，自必速取灭亡。而玛木萨野一犯，尤为可恶，必须与巴都尔萨野、沙玛尔巴一并生擒，方足以快人心而申国宪。至鄂辉、成德前于二月初五日拜发之折内称，成德将聂拉木各卡隘分兵防守后，即行前往宗喀，进剿济咙贼匪。计成德发折之期迄今已及两月，即谓屡遇大雪，早已春融雪化，自应早抵济咙率兵进剿。究竟于何时行抵该处，作何剿贼情形，总未据成德奏报。从前进剿聂拉木贼匪时，成德、鄂辉先后到彼进剿攻围已及一月，而廓尔喀并未添派贼匪前来接应，是贼匪境内并无驿站侦探，其怯懦无能之状已可概见。今济咙贼匪株守一隅，坐待歼戮，自属易于办理。成德先抵该处，自应带领官兵奋勇直前，悉数剿杀，即或力有不能，计福康安等此时已可早抵济咙，统率劲旅会合攻围，先将该处贼匪殄灭净尽，壮我军威，俾贼匪闻风落胆，定计直捣贼巢，迅速成功，伫盼捷音之至。将此传谕福康安、海兰察、惠龄、和琳、鄂辉、成德知之。"

又谕："据福康安等奏访贼匪抢占各部落情形及聂拉木、济咙等处进兵路径，并防守后路，通盘筹画，恐兵力尚有不敷。自应速行添调以壮声援。想孙士毅接福康安之信，自已将从前备调兵三千名迅速派拨，克日起程赴藏，仍应催促带兵将备速行，毋得稍有迟缓。将此谕令孙士毅知之。"

（高宗朝卷一四〇〇·页五下～一〇上）

○乾隆五十七年（壬子）四月壬寅（1792.4.24）

谕军机大臣等："昨经降旨令孙士毅将前次备调兵三千名迅速派拨，克期赴藏。孙士毅接到福康安知会时，自即一面派拨起程。此旨到时，兵丁等当已行过察木多一带，计日可抵前藏。彼时正值福康安统兵进剿之际，即将此项兵丁带领前进。但将来深入贼境后，所有后路联络布置、留防接应，尚须兵力，著传谕孙士毅再行密备屯土兵三千名，听候檄调。若福康安不用则已，倘若需用，一俟福康安知会到日，即令星速赴藏，勿致稍有迟误。"

（高宗朝卷一四〇〇·页一〇上～下）

○乾隆五十七年（壬子）四月丁未（1792.4.29）

谕军机大臣等："前据鄂辉、成德奏，于攻克聂拉木后，鄂辉由拉子一带查催粮运，前赴宗喀；成德在聂拉木安设碉卡后，再赴宗喀，与鄂辉会合，攻剿济咙贼匪等语。此折系二月初五日拜发，距今已逾两月，总未据鄂辉、成德续报剿贼情形，已节经降旨严饬，并令福康安查奏矣。聂拉木贼匪经官兵全数轰毙，本无须筑碉拿卡，正应乘官兵胜势前往济咙，于贼匪猝不及备之时一鼓歼灭。乃鄂辉借催粮为名，绕回拉子；成德复以在聂拉木拿卡为词，俱不即往济咙剿贼。是明予贼以暇，使得早为设备，暗添贼众，或竟乘间逃回巢穴，岂不失此机会？伊二人如此迁延观望，岂竟思安坐株守，抑军需粮食必须伊等亲自负运耶？著福康安查明鄂辉、成德实在因何迟缓，是否有意观望不前，据实查明，严行参奏。此时福康安、海兰察等俱早抵边界，自即前赴济咙攻剿贼匪。前次聂拉木官寨屯聚之贼，以鄂辉、成德二人伎俩尚能剿灭净尽，今福康安、海兰察以久历戎行宿将统领生力劲兵会剿济咙困守之贼，自必早经殄灭，驰报捷音谅已在途。若此等无能贼匪尚不能克期歼尽，尚安望直捣阳布贼巢，一举荡平集事耶？至鄂辉曾任总督，成德曾任将军，宁不知朕办理军务，晓夜伫盼，何以日久并无奏报，殊不可解。伊等于剿贼一事，从前行走既已迟误，今尚不思立功自赎，甘蹈罪戾，是诚何心？并著福康安传旨严切询问，仍将剿办济咙、定计进兵各情形迅速驰奏，以慰廑注。"

（高宗朝卷一四〇〇·页一九上～二一上）

○乾隆五十七年（壬子）四月戊申（1792.4.30）

谕军机大臣曰："福康安奏现在兵力未齐，俟前调各兵及索伦达呼尔劲旅全数到来再行统领进剿一折，已于折内详悉批示矣。福康安等发折时，各处续调之兵尚未到齐，自难轻进，亦只可暂为停待。惟所称济咙以内擦木地方及济咙以外热索桥一道为通往贼境要路，廓尔喀已分派贼匪在两处防守，又于绒辖地方添派贼匪数百名前来，在营官寨外砌卡据守等语。此则鄂辉、成德二人迁延观望，不即前赴济咙攻剿所致。若鄂辉、成德于收复聂拉木后，乘胜速往济咙、绒辖，趁贼匪猝不及备之时，将二处屯留之贼奋力围剿，此时早已廓清边境，专事攻取贼巢。乃伊二人于轰毙聂拉木贼匪后，鄂辉借催粮为名绕回拉子，成德复以聂拉木拿卡为词逗留不进，迟至两月有余，是明予贼以暇，俾知攻破聂拉木之信，于济咙、绒辖两处添派贼匪接应，复砌筑碉卡，以为负隅死守之计。鄂辉、成德之罪实无可辞。已节次降旨，令福康安等查明伊二人是否有意逗留，据实具奏，并交福康安俟事竣后再行请旨核办。计此旨到时，续调屯土各兵及索伦达呼尔兵俱已接续到藏，即前日添调川兵亦将次可到，得此生力劲兵，会剿边境株守贼匪，势如摧朽拉枯。是此时在边界略为停待，转属以迟为速之机，惟望福康安、海兰察等于剿灭济咙、绒辖两处贼后，统领大兵直捣巢穴，荡平贼境，克日以待捷音之至耳。……"

（高宗朝卷一四〇〇·页二六上～二七下）

○乾隆五十七年（壬子）四月丙辰（1792.5.8）

又谕（军机大臣）："廓尔喀系边外极边，地势险远，贼匪又于要隘处所添设碉卡，抵死守御，若有万难深入之势，而福康安等统领官兵声罪致讨，藏内僧俗番众人等群系观瞻，事在有进无退，福康安等既不肯事半中止，而限于地险又难克期集事，或致彼此相持，老师糜饷，亦属非策。今反复筹画，若福康安等于官兵齐集后，探访贼匪情形、道路险易，事在可办，自必直前进剿，扫穴擒渠，将其土地给还各部落，永免卫藏驻兵防守，岂不甚善？福康安素性勇往，自不肯因有此旨，稍存迁就，功亏一篑。倘审度事势，实难直抵贼巢，或将济咙、宗喀一带拒守贼匪尽行剿杀，大振军威，或前抵贼境与贼打几次胜仗后，贼匪心怀慑伏，望风胆落，差人前至军营投递禀帖，悔罪乞哀，福康安等或可将计就计，令其坚明约束，俯允所请，准其投诚，振旅班师，亦完事之一法。然必先慑以声威，将贼匪大加歼戮，使之十分畏惧，势力穷蹙，悔罪投诚，始可受降纳款，庶贼匪有所创惩，不敢复行滋事。至前次令西藏许给银两一节，断不可行，必须明白宣示，令其俯首听从，以后无可借口，又向藏地勒索，方可永断葛藤。若贼匪于此事稍涉含糊，仍当严词驳斥，不准受降，断无调集如许多兵远临贼境，而仍如前此将就完结之理。必令贼匪畏威服罪，不敢再提银两，永远不犯藏界，始为完善。再，贼匪素性狡猾，今不得已出此下策，而善后之道不可不预为之图。将来撤兵后，聂拉木、济咙等处必须酌量留驻官兵，以资防守，庶几缓急有备，福康安等于办理善后事宜时务须悉心筹画，妥为布置。但究以深入贼巢，永靖边疆，则聂拉木等处不致劳我官兵远戍，而卫藏永获奠安，乃为朕之至愿，亦福康安等之所大幸。若实有万难进取之势，必不得已，不得不预作退步以完此局，想福康安等久历戎行，素娴军旅，亦断不肯坐失事机。朕思虑所及，诚恐事在两难，临期降旨谕令遵办，未免缓不济急，关系匪轻，是以预为指示，使福康安等得有把握。至临机应变，当进当退，总在福康安等酌量事机计出万全也。"

（高宗朝卷一四〇一·页五上～七下）

○ 乾隆五十七年（壬子）四月丁巳（1792.5.9）

又谕（军机大臣）曰："朕阅本日奏到藏地图样，自以济咙为进兵正路。将来大举深入，竟可由此一路并力会攻，军势更为壮盛，似无须分作两路。且福康安亦必须海兰察一同领兵，更为得力。若令海兰察另领一路，则福康安处未免声势较单，或遇紧要之时，海兰察未能策应，转属于事无益。即令惠龄同海兰察作为一路，惠龄资分较浅，于紧要机宜亦难参与。朕再四思维，莫若福康安、海兰察、惠龄同在一路，统领大兵竟由济咙直前进剿，自当势成破竹。成德人虽粗疏，但伊曾任将军、提督，经历戎行，且聂拉木地方究系成德克复，福康安于济咙剿除贼匪后，统兵深入，其聂拉木、济咙一带，或虑贼匪抄截，不可不预为堵御，应即令成德、台斐英阿在彼处一带率兵分驻，往来策应，以壮声援，更为万妥。至所奏酌议粮运事宜，其糌粑一项，炒磨工价不敷，恳照鄂辉原奏按数支给，及增定布达拉至胁噶尔程站各款只系细事，此时惟当督率官兵奋力进剿，迅速藏功。即军行经费向有定则，格于成例或难准行，朕亦必特降谕旨，俯从所请，岂有令进兵而不与兵不与粮之理？福康安等总以剿捕贼匪力图进取为要务，不必存惜费之见也。"

（高宗朝卷一四〇一·页一〇上～一一上）

○ 乾隆五十七年（壬子）四月丙寅（1792.5.18）

又谕（军机大臣）曰："福康安等奏称济咙等处新添贼匪如未能立时攻破，即于山巅重叠之处潜兵越险，绕至贼后截其归路，一面统兵径取阳布贼巢一节。虽属暗度出奇之策，如能断其粮道，是亦一计。但福康安等统领劲旅声罪致讨，系堂堂正正之师，济咙一路既为进兵正道，自应先将该处屯聚贼匪歼灭无遗，廓清边界，然后力图进取，使我兵鼓勇直前，无后顾之虑，方为正办。若不将济咙等处逗留之贼攻剿净尽，由此路乘胜直前，别寻间道，悬军深入，该处山路丛杂，安保济咙等处贼匪不心生窥伺扰我后路。即贼匪无能，计不出此，而我兵深入之时，尚有济咙等处贼人横亘其中，军心自不免稍有回顾，万一首尾不能兼应，所关非细。况自宗喀至济咙一带，现有擦木地方，形势扼要，贼匪尚于该处设卡据守，其自济咙以至阳布必更有险要之处，贼匪闻大兵进发，岂不处处安卡设寨以为负隅抗拒之计，我兵焉能径行越过？且济咙等处系后藏边界地方，此时尚未及收复，又安必其直捣巢穴一举集事耶？福康安、海兰察等久历戎行，素娴韬略，何未见及此？即云济咙等处有新添贼匪并力固守，恐未能立时攻破。然福康安统率如许劲兵，攻此一隅株守之贼，谅不致有稽时日。倘或稍有耽延，小小过略迟数日，而边界贼匪悉数歼除，俾我兵无后顾之虑，自必倍加奋勇，攻坚破垒，为得尺则尺之计。若连得几次胜仗，夺取一二处碉卡，使贼匪望风胆落，即有险要拒守之处，亦必纷纷瓦解。虽藏事稍迟，而成功较为稳妥，此实动出万全良策。福康安等现在熟筹进剿，必有可恃，然后可进，不得存行险侥幸之见也。至贼匪接奉两次檄谕何总无一信，若非严密设备，为负隅固守之计，即系自恃险远，并不畏惧官兵，故不差人禀复。使我兵无从察其虚实，不敢轻进。贼匪狡狯伎俩，大约不出乎此。福康安等益当坚持定见，加意慎重，断不可稍涉冒险。又，十二[六]辈班禅额尔德尼失去金册，现已饬照办一分，遇便赏给扎什伦布尊藏，著福康安先告知达赖喇嘛、班禅额尔德尼以示卫护体恤之意。又据孙士毅奏现奉谕旨，饬令再行预备兵三千名，业已赶紧照数饬备，俟前调之官兵出口后，即令陆续至炉城驻扎，听候调遣等语。屯土兵丁先后派赴西藏者已有八千余名，所剩者俱系老弱无用，自应即于川省绿营官兵内就近挑取，照数预备。但现在索伦达呼尔兵及前调川兵三千名想俱陆续抵藏，合之从前派调之兵，已有一万三千名，兵力不为不多。此项预备兵三千名，福康安是否尚须檄调，亦在未定。著传谕孙士毅，即饬令带领将弁等赴炉驻扎听候。一俟福康安咨调信息到日，即令克日起程赴藏，以期早到一日，即军营早收一日之用，方为妥善。"

（高宗朝卷一四〇一·页二五下～二八下）

○乾隆五十七年（壬子）闰四月甲戌（1792.5.26）

谕军机大臣等："前据福康安等奏筹剿贼匪机宜一折，内称岱森保带领索伦达呼尔兵三百名，业已行至前藏等语。此折系三月二十六日拜发，此时岱森保等计已行抵后藏，乌什哈达所带索伦兵丁及其余屯土各兵亦当陆续踵至，福康安等现在自必统率大兵相机进剿。但喇特纳巴都尔及巴都尔萨野先经鄂辉等檄谕，复经福康安发檄诱降，贼匪接奉两次檄谕后何以竟不差人禀复？若非贼人自恃险远，不知畏惧官兵，即系因济咙一带之贼日久未见官兵进剿，阳布相距更远，大兵一时未必遽能直捣巢穴，或疑福康安等亦不过与前岁鄂辉等伎俩相同，不敢深入，屯留边界，意存和息，将就了事，敢为此迟延观望之计，亦未可定。福康安目下惟当遵照节次所降谕旨，先将济咙、绒辖两处之贼剿灭净尽，廓清边界，使大兵深入免致后顾之虞。至济咙系通贼境大路，贼匪在彼屯聚者较多，节据福康安等奏贼人又于该处添设木栅，为固守之计等语。福康安等统领大兵自当由此一路攻剿净尽，其绒辖一路之贼虽少，亦不可不分兵扑灭，以防间出滋扰。著派令台斐英阿帮同成德带兵二三千名前往绒辖，将该处贼匪一并歼戮无遗，方为妥善。若可两路进攻，以分贼势亦佳。总在相机而行也。"

（高宗朝卷一四〇二·页八下～一〇上）

○乾隆五十七年（壬子）闰四月乙亥（1792.5.27）

又谕："前此福康安奏到檄谕贼匪附近各部落并力剿贼一节，朕即以办理太早。今据奏作木朗、哲孟雄、宗木各部落俱各观望不进；而布鲁克巴回复之禀以番兵分布各隘口，现存兵力有限，难以再派出征，亦不免心怀畏怯。此系自然之势。廓尔喀附近各部落虽平日被贼匪欺凌，伊等若见我兵乘胜深入，自必纷纷响应，借以报复私仇，抢还侵地。今大兵尚未进剿，各该部落或虑诓诱伊等与贼接仗，而官兵倘如前次不进，将来必受贼匪荼毒。且伊等兵力本属有限，谁肯先与贼匪为难。福康安等惟当俟大兵齐集，将济咙屯聚贼匪一鼓歼擒，即乘兵威壮盛直捣阳布贼巢，其时附近各部落等自必闻风响应，可成破竹之势。现在济咙贼匪谅非劲敌，福康安等带领如许生力劲兵，鼓勇进攻，断无不破之理。自应先得此地，再图进取，方为正办。至绕道截其归路径取贼巢之计，究非稳著。该处山路丛杂，万一我兵首尾不能兼顾，关系非轻。节经降旨甚明，想福康安等接奉后，自必熟筹尽善，先将济咙贼匪剿戮净尽，再行统兵深入，并力攻捣贼巢，一举集事。其绒辖一路贼匪无多，即遵照前旨，派令台斐英阿帮同成德带兵二三千名分投前往，尽足以资扑灭。又据奏，丹津班珠尔之妻即系沙玛尔巴侄女，恐有勾结情事，此最应留心。前此丹津班珠尔赴边界讲和，即系贼匪指名令伊前往定议，甫经到彼即被裹去，安知非沙玛尔巴与丹津班珠尔勾连一气，做成圈套，否则丹津班珠尔随带多人，何至被伊诓骗裹去？且丹津班珠尔上次向廓尔喀许银和息，并非丹津班珠尔自出己资，即此次携带银两前往备用，皆系达赖喇嘛商上之物，伊从中说合，现虽羁留贼地，将来事定，仍可坐享厚资，故屡次所寄禀帖大率为贼匪缓颊，即其家信内曾有被贼羁留受苦，恳其父用银赎回之语，自系仍用达赖喇嘛商上银两。看来此事全系丹津班珠尔与沙玛尔巴互相勾结，狼狈为奸，亟应加意防范。虽据福康安等奏，访知丹津班珠尔及其父班第达平日办事不公，番民啧有烦言，断不致为其煽惑。但丹津班珠尔与沙玛尔巴既属姻戚，且久居贼中，居心狡诈，将来拿获时略加讯问，即于巴图鲁侍卫、章京内慎选妥员，迅速解京，务宜昼夜严密防守，不可令与伊父班第达及家属见面私通信息，此为最要。至福康安前此奏请添兵三千后，又有旨令孙士毅再备兵三千听候调用。其应否需调之处，并著福康安酌量行止。"

（高宗朝卷一四〇二·页一四上～一七上）

○乾隆五十七年（壬子）闰四月甲申（1792.6.5）

谕军机大臣曰："福康安等奏，聂拉木、济咙、绒辖等处贼匪添人据守，分据要隘，福康安等进兵时，拟先于聂拉木等处，酌派巴图鲁侍卫等带兵前往作为偏师，福康安等会合大兵由济咙直入攻剿等语。所办俱好。贼匪等虽据守要隘，抵死抗拒，谅非劲敌。福康安等带领生力劲兵，鼓勇先登，无难立时攻破，而聂拉木一带又有巴图鲁侍卫等分路进攻，使贼匪腹背受敌，顾此失彼，自必望风胆落，不攻自溃。再据奏廓尔喀尚有旧居巢穴，在阳布之西，大兵进攻阳布时，先行截其归路要隘，止须于济咙、聂拉木、定结、第哩朗古等处派员留兵，与番兵协同防守，已可杜其抄截之路等语。所办已得其要。惟思大兵进剿阳布时，声威壮盛，贼匪自必并力死守，冀图延喘。该处系属贼巢，且有城垣碉寨，若贼匪悉力固守，自较聂拉木为甚。我兵徒恃围困，转致稽延时日，自不若于攻围时，将其城门故留一面，示之以隙，使其乘间逃逸，我兵先于隐僻处所潜设埋伏，趁贼匪逃窜之时，出其不意乘机掩击，实为事半功倍。朕又思贼匪在济咙一带屯聚，近复添人拒守，其所资口食自须由贼巢运送，即将来围困阳布，其粮石自必由他处赍运。若能酌派官兵绕出贼后，绝其饷道，或将其水道一并断绝，俾贼人困于饥渴，束手待毙，此亦制胜之一策。再，我兵进剿，粮运关系紧要，节据福康安等奏，现办粮石、牛羊等项足资万余人年余之食，但只系笼统计算。其济咙以内，本系藏地，自可按程运送，源源接济。至济咙以外，至阳布贼巢及官兵跟踪进剿处所，军行粮随，其如何筹办运送之处，总未据福康安等分晰具奏。虽大兵进剿原可因粮于贼，但究不可恃。即兵丁裹粮而往，岂能多带？且兵丁等俱系步行，各有携带军械、火药及衣装等项，已属累重，若再令裹带口粮，每兵所带至多不过一月之食。军粮为众兵托命，设接济稍有稽迟，兵丁或以枵腹为虞，众心即不免观望，亟应先事预筹，方可有备无患。所有济咙以内粮运、乌拉等事，节经降旨令和琳在藏督办，鄂辉往来梭织催查。但伊二人所办同系一事，断不可稍分畛域，致滋推诿，务须互相商酌，彼此关照，两人共事如同一人。若和琳在藏驻扎时，鄂辉即至沿途催查趱运；如鄂辉回至前藏，和琳即赴后藏至济咙一带督率催查，总期军粮转运迅速无误。至济咙以外，鞭长莫及，非伊二人经理所能周到。今思惠龄本系参赞，固应同将军等统兵督剿,但惠龄运筹调度自不如福康安。而冲锋打仗亦不若海兰察,自当用其所长,所有济咙以外及大兵所到地方需用军粮,竟著惠龄专办,不必同福康安等带兵前进。伊身为参赞,又系本省总督,一切呼应较灵。惠龄应酌量情形,或设法滚运,或于适中处所储备应用,俟福康安知照,随时运送。如福康安等在贼境获有粮食,或尚不敷用,应需若干,即可照数陆续运往以资接济。惟在惠龄熟筹妥办,俾无缺乏。但军粮关系紧要,恐惠龄一人照料难周,著福康安于巴图鲁侍卫、章京内如额勒登保者,酌派二员,并派绿营兵三五百名留彼随同防护,更为妥善。将来大功告竣,惠龄转输之功即与战胜之功无异,朕必与福康安、海兰察一同加恩,并不因伊未曾督战稍存歧视。惟自济咙以外,设有缺误,则惟惠龄是问。该督务须酌筹尽善,俾军食有资,方为不负委任。"

（高宗朝卷一四〇三·页三下～七上）

对上年私自许银赎地及隐匿廓尔喀表贡等情事之巴忠、丹津班珠尔、保泰、雅满泰、鄂辉等人的追究、惩处

○乾隆五十六年（辛亥）八月甲子（1791.9.19）

又谕曰:"廓尔喀人等胆敢围困丹津班珠尔等,侵犯聂拉木一事,一则因当日鄂辉、成德、巴忠办理不妥,苟且了事,以致今日复生事端。彼时据鄂辉等奏,但称一切事务俱已妥为安置,欠项俱已还清,廓尔喀遣使进京瞻觐。其欠项如何拟定归还,以及两造立结之处并未具奏,显系鄂辉、成德、巴忠等急欲了事,苟且完结。此即鄂辉等之罪。二则保泰等抵藏理合查明,一面将鄂辉等参奏,一面妥办具奏,何得佯若罔闻?比及有事,始奏称询问达赖喇嘛方知此事,此乃保泰等之大误。况达赖喇嘛之所以遣丹津班珠尔特为债目,所谓查边操兵皆属假托。彼时保泰何得并不穷诘?使丹津班珠尔等晓事,亦当在附近地方留心查看。至廓尔喀人等所云还完一限,再还一限,其余即不追索之言,亦不过诓哄丹津班珠尔等前往,其意以为一经围困之后,即可为质索项。乃丹津班珠尔等并不审察轻重,但图目前之利,径行往见,入其术中,而又懦弱过甚,拆毁桥梁,致廓尔喀人等疑为断其归路。皆由保泰等未曾详察,一任达赖喇嘛遣丹津班

珠尔前往之所致也。保泰等如能办结此事甚妥，万一不能，鄂辉到彼惟宜会同保泰等留心熟筹，务期作速办结。……"

（高宗朝卷一三八五·页一一上～一二下）

○ 乾隆五十六年（辛亥）八月丁卯（1791.9.22）

谕军机大臣等："廓尔喀侵扰后藏，朕已降旨令鄂辉往办。鄂辉受朕深恩，简用总督，廓尔喀之事又系鄂辉初时办理不善，以致滋事，何尚观望不前，著严行申饬。至此事朕前交鄂辉、成德、巴忠会同办理。此次保泰奏到，朕披览之后，将折令巴忠阅看。尚未加以责斥。次日，巴忠在军机大臣前自称此事办理不善，恳祈赶赴藏地，效力赎罪。经军机大臣等代奏，朕因已遣鄂辉往办，未令前往。不意巴忠即于是夜潜出，投河淹毙，殊堪骇异。因思从前商办此事时，巴忠必自倚恃御前侍卫，随从有年，又为钦差大员，凡有事件，俱系自专，今复滋生事端，恐鄂辉、成德据实陈奏，心怀疑畏，是以短见自戕。伊既如此，鄂辉等闻知，未必不致狐疑慌乱。倘因此贻误公事，伊等不能当其咎也。著传谕鄂辉等，令其安心奋勉，驰赴藏地。如将此事妥办完竣，朕必加恩宽宥，以功抵罪。倘仍苟且了事，不为久远之计，鄂辉更何颜见朕耶？至保泰现已自前藏往扎什伦布，所有事务，即著保泰相机办理，不必等候鄂辉。廓尔喀虽系绝域，但其人不无诡计，保泰于临近时，务须留心防范，不可轻视。万一为其所欺，于国体大有关系。保泰惟当慎之又慎！"

（高宗朝卷一三八五·页一七上～一八下）

○ 乾隆五十六年（辛亥）九月己卯（1791.10.4）

谕军机大臣等："据鄂辉等奏，成德带领满洲、绿营官兵三百余名起程赴藏。此事原系鄂辉等前次在彼糜费粮饷，所办竟无头绪，而巴忠谬出己见，姑息了事，虽已投河自毙，但成德、鄂辉亦有随同瞻徇之咎。况鄂辉为首先办事之人，今闻彼处复生事端，理应迅速前往，奋勉赎罪，乃复推诿不前，仅令成德带兵赴藏，殊出朕意料之外。此次成德尚有勇往气概，而鄂辉惟知自图安逸，畏事脱身。伊受朕厚恩，简任总督大员，若如此畏葸自安，只为人往来传递文书，又安用总督为耶？著严行申饬，计此旨到时，孙士毅亦已至川。鄂辉即于该处满洲、绿营官兵内择其奋勇得力者再带二三百名前去。如此则将军、总督前后领兵前进，亦可以扬我军威。成德、鄂辉至彼时，惟当与保泰会同妥办，断不可再为姑息，稍事因循，总期永远无虞。倘日后复致滋事，必将鄂辉等重治其罪也。"

（高宗朝卷一三八六·页一八下～一九下）

○乾隆五十六年（辛亥）十一月辛巳（1791.12.5）

谕："上次廓尔喀因盐税细务与唐古忒人等彼此争执，鄂辉、成德同巴忠前往该处查办，并未能剖断明确，一切皆听巴忠谬为办理，以致复滋事端。兹巴忠畏罪自戕，伊二人本有应得之咎，经朕格外加恩，不即问罪，仍令带兵赴藏，立功自赎。鄂辉、成德理应倍加奋勉，迅速趱程，克期抵藏，剿杀贼匪，以赎前愆。今伊二人任意延缓，每日只按站行走，出口多日尚未到藏。节据保泰奏报，廓尔喀贼匪于抢掠扎什伦布之后，尚在定结、第哩朗古等处逗留观望，未经退回，此正天夺其魄，俾其坐待歼诛。若鄂辉、成德行程迅速，早抵藏内，即可跟踪追剿，歼戮无遗，乃竟濡滞不前，坐失机会，其错谬甚大，岂可复膺封疆专阃？鄂辉著革去总督，赏给副都统衔，驻藏办事，仍令舒濂帮办。成德亦著革去将军，赏给副都统衔，在领队大臣上行走，听候福康安调度差遣。鄂辉、成德均系获罪之人，今复加委任，务须激发天良，勉力自赎，以观后效。若再仍前贻误，必当从重治罪，断难复邀宽贷。所有成都将军，著奎林补授，仍在参赞大臣上行走。其未到任以前，仍著观成署理，俟军务告竣，奎林再赴新任。四川总督员缺，著惠龄补授。其山东巡抚员缺，即著吉庆补授。惠龄现已谕令来京陛见，俟将卫藏应办事宜面加指示后，即驰驿赴藏，先在参赞大臣上行走，同福康安剿办廓尔喀贼匪，事竣再回成都接印任事。现在应行备办军需粮饷等项，孙士毅悉心筹画，均极周详，仍著在彼一手经理。俟惠龄事竣到任，再行交印起程，来京供职。其应支总督廉俸，仍著孙士毅、惠龄各半支领，以示体恤。"

（高宗朝卷一三九〇·页一九下～二一下）

○乾隆五十六年（辛亥）十一月辛卯（1791.12.15）

谕军机大臣等："昨令军机大臣询问达赖喇嘛之弟罗卜藏根敦扎克

巴，据称：前年廓尔喀投顺时，出有永远不犯边界甘结，系沙玛尔巴、噶布伦丹津班珠尔、玉陀地方戴绷同廓尔喀头人当面议定，廓尔喀以聂拉木、宗喀、济咙三处地方系他自己抢得，不肯退回，经噶布伦等许以每年给西番银元宝三百个，合内地银九千六百两，令其退还地方，曾告知鄂辉、成德、巴忠等语，噶布伦丹津班珠尔等许给廓尔喀银两一节，实属错谬。聂拉木、宗喀、济咙本系卫藏地方，被其抢占，廓尔喀既经投顺，自应将抢占地方退还，何得许给银两？乃噶布伦等私与商议，每年给元宝三百个，而巴忠颟顸完事，鄂辉、成德亦随同附和，廓尔喀借词构衅，复滋事端，是以巴忠畏罪自尽。将来事竣后，自应查明治罪。此时福康安抵藏后，惟当督率官兵大举深入，正名讨贼。至于前次巴忠等许给银两一事，不必预为访查。朕此时将罗卜藏根敦扎克巴所供情节先为谕知福康安者，惟恐大兵进剿时，廓尔喀或以此借口，福康安临时不能得有主见，难于措词，是以预行降旨。倘廓尔喀提及前此许给银两一事，福康安即不得诿为不知。总当以此原系噶布伦等与廓尔喀头人私相定议，告之巴忠、鄂辉、成德就事完结。因巴忠通晓番语，专主允行，鄂辉、成德不过随同附和。其办理错误，实系巴忠一人之罪，以安其心。统俟剿办事竣，再行查办具奏。……"

（高宗朝卷一三九一·页八下～一〇上）

○乾隆五十六年（辛亥）十二月壬子（1792.1.5）

又谕（军机大臣等）："廓尔喀贼匪前于滋扰扎什伦布后并不窜回巢穴，仍在定结、兴萨等处逗留观望。鄂辉、成德若能趱程行走，早到二十余日，正可乘机剿捕。乃行走濡滞，稽延时日，以致失此机会。惟当趁贼匪尚在边界屯聚之时，率领官兵，奋力鼓勇，直前进剿。现在成德已带领屯练前往追剿，鄂辉亦接续到彼，合兵前进，朕惟看伊二人如何奋勉出力立功自赎耳。至所称贼匪先将扎萨克喇嘛等送出，是明知鄂辉等将到，借此通信，冀图剖断清还旧欠等语。此项旧欠皆因前次巴忠等办理不善，以致贼有所借口，滋生衅端。今贼匪罪恶贯盈，恣意抢占，其清还旧欠一节岂得复行提及？鄂辉、成德惟有坚持定见，带兵进剿，痛加歼戮，方为正办。……"

（高宗朝卷一三九二·页一八下～一九下）

○乾隆五十七年（壬子）正月丙子（1792.1.29）

谕："前因廓尔喀侵扰后藏，派令鄂辉、成德、巴忠前往办理。巴忠自恃御前侍卫，率意专擅，欲图草率完事，且因通晓唐古忒语言，辄向噶布伦丹津班珠尔等私自计议，与廓尔喀说和，令其退回侵占之聂拉木、济咙、宗喀三处，每岁议给元宝三百个作为地租。嗣因丹津班珠尔以事已完毕，未照前议给银，致廓尔喀复行滋扰。去年起事之时，巴忠自知罪重，即投河自尽。若其身尚在，必当正法，今已幸免刑诛，伊子蒙古奏事处三等侍卫僧额布，著降为蓝翎侍卫，在大门上行走，以示惩儆。"

又谕："昨据鄂辉奏询问扎萨克喇嘛由廓尔喀回藏情形，已将一切机宜详悉指示矣。此事构衅之由，总缘前次巴忠办理不善所致。伊业经自毙，幸免刑诛。保泰、雅满泰系驻藏大臣，于巴忠前在藏内私向贼匪许银和息之处，亦并无一字奏及，业经节次降旨责处，永远枷号。至班第达在藏年久，于前次巴忠与伊子丹津班珠尔私许廓尔喀银两一事岂得诿为不知？乃并未告知驻藏大臣，亦难辞咎。第念班第达年老，早经退闲，伊子现又被贼拘留，姑免深究。但该处噶布伦四人，除丹津班珠尔现留贼地、扎什纳木扎勒已经身故外，其扎什敦珠布、噶勒藏纳木扎勒二人，俱系前次随同办理之人，著福康安到藏后，即查明治罪。行军之道全在赏罚严明，今噶布伦等扶同一气，贻误事机，若不加以惩治，何以使卫藏人等知所儆畏耶？"

（高宗朝卷一三九四·页一〇上～一二上）

○乾隆五十七年（壬子）二月丁巳（1792.3.10）

谕军机大臣曰："……至福康安询廓尔喀滋事缘由甚为明晰，此事启衅之由，总因上次巴忠办理错谬，许银赎地所致。是以巴忠一闻廓尔喀侵扰藏地之信，即投河自尽，否则何以轻生若此。节次查询业已得其梗概。今福康安详悉查奏，情弊显然，竟与朕所料吻合。可见天心垂眷，先启朕衷。从此声罪致讨，必蒙天佑，迅奏肤功也。至巴忠办理此事，现据福康安查奏，巴忠过藏时，达赖喇嘛亦以应行进剿为言，巴忠未经允从，迨许银和息时，达赖喇嘛示以此事所办冒昧，将来必有反复。可见达赖喇嘛能识大体，人尚明白，其办理错谬之处，竟系巴忠与丹津班珠尔二人主意。

贻误滋衅即班第达亦未尝不知，但且不必深问。鄂辉、成德与巴忠等同办此事，且系联衔具奏。断无不与闻之理，今因伊二人现在带兵剿贼，是以罪坐巴忠一人。然鄂辉、成德岂得置身事外？总看伊二人如何奋勉出力、立功自赎耳。……"

（高宗朝卷一三九七·页五下～七下）

○乾隆五十七年（壬子）二月辛酉（1792.3.14）

又谕（军机大臣等）："……再，此次廓尔喀贼匪未经侵犯边界之先，即有禀帖寄呈保泰、雅满泰。其禀帖自必将索取地租缘由说明，保泰等何得诿为不知？乃伊二人并未奏明，亦未将禀帖进呈，殊不可解。伊二人现在枷号前藏，即著福康安详加查讯，廓尔喀原禀现在何处，何以前次并不奏闻，又不将原禀一并进呈是何主见，令其据实登答，毋任稍有隐饰。若果伊二人并未见过禀帖，或竟系丹津班珠尔将禀帖私自藏匿，亦未可定，务须查讯确实。附便奏复。"

（高宗朝卷一三九七·页一七上～下）

○乾隆五十七年（壬子）三月戊寅（1792.3.31）

谕军机大臣曰"……又，据福康安讯问保泰，供称许银说合之事，我到藏时原有所闻等语。保泰等既早有所闻，且贼匪所寄禀内复提及此事，乃保泰等竟敢徇隐不奏，节经降旨将保泰、雅满泰二人枷责示儆。今据福康安奏请将保泰再行重责四十板，另制重枷枷号，所办甚是。雅满泰与保泰厥罪维均，早有旨将伊押回前藏，并著照保泰之例再行枷责，以示炯戒。再，保泰之名与从前裕亲王相同，裕亲王系近支尊属，自宜敬避。从前纳木扎勒、旺扎勒皆所知悉，乃并未更改，以致伊损福攉罪。现已改名为俘习浑，以后遇有询伊事件，即以此名书写。"

（高宗朝卷一三九八·页一一下～一三下）

○乾隆五十七年（壬子）四月戊申（1792.4.30）

谕军机大臣曰："……又据（福康安）奏：询问跟随严廷良之通事赵琏等，供称严廷良前赴阳布时曾与巴都尔萨野说及，尔等若能恭顺，噶布伦所许银两亦必照数付给等语。此事前阅保泰给拉特纳巴都尔檄谕内有'严廷良说，王子甚明白，懂得道理'之语，朕即知严廷良与廓尔喀情分甚为熟习，其许银赎地一节，该都司早经详悉底蕴，乃始终隐饰，其罪实不可逭，已降旨将严廷良革职，拔去花翎，留于军营作为兵丁效力续罪。今福康安等所询通事情形，严廷良实系知情隐饰，自应遵照前旨办理，亦不值再行究询矣。"

（高宗朝卷一四〇〇·页二六上～二八上）

○乾隆五十七年（壬子）四月丁巳（1792.5.9）

又谕（军机大臣）曰："巴忠等私许贼匪银两之事，阿旺簇勒提木到藏即行闻知，用言阻止，俘习浑、雅满泰身为驻藏大臣岂有不知之理？况既经阿旺簇勒提木向伊告知原委，何以尚隐匿不奏，其情节甚属可恶。俘习浑、雅满泰现于前藏永远枷号示众，计此旨到时，和琳已驰抵前藏，著传谕和琳，即亲提伊二人，再各重责四十板。以示惩儆。至和琳到藏后，当留心查察，毋许看守人等有代俘习浑、雅满泰私行开枷情事。倘和琳瞻顾情面，稍涉宽纵，别经发觉，恐不能当其咎也，慎之。"

（高宗朝卷一四〇一·页一一上～一二上）

○乾隆五十七年（壬子）闰四月乙亥（1792.5.27）

又谕："此次廓尔喀跳梁滋事，抢掠后藏，究因巴忠等办理错谬所致。其从前与廓尔喀所立字内虽无给与银两之语，以今观之，或与丹津班珠尔另立有保结，每年许给廓尔喀银锞三百，倘若不给，听其来扎什伦布滋扰等语，亦未可定。伊等以此项银两系由达赖喇嘛商上支发，无庸丹津班珠尔自行给与，始如此办理，以致廓尔喀等借为口实滋扰后藏。使巴忠尚在，岂止立正典刑，即凌迟处死，实属罪所应得。今伊投河毙命，已属侥幸。若仍留伊子官职，实不足以示惩儆，巴忠之子如有现在居官者，俱行革退，著在护军拜唐阿上行走。"

又谕："……又据（福康安）奏，丹津班珠尔之妻即系沙玛尔巴侄女，恐有勾结情事，此最应留心。前此丹津班珠尔赴边界讲和，即系贼匪指名令伊前往定议，甫经到彼即被裹去，安知非沙玛尔巴与丹津班珠尔勾连一气,做成圈套,否则丹津班珠尔随带多人,何至被伊诓骗裹去?且丹津班珠尔上次向廓尔喀许银和息,并非丹津班珠尔自出己资,即此次携带银两前往备用,皆系达赖喇嘛商上之物,伊从中说合,现虽羁留贼地,将来事定,仍可坐享厚资,故屡次所寄禀帖大率为贼匪缓颊,即其家信内曾有被贼羁留受苦,恳其父用银赎回之语,自系仍用达赖喇嘛商上银两。看来此事全系丹津班珠尔与沙玛尔巴互相勾结,狼狈为奸,亟应加意防范。虽据福康安等奏,访知丹津班珠尔及其父班第达平日办事不公,番民啧有烦言,断不致为其煽惑。但丹津班珠尔与沙玛尔巴既属姻戚,且久居贼中,居心狡诈,将来拿获时略加讯问,即于巴图鲁侍卫、章京内慎选妥员,迅速解京,务宜昼夜严密防守,不可令与伊父班第达及家属见面私通信息,此为最要。……"

(高宗朝卷一四〇二·页一一下~一七上)

○乾隆五十七年(壬子)闰四月壬辰(1792.6.13)

又谕"……又,现在讯问仲巴呼图克图,供称:上年九月内有把守营官寨之噶厦卓尼尔拿获小娃子巴磋一名,讯系沙玛尔巴跟役,闻得巴磋已解赴前藏等语。巴磋系沙玛尔巴跟役,听从指使,现据仲巴呼图克图供,已解赴前藏,何以从前总未据鄂辉等奏及?其巴磋一犯是否业经解赴前藏,著即查明。如已解到,即委妥员迅速解京,以备质讯。"

(高宗朝卷一四〇三·页二一上~二四上)

○乾隆五十七年(壬子)五月丙辰(1792.7.7)

又谕:"……又据和琳奏自班第达病故后,只有妇女、仆从数人,俱极安静等语。前以班第达在藏年久,族分较大,伊子丹津班珠尔现留贼巢,应行留心防范。今班第达业经病故,伊孙又属年幼,自可无事。但班第达家道素为殷实,今伊病故后,家中只有妇女、仆从数人,其幼孙自不能管理家事,将来丹津班珠尔应行解京,所有资财必致下人任意侵用,暗中消耗。丹津班珠尔本系达赖喇嘛之妹夫,藏中风俗凡遇疾病身故者,原有将家财布施喇嘛之事,现在达赖喇嘛商上正在匮乏,和琳等或设法晓谕伊家,令将家资酌量递给达赖喇嘛,于班第达身后既资冥福,而商上亦可借资接济，岂不两得其便。设有难以措置之处，亦即奏明，不可过于勉强，致滋疑畏也。……"

（高宗朝卷一四〇五·页九上～一一上）

○ 乾隆五十七年（壬子）八月庚辰（1792.9.29）

谕："从前普福驻藏时，廓尔喀遣大头目苏必达多喇拉木等来称：拉特纳巴都尔等业经封王，请赏俸禄、地方。经普福饬驳，并晓示天朝特封王爵，并优加赏赉，已属格外施恩，且现在纳贡之国甚多，从无赏给地土、俸禄之例，所办尚属得体。此等关系外藩之事，应据实奏闻。乃当时既未入告，及陛见时又未面陈，实属错谬，不便稍为宽宥。著博兴驰往库抡代理事务，传旨将普福革职，拿送刑部治罪。"

（高宗朝卷一四一〇·页二九上～下）

○ 乾隆五十七年（壬子）八月庚辰（1792.9.29）

又谕（军机大臣等）曰："……又据孙士毅奏廓尔喀差人恳求赏给俸禄、地方一节，询系普福任内之事，经普福严行斥回。普福告知雅满泰，雅满泰又告知俘习浑。普福到京后，并未奏闻，亦未告知军机大臣，殊不可解。已派博兴驰往库抡办事，即传旨将普福革职拿问，解交刑部治罪。至俘习浑、雅满泰既经闻知此事，亦并未奏及，其昏愦糊涂更不可解。俘习浑、雅满泰著孙士毅监看重责四十板，以示惩儆。"

（高宗朝卷一四一〇·页三〇下～三一下）

○ 乾隆五十七年（壬子）八月辛巳（1792.9.30）

谕："前据福康安等奏，兵丁王刚带出丹津班珠尔等寄唐古忒番目书信，内称达萨尔乃尔兴向伊告知，上次廓尔喀差哈哩萨野进京，仰蒙大皇帝施恩，即欲遣人谢恩，沙玛尔巴妄称既受天朝封号，例应食俸或赏给地方，贼酋等即差大头人苏必达多喇拉木并小头目翁玛拉同赴前藏，未经办成等语。廓尔喀贼酋听信沙玛尔巴妄言，思欲赏给俸禄、地方，既已差人前来，自向驻藏大臣禀诉。彼时俘习浑、雅满泰岂有遇此等紧要事件，匿不具奏之理？因降旨令孙士毅、和琳提讯俘习浑等，据实具奏。并经福康安一面具奏，一面咨会查明办理。昨据孙士毅奏，廓尔喀于五十五年秋间差人来藏，恳求赏给俸禄、地方一节，其时系普福任内之事，经普福严行斥驳，普福告之雅满泰，雅满泰又告之俘习浑等语。此事前据福康安等奏到时，朕以若系俘习浑、雅满泰匿不具奏，其罪竟无可逭。今据孙士毅讯明，其时驻藏大臣尚系普福，当经降旨将普福革职拿问，解交刑部治罪。俘习浑、雅满泰知情不举，其罪尚居其次，降旨令孙士毅监看，再各重责四十板，以示惩儆。五十五年秋间廓尔喀差人来藏恳赏俸禄、地方，事关抚驭边徼，最为紧要。普福既经斥回，若即以据实入告，朕必嘉其得体，而于廓尔喀亦必留心另有所办。乃普福竟隐饰不奏，其到京召见时亦未面陈，殊不可解。我国家纲纪肃清，朕临御以来，凡遇大小臣工陈奏事件，无不躬亲综理，随时核办，内而大学士、九卿，外而督、抚及新疆驻扎大臣，设有纵恣贻误，一被指参，无不立时惩究，谁敢匿不上闻。况边隘重情，尤当巨细毕陈，候朕裁夺。乃普福首先隐匿，俘习浑、雅满泰亦知而不举，此而不分别严惩，何以肃政治而儆官常。著将此案办理缘由，通谕中外，嗣后各直省督、抚及新疆、驻藏大臣，遇有地方及边隘事情，均宜据实奏闻。如有隐匿不行陈奏者，一经发觉，必当重治其罪，普福等即其前车之鉴也。并著将此旨令督、抚及新疆大臣各录一通，入于交代，俾各触目警心，毋蹈覆辙，负朕谆切诰诫之意。"

（高宗朝卷一四一〇·页三一下～三四上）

○乾隆五十七年（壬子）十月丙戌（1792.12.4）

又谕（军机大臣）曰："和琳奏查出五十五年廓尔喀遣人至藏，曾有谢恩表章、贡物及各信字、物件等项一折。此事大奇。我国家纲纪肃清，朕临御以来，一切政务无不躬亲综理，而大小臣工凡遇地方事件，亦无有不据实陈奏，候朕裁夺，从未有敢于匿不上闻者。今阅廓尔喀表文，因其贡使受恩回国特差头目亲赍表贡谢恩，情词至为恭顺，并无讨要俸禄、地方之语。其禀请银钱一事，亦属无关紧要。俘习浑等纵不知事体轻重，即为讨好起见，亦应据情代奏，又何所顾忌而匿不上闻。即云伊信字中有要照大人们所许的话行事等语，自即系指巴忠等前此在藏许给银两之事。若果于普福、俘习浑等有所干涉，或心存畏惧，自思回护，不敢上闻，尚属情理所有。今许给银两之事系巴忠、鄂辉、成德三人所办，与俘习浑、普福等毫无干涉，又复何所瞻顾，竟将表文、贡物等项压搁不奏，专擅糊涂，竟至不解，实属可恨！凡内地事件隐匿不奏，一经发觉，即当按律治罪。况边外重务竟敢壅于上闻，则何事不可为？此而不严行查办，何以肃政治而饬官常？现令阿哥等同军机大臣将普福严加刑讯，据供：五十五年七月内，鄂辉说及廓尔喀曾有人来藏，带了珊瑚、刀子等物，还有表文，说要进贡，并有给大人们信件，因见表文系属底稿，且有并无正经头人到来，已驳回，叫他另换正经表文、贡物等语。此话我曾告诉过雅满泰、严廷良，其雅满泰曾否告知俘习浑，不得知道等语。据普福所供，是此事竟系鄂辉隐匿不奏，雅满泰既经普福告知，俘习浑自亦必与闻，何以伊三人扶同隐匿并不具奏？此时福康安等均已齐集前藏，鄂辉亦即日可到，著福康安、孙士毅、惠龄、和琳即将鄂辉革职，同俘习浑、雅满泰严切刑讯，令其据实供吐，是何意见，迅速具奏，毋任稍有遁饰。至前次私许银两一节，谅系巴忠一人主见办理。今阅廓尔喀所寄信字及呈送物件，鄂辉、成德及穆克登阿、张芝元俱有信物寄给，独无与巴忠信字，可见巴忠前次在藏心怀巧诈，办理此事虽系伊一人主见，而暗中指使关说，全不露伊名字，即廓尔喀亦不使闻知，以为日后败露，伊转可置身事外，居心诡谲，更属可恶可恨。若使其身尚在，必当明正典刑。今先已自毙，法无可加。现在传知该旗，所有巴忠子孙，除伊子僧格布前已革去官职挑补护军效力当差外，其孙辈不准出仕，以为取巧误公者戒。至穆克登阿、张芝元系前赴边界之人，于许银说和之事断难诿为不知。姑念伊二人系为巴忠等差遣前往，听从办理，非创意者可比，此时亦不复深究。其巴勒布商人巴特巴第收存廓尔喀表章、贡物等件，不敢擅动，一经和琳传询即行呈出，尚属叶嘉。著和琳传旨赏给银一百两示奖。至普福系和珅保举之人，和琳并不因伊兄所荐稍存回护，据实查奏，甚为公正。著赏给御用玉搬指一个、大荷包一对、小荷包四个，以示奖励。……"

（高宗朝卷一四一五·页九上～一二上）

○乾隆五十七年（壬子）十月戊子（1792.12.6）

谕军机大臣曰："……至鄂辉于运粮重务，任其积压，固有应得之咎，姑念伊系总办之员，彼时又赴聂拉木一带查催，势难兼顾。且沿途督运粮石，俱系番民，非内地民人可比。该运员等在途积压，尚非有心玩误。承勋、重光俱已加恩宽免，是鄂辉之不能督催粮运，其罪尚轻。而于廓尔喀五十五年呈进表贡匿不具奏一事，鄂辉之罪实在于此。前次许给银两一节，鄂辉尚可推诿巴忠，以伊通晓番语，其事系一人主持办理。今此事现据普福供明，系鄂辉亲向普福告知，于廓尔喀遣人来藏呈递表贡时，经鄂辉驳回更换，并经普福劝伊据情转奏，而鄂辉并未听从。是此事竟系鄂辉隐匿不奏，更不能借词诿卸，著福康安等遵照昨旨，即将鄂辉革职，严切根讯，令其据实供吐具奏。谅福康安等不敢为之开脱。现有俘习浑、雅满泰二人在藏，皆可质审，谅伊等亦不肯代人认罪也。……"

（高宗朝卷一四一五·页一五上～一七下）

○乾隆五十七年（壬子）十月辛卯（1792.12.9）

又谕曰："福康安等奏，查出上次廓尔喀谢恩表贡现在尚存前藏。此事早经和琳奏到，当令阿哥等同军机大臣将普福刑讯。据普福所供，乃系鄂辉隐匿不奏，实在大奇。早有旨将鄂辉革职，交福康安等提同俘习浑、雅满泰严切质讯。今福康安所奏，亦以此事为鄂辉所深知，何以隐匿不奏，应切实办理，与前降谕旨相合。现又据普福续供，与雅满泰联衔具奏之折系鄂辉办的，鄂辉说我可不必列衔，并云俟其起身后再奏，其严廷良到藏日期亦可写迟几日等语。是鄂辉竟预为地步，故令普福等具奏时将严廷良到藏日期填迟数日，以便发觉后，借词起身在前，贡到在后，诿过于普福、雅满泰等，尤出情理之外。此时福康安等均已齐集前藏，而鄂辉、俘习浑、雅满泰、严廷良亦皆在彼，无难四面质证。著再传谕福康安等，务当遵照前旨，即提鄂辉严切根究，令其据实供吐。此事在五十五年，成德虽未赴藏，但许给廓尔喀银两时，成德亦同在彼，廓尔喀既寄信索取，经鄂辉压搁不办，鄂辉回至成都后，断无不告知成德之理。朕闻成德于上次派往办理廓尔喀时，因鄂辉、巴忠主持说和，成德尚以带领多兵应行打仗，不当与之说和，与巴忠等争执，以致意见参差。其卒归于说和完事者，自因鄂辉、巴忠一系将军，一系钦差，成德职分在伊二人之下，不得不随同办理。而此事之原委，成德必知其详，著福康安再向成德严切诘讯，反复开导，务使将说和一事系何人主见，和盘托出。若再代为隐瞒，即属丧尽天良，成德自问当得何罪？"

（高宗朝卷一四一五·页二四上～二五下）

○乾隆五十七年（壬子）十一月戊戌（1792.12.16）

谕军机大臣曰："鄂辉现因五十五年廓尔喀呈进表贡匿不具奏一事已革职，交福康安等严审具奏矣。驻藏大臣尚乏帮办之员，朕意成德前于鄂辉、巴忠与廓尔喀许银说和时，伊始尚以带领多兵应行进剿，不当说和完事，只以鄂辉、巴忠一系将军、一系钦差，成德职分较小，不得不听从办理。其扶同回护之咎，尚有一线可原，且人才难得。若成德于鄂辉压搁表贡之处未经与闻，尚可弃瑕录用，俾驻藏帮办，予以自效之途。此时藏内诸务正当整饬之际，关系紧要，朕意原欲令松筠前往办事，但伊在库伦驻扎七年，甫经换回，未便即令远出。而成德才具，亦止可在藏帮办，不能总理一切。目下有和琳在彼主持经理，自可倚恃。俟二三年后，松筠亦已在京休息数年，伊系军机章京，尚为更事，维时再令松筠前往，更换和琳。而成德随同和琳办事二三年，于藏务渐能熟悉，令其帮同松筠，亦可无误。计福康安于十月中旬可抵前藏，与孙士毅、惠龄、和琳商办善后事宜，及审讯鄂辉等一案，须有数旬耽搁。所有成德帮办藏务之处，福康安意以为何如，著即体察情形据实复奏。"

（高宗朝卷一四一六·页三上～四下）

○乾隆五十七年（壬子）十一月丁巳（1793.1.4）

谕军机大臣等："……再，丹津班珠尔扎什敦珠布从前向廓尔喀许银说和，原有应得之罪，但念伊人尚明白，今事属既往，不加深究。应俟年班递丹舒克堪布喇嘛回藏时，即令伴送之员带回藏内。惟是丹津班珠尔被廓尔喀裹去，在阳布居住年余，难保无屈体恳求等事，到藏后断不可再令充当噶布伦。俟数年后无过，或令充当第巴等缺，尚属可行。著交和琳等存记，留心酌办。……"

（高宗朝卷一四一七·页一二下～一六上）

○乾隆五十七年（壬子）十一月甲子（1793.1.11）

谕曰："军机大臣议复福康安等奏丹津班珠尔之妻子呈缴庄田五处，准令归公充用一折。丹津班珠尔为藏内噶布伦，乃于五十三年廓尔喀滋扰藏界一事，听从巴忠指使，许银说合，以致复生衅端，实有应得之咎。但念其究系听从指使，且事属已往，经朕格外加恩，不治其罪。今其妻子请缴庄田，代为赎愆，自应准其呈缴。第此次命将出师，转输军饷不惜数百万帑金，原为保护卫藏，绥辑僧俗番众，俾得永安乐利，岂转于番兵添补支给之需斤斤较量。况闻达赖喇嘛每年钱粮所入并不赡给唐古忒番兵，以致难资其力。所有此项呈缴庄田不必归公，即著交驻藏大臣给与达赖喇嘛商上，作为养赡唐古忒兵丁差防口粮之用，以示体恤。"

谕军机大臣曰："福康安等讯问鄂辉等大概情形一折。此案前据普福供称，与雅满泰联衔具奏严廷良由廓尔喀回藏日期，鄂辉令其写迟几日等语。是鄂辉竟预为地步，故令普福等具奏，将严廷良到藏日期填迟数日，以便发觉后借词起身在前，贡到在后，希图诿卸。当即降旨令福康安等讯问鄂辉。今福康安等所讯鄂辉供词，并未据实供出，自系因普福在京，该处无人质证，故尔狡展。看来此事竟系鄂辉一人主见。俘习浑、雅满泰亦俱隐忍因循。外番进贡，从无责令凑齐件数并需贵重物品方准呈进之理。即云廓尔喀表贡系附严廷良带来，未经专使到藏，于体制不合，亦当一面奏闻，何得私自压搁，匿不具奏，殊出情理之外。再，前据和琳奏称：五十五年秋间，廓尔喀遣大头人苏必达多喇拉木同小头人二名来藏呈递表贡，至冬底方回等语。今命军机大臣讯之普福，据称五十五年七月内曾有大头人二名到藏，原系贸易之人。后严廷良回藏时曾说，随后另有专差贡使等供。廓尔喀既差大头人苏必达多喇拉木同小头人二名到藏，即系赍贡使人，岂有不往见鄂辉之理？且向来藏内并未闻有苏必达多喇拉木在藏贸易，自即系廓尔喀差使进贡之人。若如伊等所供苏必达多喇拉木并非进贡之人，则又必须何等样人方谓之贡使乎？此等情节均须切实根究。著福康安等，即将鄂辉照俘习浑之例先监责四十板，再行枷号。将节次谕旨指驳之处，严切讯究，勿使再有隐饰。"

（高宗朝卷一四一七·页二四上～二六下）

○乾隆五十七年（壬子）十二月辛卯（1793.2.7）

谕军机大臣曰："福康安等奏审讯压搁廓尔喀表贡匿不具奏一折。鄂辉于许给廓尔喀银两一事或尚可诿为不知，至五十五年廓尔喀呈进表贡压搁不奏，现经福康安等面加诘讯，鄂辉虽辗转支饰，而此事系其主见，已属百喙难辞。今福康安等并未按律定拟请将鄂辉等解京治罪。试思解到后，即交军机大臣复讯明确，亦不值即将伊三人概行立置重典。若交部监禁是伊等身获重谴，转借此回京，安坐囹圄，殊不足以示儆。计此时鄂辉起解在途，亦距藏不远。著传谕惠龄、英善接奉此旨，飞饬沿途，不拘鄂辉解到何处，即于该处截留，仍解回前藏交与和琳，将伊永远枷号，与俘习浑、雅满泰同为在藏办事大臣不肯用心妥办致藏地不靖者戒。"

（高宗朝卷一四一九·页一七上～一八上）

○乾隆五十八年（癸丑）二月丁卯（1793.3.15）

谕："据成德奏，接奉谕旨责问五十五年隐匿廓尔喀所进表文贡物一事，据称此事鄂辉回川时，曾经向伊告知。其如何告知及因何隐匿之处，并未明白声叙。仅以不敢瞻徇鄂辉，代伊捏饰等语连篇累牍，琐屑陈奏，甚属糊涂。成德著严行申饬。仍著将鄂辉如何向伊告知及隐匿未奏缘由，明白据实具奏。成德现又经朕格外加恩，补授驻藏协办大臣，伊若仍前粉饰具奏，则是不知感恩，自取重罪矣。"

（高宗朝卷一四二二·页三上～下）

○乾隆五十八年（癸丑）六月己巳（1793.7.15）

又谕（军机大臣）："据和琳奏称，丹津班珠尔所袭公爵，系伊祖父劳绩所得，现在丹津班珠尔获罪，应将公爵削去作为头等台吉，或仍留与丹津班珠尔本身，或令伊子敏珠尔索诺木班珠尔承袭之处请旨等语。丹津班珠尔所袭公爵，既系伊祖父奋勉出力，屡次晋封，今若因伊获罪，遂不准承袭，不惟没其前代勋劳，朕心亦有不忍。但伊从前私与廓尔喀讲和，此次又被廓尔喀诱去，若将应袭之爵仍留伊本身，不足以示警戒。著加恩将噶济奈从前所得头等台吉令丹津班珠尔之子承袭。丹津班珠尔身获重罪，不可仍以噶布伦补用，如果悔罪，俟二三年后或以第巴补放之处，著传谕和琳遵照前旨办理。"

（高宗朝卷一四三〇·页七下～八下）

○乾隆五十八年（癸丑）七月癸巳（1793.8.8）

谕（军机大臣）曰："……又，（和琳）另奏俘习浑等在藏起程一折。俘习浑、雅满泰、鄂辉俱因在藏办理不善，致获重咎，伊三人现已省释来京，藏内番俗人等如是赏罚办理以为何如，达赖喇嘛更有何言，于此三人中去取若何，有无议论，并孰为优劣之处，亦著访询明确，秉公据实复奏，勿稍回护。将此谕令知之。"

（高宗朝卷一四三二·页一下～三上）

○乾隆五十八年（癸丑）十一月癸卯（1793.12.16）

谕曰："鄂辉、雅满泰、俘习浑因办理藏务不善，业将伊等枷号治罪。嗣廓尔喀投诚，诸事告竣，加恩俱令来京。但总核伊等情罪，鄂辉、雅满泰虽属怯懦，尚有可原。俘习浑糊涂不堪，竟欲将全藏与贼，其罪实重，理应正法。因念其祖父旧劳宽免，但不便赏给差使行走。俘习浑著发往黑龙江，交该将军委以苦差，效力赎罪。鄂辉、雅满泰著在拜唐阿上行走。朕于臣工功罪一秉至公，惟视其人之自取。鄂辉等益当感愧，倍加勤慎行走。"

（高宗朝卷一四四〇·页一二下～一三下）

惩处驻藏大臣保泰妄言内迁达赖、班禅；查处扎什伦布寺喇嘛占卜惑众，散乱人心

○乾隆五十六年（辛亥）八月甲子（1791.9.19）

谕军机大臣等："……再，保泰奏廓尔喀倘肆掠进攻，即将班禅额尔德尼移于前藏。所奏亦属太过。班禅额尔德尼在扎什伦布，众心安帖，倘一动移，后藏人众必致纷纷扰乱，不成事体。况廓尔喀既能侵后藏，亦必能侵前藏，彼时又将移达赖喇嘛、班禅额尔德尼于何地？保泰只可静守，断不可轻移妄动，致惑众心。如实有变，万不得已，不得不移，则又不必

拘泥此旨。……"

（高宗朝卷一三八五·页八下～一〇下）

○ 乾隆五十六年（辛亥）九月壬辰（1791.10.17）

谕军机大臣曰："保泰等所奏以唐古忒兵少，贼势甚迫，欲将达赖喇嘛、班禅额尔德尼移于泰宁。是何言也？保泰、雅满泰二人不料其丧心病狂一至于此！竟是无用之物，瞀乱已甚。幸而达赖喇嘛坚意不从。倘误听保泰等之言，竟弃布达拉而去，尚复成何事体！朕深喜达赖喇嘛如此通晓事理，而所属堪布及各大喇嘛亦共知大义，坚心保守，其僧俗人等俱不致惊散，朕心稍为宽慰，实堪嘉奖。今特发大哈达一方、正珠记念一串，交成德等给与达赖喇嘛，示朕奖悦之意。至保泰、雅满泰二人，遇廓尔喀滋扰之事即心慌胆落，懦怯已极，殊属负恩。目下正当有事之时，暂将保泰、雅满泰革职，留彼效力赎罪。此旨到时，成德、鄂辉想已先后抵藏，所有欲保守布达拉之堪布大喇嘛即著查明具奏，候朕施恩赏给名号。……"

（高宗朝卷一三八七·页一二上～一三下）

○ 乾隆五十六年（辛亥）九月丁未（1791.11.1）

又谕（军机大臣等）曰："保泰奏：据绥绷堪布罗卜藏凯木楚克禀称，仲巴呼图克图于贼匪未到之先将细软物件搬至东喀尔藏匿，其扎什伦布庙内有孜仲喇嘛及四学堪布喇嘛在吉祥天母前占卜，妄称占得不可与贼接仗，以致众心惑乱，不复守御，皆行散去，致被贼匪占据等语，实为可笑可恨。孜仲堪布喇嘛等皈依佛教，见贼匪侵扰佛地自应督率众喇嘛等极力保护，乃竟假托占辞妄行摇惑，以致喇嘛番众皆无固志，相率散去，其情罪实属重大。著传谕鄂辉等到彼后，即查明占卜惑众之孜仲喇嘛及四学堪布喇嘛等系属何人，即行正法。至仲巴呼图克图带领众喇嘛看守扎什伦布，一闻贼匪信息即先期逃避，委之不顾，本应一并正法，但念系班禅额尔德尼之兄，姑从宽典，即著雅满泰拿解来京。其商卓特巴之缺，著绥绷堪布补授。该处庙宇系历辈班禅额尔德尼住锡之地，经贼蹂躏，僧众离析，必应亟为整顿。鄂辉、成德抵藏时，即派新放商卓特巴之绥绷堪布速往扎什伦布，妥为安抚，清查资财，以便将来平定后，班禅额尔德尼安禅栖止，僧众等亦各复业，不致失所，方为妥善。"

（高宗朝卷一三八八·页一七下～一八下）

○乾隆五十六年（辛亥）十月壬子（1791.11.6）

又谕（军机大臣）："据保泰等奏称廓尔喀贼匪来至后藏，入扎什伦布庙中肆行掳掠，将塔上镶嵌绿松石、珊瑚等摘去，即皆遁回。又称唐古忒等闻廓尔喀来侵声息，前藏人众尽皆惊扰，妄行逃避，虽称尊奉达赖喇嘛而实无爱护之心，达赖喇嘛、班禅额尔德尼不可在藏居住，请移于泰宁或西宁居住等语。所奏竟是狂谬！廓尔喀贼匪侵扰之事奏到之初，朕即谓此等贼匪不难办理，不过稍肆抢掳，一闻内地大兵将至即当遁归，今果逃遁归去矣。夫自贼匪扰动，保泰即怯懦惊惧，全无措置主见。今贼匪既已遁归，又不追赶剿杀，欲将达赖喇嘛、班禅额尔德尼移于泰宁、西宁，是诚何心？贼众入扎什伦布庙中，只将塔上镶嵌绿松石等物挖去，随即遁归。可见，贼匪不过如鼠窃者流，初无伎俩，既已逃遁，正宜尾袭随后攻杀，保泰何并不追赶，乃竟畏葸至欲将达赖喇嘛、班禅额尔德尼向内迁移耶？保泰系纳木扎勒之子，朕念伊曾经驻藏，平日尚属晓事，遣伊往藏办理一切事宜，自必较他人有主见，是以令伊前往。不意顿值此事，竟至昏乱惊张出人意表，可笑亦可恨也！即如雅满泰，尚知上紧追贼，此犹略有人心；保泰如此怯懦，实属不堪！今贼已退回，而欲将达赖喇嘛、班禅额尔德尼内移，是竟将藏地弃舍乎？设使贼人得据藏地，更思进取，遂将察木多、里塘、巴塘渐次退让，并将成都亦让与贼人，有是理乎？藏地乃皇祖、皇考再三动用兵力略定之地，不惟不可因此小丑骚扰遽行弃置，且藏地弃而不取，令达赖喇嘛、班禅额尔德尼及其徒众安插何地？甚不成事！此断非雅满泰之意。雅满泰前曾办理此事，若果有其意，亦必具奏矣。此必保泰之意。朕自御极以来，累年办理大事从无畏难，众所稔知者。今八旬有一，临御五十六年，岂有处此区区小丑之事，反至为开门揖盗之举乎？保泰即不自思，视朕为何如主也！保泰之意不过以为将达赖喇嘛、班禅额尔德尼移于泰宁或西宁居住后，伊便可脱然归家，坐享安逸；不意纳木扎勒而竟生此子，保宁而有此弟也！将此令保宁阅看，想伊亦必痛恨其弟也。仍著交鄂辉到藏时传旨，将保泰用重枷永远枷号，在该处示警。查明保泰之子有居官者，著革职以示儆戒。达赖喇嘛、班禅额尔德尼居住前后藏，扶持黄教，振兴佛法，历年甚久，凡蒙古、番子等无不瞻仰藏地。朕如此办理者，原为维持黄教起见，著将此旨传示在京之呼图克图喇嘛等，俾知朕矜悯达赖喇嘛、班禅额尔德尼及全境唐古忒人众、维持黄教之意，再以蒙古文译出，遍谕中外各蒙古人等知之。"

（高宗朝卷一三八八·页二二上～二四下）

○ 乾隆五十六年（辛亥）十月丁巳（1791.11.11）

谕军机大臣曰："……又，前据青海办事大臣奎舒奏，接到保泰知会，因廓尔喀贼匪侵扰后藏，令其于该处密为防备等语。保泰悾怯糊涂至于此极！青海离卫藏路远，且系僻途，廓尔喀在后藏滋扰与青海何涉？乃保泰率行咨会，张皇若此，推其所为，即内地各省亦将遍行知照乎？此一节，著鄂辉、成德面询保泰，令其据实登答，遇便奏闻。"

（高宗朝卷一三八九·页一上～三下）

○ 乾隆五十六年（辛亥）十月己未（1791.11.13）

谕："廓尔喀贼匪侵扰后藏一事，朕于保泰初奏到时即料及贼匪无能，不过志在抢掠，亟思窜回，节经降旨指示，保泰等在彼若能稍知调度，督率堵御，贼匪自不敢扰及后藏。及保泰怯懦性成，一筹莫展，惟知张皇其事，纷纷远调滇省及各处官兵赴藏援救。甚至咨会青海地方，令其防备，竟不思及各处地方距藏辽远，官兵抵藏，贼已早窜，徒使多兵坐食，糜费军粮。况前后藏地窄人稠，盖藏亦少，现经贼众抢掠，若骤添各处调派之兵，必致不敷支食，将来人兵进剿之时转致粮饷缺乏，采办维艰，经朕屡次将所调官兵停其进发，届期再行调往。倘如保泰所奏，劳师糜饷，扰累番人，更复成何事体！本日据保泰奏贼匪逃遁后，戴绷等追至僧格仔地方，贼匪因携带物件累重，自行烧毁，仍由撒迦一路逃回等语。贼匪无能已可概见。从前贼匪侵犯时，保泰亲往后藏，果能督率堵截，无难痛歼贼众，亦何至扎什伦布等处为其蹂躏？无如保泰一味畏葸，甫闻贼至信息，即带同班禅额尔德尼退至前藏，以致扎什伦布喇嘛等无所倚仗，各思奔避，而孜仲堪布等复于吉祥天母像前占卜，妄托神言惑众，人心涣散，使贼匪得以乘虚占据，肆意抢掠。是扎什伦布并非贼匪所能攻陷，竟系保泰委之于贼，又何异开门揖盗耶？且保泰既将后藏失去，避至前藏时又欲将达赖喇嘛、班禅额尔德尼移往泰宁，犹幸达赖喇嘛及各寺堪布喇嘛等深知大义，坚词以拒，未经内徙。及贼匪逃窜后，保泰仍欲仗官军之威，劫达赖喇嘛、班禅额尔德尼移至泰宁或西宁等处，竟弃藏地与贼，真成笑语，不意其悖谬至此！试思卫藏为崇奉黄教之地，各蒙古、番众素所皈依。今一旦将达赖喇嘛、班禅额尔德尼移至泰宁、西宁地方，不特众蒙古、番众无从瞻仰，即该处僧俗人等亦皆为贼所掳。贼匪原因后藏空虚，始行占据，设前藏亦无人守御，贼匪亦必乘虚而入。从此逐渐侵占，则察木多、巴塘、里塘等处亦将委之于贼，有是理乎？保泰如此悾怯昏愦，惟思率先退避以全其身，而于贼匪情形从未奏及，即不能奋勇打仗，亦当擒一生口，详询贼众虚实。即雅满泰尚知赶赴江孜防守，而保泰竟安坐前藏，株守不前，种种贻误，其罪甚大。该处孜仲堪布喇嘛占卜惑众，已令鄂辉等将首先起意之人查明办理。并将保泰革职，在该处永远枷号，及伊子有官职者全行革退，尚不足以蔽辜。著鄂辉等到藏后，将保泰唤至达赖喇嘛、班禅额尔德尼前对众眼同传旨，重责四十板，再行枷号。仍将谕旨内指出保泰种种贻误缘由，向达赖喇嘛、班禅额尔德尼、济咙呼图克图及各呼图克图、大喇嘛等明白宣示，以服其心。并令保泰据实登答具奏。至贼匪来藏侵扰，若不过因索欠起衅，在边境抢掠，原不值兴师大办，今竟敢扰至扎什伦布，则是冥顽不法，自速天诛。此而不声罪致讨，何以安边境而慑远夷耶？朕临御五十六年，平定准部、回部、大小两金川，拓地开疆，远徼悉入版图，况卫藏为我皇祖、皇考戡定之地，久隶职方，僧俗人等胥沾醲化百有余年，况该处为历辈达赖喇嘛、班禅额尔德尼驻锡之地，蒙古、番众素所崇奉，若任小丑侵凌，置之不问，则朕数十年来所奏武功，岂转于此等徼外么么不加挞伐？是此次用兵，实朕不得已之苦心，此天下臣民所共见者，并非好大喜功，穷兵黩武也。著将前后办理缘由通行宣谕知之。"

谕军机大臣曰："保泰奏称戴绷在僧格仔地方追杀贼匪一节，恐未确实。若戴绷等果能奋勇杀贼，则当贼匪前来侵扰时何以不能抵御，必待贼匪退回始行追剿？可见所报情节显有捏饰。著鄂辉等查明，倘有虚捏，即当将戴绷从重治罪。至巴勒布贸易人等固有送信贼匪之人，但伊等在藏居住有年，久与藏番结婚，其中亦必有心向藏番者，正可密为察访，探询贼情，保泰亦未计虑及此，著鄂辉等向巴勒布在藏居住之人密为访问，自可备悉贼匪虚实。设有其人，仍当奖励示劝。兵机原无一定，惟在相时筹办也。"

（高宗朝卷一三八九·页七下～一二上）

○ 乾隆五十六年（辛亥）十二月乙丑（1792.1.18）

谕："前因保泰奏廓尔喀滋扰后藏时，扎什伦布庙内有孜仲喇嘛及四学堪布喇嘛在吉祥天母像前假托占词妄称不可与贼打仗，以致喇嘛、番众等皆无固志，相率散去，贼匪得以乘虚占据。夫扎什伦布为历辈班禅额尔德尼驻锡建塔之地，该喇嘛等不思竭力保护，乃竟妄托神言，涣散众心，是扎什伦布并非贼匪所能攻陷，竟系该喇嘛等委之于贼。此等喇嘛自叛其教，为王法所难宥，即为佛法所不容，节经降旨，令鄂辉等查明为首之喇嘛，明指其罪，即行剥黄正法，其随同占卜之喇嘛亦应查明解京。兹据鄂辉奏查明该喇嘛等占卜者共有五人，内罗卜藏丹巴一名，讯取确供，实系起意占卜妄言惑众之人，于审明后传集众噶布伦及各寺大喇嘛等眼同将罗卜藏丹巴剥黄处决，其罗卜藏策登等四名，遵旨解京，而达赖喇嘛、班禅额尔德尼及济咙呼图克图等皆感激敬凛等语。朕于黄教素虽爱护，但必于奉教守法之喇嘛等方加以恩遇。若为教中败类罪在不赦者，即当明正典刑，断不稍为袒护。设如元季之供养喇嘛，一意崇奉，漫无区别，致有詈骂者割舌、殴打者截手之事，令喇嘛等无所忌惮，尚复成何政体？此次办理占卜惑众之罗卜藏丹巴一事，即于卫护黄教之中示以彰明宪典之意。著将办理缘由通谕知之。"

（高宗朝卷一三九三·页九下～一一上）

○ 乾隆五十七年（壬子）闰四月丁酉（1792.6.18）

谕军机大臣等："昨朕亲览仲巴呼图克图携来达赖喇嘛、班禅额尔德尼呼毕勒罕所给噶勒丹锡勒图呼图克图等书，犹望令仲巴回藏。仲巴乃前辈班禅之兄，非他人可比，贼匪侵扰扎什伦布时，伊正当率领众喇嘛看守庙宇，乃于贼匪到时，孜仲喇嘛等求乞龙单，即向伊告知，伊反倡率众人逃避，其罪比孜仲尤重。盖扎什伦布地方有班禅额尔德尼数辈塔座在彼，皆因伊首先逃避，以致塔上镶嵌物件俱被贼匪劫掠，此其忘背祖师，即为悖乱佛法。贤愚因缘经第一卷内即载佛舍身割肉喂鸟一节，况于前辈世代塔座庙宇之重尤应不惜躯命，加意护持。乃仲巴只为身谋，弃舍逃避，实为佛法之所不容。本应即予正法，姑念伊系前辈班禅之兄，特加宽宥，但令解送来京，著在从前班禅额尔德尼所住德寿寺居住，实为法外之恩，又何得再令其回藏？从前达赖喇嘛之弟罗布藏根蚤扎克巴之罪，比伊本轻，现因达赖喇嘛奋勉军务，加恩令其回藏。适堪布囊苏来朝，令其面见，特降谕旨，讵伊福薄身故。今仲巴之罪较为重大，恐班禅额尔德尼年幼，众喇嘛不识大义，未必不仍望其回藏。著鄂辉、和琳接奉此旨，亲到布达拉，传集达赖喇嘛、班禅额尔德尼及前后藏众呼图克图喇嘛人等，告以大兵进剿廓尔喀贼匪特为护卫黄教起见，并将仲巴、孜仲分别治罪，亦欲使众喇嘛通知大义尊持黄教之故，明白晓谕，俾伊等咸知朕意。"

（高宗朝卷一四〇三·页三三上～三五上）

拨解银饷，孙士毅、惠龄、和琳分理军糈办运；西藏地方踊跃出售食粮，办理乌拉

○乾隆五十六年（辛亥）三月癸未（1791.4.11）

成都将军成德、四川总督鄂辉奏："里塘、巴塘二台原奏买稞、麦各二千石，今西藏等处业经酌减，该二台亦应一律减贮。查里塘现有青稞一千二百八石零，巴塘现有青稞一千八百二十九石零，应请即令里塘长贮一千二百石，巴塘长贮一千八百石，共足三千石之数，毋庸再行采买。其余存剩青稞，即于该二台实支岁粮内动销，以免拨解。所贮粮石，仍令存七出三更易，以免霉变。"下部知之。

（高宗朝卷一三七四·页一五下）

○乾隆五十六年（辛亥）九月己丑（1791.10.14）

谕军机大臣等："前据雅满泰具奏，现在藏内原贮及预备兵粮可得七千石，现届秋收，又可采买粮二万石。是该处兵粮现可不虞短缺，但大兵陆续到齐，所备粮石必须倍加充裕。其采买价值，亦应按照时价酌量办理。前此巴忠办理军饷，于达赖喇嘛商上存贮粮石定价购买，每石给银二两。及舒濂等买贮仓粮，麦子每石价银一两四钱八分，青稞每石价银一两七钱四分。可见该处稞、麦时价原不及二两，从前巴忠所给价值未免过费。其意自因见好达赖喇嘛，优给价值，虚糜帑项。殊不知大兵赴藏剿办廓尔喀贼匪，原为保护达赖喇嘛、班禅额尔德尼及僧俗番众，伊等商上粮石应照时价平减用助军糈，岂得以军兴急需故抬价值，转图余利。著谕保泰、雅满泰嗣后采买粮石，只应按照舒濂等从前采买时价给付，不得因有巴忠所办之例，或致效尤。……"

（高宗朝卷一三八七·页四下～五下）

○乾隆五十六年（辛亥）九月庚寅（1791.10.15）

又谕："现在廓尔喀与唐古忒因帐目不清在后藏边境有滋扰之事，经鄂辉等带兵前往剿捕。所有自京至后藏一带，沿途驿站驰递文报关系紧要，必得大员专司经理，方无贻误。直隶著派张诚基，山西著派蒋兆奎，陕西著派和宁，四川著派英善，务各督饬所属实心料理，毋致迟误。"

（高宗朝卷一三八七·页七上～下）

○乾隆五十六年（辛亥）九月庚子（1791.10.25）

又谕（军机大臣等）："……至鄂辉折内又称，后藏距廓尔喀甚远，粮运乌拉更为掣肘，此时不进兵，断乎不可。若用兵大举，于事亦觉不值。看来鄂辉不免有仍前畏难将就了事之见。廓尔喀原属无能，此时鄂辉、成德等先后带兵前抵该处，贼匪自必闻风窜避。但必须慑以兵威，痛加惩创，俾知慑服，不敢再萌他念，方期一劳永逸。若少存将就了事之意，使彼无所畏惮，大兵撤后，彼必复至边境抢掠，又将作何办理？倘复须调兵进剿，是贼匪转得以逸待劳，反客为主。从来外夷反复无常，见兵威壮盛即行逃窜，及大兵撤去仍来窥伺，往往疲敝内地。用兵之道，当先发制人，若云道路遥远，粮运维艰，岂有贼匪能来我兵难往之理！鄂辉等惟当相度机宜，妥为筹办，俟兵力厚集，痛加剿杀，使之闻风胆落，不可先存迁就，致留后患。"

又谕："川省筹办粮饷及察木多等处存贮米麦、藏地采买粮石，只预备现调兵丁支食，若明春大举进剿，调兵近万，现备军粮自属不敷支用。军行以粮运为先，若临时稍有缺乏，则师不宿饱，安能使之枵腹进征？此时先事预筹，源源接济，实为军兴要务。但近年办理军需多有糜费。从前康熙五十七、八、九等年，雍正六年，俱曾出师西藏，调派滇省兵丁，即系由维西一路出巴塘赴藏。所有粮运事宜，均有办定章程，川省、滇省旧案自尚齐全。孙士毅、富纲、谭尚忠均系户部司员出身，孙士毅、费淳又曾在军机章京行走，从前办理西藏旧案想曾目睹。著即令孙士毅等详查康熙、雍正年间章程，仿照办理，不可照近年军需之例稍有浮冒。西藏距川省万有余里，道途遥远，且口外均系番子地方，全赖乌拉运送，不能迅速。将来军营需用粮石，远赴川省调取，实属缓不济急。朕思察木多居适中之地，或将察木多等处现存粮石运送西藏，再将川省附近边界备办军粮拨补察木多存贮，续行运送。如此源源递运，庶可无虞缺乏。且打箭炉以外土司地方均系种植稞麦，并著孙士毅酌量情形，就近采买运送，道路较近，既可以预备急需，又可以节省运费，于军务大有裨益。至鄂辉所奏藏地粮运维难，道途险远，未免有畏难之意。殊不知贼匪远来藏地，口食未闻缺乏，将来我兵深入贼境，自当资粮于贼。鄂辉等到彼务须会同成德设法筹办，以利军行。总之粮饷为兵行要务，孙士毅等务须查照旧案，悉心妥办，不可稍有贻误。"

（高宗朝卷一三八七·页二六下～三一上）

○ 乾隆五十六年（辛亥）十月丙午（1791.10.31）

协办大学士吏部尚书署四川总督孙士毅奏："臣于九月十五日在梓潼接印任事。查成德、鄂辉等先后派领汉、屯兵二千二三百名，加调滇兵二千察木多兵二千及先期挑派换班兵丁一千二百余名赴藏，需用兵食为数不少。西藏粮台现存粮三千石，喇嘛商上现有粮四千石，时届秋收尚可采买二万石，并牛羊一万八千余只。我兵进藏后，若能迅速蒇事，兵粮尽足敷用。万一稍需时日，兵数又须加多，自当筹备充裕，应即在藏发价采买。至各粮台稞麦，计此番兵过，仅供支放，亦当乘时采买。现饬各台员在附近部落采买备贮。至应用银两，现据藩司详动备贮军需一百五万两，酌拨支用。再，省城由打箭炉出口直至藏中，业照上届所定，安设台站马匹。其自广元入境至省城锦官驿，一体添设，以利文报。至军火铅弹，现饬令此次换台兵丁顺便分起管运赴藏，并饬各标营补制预备，听候拨用。臣即日驰赴打箭炉驻扎调度。"

谕军机大臣等："据孙士毅奏筹办粮务事宜，可谓尽心筹画，所见均与朕意相同。廓尔喀贼匪前来后藏抢掠，保泰等于前月二十五日奏报情形迄今已及九日，并无只字奏到。著传谕鄂辉、成德等，到藏后即严询保泰等，将因何不奏报贼情之处，令其明白登答，据实速奏。鄂辉、成德计此旨到彼，谅已先后抵藏，亦应将该处情形速行奏报，以慰廑注。至粮石为军行要需，不可不预为筹备。此次大兵赴藏，原为该处僧俗番众保卫地方，自应给价令其采办。但前后藏地窄人稠，盖藏亦少，现在派调之兵为数已多，若再添滇省调往，及内地官兵，该处所存稞麦或至不敷支食。且恐滇兵未到，贼已先窜，多兵在彼驻扎，坐食数月，糜饷必多。著传谕鄂辉、孙士毅斟酌缓急，探听情形，如此时贼匪尚未窜回，必须多兵剿截，即飞咨富纲将滇兵调发；倘贼已远遁，现在毋需此次兵丁，将续调各兵概行停其派调。"

（高宗朝卷一三八八·页一三上～一五上）

○乾隆五十六年（辛亥）十月癸亥（1791.11.17）

又谕（军机大臣等）："据孙士毅奏筹办粮运各事宜，实在尽心，可嘉之至。折内称军行所用粮石从内地运至西藏，每石需价三十余两，若就藏地采办，即倍价取买，每石不过三两等语。若果能如此，则所省至十倍，尤见尽心筹核，不致帑项虚糜。节经降旨，不令多兵前往，坐食藏米，亦即为此。孙士毅务当事事如此酌筹妥善，俟明春大兵进剿时，使粮饷得以源源接济，即孙士毅一人之功也。著随报赏给孙士毅御用大荷包一对、小荷包四个，以示奖励。至口外军粮全资乌拉运送，向来官给价值，土司既有从中克扣之弊，乌拉因之裹足不前，或中途抛弃脱逃，殊有关系。或令地方官将应付价值当面散给，俾预备乌拉之番众咸受实惠，自必更加踊跃。并著孙士毅酌量办理。若土司等果能急公报效，不敢暗中克扣，上紧雇备运送，所有应给价值。仍可发交土司转给，不必拘泥遵旨。孙士毅自能仰体朕心，办理俱臻妥协也。"

又谕曰："孙士毅系署理总督，只应全食尚书实俸。但现在办理进剿廓尔喀贼匪及筹运粮饷事宜，甚为妥协，且在彼往来照料，需用较多，恐形拮据。著加恩于总督养廉内与鄂辉各分半支食，以示体恤。"

（高宗朝卷一三八九·页二二上～二三下）

○ 乾隆五十六年（辛亥）十一月丁丑（1791.12.1）

又谕曰："此次廓尔喀在后藏滋扰，由鄂辉前此办理不能妥协，以致复滋事端。现在鄂辉带领官兵前往剿办，在路行走既不能迅速，稽迟贻误，且一切剿办机宜亦不能运筹调度。将来事竣后，鄂辉自有应得之咎，不便令其回四川总督之任。此时该省督篆有孙士毅在彼署理，军需粮饷等项筹办均极周详。但孙士毅年过七旬，且汉大臣中办理部务亦尚需人，将来军务告藏后，当仍令回京供职。因思惠龄自调任山东以来，办理地方事务尚属稳妥。且向在军机处司员行走，又系纳延泰之子，卫藏情形素所知悉。若令前往该处，随同福康安经理，将卫藏一切事宜讲求熟悉，将来事定后，畀以四川总督之任，于照料卫藏，办理地方，可期得力。著传谕惠龄，即将山东巡抚印篆交与江兰暂行护理，伊即来京陛见，候朕面加训示，详悉指授，再行由驿前往。"

（高宗朝卷一三九〇·页一四上～一五上）

○ 乾隆五十六年（辛亥）十一月丙戌（1791.12.10）

谕军机大臣曰："孙士毅奏筹办军粮一折，所办俱好。该处粮石节据孙士毅通盘筹画，广为储备，自尽可源源接济，无虞缺乏。但核计运粮赴藏与在藏地就近采买，价值相去竟至十倍，不可不节省办理。福康安到藏后，务须察看情形，悉心筹酌。如藏内原备粮石足敷支食，无须将察木多等处所贮粮石运藏，固属甚善。即使不能宽余，尚须筹办，总应先尽藏地采买。倘实在不能购买，再行咨会孙士毅，将察木多等处粮石陆续运送，不致多费运脚，方为妥善。至福康安进抵贼境后，自当因粮于贼，无须藏内粮石支给军食则更善也。"

（高宗朝卷一三九〇·页三一上～三二上）

○ 乾隆五十六年（辛亥）十二月丁未（1791.12.31）

谕军机大臣等："……至成德奏筹办粮饷一事，据称达赖喇嘛再行备粮数万石等语，殊可不必。节据孙士毅通筹核算，藏内现在存贮及前后采买已有粮四万四千余石，尚有牛羊一万余只。今据成德核计，共有七万余石。是藏内粮石已极宽然，将来支应之外，尽有多余，何必再令达赖喇嘛添派此项余粮，存贮日久，徒致红朽。且采买过多，于达赖喇嘛商上多有扰累。著速行停止，以示体恤。"

（高宗朝卷一三九二·页八上～一〇上）

○ 乾隆五十七年（壬子）二月癸卯（1792.2.25）

谕军机大臣等："此次进剿廓尔喀需用军粮，节据孙士毅等奏，前后藏所备粮石共有七万余石，足供一万四五千人年余兵食，是粮石已属充裕，曾降旨谕令不必再行采买。近复据鄂辉等奏：向济咙呼图克图、绥绷堪布等商定，于现粮七万余石外，尚能续办一二万石等语。殊可不必。廓尔喀地方周围不过千里，所居阳布距边界仅七八日路程，而附近部落又多与贼匪为仇，其势甚孤，易于剿办。现在所调官兵共有一万余人，福康安等统领劲旅，乘军威胜势即可蒇功，断无须至一年之久。是藏内现办粮石于支应军食之外，尽有多余。若复令前后藏商上纷纷采买，未免转滋扰累，非所以示体恤。著传谕福康安，即传知前后藏商上及噶布伦等，现备粮石已属宽裕，且贼匪穷蹙，无难克期集事，毋须多粮接济。如该商上等业经添办，即著福康安查明，概行给还。"

（高宗朝卷一三九六·页五上～六上）

○ 乾隆五十七年（壬子）二月辛亥（1792.3.4）

又谕："达木及唐古忒兵丁既经调派随征，所有应需口粮自应一体支给，以资饱腾。此次廓尔喀滋扰后藏，本系达赖喇嘛地方，而该兵丁等又系达赖喇嘛所属之人，如在聂拉木边界以内剿捕贼匪，堵御隘口，既系藏内之地，所有应得口粮，自应照鄂辉等所奏，于达赖喇嘛商上一例支给。至聂拉木以外则非藏地，该兵丁等应领口粮，若仍于商上支给，未免需费较多，非所以示体恤。所有此次达木及唐古忒兵丁，如在聂拉木以内剿贼守险，其应领口粮，即照所请在达赖喇嘛商上运送支给；若将来进剿，出聂拉木藏界以外，即著官为支给，准其一体开销。并著福康安将此旨译出，传知达赖喇嘛及该商上人等，俾咸喻朕保护黄教体恤周至之意。"

（高宗朝卷一三九六·页二〇上～二一上）

○乾隆五十七年（壬子）二月丙寅（1792.3.19）

谕："此次大兵进剿廓尔喀，前经降旨拨银二百万两，解往川省，以备军糈。恐尚不敷应用。著户部再拨银一百万两，解赴川省，交署督孙士毅备用。"

协办大学士两广总督公福康安奏："自藏至军营运粮需用乌拉甚多，现在办理竭蹶，总缘藏地疲玩积习，遇事皆然。臣到藏后，即传集噶布伦等剀切晓谕，并令署理驻藏事务额勒登保同道员林俊赶紧督催。现据林俊自行捐办牛五百头为之倡率，噶布伦、戴绷、第巴、营官、头人等均踊跃趋事，即达赖喇嘛、班禅额尔德尼以下及各寺呼图克图、大喇嘛等亦愿将所养牛只助出乌拉。现共有牛一万五千头，分派各粮台，往来输运无误。"

得旨："好。事后亦自知赏，先谕知之。"

（高宗朝卷一三九七·页二五上～下）

○乾隆五十七年（壬子）三月壬申（1792.3.25）

谕军机大臣曰："鄂辉前已有旨，令其俟福康安到边界后即回至前藏办事。但现在大兵进剿，一切粮运乌拉关系紧要，且藏内事务现已派和琳驰往办理，鄂辉不必株守前藏，所有自藏至军营一带粮运乌拉事务，及后路一切卡汛策应，均著交鄂辉常川往来，梭织稽查，督率催趱，务俾源源接济，倘有迟误，则惟鄂辉是问。设若一人难于兼顾，则暂留惠龄，令其二人协同料理。"

（高宗朝卷一三九八·页二下～三上）

○乾隆五十七年（壬子）三月己卯（1792.4.1）

谕曰："福康安奏，到藏后采办火药、铅丸以资应用，旋据济咙呼图克图并扎萨克堪布喇嘛、噶布伦等查明布达拉现存火药二千四百余斤、铅子二万八千斤，并交出大小炮三十余位，听候运送军营等语。又据各寺喇嘛及噶布伦等将自养马匹交出，经福康安选得健壮好马一百匹，一并先送军营等语。此次征剿廓尔喀，原以保护黄教，辑宁卫藏，前据福康安奏达赖喇嘛督率各呼图克图等采办粮石、牛羊，帮出乌拉，甚为踊跃，节经传旨奖谕。兹复据济咙呼图克图等将布达拉旧存火药、铅丸、炮位并畜养马匹一并交出应用，足见急公忱悃，已降旨令福康安分别赏赉，用示嘉奖。火炮、马匹俱系行兵要用，现据福康安查明藏地本产硝磺、铅斤，一面就近采办，并添买良马数百匹，以备乘骑。所有达赖喇嘛处及各呼图克图、噶布伦等处交出火药、铅子、炮位、马匹等项，著福康安查明酌给价值，以示体恤藏地有加无已至意。"

（高宗朝卷一三九八·页一三下～一四下）

○乾隆五十七年（壬子）三月庚寅（1792.4.12）

又谕："前因福康安统兵进剿廓尔喀由青海一路驰赴西藏，道路遥远，沿途犒赏不无需费，曾经加恩于军需银两内赏给银一万两。现在福康安统领大兵已于二月十七日驰赴边界，将来进兵时一切奖赏自仍需用，著再加恩赏给银一万两，仍于藏内所贮军需银内支给，以示体恤。"

（高宗朝卷一三九九·页八下～九上）

○乾隆五十七年（壬子）四月辛丑（1792.4.23）

谕军机大臣等："粮运为军营首务，台站乌拉最关紧要，经福康安与达赖喇嘛、济咙呼图克图等札商，使各站俱有受雇牛只，照例给价，到站即行，可期无误。但必统理得人，应付更为妥协，已有旨令惠龄领兵剿贼，不必再回前藏，其一切藏务，令和琳妥为经理。和琳此次驰驿赴藏，行走迅速，约计闰四月内可以抵藏。所有此项台站乌拉等事，著交和琳督率统理，可资得力。……"

（高宗朝卷一四〇〇·页五下～六上）

○乾隆五十七年（壬子）四月乙巳（1792.4.27）

谕："据和琳奏：驰抵成都，察看各站马匹，皆膘肥足用，弁兵等赍递文报，即值山径崎岖亦复尽力驰骤，可无虞迟误等语。此次进剿廓尔喀，一切文报往来关系紧要，各该省台站弁兵等上紧驰递，俱属迅速，并无迟误。从前剿办两金川，曾降旨将沿途台站弁兵加恩赏赉。现在正值军营文报络驿之际，著沿途设有台站省分，各该督、抚查照从前金川恩赏之例，将驰递文报奋勉之弁兵等查明先行分别赏赉一次，以示体恤。该部遵谕即行。"

（高宗朝卷一四〇〇·页一四上～下）

○乾隆五十七年（壬子）四月丁巳（1792.5.9）

又谕（军机大臣）："此次进剿廓尔喀贼匪，克期深入，道途遥远，粮运供支最关紧要，自当格外加恩，以示体恤。所有此次采买稞麦十万五千七百余石，著照福康安等所请，准于采买价值外分别给与炒磨工价。其前藏至胁噶尔程站，虽上届经成德奏明，兵行定为二十二站，但粮饷转输、驮载背负究与兵行不同。此次亦著照福康安等所请，将前藏至后藏定为二十三站半，后藏至胁噶尔定为二十站，事竣后俱准其作正开销，以裕兵食而利军行。福康安等仍须督饬各该员弁计粮给价，按站遄程，以期迅速蒇功，副朕轸念戎行至意。"

又谕（军机大臣）曰："……至所奏酌议粮运事宜，其糌粑一项，炒磨工价不敷，恳照鄂辉原奏按数支给，及增定布达拉至胁噶尔程站各款只系细事，此时惟当督率官兵奋力进剿，迅速蒇功。即军行经费向有定则，格于成例或难准行，朕亦必特降谕旨，俯从所请，岂有令进兵而不与兵不与粮之理。福康安等总以剿捕贼匪力图进取为要务，不必存惜费之见也。"

（高宗朝卷一四〇一·页八下～一一上）

○乾隆五十七年（壬子）闰四月乙亥（1792.5.27）

又谕："军火、钱粮关系紧要，今经和琳酌立限期，分别惩赏，自可期迅速无误。但口外乌拉俱系该处土司出派受雇，与内地民夫情形不同。内地民人运送粮饷等项尚有临时观望不听约束者，何况此等土民本属野性难驯，若过于严紧，或致躲避不前，并别滋事端，转为未妥，自应善为招集，酌加奖赏。然赏赉亦当有节制，不可过优。倘过于优厚，伊等贪得无厌，不特难乎为继，且不足以见恩，于事转属无益。著传谕和琳、孙士毅一体留心，妥协经理。务使土民等知所惩劝，闻风争赴，以期军火、钱粮源源接济，赏罚得当，不致迟逾滋事，方为妥善。至巴塘土司吹忠扎布请照西藏所属于现备乌拉之外添备三百只，伺候受雇，该土司急公报效，殊属可嘉，业经和琳奖赏，著孙士毅再传旨赏给大缎二匹，以示鼓劝。"

（高宗朝卷一四〇二·页一七上～一八上）

○乾隆五十七年（壬子）闰四月甲申（1792.6.5）

谕军机大臣曰："……再，我兵进剿，粮运关系紧要，节据福康安等奏，现办粮石、牛羊等项足资万余人年余之食，但只系笼统计算。其济咙以内，本系藏地，自可按程运送，源源接济。至济咙以外，至阳布贼巢及官兵跟踪进剿处所，军行粮随，其如何筹办运送之处，总未据福康安等分晰具奏。虽大兵进剿原可因粮于贼，但究不可恃。即兵丁裹粮而往，岂能多带？且兵丁等俱系步行，各有携带军械、火药及衣装等项，已属累重，若再令裹带口粮，每兵所带至多不过一月之食。军粮为众兵托命，设接济稍有稽迟，兵丁或以枵腹为虞，众心即不免观望，亟应先事预筹，方可有备无患。所有济咙以内粮运乌拉等事，节经降旨令和琳在藏督办，鄂辉往来梭织催查。但伊二人所办同系一事，断不可稍分畛域，致滋推诿，务须互相商酌，彼此关照，两人共事如同一人。若和琳在藏驻扎时，鄂辉即至沿途催查趱运；如鄂辉回至前藏，和琳即赴后藏至济咙一带督率催查，总期军粮转运迅速无误。至济咙以外，鞭长莫及，非伊二人经理所能周到。今思惠龄本系参赞，固应同将军等统兵督剿，但惠龄运筹调度自不如福康安，而冲锋打仗亦不若海兰察，自当用其所长，所有济咙以外及大兵所到地方需用军粮，竟著惠龄专办，不必同福康安等带兵前进。伊身为参赞，又系本省总督，一切呼应较灵。惠龄应酌量情形，或设法滚运，或于适中处所储备应用，俟福康安知照，随时运送。如福康安等在贼境获有粮食，或尚不敷用，应需若干，即可照数陆续运往以资接济。惟在惠龄熟筹妥办，俾无缺乏。但军粮关系紧要，恐惠龄一人照料难周，著福康安于巴图鲁侍卫、章京内如额勒登保者，酌派二员，并派绿营兵三五百名留彼随同防护，更为妥善。将来大功告竣，惠龄转输之功即与战胜之功无异，朕必与福康安、海兰察一同加恩，并不因伊未曾督战稍存歧视。惟自济咙以外，设有缺误，则惟惠龄是问。该督务须酌筹尽善，俾军食有资，方为不负委任。"

（高宗朝卷一四〇三·页三下～七上）

○乾隆五十七年（壬子）闰四月乙酉（1792.6.6）

又谕曰："孙士毅奏打箭炉至前藏道里辽远，军储等项未能克期迅速，现带领干员亲赴察木多驻扎督办。此时福康安等正在集兵进剿，粮运军储最为吃紧，朕正为系念。今孙士毅移驻察木多，亲身督办，呼应既灵，而承办之员亦可随时禀商，听候调度，一切粮饷等项更可迅速趱行，事事应手。孙士毅不辞劳瘁，实心经理，殊属可嘉，著仍赏戴双眼花翎，并赏大小荷包，以示优眷。口外地方乌拉等项，俱系各该处土司出派受雇，非内地民夫可比。若过于严紧，或致躲避不前，转有迟误，务在宽猛得宜，善为招集，想孙士毅自能办理协宜，俾土民等闻风争赴，踊跃趋事也。至军行需用粮饷等项，由川省至察木多，有孙士毅在彼督办，自可不至迟误。其自察木多以西，由前后藏至济咙以内地方，昨已有旨令鄂辉、和琳无分畛域，彼此轮往照料。伊二人务宜遵照昨降谕旨，同心同力，经理妥善。今孙士毅驻扎察木多，相去较近，一切更可知会商办。又据孙士毅奏请将道员王启琨留驻打箭炉责成经理等语。王启琨经孙士毅委办出口各事务，甚为出力，自应留驻打箭炉，俾资照料，并著加恩赏戴花翎，用示鼓励。其先派往之道员林俊及所奏徐长发，经孙士毅派在口外总理台站，该员等是否实能出力，著孙士毅察看。如果办事奋勉，著传旨一体赏戴花翎，俾其益加鼓励。"

（高宗朝卷一四〇三·页八下～一〇上）

○乾隆五十七年（壬子）闰四月戊子（1792.6.9）

谕军机大臣曰："奎舒奏达赖喇嘛前往青海等处购买马匹，当即晓谕蒙古、番子等挑选预备等语。达赖喇嘛因军行需用马匹，特令人前往青海等处购买，实为奋勉急公，朕心甚为嘉悦。著赏给碧霞念珠并大小荷包，鄂辉、和琳接到后，即转给达赖喇嘛祗领。惟青海去藏甚远，达赖喇嘛所遣买马之人总须八月间方能到藏。此项马匹，断不能济进兵时之用，将来大兵凯旋总须马匹应用，著传谕鄂辉、和琳俟达赖喇嘛之人解到此项马匹时，饬令善为喂养，以备凯旋时应付需用。仍照所买数目发给价值，以示优恤。将此谕令福康安、鄂辉、和琳、奎舒知之。"

（高宗朝卷一四〇三·页一四上～下）

○乾隆五十七年（壬子）闰四月壬辰（1792.6.13）

又谕（军机大臣）："据和琳奏沿途查催运送军火乌拉情形一折，所办俱好。卫藏地方素习疲玩，今当军需紧要之时，派运军火、钱粮等项，每换乌拉一次，待至十日半月不等，经和琳切实晓谕，设法劝惩，该处营官、喇嘛等咸知畏惧，上紧雇觅，所有存积军火等项陆续起运，可期迅抵军营，以资接济。和琳于此事实心整顿，竟能不负委任，于事有济，可嘉之至。现在孙士毅已移驻察木多督办军储，而察木多以西卫藏地方，又经和琳上紧催趱，并谕令鄂辉往来梭织巡查，是打箭炉及前藏至济咙以内乌拉等项已可无误。惟是口外乌拉俱系该处土司出派受雇，非内地民夫可比，若过于严紧，恐致躲避不前，或别生事端，又将如何办理。著传谕孙士毅、鄂辉、和琳务须妥为驾驭，宽猛得宜，于惩创之中寓鼓励之意，俾知感畏，踊跃急公。孙士毅现驻察木多，与鄂辉、和琳相距不远，诸事可彼此酌商，务臻妥协为要。又据和琳奏乍丫等三处派出商卓特巴等，或系年老残疾，或系少不更事，办理乌拉多有违误等语。此等商卓特巴皆系各该处呼图克图派出，乃所派之人俱庸劣无能，不能管事，岂不贻误军需。且据和琳奏查明乍丫、察木多、类乌齐三处自康熙五十八年底定西藏，均系达赖喇嘛所属地方，现在军需紧要，和琳到藏后，自应即与达赖喇嘛商酌，或慎选妥人量为更换，实力经理，不得仍前诿之各呼图克图，以致再有玩误。……"

（高宗朝卷一四〇三·页二一上～二二上）

○乾隆五十七年（壬子）五月戊戌（1792.6.19）

谕："此次大兵进剿廓尔喀，节经降旨拨银三百万两，解往川省，以备军糈，恐尚不敷应用，著户部于附近四川省分再酌拨银二三百万两，解交川省备用。"

（高宗朝卷一四〇四·页一上～下）

○乾隆五十七年（壬子）五月辛丑（1792.6.22）

又谕（军机大臣等）："……又据鄂辉奏，大兵进剿廓尔喀，军营文报应行添设塘马，以资驰递，自前藏至胁噶尔应添腰站六处，自拉子至宗喀应添腰站三处等语。军邮文报往来关系紧要，今于军营沿途添设腰站马匹，自应如此办理。前经有旨，令鄂辉、和琳会办粮运乌拉事宜。此事并著伊二人随时查察，务期邮递迅速。"

（高宗朝卷一四〇四·页七下～九上）

○乾隆五十七年（壬子）五月戊申（1792.6.29）

又谕（军机大臣等）曰："孙士毅奏于闰四月二十九日起程前赴察木多，并筹办乌拉各折，览奏欣悦。口外番夫为头人压制，不免居奇刁掯。孙士毅于内地雇觅民夫，购备骡马，运送出口，凡遇乌拉短少地方，将停积军储扫数赶运，俾番众不敢高抬雇价，所办甚好。且于凯旋马匹、兵食亦预为筹备，用心周到，实属可嘉之至。又据奏拿获偷窃军火番犯噶噶哇、鲍头、结滚三名，俟赴察木多亲审得实，正法枭示等语。前降谕旨，以口外乌拉非内地可比，令孙士毅等宽猛得宜，善为招集，原指良善番众而言，今噶噶哇等胆敢偷窃火药、铅子，即与贼党无异，当此粮运紧要之时，岂可稍事姑容，自应一面审明，一面奏闻正法，俾番各知儆凛。其拿获之外委包贵，业经赏给银两，著以千总即用，以示鼓励。"

（高宗朝卷一四〇四·页二〇上～二一上）

○乾隆五十七年（壬子）五月丙辰（1792.7.7）

谕："前因大兵进剿廓尔喀贼匪，口外一切粮运乌拉关系紧要，派令侍郎和琳驰驿前往接办藏务。和琳自行抵察木多后，沿途查催运送军火、军饷等项，节次奏到各折，办理均为妥协。本日据奏于闰四月十三日到藏，路经丹达以西各台站，向噶布伦等切实晓谕，设法劝惩，令将乌拉宽为预备,将前积军需源源运送,不使再有停搁等语。一切留心,可嘉之至。又据和琳会同鄂辉奏,拣放噶布伦各缺,请先尽随往军营出力之署噶布伦及戴绷内拔补,所办甚当。此折鄂辉列衔在和琳之前,鄂辉在藏年久,和琳让伊在前奏事,其意亦是。但卫藏地方素习疲玩,和琳未到之前,每换乌拉一次,待至十日半月不等,以致军火等项沿途停积。自和琳到彼,实心整顿,遵朕谕赏罚并用,该处营官、喇嘛等始知畏惧,上紧赶运,大有起色,实因和琳为朕特派前往之人,又系大学士和珅胞弟,即达赖喇嘛亦必待和琳较优,是以该处番俗人众见和琳到彼,均知所惩劝。即福康安军营需用一切,皆资其催办。且鄂辉曾经获咎,若复令在前奏事,不特伊心有所不安,众番见事权无所统摄,于公务转属无益。和琳著加恩赏给都统衔,嗣后奏事著在鄂辉之前列衔,以资事权归一,呼应更灵,并著加赏御用大小荷包、玉搬指,以示优眷。至和琳此次前往西藏,系朕特简,和珅未经先行奏恳。朕之用和琳,初不过因其人尚细心,遇事奋勉,是以派往。实不料其如此能事,朕深庆得人,国家得一好大臣,大功更可易就也。"

又谕:"据和琳奏称,丹达至拉里沿途察看军火各起,尚多有拥挤未前者,各站安派牛只亦多疲乏,现将已设者重加赏赉,未设者勒以限期等语,所办俱好。台站运送军需最关紧要,若非赏罚严明,何以济事?今和琳分别勤惰,严示劝惩,前此疲玩积习,自当振作一新,源源运送,足资接济。看来察木多迤西一带运送军需等项仍形竭蹶,以致军火各起壅滞不前。前已有旨,自察木多以东,令孙士毅在彼督办,察木多以西至前后藏、济咙以内,令和琳、鄂辉往来督率催查,设法趱运。但察木多至前藏一带,道远站长,不下数千里,和琳等在彼督催,未免鞭长莫及,难以兼顾。孙士毅前此自请移驻察木多,未必不因该处台站趱运较难,是以请往督办。现在孙士毅既至察木多,自已办有章程,竟当再往察木多以西至前藏一带往来查察,帮同和琳等督率催趱,庶台站军需等项运送更可迅速。……又据和琳等奏现在噶布伦遗缺,已咨明福康安,先尽随赴大营及分派各路办粮之署噶布伦及戴绷等,择其奋勉出力者,知会拔补等语。所办甚当。向来蒙古本重世家,自前代已然,即我满洲向亦以此为重。但世家子弟贤否不一,若专取家世,不论其才干之能否办事,岂不可笑。至藏中办理诸事，从前总由噶布伦专擅辄行，并不关白驻藏大臣，以致任意妄为，屡构衅端。今和琳等如此办理，将来该处噶布伦俱可由驻藏大臣与达赖喇嘛商定奏请补放。黜陟从公，事权归一，藏务更易整饬，实属得当。至和琳另折奏请前往军营随同福康安带兵效力一节，虽属急公奋往之心，但军营带兵人员已不乏一人，其济咙以外粮运事宜又专交惠龄在彼督办，现在察木多至前后藏，粮运一切正在紧要之时，和琳竟无庸前往军营，惟当遵照节降谕旨，往来巡察，实力督催，以副委任。所有本日赏给和琳都统衔及令列名在鄂辉之前谕旨，并著给达赖喇嘛阅看，想伊等亦必与朕意相同也。"

（高宗朝卷一四〇五·页四上～一二上）

○乾隆五十七年（壬子）六月戊辰（1792.7.19）

谕军机大臣等："前据奎舒奏，达赖喇嘛遣人向青海、蒙古等处购买马匹，朕以此项马匹断不能于进兵前到藏，但达赖喇嘛既已遣人购买，即令留为凯旋官兵之用。今奎舒奏，青海地方去冬雪少，今春又复缺雨，马膘未满，须至七月间肥壮再令购买。看来青海一带购办马匹颇形拮据，去年福康安及索伦官兵由西宁赴藏之时，各扎萨克等已备办马匹数千。青海口外本非他处可比，马匹较少，若购办过多，于蒙古等生计有关，且此项马匹于七月中方能买办起程，计送至卫藏已至年底，不但不能为进剿贼匪之用，即凯旋官兵亦不及骑乘。况现在马匹尚属羸瘦，即至七月亦恐不能膘壮，加以长途行走，必致雪阻难行。福康安等前由青海赴藏时，沿途有马更换，尚形疲乏。现已令孙士毅径赴前藏，同和琳商办一切事宜，所有凯旋需用之马匹，伊等亦必早为备办。其购买青海蒙古马匹，竟可无庸办理。著谕奎舒，如此旨到时，达赖喇嘛所遣堪布等已陆续购得马一二百匹，即速令将现有者护送解藏，断不必拘于足数。若尚未购得，即将该堪布等遣回，无庸令其购办。"

又谕："川省所运军需现在报到前藏者只有一二起，口外道路险远，乌拉运送甚形竭蹶，幸朕先事预筹，早派和琳前往，否则一切竟致太迟。本日据和琳奏营官及商卓特巴等贤愚不等，始以善言开导，竟置若罔闻，慑之以威，方叩请出结，立限赶办等语。此等营官、商卓特巴等惟利是图，实属可恶。今和琳示以惩创，俾知畏惧，此后自不敢仍前疲玩，现在所运军需自必可陆续运至前藏。但前藏距边尚远，据福康安等奏，惠龄暂留拉子，赶紧催办粮运。此时和琳、鄂辉惟当勉力催趱，将到藏军需迅速运至拉子一带，交惠龄接收，再由拉子运至军营，以期源源接济。至济咙以外运送军粮等项，前已有旨，责成惠龄专办。并令酌量情形，或设法滚运，或于适中处所储备应用，留兵看守。伊身为参赞，又系本省总督，一切呼应较灵。今福康安与海兰察分往绒辖、聂拉木察看地势，暂留惠龄在拉子地方催办粮运，此时大兵尚未深入，事属可行。若福康安等剿除济咙贼匪，统兵深入贼境，其济咙以外距藏遥远，更属鞭长莫及，一切粮运等项最关紧要，惠龄当遵照前旨，仍赴济咙以外驻扎，设法趱催，陆续运至大兵所到地方，以资接济，毋稍贻误。其济咙以内，仍交和琳、鄂辉轮流督运，以期应手无误。……"

（高宗朝卷一四〇六·页二下～五上）

○乾隆五十七年（壬子）六月己卯（1792.7.30）

又谕："据孙士毅奏，把总傅荣贵、知县赵来震将收管偷窃火器贼犯擅交商卓特巴领回处治，请分别治罪等语。该犯等偷窃军火，情罪甚大，既经拿获，即应审明正法。乃傅荣贵等不将重犯管押，听候核办，辄徇商卓特巴之请，发交处治、殊属玩误。傅荣贵著革去把总，发往伊犁充当苦差。赵来震著革职留于粮台效力赎罪。如再有贻误，即行从重治罪，以示惩儆。"

又谕："……至福康安等奏现在带兵直趋阳布，军火、粮饷等项虽不能待川省运来，惟应俟福康安在藏购办之项运到，以资接济等语。福康安于肃清边境后乘锐深入，粮饷、火药事不容缓，其购办之项曾否已经解到军营，济咙以外皆为贼境，应用军需尤为紧要。本日据孙士毅奏，已抵察木多，前已有旨令其直到前藏往来督催。该署督接奉后，自必遵照前往。藏中粮运，有和琳悉心经理，设法趱催，已可不误。孙士毅到彼后与和琳商办一切，自更得力。其自藏至济咙，军粮等项自可源源接济，迅到军营。至济咙以外，前有旨责成惠龄在适中地方往来督率趱运。本日福康安奏到折内，惠龄尚在随同打仗，自因前旨尚未接到，此时军营已不乏人，惠龄竟可不必在彼带兵，惟当遵照前旨，在济咙以外一带督催粮运，以期不误军需。又据孙士毅参奏不将偷窃军火要犯管解之知县赵来震等，已明降谕旨，分别办理。噶噶哇等三犯胆敢偷窃火药，情罪甚为可恶，商卓特巴等恳请领回处死，其言不实。至鲍头一犯，据商卓特巴等称业经打死，亦不可信。孙士毅惟当遵照前旨，务获噶噶哇，并究出鲍头、结滚，审明后一并正法示众，俾番众知所畏惧，断不宜稍存宽贷也。……"

(高宗朝卷一四〇六·页二七上～三六下)

○乾隆五十七年（壬子）六月庚辰（1792.7.31）

又谕（军机大臣等）曰："和琳奏，前奉谕旨，管事商卓特巴应令达赖喇嘛与驻藏大臣验放，已向达赖喇嘛宣示等语，所办皆好。惟当益加奋勉，实力整顿，使向来积习日就肃清。目今大兵连次克捷，已将济咙收复，乘胜直入，一切军器、粮饷等项关系紧要，务须速行运至，以应急需。昨据福康安等奏，军营火药、弓箭、饷银等项不能待川省运来者应用，须俟福康安在藏购办之项运到济咙，以资接济等语。大兵乘胜直前，事不容缓，所需军火、弓箭等项，已经福康安先行在藏购办，解到后尚可敷用。至军饷一项尤为要需。今军营并无解到银两，支用竭蹶，所关甚重。上年秋间即已降旨，在川省附近省分拨给银二百万两，嗣又部拨银一百万两，续据孙士毅奏报不敷，又赏拨银二百万两。前后五百万两，不为不多。即后起所拨银两运解需时，其前次所拨银三百万两阅时已久，早应陆续运到军营。前据孙士毅奏，所有运送出口军火、饷银等项俱已扫数赶送前途，毫无停积。何以前后藏及军营并无解到者，是孙士毅从前奏报情形竟为站员等所愚，并非确实。孙士毅现赴前藏，著即严行督察，实力催趱，务须星速赶运，毋任解员等沿途迟缓，致误军行要需。著和琳、鄂辉于解到前藏时，迅速趱运，务期早到军营，以资应用。"

(高宗朝卷一四〇六·页三八下～四〇上)

○乾隆五十七年（壬子）六月壬午（1792.8.2）

谕军机大臣等："现在粮饷、火药运送濡迟，总由察木多以西至前藏台站官员办理疲软，一任商卓特巴等支吾延缓，并不实力督饬查催，率以接续运解禀报。而孙士毅驻扎省城及打箭炉一带，相距较远，鞭长莫及，以致为其所愚。似此任意玩延，又不据实禀报设法趱催，岂不贻误要需？孙士毅此时已抵前藏，将停积粮饷等项督率严趱，迅速运送前途。其前此迟误之站员，仍著孙士毅于事竣后严切查明，据实参奏，以示惩儆。"

（高宗朝卷一四〇六·页四〇下～四一下）

○乾隆五十七年（壬子）六月甲申（1792.8.4）

又谕（军机大臣）："大兵进剿廓尔喀，直趋阳布，饷银固属紧要，而火药、铅丸、弓箭等项尤为剿贼必需之物，虽福康安已于藏内就近购备，但为数究属有限，一经用去，即日见其少，全在源源接济，方可得力。孙士毅现已赴前藏，仍当于藏东一路来往督饬台员，速催严办，接续运解，以应急需。其藏以西则和琳、鄂辉之责。计孙士毅此时自已与和琳会晤，并著会同查明，将粮饷、火药、弓箭等项未经运到前藏者若干起，由后藏运至军营者若干起，详晰据实速奏。其业经运到后藏者，并著和琳、鄂辉轮班来往，一体严催，速解济咙以外。其至军营则惠龄之责，著赶紧设法保护接运，迅抵军营应用。此为最要。"

（高宗朝卷一四〇七·页三下～四上）

○乾隆五十七年（壬子）六月丁酉（1792.8.17）

又谕曰："福康安等奏，道员林俊在后藏趱催军粮，将乌拉价值雇觅商民，设法运送，现已起运二千一百余石。林俊趱运军粮不辞劳瘁，殊属奋勉，著加恩赏给按察使职衔。又和琳奏，松茂道倭什布派办台站塘汛及运送军粮、军火等项，俱能遵照限期，驾驭番民，并无贻误，实为细心晓事等语。倭什布亦著加恩赏戴花翎，以示奖励。"

又谕曰："……现在大兵深入贼境，济咙以外粮运等项最关紧要。屡降谕旨，令惠龄毋须带兵，竟回至济咙适中地方，设法趱运。今惠龄接奉初次所降谕旨，已回至济咙一带往来查催，实力趱运，实属可嘉。朕初不料惠龄能权事理、缓急轻重若此。本日据福康安等奏，藏内运送事宜经和琳尽心办理，近已疏通。所有粮饷、火药等项，后藏有鄂辉在彼催趱，自已源源运至济咙。惠龄务宜倍加奋勉，随到随运，迅送军营接济,以副委任。"

（高宗朝卷一四〇七·页二〇下～二四上）

○**乾隆五十七年（壬子）七月己亥（1792.8.19）**

又谕（军机大臣等）："上年廓尔喀侵扰卫藏,竟敢扰至扎什伦布,肆行抢掠,不可不大加惩创,特派福康安等前往剿办。复因道远站长,番众素习疲玩,粮饷、火药转运事宜最关紧要,必须大员督办,因令和琳驰赴前藏督率催趱。朕之用和琳,只以伊在侍郎中尚属细心,遇事奋勉。和琳到藏后,实心整顿,设法劝惩,该处疲玩积习大有起色,朕初不料其竟能胜任。嗣因大兵即日深入贼境,直趋阳布,而济咙以外距藏遥远,运送粮饷等项鞭长莫及,势难兼顾,因令惠龄回至济咙适中地方专司督运,接济军营。朕之用惠龄,亦不过以伊系纳延泰之子,且系本省总督,呼应较灵。但惠龄身为参赞,带兵打仗本属分内之事,以现在情形而论,官兵连次克捷,贼匪望风奔窜,士气百倍,巴图鲁侍卫、将弁等无不奋勇争先,成功在即。惠龄自愿随同带兵,可著劳绩,较之驻扎济咙以外专办粮运任大责重,岂不难易攸殊。若惠龄狃于接战,希图树绩,仍恳带兵打仗,转致粮运重务料理乏人,岂朕委任之意？今惠龄并不贪功,于接奉谕旨,即回至济咙一带实力督运,深属可嘉。朕更不料其能权事理、缓急轻重若此。皆仰蒙上天恩佑,默牖朕衷,于意中先事筹及,特行简用。但能同心宣力,动合机宜,即此可征事机顺利,为迅奏肤功先兆,朕嘉悦之余倍深钦感。惠龄、和琳益宜尽心勉力,妥速办理,以期毋负委任。"

（高宗朝卷一四〇八·页三上～四下）

○**乾隆五十七年（壬子）七月癸丑（1792.9.2）**

谕军机大臣曰："鄂辉奏沿途查催军火、粮石情形一折,据称：现由上蟒卡木一带迎催定日一路之粮,由定日驰往聂拉木督办粮运、军火,接济成德一路等语,所见极是。成德等现带兵深入,后路兵粮、军火关系紧要,而济咙以外有惠龄驻彼督办,兼有福康安等委员分段守催,自可接济无误,若鄂辉复由宗喀前往济咙,往返需时,其聂拉木后路军粮,转致鞭长莫及。鄂辉能不拘泥,仍自宗喀转回,迎催定日一路粮运,俾成德后路可资接应，实属可嘉。此一举足盖前愆，著赏给大小荷包，以示奖励。鄂辉到聂拉木后，只应将成德后路妥为安顿，不可冒昧深入。此时成德由聂拉木进兵已经三百余里，鄂辉即使驰往，亦属无及。若在聂拉木逗留，则济咙以外粮运虽有惠龄督办，而济咙迤东至后藏转致无人照料。现据孙士毅奏，边坝地方尚有粮石积压，鄂辉将聂拉木后路安顿后，仍速回宗喀一带督催，不使停留，方为妥善。又，孙士毅奏办理粮运情形各折。孙士毅自出口后，亲身督率，相机筹办，所有粮饷火药等项源源起运，自可早抵军营。惟前此察木多以东军需，究未免停滞。现在边坝所积饷银、火药等项，务须督催速运，毋任再有耽延。又据奏里塘近有夹坝，运送军储交卸后，回空乌拉往往被劫，已密饬附近土练凑足二三百名，同汉兵分布防范等语。该处系夹坝出没之区，正当粮运络绎，不可不速拿严治，著传谕观成，即赴里塘一带率领土练、汉兵实力搜拿，从重严办。孙士毅在边坝催运完竣，自已抵前藏，与和琳会商一切事宜，应速回里塘一带。四川省城亦不可无大员弹压。观成俟孙士毅回至里塘，即旋成都办事。"

（高宗朝卷一四〇九·页一上～三上）

○ 乾隆五十七年（壬子）七月癸亥（1792.9.12）

又谕（军机大臣）曰："孙士毅等奏趱运粮饷、军火情形各折，称察木多以西系达赖喇嘛等所管地方，呼应甚难，经福康安、和琳节次派员催赶，方得将前此拥积陆续起运，而驼运一二起后，或称乌拉疲乏，或背运糌粑，即行撤去，疏通后又不免略有停滞等语。内地至军营万有余里，春间又值牛病，乌拉未免掣肘，一切军需鞭长莫及，不无拥滞。节经孙士毅、和琳雇夫分安各站，亲自往来督率，陆续军送军营。其孙士毅前此督运迟缓之处不复再问，惟当倍加奋勉，勿再懈缓贻误。又称自拉里至藏，和琳所派催趱之孜仲极为得力等语。前因孙士毅奏里塘夹坝，回头乌拉被劫，已谕观成带兵搜捕，并令孙士毅速回里塘，督同办理。又据奏察木多番民闻官兵过境之信相率避去。经和琳出示劝谕，已有陆续归农者，应即令归农番户晓谕察木多以西、拉里以东避去之番民速回本寨耕种，而粮运亦可资其背运，岂不两有裨益？和琳奏军需自设法劝惩后，东路俱已疏通等语。所办俱好。鄂辉奏自宗喀至胁噶尔、聂拉木一带，粮运络绎，并无迟误。想鄂辉到济咙与惠龄会晤后,自即速回前藏替换和琳,前赴后藏至济咙一带催查督运。伊等惟当迅速趱催,毋致稍有迟缓。至福康安等自攻克东觉山梁后,已阅旬余未据速奏,或已乘胜深入,或尚在相机进剿。孙士毅、和琳、鄂辉三人现在前藏及济咙一带,该处运送军需员役常川往来,自必得有信息,何妨即据所闻附折具奏,何以并未提及?宁不知朕盼望军报,昼夜焦劳,无时或释耶?此后孙士毅等如遇军营文报尚未过境,总当将探问信息随时具奏,以慰廑念。将此各谕令知之。"

（高宗朝卷一四〇九·页二二上~二四上）

○乾隆五十七年（壬子）八月辛未（1792.9.20）

谕曰:"福康安等奏,前经特派候补道承勋驻扎宗喀,龙安府知府重光驻扎噶喀,专司起运军饷,乃承勋一筹莫展,不能随到随运,重光办运尤为怠玩,积压较多,承勋、重光均业已摘去顶戴,并将重光枷号,请旨均即革职等语。宗喀、噶喀等处为后藏运粮紧要台站,承勋、重光经福康安等特派在彼专司起运,竟不以事为事,致军饷多有停积,非寻常贻误可比,承勋、重光均著即革职。至向来外省督、抚遇有道府贻误地方事务,不过参奏革职,并无枷号办理者。若军行之际,赏罚必应严明,不容稍事姑息。福康安于此等贻误粮员,并不拘泥请旨,即先将该二员摘去顶戴,并将积压较多之重光即行枷号,俾粮员共知警惕,所办甚为得当,福康安著交部议叙。"

又谕:"据福康安等参奏玩误军需之候补道承勋、龙安府知府重光均即革职,先行摘去顶戴,并将重光枷号示儆,深为可嘉,已降旨将福康安交部议叙。其承勋所办粮运,如查明亦有似重光之贻误情节,著一并枷号示儆,不必姑息。现在粮运经福康安大加整顿,粮员兵丁等自不敢仍前弊混,福康安因鄂辉办事稍软,和琳能驾驭番民,认真振作,飞咨和琳即赴济咙一带督办,所见甚是。适和琳奏到,恳赴济咙内外一带帮同惠龄办理粮运,与福康安所奏适合,实属可嘉之至。孙士毅行抵德庆,距藏只有七十里,和琳与孙士毅会商一切后,接到福康安咨文,自已前往济咙一带。但前藏为粮运总汇,不可无大员督办。前因里塘有夹坝之事,令孙士毅即回里塘查拿,并令观成带兵搜捕,观成俟孙士毅到后,仍回成都弹压。今观成已奏到起程前往，竟著即在里塘驻扎，该处夹坝足资料理。孙士毅即应在前藏驻扎督查。此旨到时，孙士毅业经起程回途，著仍速赴前藏办事。至济咙以外粮运，据惠龄奏筹办背夫，于东觉、普东寨等处添设等语。所办亦好。今和琳又赴济咙一带帮办，自更周妥。其济咙距前藏尚有四千余里，亦恐鞭长莫及，著和琳酌量，如鄂辉查催粮运尚为得力，莫若令彼于前后藏适中之地往来照料，更为有益；如不能得力，即令竟回前藏办理一切，亦无不可。"

（高宗朝卷一四一〇·页五下~八下）

○乾隆五十七年（壬子）十二月戊寅（1793.1.25）

谕："前因办理廓尔喀军务，业经降旨拨银六百万两，以供军需支用。兹据福康安等奏称，所有解藏银两除拨支军需外，其例应支放兵饷和各项尚不敷用，请再酌拨银两解川接济等语。著照所请，交户部于邻近省分酌拨银七十万两，令各该省派员迅速解往川省，以资支用。"

（高宗朝卷一四一八·页三〇上~下）

○乾隆五十八年（癸丑）五月辛酉（1793.7.7）

谕军机大臣曰："孙士毅等奏审拟站员吴摺办理兵差贻误一折，内称：吴摺承办浪吉宗站务，毫无整顿，致有贻误兵差，虽经查明经手钱粮尚无侵欺浮冒，即支发各项银两，亦据营官头人等供明并无短价克扣情事，应请将吴摺发往伊犁效力赎罪等语，所办殊未妥协。此次西藏军营一带运送粮饷，各站员亦间有迟误者，即孙士毅前此于东台督催粮饷亦有壅积迟延之处，何以总办粮务之道府不将他员揭参，而独于吴摺一人揭报？可见吴摺非只贻误兵差，另有克扣侵渔情弊。况营官等不过达赖喇嘛所管，何难向其关通贿嘱，令其指证并无扣克或意图行好，见吴摺业经参革治罪，不肯将侵扣情弊指出，以冀从轻完结，二者必居一于此。孙士毅等不将此等情节确切讯究，乃以前旨内有审无别项情节亦应将吴摺发往伊犁之谕，辄思避重就轻，率据该营官头人供结并无短少为凭，仅拟发遣，殊属非是。如吴摺讯有短发价值扣克入己情事，必当从重办理，又岂发往伊犁所能蔽辜耶？著将以上指出情节逐一根讯确实，另行具奏。将此各传谕知之。"

军机大臣议准钦差大学士孙士毅疏称："此次办理廓尔喀军务，先后派调大小金川屯土弁兵共计七千九百余名。其盐菜银两，俱系查照五十三年进剿巴勒布之例办理。除德尔格土兵中途奉撤，只给口粮、驮载外，其余奉派随征，或由炉城取道，或由草地逜行，计抵西藏路程均有六七千里，道险途长，势不能不给与盐菜，以资日用。若将此项银两复行查扣呈缴为难，请将屯土弁兵出口、进边每名支过盐菜银九钱，免其扣还。其加增银四钱，仍以到军营之日起支，离营之日停止。"从之。

（高宗朝卷一四二九·页三一上～三三上）

两淮、长芦、山西、两浙商人捐银助饷

○乾隆五十七年（壬子）正月庚寅（1792.2.12）

又谕曰："全德奏，据两淮商人洪箴远等呈称，现闻大兵进藏剿除贼匪，情愿捐银四百万两，以备凯旋赏劳之需，并请于部库先行借拨，分限十年带完归款等语。此次廓尔喀贼匪滋扰后藏，不过边徼么么，即日当可剿灭，易于蒇事，自不致多糜军饷。今既据全德奏称，该商等情词恳切，实出至诚，著准其捐银二百万两，收贮运库，听候部拨，并准其于今年壬子纲起，分五年带完归款。所有商人洪箴远等，著该盐政查明咨部，照例议叙。"

（高宗朝卷一三九五·页三下～四上）

○乾隆五十七年（壬子）二月壬寅（1792.2.24）

谕曰："穆腾额奏，长芦、山东商人王佩等呈称，现闻大兵进剿廓尔喀贼匪，芦商愿捐银三十五万，东商愿捐银一十五万，共五十万两，以备凯旋赏赉之需等语。廓尔喀贼匪滋扰，计日即可荡平，本不致多费军饷。今既据穆腾额奏称，该商等吁恳诚切，著准其捐银五十万两，并著照所请，于运库本年奏销五十六年引课项下借拨，分作五年完交归款。所有捐饷商人等，著该盐政查明咨部，照例议叙。"

（高宗朝卷一三九六·页二上～下）

○乾隆五十七年（壬子）二月癸亥（1792.3.16）

谕曰："福崧奏，据两浙商人何永和等呈称，现闻大兵进剿廓尔喀贼匪，情愿捐银一百万两，以备凯旋赏劳之需等语。廓尔喀贼匪滋扰后藏，不过边徼幺么，计日即可荡平，本不致多费军饷。今既据福崧奏称，该商等再四吁请，情词恳挚，著准其捐银五十万两，并准其于本年壬子纲盐引内按数起捐，分作年半完纳。所有捐银商人等，著该抚查明咨部，照例议叙。"

（高宗朝卷一三九七·页一九上～下）

福康安檄谕布鲁克巴、作木朗、披楞、哲孟雄、宗木诸部并力进剿廓尔喀

○乾隆五十七年（壬子）三月戊寅（1792.3.31）

谕军机大臣曰："福康安奏，附近廓尔喀之布鲁克巴、作木朗、披楞三处部落，业经檄令发兵攻贼；又，西藏帕克哩边外哲孟雄、宗木等部落，现与廓尔喀打仗，将该二处地方夺回，并谕令该部落乘胜直捣贼巢等语。布鲁克巴等部落既与廓尔喀不睦，经福康安檄谕令其攻剿，不过如治病偏方，借以牵缀贼势，原非仗其兵力为捣穴擒渠之计，即欲用以攻剿贼匪，亦必俟大兵深入贼境，预约各部落同时进攻，使贼匪猝不及防，方为得力。乃福康安于大兵未集之前，即檄谕前往剿杀，实属失之太早。嗣后遇此等紧要军机，必当熟思审处，慎之又慎。至所称帕克哩营官、番众将哲孟雄、宗木收复，福康安俱加奖赏等语，营官、番目等能将远年被占之地大半收复，尚属奋勉。著福康安传旨，酌量赏赉，并晓谕该营官、番目等：大皇帝闻知尔等打仗奋勇，夺回廓尔喀侵占之地，特再加恩赏赉。俾伊等益知感奋图报也。……"

（高宗朝卷一三九八·页一一下～一二下）

○乾隆五十七年（壬子）四月辛丑（1792.4.23）

谕军机大臣等："……又据（福康安）奏附近廓尔喀之哲孟雄、宗木、作木朗、布鲁克巴、披楞等部落，前经福康安檄谕令其发兵击贼，为我先

驱，今仍各守地界，逗留不进等语。此事前据福康安奏到时，朕即以办理失之太早，节经降旨饬谕。今福康安察看各部落情形，大率观望迟疑，莫能先发，各处番兵恐不能恃以集事，果不出朕之所料。此等附近廓尔喀各部落素被贼匪欺凌，若见大兵进捣巢穴，声势壮盛，自必乘贼匪穷蹙协力攻剿，借以报复私仇。乃福康安于大兵尚未齐集之时，即檄谕各部落发兵协剿，则该部落等谁肯先与贼匪为难，其观望不前，心持两端，自系必然之理。节降谕旨甚明，福康安何始未见及此耶？至贼匪现在情形，虽已并吞三十余部落，但从来用兵之道惟在攻捣腹心，得其要领，则此外皆望风瓦解，不难一举荡平。即历观前代戡定区宇，亦不过扼据形势，于要隘地方并力攻取，其余皆可传檄而定，断无贼匪有数十部落，即须各部落处处派兵进剿之理。福康安等惟当厚集兵力，直趋阳布贼巢，使贼人失其所据。此外各部落自必纷纷瓦解，一举集事。总在福康安坚持定见，激励将士，鼓勇直前，生擒首恶，固不可存轻视贼匪之心，尤不可因贼匪并吞部落较多，稍涉迟疑，或致馁我士气也。……"

（高宗朝卷一四〇〇·页五下～八上）

○乾隆五十七年（壬子）四月癸丑（1792.5.5）

又谕（军机大臣等）："前据福康安奏派副将达音泰亲至布鲁克巴部落督令发兵击贼，为我先驱一折，系二月十三日拜发，迄今已两月有余，该副将曾否回至军营，布鲁克巴有无回信，何以尚未据福康安奏到？又，檄谕附近廓尔喀之哲孟雄、宗木等部落帮同剿贼一节，前此福康安奏到时，朕即以为所办太早，降旨饬谕。计自福康安檄谕各部落后，阅时已久，并未见各部落遵谕协剿，可见各部落因大兵未抵贼境，心存疑惑，恐先行发兵与贼打仗，而大兵不为接应，必受贼匪荼毒，是以观望不前，不出朕之所料。福康安细思此时尚在后藏驻候，则前此之檄各部落岂非失之太早乎？著福康安将各部落是否不致怀疑观望，于进剿有无妨碍，及鄂辉、成德曾否已抵济咙剿除贼匪各情形，一并速行奏复。"

（高宗朝卷一四〇〇·页三八上～三九上）

福康安率军驱逐廓尔喀入侵者，攻克热索桥，深入廓境，兵临阳布，廓尔喀吁降，允降班师

○乾隆五十七年（壬子）闰四月乙酉（1792.6.6）

谕军机大臣等："昨据福康安奏筹办进剿事宜，折内称聂拉木、济咙、绒辖等处边界，探得均各添有贼匪拒守，分据要隘等语，殊不可解。前此贼匪在聂拉木逗留屯聚，节据鄂辉、成德等奏报，带兵攻围，将聂拉木官寨贼匪剿杀焚烧，歼除净尽。其事办至一月之久，鄂辉等张大其词，将带兵人员开列多名，恳请加恩，竟似奏捷成功。成德复于该处派兵拿卡，四处防守。是聂拉木地方贼匪早已歼净，且新设防御坚固，何以此时贼匪又在该处添人拒守，则鄂辉等从前带兵收复剿净贼匪者何事，殊不可信。且官兵在彼拿卡防守，岂有任听贼匪添人前来分据要隘，不行剿捕之理。或系贼匪于聂拉木以外，通往贼巢路径添人拒守，而折内声叙未经明晰，亦未可定。著福康安等即将聂拉木何以添有贼匪拒守，究在何处地方，详晰查明，据实复奏。"

（高宗朝卷一四〇三·页七下～八下）

○乾隆五十七年（壬子）闰四月壬辰（1792.6.13）

谕军机大臣曰："福康安等奏，访察贼情，自聂拉木被官兵攻克后，各处隘口添兵防守，并闻贼匪将丹津班珠尔及裹去兵丁王刚等四名给资用度等语。现在大兵云集，声威壮盛，贼匪自必闻风震慑，是以于各隘口添兵防守，并将丹津班珠尔及兵丁王刚等给资优待，其心持两端，已可概见。即日大兵压境，贼匪势穷力蹙，或竟差人递禀乞降，亦未可定。今福康安等定计捣穴擒渠，永杜后患，所见甚是，已得大要。惟当督率将弁官兵奋勇进剿，俘擒渠首，荡平贼境，克奏肤功。至粮石为军营要需，大兵深入之后，粮道愈远，不可不先事预筹。朕已早念及此，节次降旨，经理有人，诸事应手，无虞迟滞，福康安等竟可专心筹办进剿事宜，克期深入，以期一举集事。现在索伦达呼尔兵自已早抵军营，其续调之屯土各兵谅亦先后齐集，专望福康安等统领进剿，扫除济咙贼匪，乘胜直抵贼巢，计日以盼捷音之至。"

（高宗朝卷一四〇三·页一九上～二〇上）

○ 乾隆五十七年（壬子）闰四月丙申（1792.6.17）

谕："京师自春徂夏总未获沛甘霖，朕昼夜焦劳，无时或释，去冬因雪泽较稀，即于春间斋心祈祷，而入夏以后望泽尤殷，屡经敬谨吁求，仍未能即施渥霂。辗转思维，求所以不能感召之由，而不可得。……抚躬自省，或缘政治有所缺失，以致未能感迓祥和。……因复思目前要务，惟有进剿廓尔喀一事，外间或有议及不应劳师动众，以致雨泽愆期者。殊不知廓尔喀系徼外小番，前此因与唐古忒人等盐税细故，侵扰后藏边界。彼时派令巴忠、鄂辉、成德等前往剖断，贼匪即畏惧乞降；此次贼匪复因帐目未清，又来滋扰。经驻藏大臣具奏时，朕仅令鄂辉、成德带兵往谕，原不过示以兵威，使之悔罪乞降，不敢再萌他念，即可完事而已。及巴忠闻信自戕，始疑从前办理错误，而贼匪等竟敢扰至扎什伦布，肆行抢劫。若不痛加歼戮，贼匪无所忌惮，势必为得尺则尺之计，渐至侵及前藏，即察木多、巴塘、里塘一带亦必受其煽惑，日久渐成边患。且此时仅以和息了事，将来大兵撤后，倘贼匪复来滋事，后藏距川省辽远，鞭长莫及，断无屡劳兵力远涉剿办之理。是以特命福康安、海兰察等统兵前往，声罪致讨，无非为绥靖边圉保护卫藏起见。朕临御以来，拓土开疆，肤功屡奏，以廓尔喀之蕞尔弹丸，不及回、准二部、两金川、缅甸、安南百分之一，岂屑利其土地而为此劳师动众之举？此朕不得已用兵之苦心，又宜为天下臣民所共谅者。或此即穷兵黩武乎？朕反复推求，终莫能得致旱之故。……"

（高宗朝卷一四〇三·页二五上～三〇上）

○ 乾隆五十七年（壬子）五月辛丑（1792.6.22）

又谕（军机大臣等）："此次贼匪投递福康安禀帖内，尚敢以藏内不行使廓尔喀银钱及不依合同付给银两二事哓哓置辩，恳求剖断，可谓贪愚已极。经福康安明切檄谕，词严义正，极为得体。若拉特纳巴都尔接奉檄谕后，希冀乞降完事，亲带巴都尔萨野、玛木萨野、沙玛尔巴等前来军营，即可就势擒拿，是不烦一兵，不折一矢，而渠魁、助恶悉就俘擒，岂不更为省事？或贼匪狡诈异常，不肯堕我计中，现在各兵俱已到齐，军粮乌拉俱已经理有人，诸事应手，无虞迟滞，福康安惟当督率将弁官兵，剿洗边界逗留之贼匪，乘胜深入，为捣穴擒渠之计。前因京城一带望雨綦切，朕心甚为焦急。今连日大沛甘霖，普遍深透，赶种大田，秋收可望，事机极为顺利，福康安等闻之，自当同深欣喜。可见一顺百顺，此时统兵进剿谅必势如破竹，一举成功，惟计日以待捷音之至耳！至鄂辉、成德前次在聂拉木、拉子地方停留，不即往济咙剿贼一节，兹据福康安等查明尚非故意纡回耽延时日。伊二人愆尤丛集，其咎亦不在此，惟看其如何立功自赎也。又据鄂辉奏大兵进剿廓尔喀，军营文报应行添设塘马，以资驰递。自前藏至胁噶尔应添腰站六处，自拉子至宗喀应添腰站三处等语。军邮文报往来关系紧要，今于军营沿途添设腰站马匹，自应如此办理。前经有旨，令鄂辉、和琳会办粮运乌拉事宜。此事并著伊二人随时查察，务期邮递迅速。"

（高宗朝卷一四〇四·页七下～九上）

○乾隆五十七年（壬子）五月戊午（1792.7.9）

又谕（军机大臣等）曰："福康安等奏先带现到兵丁驰赴边界，进剿济咙贼匪一折，据称济咙、聂拉木一带贼匪俱遣人潜探信息，其畏惧情形可见，自应乘此时迅速进剿等语，所见甚是。福康安等统领官兵，声威壮盛，贼匪自必闻风震慑，心怀畏惧。是以分遣贼人前来探信，冀幸大兵不遽深入，可得苟延残喘。福康安等不待续调各起兵丁齐集始行前进，即带现到之兵驰赴边界，奋力进剿。此时贼匪正在惊疑不定，我兵乘其不备鼓勇前进，自可出奇制胜，将济咙屯聚贼匪歼戮无遗，即乘兵威胜势直前深入，自当势如破竹，一举集事。所有新调川兵三千名，虽到藏尚需时日，留为后路接应，亦属得力。至现在福康安等统兵进剿，所带火药、铅丸及弓箭等项虽不甚宽裕，但此时攻剿贼匪自足敷用。昨据和琳奏到，已于沿途各台站分别惩劝，设法严催，并责成派出之噶布伦及妥干喇嘛等专管其事，办理俱属得当。已降谕旨，令孙士毅再往察木多以西至前藏一带往来巡察，帮同和琳等督率催趱。一切军需、火药、弓箭等项自当迅速运送，源源接济。福康安等惟当督率官兵奋勉前进，迅奏捷音。"

（高宗朝卷一四〇五·页一五下～一七上）

○乾隆五十七年（壬子）六月丙子（1792.7.27）

谕军机大臣等："据福康安等奏官兵攻克擦木要隘全歼贼众情形一折，首战得胜，实赖上天之恩，欣慰之余倍深钦感。擦木地方两山夹峙，中亘山梁，贼匪据险拒守，拼死抵御。经福康安、海兰察、惠龄等乘阴雨绵密，连夜发兵，将弁官兵等鼓勇先登，夺获碉座，将贼众全行歼戮，实为奋勇争先，勤劳倍至，览奏殊为心恻。已另降谕旨，将福康安等及带兵将弁并出力兵丁等分别优加赏赉，以示奖励。至福康安等于攻克擦木后即乘胜直趋济咙，其聂拉木一路，已遣成德带兵作为偏师，牵缀贼势，并于绒辖要口留兵一千名，派诸神保带领防守，我兵后路无虞贼匪抄截，所办俱妥。总之，初次打仗即获全胜，大挫贼锋，贼匪自必闻风胆落，事机极为顺利。现乘军威胜势直趋济咙，定可克期摧破，将贼匪剿戮无遗。肃清边境，即行合兵深入，进剿贼巢，自必势如破竹，惟计日以待捷音续报也。"

（高宗朝卷一四〇六·页一九下～二〇下）

○乾隆五十七年（壬子）六月丁丑（1792.7.28）

又谕（军机大臣等）曰："福康安等奏行至玛噶尔、辖尔甲山梁歼戮贼匪一折，览奏欣慰。此皆仰赖上天恩佑，连行打仗，再战再捷，士气倍奋，贼匪望风胆落。该处距济咙不远，看此事机顺利，乘势直前，自已将济咙立时攻克，捷报当已在途。一得此处，军威大振，自必迎刃而解。福康安惟当倍加勉力，迅奏肤功。至此次贼匪经官兵追压，尚敢拼命力扑，实属可恶。福康安等以贼势泼猛，先于石磡下埋伏，故留一路，诱贼上山，带领官兵横冲贼队，痛加剿杀，将贼匪三百余人歼擒殆尽，于行军剿贼机宜深中窾要。昨因福康安等初仗得胜，业经优加赏赉，此次打仗督率将弁调度有方，福康安著再赏给镀金盒伽南手串一挂并大小荷包、鼻烟四瓶，用昭优眷。海兰察与贼接战，马匹受伤，幸未颠蹶，实赖上天护佑，为之额手虔谢，特赏给行幸常佩护身佛一尊，以为诸事吉祥佳兆。海兰察临阵勇往，是其素性，但身为参赞，所关甚重，以后接仗时固当督率士卒鼓锐直前，然究宜加意持重，不可轻于冒险，此必当遵朕训谕也。又，巴图鲁三等侍卫定西鼐胸前得有枪伤，幸系穿过护身佛龛，枪子未能打入。该侍卫打仗出力，甚属可嘉，并著升为二等侍卫，以示奖励。所有此次领兵侍卫、章京等人数较多，著福康安等将在山半横冲贼队奋力截杀者详晰查明，如已经给有巴图鲁名号者，著即咨部议叙，其未经给有巴图鲁名号者，著开单进呈，候朕加恩赏给。所有受伤、阵亡兵丁俱著查明，照阵亡例咨部赏恤。至福康安等奏此次追剿贼匪，因侍卫、章京等马匹疲乏，尽力驰驱，仅能赶及追奔十余里等语。该侍卫、章京等所乘马匹，因牧饲不时已形疲乏，复经登山陡险，马力不及，以致剿贼匪不能得力，事所固然。但贼匪俱系步行奔窜，我兵若因马乏，转为所累，莫若亦令舍马徒步，跟踪追剿。即索伦兵最为勇健，或遇驰陡山险非其所长，至屯练兵丁素性趫捷，令其徒步驰逐，自可收追剿之用，并著福康安等相机筹办。"

（高宗朝卷一四〇六·页二二上～二四下）

○乾隆五十七年（壬子）六月己卯（1792.7.30）

又谕（军机大臣）曰："福康安等奏大兵克复济咙痛歼贼匪一折，览奏欣慰，不禁以手加额叩谢天恩。福康安等之折系五月十一日所发，距今计已一月。济咙为进兵要路，一得此处，军威大振，必当势如破竹。此次官兵冒雨攻围，人人鼓勇，可怜可嘉！而福康安等分兵攻扑，使贼不能相顾，是行军正策，一切布置调度俱合机宜。著赏福康安本日御制攻克济咙志喜诗书扇一柄、御用大荷包一对、小荷包四个、鼻烟壶一个、小刀一把、火镰袋一个，海兰察、惠龄各赏大小荷包、鼻烟壶、小刀、火镰袋，用示优眷。其打仗出力将弁，已另降谕旨，分别擢用，加恩赏巴图鲁名号。官兵赏给一月钱粮。统俟大功告蒇，凯旋宴劳，再沛酬庸之典。此时贼匪连次败衄，又经官兵歼擒千余名之多，自已闻风胆落，日就穷蹙，或喇特纳巴都尔、巴都尔萨野等自知罪在不赦，差人前赴军营递禀乞降，亦未可定，但受降完事系万不得已之办法。现在大兵连次克捷，所向披靡，功在垂成，谅福康安等必力图上策也。前据福康安奏：附近廓尔喀之布鲁克巴、作木朗、披楞三处部落，概令发兵攻贼；又，西藏帕克里边外哲孟雄、宗木等部落，现与贼打仗，将该二处地方夺回，并谕令各该部落乘胜帮同剿贼等语。彼时官兵尚未进剿，遽檄谕各部落约期发兵，所办未免太早。今大兵连得胜仗，克复济咙，即乘势直趋阳布，各该部落闻知官兵屡次克捷，自必众心踊跃，亟思出力助剿。福康安等檄令会攻，正在此时。

著福康安檄谕各部落以大兵攻克阳布在即，贼匪势穷，该部落正当乘此机会合力进兵，即使尔等自揣兵力不敷，亦当于各界上紧严密堵截，设喇特纳巴都尔、巴都尔萨野、沙玛尔巴助恶头人等窜至尔境，即行缚献，亦可仰邀恩赏等语。如此详晰晓谕，即不能得各部落协剿之力，而贼匪首恶头人亦可不虑其乘间窜逸也。……"

御制福康安奏攻得济咙贼寨诗以志喜六韵。诗曰："擦木玛噶以次举，济咙咫尺弗为遐。破宵冒雨乘无备，直进分班策肯差。贼竟抗颜以死敌，师争刃血更雄加。据其要险鸮失翼，遂克中坚虫洗沙。报至喜翻成欲泣，念驰怜切讵惟嘉。复番境已压寇境，阳布摧枯望不赊。"

（高宗朝卷一四〇六·页三三下～三七下）

○乾隆五十七年（壬子）六月丙戌（1792.8.6）

谕军机大臣曰："福康安等奏攻克热索桥进临贼境一折，览奏欣慰。济咙以外高山夹峙，窄径崎岖，较金川尤为险阻。贼匪恃险拒守，放枪抵御。福康安等抵热索桥时，因与贼相持，急切不能得手，随暂撤各兵，绕越两重大山，在热索桥上流潜渡，乘其不备直前攻扑，痛歼贼匪，夺据石卡，所办深合机宜，可嘉之至。该处为贼境门户，今已乘胜攻克，统兵深入，势如破竹，自早直捣贼巢。著赏给福康安洋表一个、御用大荷包一对、小荷包四个，海兰察洋表一个、大荷包一对、小荷包二个，惠龄洋表一个、大荷包一对、小荷包二个，用照优眷。并发去翎管十个、大小荷包各十对，交与福康安等查明，遇有带兵出力侍卫、章京、将领等酌量赏给。所有此次带兵绕道渡河杀贼之巴图鲁侍卫等实属奋勇出力，除阿满泰已于上次打仗得胜加恩以副都统即补外，前升头等侍卫之翁果尔海、头等侍卫哲森保俱著赏给副都统职衔，墨尔根保著升为二等侍卫。兵丁等亦著查明共有几人，一体加赏，以示奖励。其攀援独木偏桥前进之兵丁如有跌毙者，亦著查明咨部，照阵亡例议恤。至成德、岱森保等，前经福康安等派在聂拉木一路牵缀贼势。今经福康安等行知，令其酌量进攻，即于十二日分路前进，占住德亲鼎山，攻克头卡，枪毙贼匪多人，将二卡、三卡俱行攻克，焚毁木栅，搭桥前进，亦属奋勇可嘉。并著福康安等查奏打仗出力者，酌加奖赏，以示鼓励。至官兵连次克捷，鼓锐长驱，贼匪自已望风胆落。但用兵之道计出万全，于屡胜之后自宜加意慎重，所有进兵后路亦不可不预为防范。成德、岱森保等现已由聂拉木进至木萨桥攻剿贼匪，自已会合大兵，直抵阳布，固属甚善。若尚在途次进攻，应即令成德等于聂拉木一路前趋阳布中间总汇处所带兵堵御，以为大兵后路声援。倘彼处无路可通，则前次所调后起之德尔格尔等兵尚未能迅抵军营，应即于巴图鲁侍卫中遣回二人，令其与带兵之袁国璜带领，在大兵后路济咙以外要隘处所酌量屯驻防守，以资声援策应，更为周妥。再，福康安等前次进呈之图止有济咙以内，著福康安于大功告蒇后，将济咙至阳布山川地名及险要形势，官兵打仗克捷处所详绘一图，贴说呈览。"

（高宗朝卷一四〇七·页五上～七下）

○乾隆五十七年（壬子）六月庚寅（1792.8.10）

又谕（军机大臣等）："前据福康安等奏官兵进攻热索桥时，贼匪拆去桥板，放枪抗拒，福康安等密遣阿满泰等带兵绕至上流潜渡等语。所办深合机宜，已有旨嘉奖。贼匪既拆去桥板，阻河抗拒，若官兵止在该处与贼相持，即施放鸟枪，隔河击贼，徒费兵力，亦属无益。今派兵绕赴上流潜渡，乘其不备剿杀贼匪，正路官兵亦得乘势搭桥，一时并济，不但省我兵力，而大军遂得迅速渡河，实为出奇制胜之策。此策福康安、海兰察二人系何人主见，又福康安等遣阿满泰、哲森保、墨尔根保。翁果尔海等绕道潜渡后，阿满泰等即乘贼不防沿河疾行，直扑贼卡，趁势剿杀一节，亦属可嘉。伊四人中又系何人主见，首先进扑，俱著福康安等详悉具奏。"

（高宗朝卷一四〇七·页一〇上～下）

○乾隆五十七年（壬子）六月丁酉（1792.8.17）

又谕曰："福康安等奏攻克协布噜一带木城贼寨，打仗得胜情形一折。官兵自过热索桥后，所经地方陡岩高碉，乱石丛接，无平地可以搭营，福康安等与所带官兵至于露宿，实甚劳苦，至不忍观。其协布噜一带极为险要，贼匪凭河阻抗，撤桥固守。福康安等复设法出奇，乘其不意，于雨夜迅速潜渡，将贼匪痛加歼戮，焚毁卡寨。巴图鲁侍卫、官兵等俱争先用命于人迹不到之处攀援登陟，衣履皆穿，手足胼胝，并未稍形退却。用兵以来，从无似此之难者，欣览之余益加怜悯。官兵深入贼境，连次克捷，福康安等调度督率悉合机宜。今赏福康安御用大小荷包、四喜搬指、镶嵌松石翎管，海兰察、惠龄各赏给大小荷包、四喜搬指、镶嵌松石翎管，用昭优眷。外发去四喜搬指六个、镶嵌松石翎管十七个，著福康安等酌量带兵大员内如台斐英阿等，何人最为出力者，传旨分赏。又，鼻烟壶、小刀各四十件，著福康安等遇有带兵出力之侍卫、章京、将领等酌量赏给，以示奖励。……"

（高宗朝卷一四〇七·页二二下～二三下）

○ 乾隆五十七年（壬子）七月辛亥（1792.8.31）

又谕（军机大臣等）："福康安等奏进攻东觉山梁并雅尔赛拉、博尔东拉等处，将贼匪营寨木城、碉卡全行攻克，痛歼贼众，览奏深为嘉慰。各兵登山陟险，打仗追贼，昼夜辛勤，已至八日，自应暂予休息，再行前进。此次福康安等于万难攻剿之处竟获全胜，皆赖上天眷佑，感谢之诚，不能言喻。而福康安等董率调度，悉合机宜，以及将弁兵丁劳苦之状可怜可嘉！竟不忍复视。除降旨先将福康安、海兰察交部议叙外，著再赏福康安御用大荷包一对、小荷包四个，海兰察大荷包一对、小荷包二个，用示优眷。另发去鼻烟壶、小刀，著福康安查明带兵出力之巴图鲁侍卫、章京等分别赏给。仍择其实在奋勉者开单具奏，候朕赏给巴图鲁名号，并予升擢。其余出力官兵皆交部议叙，统俟大功告竣再降谕旨。又据奏成德等攻克扎木、热索桥等处，已令严守要隘，量力前进等语。连日因福康安等未经续报情形，恐后路或无策应，贼匪间出侵扰。今福康安等于成德一路尚指示防守要隘，必无代成德筹防后路而转自致疏虞之理。况同日惠龄奏于协布噜、热索桥等处添安背夫，并由协布噜直至济咙往来查催。益见后路之毫无阻梗，朕心为之欣慰。又据福康安奏，入贼境后，即闻沙玛尔巴业伏冥诛，讯之现获贼目巴载巴拉哩，亦供称沙玛尔巴于五月十五日病毙等语。此次廓尔喀滋事，皆由沙玛尔巴唆使，实为此案罪魁。或系廓尔喀见大兵连捷，危亡在即，托言该犯已伏冥诛，希图谢罪。否则该犯诡计多端，预为扬言，使官兵搜捕稍宽，乘间远扬，均未可定。著福康安访查的确，并将此次拿获贼目系何弁兵，查明具奏，量加奖赏。又据和琳奏，哲孟雄禀请派兵，并求赏项，随酌赏头人银牌、缎匹、茶叶等物，令坚守寨落等语。大兵连获胜仗，贼匪丧胆，不借哲孟雄兵力牵制贼势，和琳所见甚当。此必该部落意存观望，如官兵荡平贼境，伊即居功，否则借口兵少，预为推诿地步。今经和琳严词饬谕，此等伎俩各该部落俱所不免。著传谕福康安等如有似此请兵求赏者，当照和琳严词拒绝，酌赏缎匹等物。和琳办理此事，得中窾要，著赏给大荷包一对、小荷包二个。孙士毅、惠龄往来查催粮运均为出力，亦著各赏给大荷包一对，以示嘉奖。"

（高宗朝卷一四〇八·页二六下～二九上）

○乾隆五十七年（壬子）八月辛未（1792.9.20）

谕军机大臣曰："福康安等奏，贼酋拉特纳巴都尔将上年裹去之兵丁王刚、第巴塘迈等送出，并呈递福康安暨官员、官兵禀各一件。此次贼匪赍呈禀帖，仅令裹去兵丁等前来投递，禀内只妄想乞降，尚未自行认罪。至沙玛尔巴唆使贼匪诱执兵丁、噶布伦及抢掠后藏，罪不容诛，即服毒身死，已属幸逃显戮。该犯虽无应袭封职，未知藏内尚有父叔子侄否？著和琳、鄂辉于事竣后查明现当何差，概行斥革，以抒众忿。又据奏成德一路官兵攻克多洛卡、陇冈等处，俟续调川兵到时，酌拨一千名前往等语。聂拉木一路虽成德等带兵进攻亦能连次克捷，但利底山寨等处贼匪守御尚坚，究属偏师牵缀，未能直抵贼巢。计此旨到时，续调之彭承尧等所带川兵已可早抵军营。著福康安等酌量，如所拨一千兵尚未派往，不如仍留于福康安等军营，更足以资调遣而壮声威。"

（高宗朝卷一四一〇·页六上～七上）

○乾隆五十七年（壬子）八月乙亥（1792.9.24）

谕军机大臣等："藏内气候骤冷，九月以后冰雪封山，今岁节气较早，计九月中旬，雪霰已在所不免。若非及早藏事撤兵，设粮运稍有不继，是进不能直捣贼巢，退又为大雪所阻，所关匪细。早经降旨，令福康安就近筹酌，如实在万难进取，不妨据实奏明，受降完事。朕远在万里之外，不能一一遥为指示，福康安受恩深重，历经委任，不肯畏难迁就，惟在临机应变，妥速藏功也。"

（高宗朝卷一四一〇·页二一上～下）

○乾隆五十七年（壬子）八月丙子（1792.9.25）

谕军机大臣等："昨因藏内气候骤冷，已有旨谕令福康安等通盘筹画。朕又思今年节气较早，以热河而论，现在气候已觉凉于往年。况藏地崇山峻岭，往年九月以后即不免冰雪封山，今年下雪自必更早。万一福康安等锐于进取，冒险深入，转瞬冬令，设至进退两难，关系尤为重大。著再传谕福康安等，如实不能进取，巴都尔萨野亦不敢亲自来营，即趁其畏惧恳乞，谕知该贼匪以尔既畏惧乞降，情词尚属恭顺，本大将军代为转奏，蒙大皇帝准尔遣如萨野等大头人进京，具表纳贡，悔罪投诚。如此则福康安系遵旨受降撤兵藏局，更足以尊国体。福康安等撤兵后，将善后各事宜会同和琳熟商妥办具奏，再行回京。至宗喀一带粮运迟误，鄂辉亦难辞咎。袁国璜、彭承尧等所带后起各官兵途次行走，恐不免迟延。阅福康安等奏到折内，亦隐跃其词，微露兵粮不足之意。否则福康安等攻克济咙、热索桥、协布噜、东觉等处所向克捷，何不乘破竹之势迅捣贼巢，而为此按兵不动之举。著福康安等将是否因兵粮不足不能进攻，并鄂辉、袁国璜等有无贻误之处，据实复奏，勿稍含混。"

（高宗朝卷一四一〇·页二二下~二四上）

○乾隆五十七年（壬子）八月庚辰（1792.9.29）

又谕（军机大臣等）曰："和琳奏，行抵浪噶子，接准福康安咨会，未便转回前藏移明孙士毅提讯俘习浑、雅满泰等语，所奏甚是。看此情形，宗喀、济咙一带粮饷似未能充足，是以和琳欲赶紧前往催办，实为可嘉。连日恐藏地骤冷，若非及早藏事撤兵，或为大雪所阻，节经传谕福康安通盘筹画。昨复令军机大臣询之阿尔曾萨野及扎萨克喇嘛等，据供：聂拉木一路向来自九月至次年正、二月，雪大封山后即不能行走。宗喀、济咙一路有绕道，山虽险峻，雪不甚大，尚可绕行等语。是将来撤兵即或遇有雪霰，尽可绕路行走，想福康安等身亲经历，更无难询悉其详。……"

（高宗朝卷一四一〇·页三〇下~三一下）

○乾隆五十七年（壬子）八月丁亥（1792.10.6）

谕军机大臣曰："福康安等奏攻克噶勒拉、堆补木，夺桥过河，打仗杀贼情形一折。据称藏地雪下最早，宗喀、通拉山等处八九月间大雪封山，今年节气较早，须赶封山前藏事撤兵等语。前恐藏内气候骤冷，若非及早竣事撤兵，或为大雪所阻，屡降旨令福康安等妥速藏功。今福康安等已筹计及此，朕心转为稍慰。前福康安等遣朗穆几尔帮哩等回巢，令谕知贼酋将各山梁拒守贼众全数撤回。檄经数日，尚未撤动，福康安等自以进攻为是。各官兵分路攻剿，攀援登陟，虽见有中枪阵亡者，并不退怯，仍直前抛掷火弹，痛歼贼众，将噶勒拉、堆补木石卡、木城全行占夺，可嘉可悯，几于不忍披阅。阿满泰、墨尔根保等皆中枪阵亡，尤堪轸惜。嗣后与贼接仗所有得力之巴图鲁侍卫等，不可复使冒险轻进，致有伤损。并传谕福康安等如贼匪经官兵连次痛歼，望风胆落，必差人赴营递禀乞降，即可趁其畏惧哀恳，传旨允准。现为节候所限，亦不得不如此办理。至额勒登保、珠尔杭阿、德楞泰已赏给副都统衔，此时带兵乏人，额勒登保等即令作为领队。又，福康安等折内（称）台斐英阿等直前射死红衣贼目，又称台斐英阿及二等侍卫英贵、佐领棍德依中枪阵亡等语。是否止系英贵、棍德依中枪阵亡，抑系台斐英阿亦中贼枪，所奏尚未明晰，著福康安等据实复奏，再降谕旨。其阿满泰、墨尔根保等统俟福康安等查明奏到，交部赏恤。又称成德一路攻得利底大山贼卡二座，前据福康安等奏，成德等攻克多洛卡、陇冈等处，未据续奏。今将攻得利底各员保奏，则该处打仗情形，成德自必一并呈报，何以未据奏明？前经军机大臣讯之阿尔曾萨野等，据供聂拉木一路，向来冬雪较大，封山后不能行走等语。著福康安等将成德所带兵丁现在何处，曾否前进，将来不致为雪所阻之处，一并查明具奏。"

（高宗朝卷一四一一·页七下～八下）

○ 乾隆五十七年（壬子）八月戊子（1792.10.7）

谕："廓尔喀系边外荒微小部落，从前未列职方。乾隆五十三年因盐税、银钱细务，与唐古忒人等彼此争竞，在后藏济咙边界滋扰。因命鄂辉、成德前往该处查办，并以巴忠熟悉藏内情形，令其驰往会办。讵巴忠以通晓番语，谬执己见，不为剖断明确，又有前辈班禅之弟红帽喇嘛沙玛尔巴与伊兄仲巴不和，廓尔喀听其唆使，致滋生事端。此皆由巴忠初次办理赔误所致。使其身尚在，必当明正典刑。讵伊昨年一闻廓尔喀复行滋扰之信，即畏罪自尽，现已将伊子僧额布侍卫革退，令在护军上效力行走，其罪亦无可再加。至廓尔喀复行滋扰，初据俘习浑、雅满泰奏到，朕尚以廓尔喀向在藏内与唐古忒人杂处贸易，纷争微利，致有欠账未清。如仅因索欠细故扰至边境，原不值加之挞伐。嗣据俘习浑等奏廓尔喀竟敢扰至扎什伦布，肆行抢掠，若仍付之不问，弗为声罪致讨，大加惩创，其何以安卫藏而靖边疆？因特命福康安等及巴图鲁侍卫带领官兵前往进剿。朕临御五十七年，平定准部、回部、大小两金川，拓土开疆不下二万余里，区区廓尔喀，以后藏边外弹丸，朕岂值利其土地为穷兵黩武之举？第以卫藏为皇祖、皇考戡定之地，僧俗人众沾濡酿化，百有余年，讵容小丑侵扰，置之不问，此朕不得已用兵之苦心，当为天下臣民所共知共见者。福康安等自驰抵后藏，即整兵进剿，于擦木、邦杏连获胜仗，以次收复济咙，攻克热索桥、协布噜、东觉、集木集等处，所向克捷，痛歼贼众，深入廓尔喀境数百余里。贼酋拉特纳巴都尔及伊叔巴都尔萨野自知灭亡在即，畏惧慑伏，将去年裹去之噶布伦丹津班珠尔等早行送出，差大头人朗穆几尔帮哩等四名赴营递禀乞降，并以此次扰至后藏边界皆由误听沙玛尔巴指使，本欲将该喇嘛送出，适先病毙等语。经福康安等严行驳饬，令该贼酋叔侄亲自赴营恳乞，始准投诚。本日据福康安等奏：七月初八日接到拉特纳巴都尔来禀，所有谕令交送扎什伦布什物，并呈献沙玛尔巴骨殖等款，俱已一一遵奉，禀内语意多系感戴恩德，自行认罪，凡自称之处俱改为小的，惟于亲来一节，只婉陈感畏之意，未敢切实禀复等语。前因廓尔喀自作不靖，是以加之天讨。今既畏惧悔罪，叠次递禀乞降，情词尚为恭顺，朕仰体上天好生之德，廓尔喀民人犹吾民人也，不忍多事诛夷。况福康安等此次带兵进攻，每战必克，贼匪望风胆落，故以畏服之词为归诚之请，较之前此安南受降纳款，更足以尊国体而示军威。但外番素性多疑，拉特纳巴都尔等因滋扰获罪，察其畏惧情形，目下亦未必敢亲自诣营。将来归诚后，见安南阮光平叩荷崇封，进京祝嘏，赏赉骈蕃，宠荣已极，该贼酋等自必心生艳羡，或情愿诣阙，觐光输诚，亦未可知。著福康安等即传朕旨，赦其前罪，准令纳表进贡，悔罪投诚。福康安等亦即撤兵回至内地。此朕始终不欲用兵之苦心，又当为天下臣民所共见共闻者。福康安等之折系七月初九日拜发，距今已四十余日。此旨到时，或福康安等已捣穴擒渠，驰递红旗，亦未可定。但朕怙冒为怀，觉劳师久役转不若纳款受降，趁大雪封山以前撤兵凯旋之为完善。朕本欲俟福康安等红旗递到，恭谒东西两陵，告厥成功。今已准其受降完事，不值诣陵祭告行此钜典，已定于二十五日启銮回京。所有办理廓尔喀缘由，著通谕中外知之。"

谕军机大臣曰："福康安等带兵打仗，所向克捷，贼匪望风胆落，朕料其必差人赴营乞降，又虑及藏内气候骤寒，迭降旨令福康安等妥速藏事。今福康安等奏：俟其将合同、扎什伦布物件呈交，并送出沙玛尔巴骨殖、徒弟、跟役，看如何具禀，再相机酌办。所见甚是。此次官弁兵丁与贼接仗，无不奋勇争先，攻夺碉卡，歼戮贼匪，屡战屡捷，深入贼境数百里，军威已极壮盛，贼匪具禀乞哀，其情势穷蹙已可概见。以现在情形而论，贼匪经兵威震慑，不敢再萌故智，边境粹宁，可保数十年无事。趁此收功，较安南投诚入觐尚为完善。即拉特纳巴都尔、巴都尔萨野心怀畏惧，不敢亲赴军门，数年之后，畏威怀德，见安南内附迭受恩施，自请入觐，亦事理所有。恐福康安等未奉朕旨，不敢遽行受降，已明降谕旨，将不得已用兵之故，及贼酋乞降俯准纳款缘由，宣示中外。廓尔喀既经内附，或三年、五年遣头人赴京具表进贡，如朝鲜、安南、暹罗、缅甸外藩一律办理，方成体制。从前来藏贸易之巴勒布人等愿留藏者，即编入户册，作藏内民人；不愿者，派兵押送出境，令回故土，永断葛藤。藏内行使钱文，设炉改铸宝藏字样，所有巴勒布银钱不许再行使用。自定立疆界后，廓尔喀人众固不许偷越藏界，即藏内人等亦不得私赴廓尔喀礼塔、贸易。至驻藏大臣二员，向俱驻扎前藏，于后藏事务鞭长莫及，嗣后应分驻一员，以资弹压，遇有事务就近办理。福康安等当会同驻藏大臣将应办各条参酌损益，妥协办理，以期经久遵行，边隅永臻宁谧。"

（高宗朝卷一四一一·页八下～一五上）

○ 乾隆五十七年（壬子）九月己亥（1792.10.18）

谕："廓尔喀滋扰卫藏，肆行抢掠，命福康安等领兵进剿，屡次克捷，收复后藏边界济咙等处地方，深入贼境，痛歼贼众，贼酋畏惧震慑，投禀乞降，情词恳迫，因恐雨雪阻途，特颁谕旨准其纳款，令福康安等撤兵凯旋矣。上年贼匪侵扰后藏时，若早为筹办，多调官兵迅速进讨，并粮饷、军火各事宜一切预备转运不误，则兵多粮足，似此么小丑，无难捣穴擒渠。今因办理稍迟，恐藏内气候早寒，致为雪阻，不得不及早撤兵。但大军自进剿以来连获胜仗，业经收复济咙、聂拉木，并攻克热索桥、协布噜、东觉、集木集等处，贼匪闻风胆落，悔罪乞降，藏功已属完善。朕本拟俟福康安等直抵贼巢，缚丑献俘，于大功告竣时备加渥赏，用志酬庸。兹虽未得荡平贼境，而诸将士攀越险艰，手足胼胝，冒雨步战，实为劳苦出力。其带兵将弁，已经节次加恩，予以升擢及赏给巴图鲁名号。福康安等为统率大臣，调度布置悉协机宜，亦应加以甄叙。福康安著赏给一等轻车都尉，即令其子承袭。海兰察本系二等公爵，著晋封一等公。至孙士毅由打箭炉驰赴前藏督办粮运，和琳自到藏后催趱积滞，整饬预习，均能认真督率，惠龄在济咙一带办理军需，亦属奋勉，并著交部议叙。"

谕军机大臣等："廓尔喀贼匪经此番痛歼之后，屡递禀乞降，情词恭顺。且藏内气候早寒，早经降旨准其撤兵蒇事。今贼酋遵缴私立合同，并沙玛尔巴骨殖及徒弟、跟役全行送出，又请差办事大头人进奉表贡，福康安等自应一面具奏，一面撤兵。不必待其大头人到营，致需时日。福康安等接奉前旨，业已受降，撤回藏地，最为完善。若未经撤兵，竟当明谕贼匪以该酋悔罪投诚，业经奏闻大皇帝，奉旨准降。现在边外早寒，即日雪阻，岂值因尔所遣大头人未至军营，在此久待。今撤兵回至藏内，俟尔所遣大头人到藏带京，毋得迟延时日。如此晓谕，贼酋慑服，自不敢不俯首听命，而我兵妥速旋师，不为雪阻。此次征剿廓尔喀，屡战屡捷，既将藏地收复，又直至济咙以外，深入贼境七百余里，攻克碉卡，夺据山梁，歼戮贼匪数千，贼酋訾伏乞降，经两次驳斥，吁求纳款，并请差办事大头人献表纳贡。此后诸弊肃清，约束坚定，不但廓尔喀与藏内边界一一设立鄂博，毋许擅越，即附近廓尔喀之作木朗、布鲁克巴、哲孟雄等各部落亦当严谕，以后概不得私通贸易。此事亦著交福康安等四人，一并酌筹妥办。再，孙士毅奏请俟和琳回至前藏，即前赴里塘一带搜拿夹坝一折。里塘夹坝已专令观成在彼督捕，孙士毅竟当在藏，将一切善后事宜会同商办。其饷银一项，现在军务已竣，自不必解运过多。前因饷银未能接续解到，兵丁等应得分例未必全数得给，伊等劳苦备至，著福康安等详悉查明，按照各兵在营之日逐一补给，以示体恤。至前据福康安等奏，宗喀等处粮台多有停积，其派出之道府固无可辞咎，但后藏一带粮运俱系鄂辉管理，既经迟误，亦应据实具奏。施恩赦过，候旨定夺，岂得颟顸混过！……"

（高宗朝卷一四一二·页一下～五下）

○乾隆五十七年（壬子）九月丙午（1792.10.25）

又谕："前因廓尔喀贼匪经大兵屡次剿杀之后畏威悔罪，叠行具禀乞降，情词极为恭顺。已明降谕旨，赦其前罪，准令纳表进贡，并令福康安等即行撤兵矣。兹又据福康安等奏：贼酋于七月二十七日又差头目塔曼萨野前赴军营，投递禀帖，缴出前次抢掠扎什伦布银物等件，并备办驯象、番马及廓尔喀乐工一并恭进。是该贼酋悔罪输诚，十分慑服。且其缴出物件内，金册一项系从前颁赏班禅额尔德尼之物，今贼匪于抢去后，因知系天朝颁赐，不敢隐匿，特行检出，敬谨送到。可见廓尔喀滋事起衅，只因与唐古忒人等争论帐债细故，并不敢干犯天朝。今已差其办事大头人备办方物，恭赍表文，一并呈进。福康安等自应察其恭顺纳款悃忱，允准所请，撤兵蕆事。除已谕知福康安等遵照办理外，将此再行通谕知之。"

谕军机大臣曰："福康安等奏贼酋缴出扎什伦布物件，并拿解沙玛尔巴之番妇女喇嘛等一折。未将何日撤兵之处声明具奏，想因贼酋所遣大头人尚未到营，略为等候，计此时已诣营谒见，即派员护送进京。著传谕福康安等计算日期，如能年内到京固属甚善，否则明正灯节前赶到，尚可随朝鲜、暹罗一体瞻觐。至此次缴出物件，因金册系天朝颁赐班禅额尔德尼，关系紧要，其贵重等件亦不敢私留。又，沙玛尔巴奸占之妻策旺拉木中途逃逸，贼酋即缉获锁送，并备象只、番马、乐工恭进。看此情形，实已真心慑服，悔罪输诚，边境自可宁靖。惟定立地界一事，前已有旨令福康安等一一设立鄂博，毋许偷越。现在大兵将撤，宜趁此时申明约束，以热索桥迤西如协布噜、雍鸦、东觉、堆补木、帕朗古等处皆经大兵攻克，本应即以此为后藏边界，念尔等悔罪投诚，仍行赏还；其热索桥以内济咙、聂拉木、宗喀等处本属藏地，虽经汝侵占，现经大兵收复，非如上次讲和退还者可比。嗣后应以济咙、聂拉木以外为界。尔部落人等不得尺寸擅越。如有私行偷越者，拿获即行正法。尔部落遇有遣使进贡献表等事，当先禀明边界将领，听候知照，方许进口。又据福康安奏：撒迦呼图克图采办糌粑五万斤分运济咙、聂拉木，运脚自捐，并捐牛五百头等语。前因撒迦喇嘛于贼匪上年路过时递送哈达，曾令福康安等于撤兵后勒令改归黄教。今该呼图克图既有捐办糌粑、牛只之事，尚知畏法奉公。此等红教流传日久，且人户众多，福康安等不必拘泥前旨，当晓谕该喇嘛等以前此递送哈达，俱干重罪，大皇帝念尔等愚昧无知，不行严办。又因尔等捐办糌粑、牛只，急公效顺，本将军业为奏闻，仍准尔等照旧焚修安业。此后宜倍加感激，约束徒众，安静梵诵，方可永安乐利。并交驻藏大臣严切约束，不准仍前越界滋事，免与黄教争竞，庶为妥善。再，金册系前辈班禅进京时经朕特赏。该喇嘛等不能协力防护，为贼抢去，致烦天兵远涉，代为剿捕。贼匪因震慑声威，知金册为天朝所赐，不敢销毁，兹据检出送缴。福康安等宜向达赖喇嘛、班禅及戴绷、堪布等详谕以尔等不能保守金册，本有应得重罪，大皇帝施恩，免其究治，仍将金册赏给班禅，俾在扎什伦布安奉。嗣后宜加意保护，勿得再有疏虞。至后藏仲巴、戴绷等向来惟知封殖营私，因唐古忒兵丁等系达赖喇嘛之人视为膜外，无怪贼匪滋扰，兵丁等亦各不相顾。福康安等宜剀切晓谕，以唐古忒兵丁亦系达赖喇嘛派往，伊等驻守后藏，即为保护班禅而设。况扎什伦布商上素称丰裕，嗣后如有赢余，务分给前藏兵丁等，俾沾余润，伊等自必同心协力，固守无虞。再，布达拉商上，前有旨令驻藏大臣兼管，所有扎什伦布商上，班禅年幼，恐戴绷、堪布等从中舞弊，嗣后亦归驻藏大臣稽核，以归画一。昨有旨令孙士毅速回前藏，里塘一带夹坝专交观成足资料理。且大兵撤回，必经过里塘，军威壮盛，匪徒自即敛戢。孙士毅竟当遵旨速回，与福康安等会商善后诸事宜。……"

钦差大学士署四川总督孙士毅等奏酌定凯旋事宜：

"一、前后藏至打箭炉跬步皆山，马匹最易疲倒，且沿途一线羊肠，兵丁行走易挤。现除汉、土官兵仍照常三百名一起，间三日行走，其索伦达呼尔兵并带兵之巴图鲁等，定为二百名一起，间四日行走。

一、马匹、兵粮等项向来兵丁赴站索费，故意重复支领。现预札会领兵官核计每起兵数，应领马匹及口粮各若干，开单盖用钤记，向该台一总支领，由领兵官按名散给。

一、自拉里至前后藏将购备马匹分站安设，并恐全解前藏，马力易疲，现令何处所购，与何站相近，即就地分安。

一、索伦等兵素未耐冷，已制备冬衣四千件运送济咙备用。"

得旨："诸凡皆妥。"

（高宗朝卷一四一二·页二二下～二九上）

○ 乾隆五十七年（壬子）九月壬子（1792.10.31）

谕军机大臣等："此次廓尔喀遣大头人恭进表文，呈献方物，并请定贡期五年一次。表文极为恭顺恳至，实系慑伏军威，倾心向化。经福康安等坚明约束，准其纳款归诚，藏局已为完善。但廓尔喀所遣头人，虽经福康安等面谕准降，其进献表贡之大头人到京后回至该处尚需时日，恐该酋长不免心怀疑虑，福康安应先作檄谕以尔部落前蒙大皇帝恩施封爵，至为优厚，此次因边界细故，肆行滋扰，罪无可逭，本应荡平尔境。念尔酋长畏威悔罪，屡差人吁请归诚，禀缴前抢扎什伦布物件，送出沙玛尔巴骨殖、徒众，又遣大头人进献表贡，不敢仍前私立合同，及停止行使廓尔喀钱文，其济咙向给鹰、马永不索取，并将五辈达赖喇嘛管辖之扎木地方仍归西藏，本大将军已据情代奏，蒙大皇帝念尔误听沙玛尔巴唆使，未睹天朝兵威，妄生衅端，仰体上天好生之心，赦尔前罪，准尔纳表进贡，保全合境生灵。尔酋长拉特纳巴都尔暨尔叔巴都尔萨野当倍加感畏，以期永受恩施。至尔酋长等前蒙得受王公封爵，本当革除，尔具奏乞哀，卑辞贬损，大皇帝亦赦尔罪，有旨嗣后表章文禀准仍照缮王公封号，俟所差大头人到京，大皇帝再行优赉，另赐敕书。至热索桥以外之协布噜、东觉、博尔东拉、噶勒拉、堆补木、帕朗古等处，俱系大兵攻克地方，本应即以此为界，今念尔悔罪投诚，仍行赏还。其聂拉木、济咙、宗喀原系藏地，经大兵收复，非如前此讲和退还可比，嗣后不得借词牵涉。尔归出之扎木地方系五辈达赖喇嘛管辖，应仍归后藏，不准再有侵越。贸易一事亦照前旨停止，俟尔贡使顺道过藏，凭公交易。福康安务须明白晓谕，于抚绥安辑之中仍寓坚明约束之意，庶该酋长畏威怀德，可保边境敉宁。再，扎木地方应派唐古忒兵驻守，并遴派第巴、戴绷管理，即归聂拉木将领兼辖。将来驻藏大臣等巡边之便，一体稽查。此次善后事宜节经降旨交福康安等公同商办，但福康安、孙士毅事竣即应回京，惠龄亦当回四川本任，一切章程全在和琳随时办理。和琳务宜擘画周详，事事尽善，方为无负委任。……"

（高宗朝卷一四一三·页四下～七上）

○乾隆五十七年（壬子）九月乙卯（1792.11.3）

又谕（军机大臣等）："前据福康安等奏廓尔喀遣大头人进表纳贡，于方物之外另备驯象五只。因思此次办理廓尔喀，命福康安等统率大兵声罪致讨，原为保护卫藏起见。今该部落既悔罪输诚，吁恳纳贡，现在京城象只尽敷陈列仪仗之用，而藏地向无象只，著传谕福康安，即传旨赏给达赖喇嘛、班禅额尔德尼各一只。其余三只缓程送京，俾前后藏僧俗番众常睹边方贡物，更足以耸观听而壮声威。"

（高宗朝卷一四一三·页一〇上～下）

○乾隆五十七年（壬子）十月戊辰（1792.11.16）

谕军机大臣曰："拉特纳巴都尔等屡次差头目赴营哀恳投诚，进表纳贡，情词俱为恭顺，是以准其乞降。今又差人呈送犒军食物，并求伺候福康安等直至前藏。看此情形，实属真心慑伏，出于至诚，非特目前藏功完善，并可保边境粒宁，卫藏无事。至济咙、聂拉木、宗喀等处，向来原有唐古忒兵丁驻守防御，皆因俘习浑等平时废弛不加训练，以致怯懦无用，见贼退避。目下边界既不驻川兵，藏地事宜皆系和琳责任，仔肩更重，所有原驻唐古忒第巴番兵务须于巡边时勤加操练，认真稽查，俾怯懦积习。其应如何分拨派驻及稽察训练之处，并著悉心妥办，以期永远遵循。再，前据福康安奏廓尔喀差大头人第乌达特塔巴等赍送表贡，于八月初八日到营等语。其于何日自帕朗古派员伴送起程之处，未据奏及。或系福康安等候谕旨到日，再令起程，亦未可定。计此旨到时，福康安等早抵前藏。前已有旨，令福康安飞饬伴送之员于途次趱行。著再传谕福康安，如该贡使业已起程在途，务须飞檄委员加紧行走。所有贡物，除象只、马匹本令缓程行走，此外如有沉重物件，亦不妨随后送京，以便贡使遄行，能于年内到京，俾随朝鲜各国之后瞻仰朝仪，方为妥善。即或不能，亦务令于灯节前到京，以便宴赉。再，福康安等奏廓尔喀差出头人禀称，欲令贡使过藏时谒见达赖喇嘛、班禅额尔德尼，叩头请罪，并于准降后，拟遣人赴藏呈递哈达、土物等语。拉特纳巴都尔欲令来使谒见达赖喇嘛等请罪，亦足见其悔过之心。至伊呈送达赖喇嘛等哈达、土物，和琳应告知达赖喇嘛等酌量收存数件，勿虚其意，仍加倍酬给回赏，不可为廓尔喀所轻。再，此事藏功完善，御制十全记一篇，以志武成十告。现令翻写四体字，俟缮写完竣再行发交和琳，酌量于圣祖御碑之旁竖立，或另相地势。建盖碑亭，以昭武功而垂久远。"

《御制十全记》曰："昨准廓尔喀归降，命凯旋班师诗有'十全大武扬'之句，盖引而未发，兹特叙而记之。夫记者，志也。虞书朕志先定，乃在心，周礼春官掌邦国之志，乃在事。旅獒志以道宁，则兼心与事而言之，然总不出夫道。得其道，乃能合于天，以冀承乎贶，则予之十全武功，庶几有契于斯，而可志以记之乎？十功者，平准噶尔为二，定回部为一，扫金川为二，靖台湾为一，降缅甸、安南各一，即今二次受廓尔喀降，合为十。其内地之三叛么么，弗屑数也。前已酉廓尔喀之降，盖因彼扰藏边界，发偏师以问罪，而所遣鄂辉等未宣我武，巴忠乃迁就完事，致彼弗惧，而去岁复来，以致大掠后藏，饱欲而归。使长此以往，彼将占藏地，吓众番，全蜀无宁岁矣。是以罪庸臣，选名将，励众军，筹储饷。福康安等深感朕恩，弗辞劳苦，于去岁冬月即率索伦、四川降番等精兵，次第由西宁冒雪而进。今岁五月遂临贼境，收复藏边，攻克贼疆，履险如平地，渡溜要若蹄涔，绕上袭下，埋根批吭，手足胼胝，有所弗恤。七战七胜，贼人丧胆。及兵临阳布，贼遂屡遣头人匍匐乞降。将军所檄事件无不谨从，而独不敢身诣军营，盖彼去岁曾诱藏之噶布伦丹津班珠尔等前去，故不敢出也。我武既扬，必期扫穴犁庭，不遗一介，亦非体上天好生之意。即使尽得其地，而西藏边外又数千里之遥，所谓不可耕而守者，亦将付之他人。乃降旨允降班师，以藏斯事。昔唐太宗策颉利曰：'示之必克，其和乃固。'廓尔喀非颉利之比，番边殊长安之近，彼且乞命吁恩，准之不暇。又安敢言和乎？然今日之宣兵威，使贼固意求降归顺，实与唐太宗之论有所符合。昔予记土尔扈特之事，于归降归顺已悉言之。若今廓尔喀之谢罪乞命，归降归顺，盖并有焉，以其悔过诚而献地切也。乃知守中国者，不可徒言偃武修文，以自示弱也。彼偃武修文之不已，必致弃其故有而不能守，是亦不可不知耳。知进知退，易有明言。予实服膺弗敢忘，而每于用武之际，更切深思，定于志，以合乎道。幸而五十七年之间，十全武功，岂非天贶？然天贶逾深，予惧益切。不敢言感，惟恐难承，兢兢惶惶。以俟天眷。为归政全人，夫复何言？"

（高宗朝卷一四一四·页七下～一二上）

○ 乾隆五十七年（壬子）十月辛未（1792.11.19）

谕军机大臣曰："福康安等奏官兵撤回，现在协布噜地方一折。览奏欣悦。前此大兵深入贼境，贼匪两次令奸细暗中窥伺，幸而福康安等于军营后路严密巡防，奸细即时拿获。其东觉窥探贼人，亦经官兵放枪击退。是以震慑声威，望风胆落，于屡次剿杀之后即畏威悔罪，再四吁恳投诚，真心慑伏，皆福康安等所办周到，深为可嘉。除该卡兵已经福康安等奖赏外，其首先盘获之王大伦，竟著以千总用，并送部引见。东觉一路击退窥探贼匪之侍卫色玉慎，业经福康安等奏升二等侍卫，仍著赏缎一匹，以示奖励。至协布噜地方拿获奸细，该贼匪始犹捏名狡供，因令前获贼目岗噶勒塔则西认识质证，无从狡赖，始据供吐实情。是岗噶勒塔则西尚知畏法，不敢庇其党与，福康安等曾否酌量赏给，是否已经遣回，或已起解之处，并著福康安查明具奏。"

寻奏："岗噶勒塔则西在军营甚为出力，屡经酌赏。现在廓尔喀投诚，该贼目不便遣回，应请解京，入于健锐营降番佐领下安插。且其人颇通廓尔喀文义，即可令其在京教习，以备通译。"

得旨："是。"

（高宗朝卷一四一四·页一三下～一四下）

○ 乾隆五十七年（壬子）十月丙子（1792.11.24）

又谕（军机大臣等）："济咙地方于八月十六、七等日连次降雪，已至尺许，况今年节气较早，月内即恐封山，是以朕早经虑及，降旨令福康安等于受降后即速撤兵。兹大兵已于九月初间全抵济咙，此时自已早至前藏，不致有冻阻之虞，朕心始为稍释。此次廓尔喀不特备物输诚，向福康安等军营呈送牛、羊、酒、米等物备犒官兵，即成德一路，亦呈送牛、羊、米食等项，可见其真心慑服，恭顺实出至诚。福康安等所奏酌留兵一百余名在热索桥暂驻之处，竟可不用。至所称廓尔喀贡使，已派侍卫珠尔杭阿等于九月初三日带同起身，计算该贡使起程日期，距腊底尚有一百十余日，尽可赶到。其所进贡品内，驯象、番马本令缓程行走，其余沉重物件，昨已有旨，令福康安酌减，随后送京，以便贡使遄行，但乐工一项必须随贡使一同赶到，庶年节宴会，使朝觐各国共聆异方僸佅，更足以备太常而昭武烈。福康安等折内只称该贡使及随从人等起身日期，而于乐工是否可偕贡使于年内到京之处未经叙及。著传谕福康安，如乐工系随贡使同行则已，若系落后，即著孙士毅、和琳于该乐工行抵何处，即另派妥员飞速伴送，以便与贡使一同于年内到京，方为妥善。……又据和琳奏，廓尔喀所遣噶箕人等亲至布达拉谢过，一切应酬对答必须词严义正，方足以服其心等语。此为最要。前据福康安等奏，该贡使于过藏时，谒见达赖喇嘛，并呈送哈达、土物，已有旨令和琳告知达赖喇嘛、班禅酌量收存，加倍酬给回赏，不可为廓尔喀所轻。今和琳恐达赖喇嘛不谙事体，于接见贡使时应对失当，赶回前藏指教达赖喇嘛，所见与朕指示相同。但称俟贡使起身后，再迎往前途督办，此可不必。现在大兵已撤，后藏一带皆经和琳筹办妥协，无须迎往，此时当在前藏驻扎，与福康安、孙士毅、惠龄会商善后各事，不必再往后藏，以省跋涉。"

（高宗朝卷一四一四·页二一上～二四上）

○ 乾隆五十七年（壬子）十一月丙午（1792.12.24）

大学士两广总督公福康安等奏："据珠尔杭阿禀称，九月二十日带领廓尔喀头人噶箕第乌达特塔巴等全扎什伦布谢罪。经班禅额尔德尼谕以尔部落自恃强横，滋扰佛地，仰蒙大皇帝发兵进剿，犹幸及早悔过，允准归降，此后惟当永远恭顺，并给大小头人银两、缎匹及跟役等银两，均各感悦。"报闻。

（高宗朝卷一四一六·页一九下）

○乾隆五十七年（壬子）十一月甲子（1793.1.11）

大学士两广总督公福康安等奏："官兵由济咙、聂拉木撤回，道路险仄，应分起行走。现在各兵按照到藏先后酌定起数，除巴塘副土司成勒春丕勒带领土兵先回外，其由正路行走者，索伦达呼尔兵分五起，令领队大臣乌什哈达、乾清门侍卫阿尼雅布管领；四川省标及建昌兵分五起，令副将五十一、参将珠尔杭阿管领派拨前行；其甘肃随征兵及降番屯练并川北等镇兵分八起，令总兵彭承尧、朱射斗管领接续起程。其由草地行走者，三杂谷、孔萨、绰斯甲布、巴底、巴旺、革布什咱、瓦寺、沃日、党坝等处土兵分六起，令总兵诸神保、袁国璜管领。再严饬带兵各员，约束安静，不许沿途扰累。"报闻。

四川总督惠龄奏："现在进剿廓尔喀，官兵凯旋经过川省，臣等及两司、道、府养廉丰厚，应按名分别捐赏。酌定索伦达呼尔兵经过成都，每名给银三两，降番屯土兵回至本寨，每名给银二两，绿营兵丁每名给银一两。"

得旨："嘉奖。"

（高宗朝卷一四一七·页二六下～二八下）

○乾隆五十七年（壬子）十二月辛未（1793.1.18）

谕军机大臣曰："毕沅等奏，京兵自川省北上，由水路行走，经行湖北，从前办有章程，如此次凯旋索伦各兵由川江水程入楚北上，已查照旧案饬为撙节妥备，并飞咨穆和蔺酌办等语。固属急公，亦觉张皇。此次剿办廓尔喀所调索伦达呼尔兵，为数本属无多，尽可由四川省陆路回京。乃孙士毅因据林俊所禀，率行具奏，议改水路，以致楚省又多此一番预备，殊觉无谓。此事孙士毅奏到时，朕即以川江上游船只较少，未必足敷雇觅，降旨令英善就近酌办。昨据该藩司复奏：川江冬令上水船多，下水船少，所有凯旋索伦等兵应仍由陆路进京等语。是此项兵丁仍由栈道至西安一路行走，并不经过楚省，著传谕毕沅等即将水路预备之处飞速停止。其豫省南阳一路，亦著穆和蔺饬知沿途，毋庸预备。"

（高宗朝卷一四一八·页一三下～一四上）

○乾隆五十七年（壬子）十二月戊子（1793.2.4）

上幸瀛台，……廓尔喀贡使噶箕第乌达特塔巴等四人于西苑门外瞻觐。

（高宗朝卷一四一九·页一二下～一三上）

○乾隆五十八年（癸丑）三月辛丑（1793.4.18）

谕军机大臣曰："福康安等奏廓尔喀进贡象只、马匹在途行走情形各折。据称廓尔喀进贡象、马，因哲孟雄、宗木道路难行，绕由巴尔底萨杂哩部落行走，布鲁克巴等俱派人护送，并预备草料喂饲等语。布鲁克巴部落见廓尔喀进贡象、马经过该处，即派人护送供支，极为恭顺。而巴尔底萨杂哩部落向来未通声教，亦能派人照料供支，尤为驯谨可嘉。著赏给大荷包一对、小荷包四个、蟒锦缎四匹，以示嘉奖。计此旨到时，若福康安已经起身，即著和琳将赏赐物件颁给。至廓尔喀所进象、马，经福康安等遵旨分赏达赖喇嘛、班禅额尔德尼各一只外，其余象只、马匹若由察木多、打箭炉一带进京，未免道路嵚崎，福康安等请在前藏暂行喂养，俟四月间冰融草长时，派员由青海一路缓程由西宁进口，适与朕意相合，自应如此办理。又，福康安等奏，接到披楞来禀，发檄宣谕各缘由，所办俱好。……"

（高宗朝卷一四二四·页八上～九上）

○乾隆五十八年（癸丑）四月甲申（1793.5.31）

谕军机大臣等："据福康安奏沿途行走情形一折，内称途中加站行走，口外程途已行十分之七，惟因感寒触瘴，旧病顿发，四月初六日至巴塘，病复稍增，难以支持，暂在巴塘调理，略俟就愈，仍即按站行走等语。览奏深为廑念。此次福康安远涉边徼，劳苦备臻，今因途路险峻，感冒风寒，触染岚瘴，旧症复发，颇形委顿，自不应急于趱程，以致过劳。现已派御医屠景云前往诊视，但伊系汉人，恐行走不能迅速，特派惠伦先行驰往看视，并解亲佩小荷包一个、奶饼一匣赏给，以示眷念。……"

（高宗朝卷一四二七·页一四下～一五上）

○乾隆五十八年（癸丑）四月辛卯（1793.6.7）

是月，钦差大学士公管两广总督福康安奏："本月十二日自巴塘进口，经过各土司管辖地方，远出迎接。佥称此次征剿廓尔喀，保护黄教，自军兴以及凯旋，番民等并无丝毫扰累。且察看所经寨落，往来负贩，光景恬熙，即冷落处所，青稞现已出土，可望收获。"

得旨："览奏欣慰。"

（高宗朝卷一四二六·页二八下～二九上）

惩处沙玛尔巴挑唆廓尔喀侵藏

○乾隆五十三年（戊申）十二月癸未（1789.1.1）

又谕（军机大臣等）："据鄂辉等奏，审讯生擒贼匪二名，内一名伦住，系去年随从红帽喇嘛前赴巴勒布，因暂行监禁，俟事竣后确访有无红帽喇嘛在彼生事，另行具奏等语。红帽喇嘛虽与黄教迥别，但藏地甚多，况既闻系前代班禅之弟，即系仲巴呼图克图之弟，伊赴巴勒布亦不过因朝塔起见，此事若加究办，恐致失仲巴呼图克图及后藏人心，不惟于事无益，且伊等必与前藏达赖喇嘛、噶布伦等相仇，所关甚巨。著传谕巴忠、舒濂暂且不必深究。俟事定之日，潜令仲巴呼图克图作伊兄弟相念札寄唤回，俾居旧地，舒濂仍行留心侦察。……"

（高宗朝卷一三一八·页一六下～一七下）

○乾隆五十四年（己酉）二月甲寅（1789.3.23）

又谕（军机大臣等）："……再，仲巴呼图克图之弟沙玛尔巴呼图克图既系红教，与黄教不能相合，且巴勒布人甚加敬奉，看来虽于黄教无碍，究竟将伊携回后藏，仍在原寺居住较为妥协。著向仲巴呼图克图反复开导，令其设法劝回，仍居后藏。设或伊回藏之后必致振兴红教，于事转多未便，则即仍留巴勒布，亦无不可。巴忠务须深思远虑，揣度情形，善为区处。"

（高宗朝卷一三二三·页三九上～下）

○乾隆五十四年（己酉）六月甲戌（1789.8.10）

又谕曰："鄂辉等奏，据噶布伦等禀报，沙玛尔巴呼图克图已到济咙，现在指示巴勒布头目与噶布伦等同心办事等语。伊等所办，殊属错谬。此次沙玛尔巴呼图克图特由巴勒布前来办理一切，鄂辉、巴忠等自应在彼等候，俟其来时，与之面晤，将朕节次褒奖谕旨明白宣谕，使彼益知感奋，方为妥善。乃巴忠竟先行起程回藏，而鄂辉等亦皆置之不问，只留噶布伦数人与伊会晤，实属错误。巴忠系特旨派往之人，尤不应措置失当若此，著传旨申饬。并著巴忠于何处接奉此旨，即由该处回至扎什伦布，务须面见沙玛尔巴呼图克图，并告以我未曾在此等候，径回前藏，实属错误。今蒙大皇帝降旨斥责，特命复来相见。大皇帝以呼图克图能知大义，深加褒奖，赏给数珠等物，以示优眷。呼图克图益当感激圣慈。并将朕节次所降谕旨，向其明白宣谕。伊如何登答之处，即著据实奏闻。"

（高宗朝卷一三三三·页一二下～一三下）

○乾隆五十四年（己酉）七月丁亥（1789.8.23）

又谕（军机大臣等）："据巴忠奏，巴勒布王子巴都尔色赫普年甫十五，从前承袭伊父部长时年止八岁，并非新近承袭等语。朕详阅折内所叙情节，琐屑繁冗，皆系无关紧要，且并未提及沙玛尔巴呼图克图之事，尤为错谬。沙玛尔巴呼图克图由巴勒布前来办理两边事务，巴忠理宜候其来见，谕朕嘉予之意，乃竟弃置而回，实属非是。且巴忠系理藩院侍郎，熟悉唐古忒言语，以其稔知彼处情形故特遣令前往，尤非鄂辉、成德可比，有何迫不及待遽尔先回耶？前已有旨，令其仍回扎什伦布接见沙玛尔巴呼图克图，想巴忠于发折时尚未接到。著再传谕该侍郎，于接奉前旨后即行赶回，务与沙玛尔巴呼图克图相见，遵旨宣示一切，再行来京。或沙玛图巴呼图克图已见其兄仲巴呼图克图，仍回至巴勒布，则巴忠竟在扎什伦布暂为留驻，遣人召之使来。倘召之而不肯复来，则其咎在沙玛尔巴呼图克图；倘仍不俟其来相见，则其咎即在巴忠，更无可逭。况沙玛尔巴呼图克图既系解事之人，自无不欣然就见也。"

（高宗朝卷一三三四·页一〇下～一二上）

○乾隆五十四年（己酉）七月壬辰（1789.8.28）

又谕（军机大臣等）："……又，据鄂辉等奏沙玛尔巴呼图克图向穆克登阿、张芝元告称，巴勒布王子、头目尚能听我言语，但现在虽能约束，若再有接续之人，令在济咙附近庙宇居住，方有裨益等语。沙玛尔巴呼图克图能沥诚相告，甚属可嘉。现在巴勒布人等虽听伊指示管教，若无接续之人于事究属无益。但折内未将济咙附近地方何庙可以居住及庙内有无大喇嘛住持之处详晰声叙。此等事件亦当巴忠在彼办理，而巴忠概置不问，鄂辉等又不能通晓所言，以致糊涂若此。朕思济咙既与扎什伦布相近，自应仍在后藏拣择一晓事喇嘛，令其赴彼居住，方于卫藏有裨。并著巴忠回至扎什伦布，即会同沙玛尔巴呼图克图及仲巴呼图克图、戴绷、堪布等悉心商酌，选择妥实喇嘛一名具奏。或问伊等平日有无深知可信之人，公同保举。并应在济咙何庙居住之处，速行酌议奏闻。"

（高宗朝卷一三三四·页二二上～二三下）

○乾隆五十四年（己酉）九月戊申（1789.11.12）

西藏办事大臣巴忠奏："臣遵旨复往后藏，先遗书沙玛尔巴呼图克图，召之使来，嗣抵扎什伦布，见伊兄仲巴呼图克图，询知其因病已归。臣复前进至胁噶尔，途遇沙玛尔巴呼图克图来使，并赍到书函，所言皆同。若必令其出见，恐巴勒布人等生疑。因将赐物及节次谕旨寄往，臣亦即起程回前藏。"报闻。

西藏办事大臣巴忠、驻藏大臣舒濂、普福奏："臣巴忠至前藏，查明济咙系达赖喇嘛所属，扎什伦布各庙宇系沙玛尔巴呼图克图所建。现在系伊弟子掌管，并无大喇嘛居住。今若另设住持，自应于扎什伦布所属大喇嘛内拣选。但从前沙玛尔巴呼图克图所称，需接手办事之人，意欲显其诚心报效，其实非目前急务，且伊年力方壮，亦无须派人帮办。"报闻。

（高宗朝卷一三三九·页二一上～下）

○乾隆五十六年（辛亥）十一月戊寅（1791.12.2）

谕军机大臣等："前据保泰奏，廓尔喀地方有红帽喇嘛沙玛尔巴呼图克图，系仲巴呼图克图之弟，访闻伊弟兄彼此相仇，此次贼匪至藏侵扰，即系沙玛尔巴陷害伊兄之意等语。沙玛尔巴与仲巴呼图克图何以兄弟竟若仇雠，此语究系得自何人，总未据保泰奏明此事，殊有关系。沙玛尔巴与伊兄仲巴旧有仇隙，竟敢勾引廓尔喀滋扰后藏，以泄私忿，甚为可恶。而撒迦庙内喇嘛等前次向贼匪投递哈达者，亦系红帽喇嘛，显有与沙玛尔巴彼此勾通情弊，或竟系沙玛尔巴等欲衰黄教以兴红教，故勾结廓尔喀贼匪前来滋扰，亦未可定。福康安到藏后，务将沙玛尔巴与仲巴何以彼此成仇，及红帽喇嘛果否欲衰黄教之处，密访严查，相机办理。又，上次巴忠到藏办理廓尔喀一事，因沙玛尔巴欲来相见，曾赏朝珠、缎匹等物，彼时沙玛尔巴并未来藏，巴忠亦未与见面，所有赏给物件，虽前据巴忠奏称业经差人送给，但沙玛尔巴曾否领收，究无确据。或巴忠于此事另有情弊，故尔轻生自尽，并著福康安一并确查具奏。"

（高宗朝卷一三九〇·页一六上～一七下）

○乾隆五十六年（辛亥）十一月壬午（1791.12.6）

又谕（军机大臣等）曰："保泰奏称现令仲巴呼图克图写信寄知伊弟沙玛尔巴，并遣汉兵范忠前往晓谕廓尔喀一节，仲巴呼图克图既与伊弟沙玛尔巴素有仇隙，寄信与彼亦属无益。且现在贼匪是否仍在定结、第哩朗古逗留，保泰所遣汉兵范忠究系到何处地方向贼晓谕，折内并未奏明，实属糊涂含混。看此光景贼匪尚未退回巢穴，今保泰既遣汉兵前往晓谕，贼匪或意存观望，屯留边境，坐待歼诛，正是极好机会。鄂辉、成德务当迅速赶上，带兵追杀，立功自赎，此为最要。……"

（高宗朝卷一三九〇·页二二上～下）

○乾隆五十七年（壬子）正月乙亥（1792.1.28）

谕军机大臣曰："鄂辉奏，审讯喇嘛来藏，或系沙玛尔巴令其探听信息，现将格哩及跟役等均交噶布伦看守等语。虽亦牵缀贼匪之一法，但格哩既系沙玛尔巴徒弟，今令充当扎萨克喇嘛通事到藏，必系沙玛尔巴自知罪重，暗令前来探听消息。鄂辉既知其形迹可疑，即应交驻藏官员看守，乃将格哩等竟交噶布伦看管，噶布伦岂能自行管束，仍不过转交唐古忒人等，岂能保其不将内地情形透漏乎？……"

（高宗朝卷一三九四·页七下～八上）

○乾隆五十七年（壬子）三月壬辰（1792.4.14）

谕军机大臣曰："福康安等奏到详察贼匪情形各折，贼匪当肆行滋扰之后仍不知悔惧，其所寄各禀信尚敢逞其诡谲，总借索欠为词，意在归咎唐古忒人等，胁诱说和，情殊可恶。而沙玛尔巴给噶布伦信内竟敢张大贼势，虚声恫喝，此贼罪大恶极，实不可恕。但所寄各禀信特借欠项为名，以见曲在唐古忒人等，预为卸罪乞降地步。是贼匪禀信内虽未露服罪之意，而中情恇怯已属显然。福康安等惟有坚持定见，勉奏肤功。现已行至朗噶地方，计日内早已直趋宗喀，将擦木、济咙贼匪痛加剿洗，再行厚集兵力，直抵贼巢，惟伫俟捷音驰至耳。又，福康安现在檄谕喇特纳巴都尔萨野，令将沙玛尔巴、玛木萨野缚送军营，如果能将此数贼设法生擒，厥功不小。若贼匪怀疑观望，不即投赴军营，福康安等即当统兵深入，直捣贼巢，以期一举集事。再，此次进剿贼匪，成德尚属勇往，鄂辉未免巧于趋避。俟伊二人宗喀会集后，进攻擦木、济咙贼匪时，究系何人出力，著福康安秉公具奏。"

（高宗朝卷一三九九·页一四上～一五上）

○乾隆五十七年（壬子）闰四月乙亥（1792.5.27）

又谕："……又据（福康安）奏，丹津班珠尔之妻即系沙玛尔巴侄女，恐有勾结情事，此最应留心。前此丹津班珠尔赴边界讲和，即系贼匪指名令伊前往定议，甫经到彼即被裹去，安知非沙玛尔巴与丹津班珠尔勾连一气，做成圈套，否则丹津班珠尔随带多人，何至被伊诓骗裹去？且丹津班珠尔上次向廓尔喀许银和息，并非丹津班珠尔自出己资，即此次携带银两前往备用，皆系达赖喇嘛商上之物，伊从中说合，现虽羁留贼地，将来事定，仍可坐享厚资，故屡次所寄禀帖大率为贼匪缓颊，即其家信内曾有被贼羁留受苦，恳其父用银赎回之语，自系仍用达赖喇嘛商上银两。看来此事全系丹津班珠尔与沙玛尔巴互相勾结，狼狈为奸，亟应加意防范。虽据福康安等奏，访知丹津班珠尔及其父班第达平日办事不公，番民啧有烦言，断不致为其煽惑。但丹津班珠尔与沙玛尔巴既属姻戚，且久居贼中，居心狡诈，将来拿获时略加讯问，即于巴图鲁侍卫、章京内慎选妥员，迅速解京，务宜昼夜严密防守，不可令与伊父班第达及家属见面私通信息，此为最要。"

（高宗朝卷一四〇二·页一四上～一七上）

○乾隆五十七年（壬子）闰四月壬辰（1792.6.13）

又谕（军机大臣）："……又，现在讯问仲巴呼图克图，供称上年九月内有把守营官寨之噶厦卓尼尔拿获小娃子巴磉一名，讯系沙玛尔巴跟役，闻得巴磉已解赴前藏等语。巴磉系沙玛尔巴跟役，听从指使，现据仲巴呼图克图供，已解赴前藏，何以从前总未据鄂辉等奏及？其巴磉一犯是否业经解赴前藏，著即查明。如已解到，即委妥员迅速解京，以备质讯。"

（高宗朝卷一四〇三·页二一上～二四上）

○乾隆五十七年（壬子）八月辛未（1792.9.20）

谕军机大臣曰："……至沙玛尔巴唆使贼匪诱执兵丁、噶布伦及抢掠后藏，罪不容诛，即服毒身死，已属幸逃显戮。该犯虽无应袭封职，未知藏内尚有父叔子侄否？著和琳、鄂辉于事竣后查明现当何差，概行斥革，以抒众忿。……"

（高宗朝卷一四一〇·页六上～七上）

○乾隆五十七年（壬子）八月壬申（1792.9.21）

又谕（军机大臣等）："昨因福康安等奏，贼匪呈递禀帖内称沙玛尔巴已于五月十五日病毙，恐贼匪诡诈多端，借口掩饰，已有旨令福康安等留心查察。如竟属假捏，务须设法生致解京，尽法处治。如果伏冥诛，究属幸逃显戮。藏内羊八井地方有伊旧住庙宇，未便仍令红教徒众在彼安居。著传谕福康安等于事定后，无论其病毙与否，总应将庙宇改给黄教喇嘛居住，徒众概勒令还俗，分发闽、粤、浙江、江西等处安插，以抒众愤。再，撒迦沟红帽喇嘛于上年贼匪路过时递送哈达，尤属可恶。若仍令在彼处居住，恐复煽惑滋事。莫若趁大兵撤回之便，慑以军威，将该喇嘛等移至内地，酌量安插。并著福康安等一并留心酌办。"

（高宗朝卷一四一〇·页一三下～一四下）

○乾隆五十七年（壬子）九月己亥（1792.10.18）

谕军机大臣等："……至此次廓尔喀滋扰后藏，沙玛尔巴挑唆起衅，实为罪魁。现据贼酋将该犯骨殖送出，著福康安等不必送京，分悬前藏之布达拉、后藏之扎什伦布，并前后藏及察木多、打箭炉一带大寺庙一一悬挂，并将起衅犯事缘由逐一开写，号令示众，用示儆戒。"

（高宗朝卷一四一二·页三下～五下）

○乾隆五十七年（壬子）九月辛丑（1792.10.20）

谕军机大臣曰："和琳奏，查办沙玛尔巴家产及依什甲木参物件，变价银两，或归军需项下抵销，或入藏库充公备用等语。沙玛尔巴为此案罪魁，现在抄出资财什物自当全数归公。其所毁镀金铜像，即按照现令新铸宝藏字样鼓铸钱文，给兵丁通行使用。又据奏请将阳八井庙宇赏与济咙呼图克图，派委喇嘛管理，俟济咙呼图克图离藏后，请旨定夺等语。即照所请行。附庙番民著交一并管辖。庙内红教喇嘛一百三名，和琳以若概令还俗，恐滋事端，请改为黄教，分于前藏各大寺堪布等严加管束，所见亦是。此项红帽喇嘛经和琳派营官等先押赴前藏，和琳回藏时，当传集该喇嘛等谕以沙玛尔巴构衅，业将骨殖号令，尔等不应仍袭其教。若尔等情愿改归黄教，仍可在藏焚修。如不愿改归，即解京听候安插。如此晓谕，伊等自必愿留藏地，可以听受黄教堪布等约束。"

（高宗朝卷一四一二·页一一上～下）

○乾隆五十七年（壬子）九月丙午（1792.10.25）

谕军机大臣曰："福康安等奏贼酋缴出扎什伦布物件，并拿解沙玛尔巴之番妇女喇嘛等一折。未将何日撤兵之处声明具奏，想因贼酋所遣大头人尚未到营，略为等候，计此时已诣营谒见，即派员护送进京。著传谕福康安等计算日期，如能年内到京固属甚善，否则明正灯节前赶到，尚可随朝鲜、暹罗一体瞻觐。至此次缴出物件，因金册系天朝颁赐班禅额尔德尼，关系紧要，其贵重等件亦不敢私留。又，沙玛尔巴奸占之妻策旺拉木中途逃逸，贼酋即缉获锁送，并备象只、番马、乐工恭进。看此情形，实已真心慑服，悔罪输诚，边境自可宁靖。……"

（高宗朝卷一四一二·页二四下～二五下）

○乾隆五十七年（壬子）九月壬子（1792.10.31）

谕军机大臣等："……再，廓尔喀送出沙玛尔巴骨殖，前有旨令于前后藏及察木多一带大寺庙悬挂号令。今思藏内寺庙如布达拉、扎什伦布等皆为吉祥佛地，未免喇嘛等见为不祥，竟当在前后藏及察木多一带通衢大站地方悬挂号令，俾喇嘛、番众触目警心，较为妥善。"

（高宗朝卷一四一三·页四下～七上）

○乾隆五十七年（壬子）十月丙戌（1792.12.4）

又谕（军机大臣）曰："……又据和琳奏：查办沙玛尔巴亲属，请将其亲侄乐伞建本等三犯照大逆缘坐律拟斩，其堂侄阿里等男女大小七名口应否发往烟瘴地方安插，抑赏给功臣为奴等语。藏内人等不谙缘坐条例，所有沙玛尔巴亲侄乐伞建本等三犯，竟著解京交部治罪。其阿里等七名口即交四川总督分发两广、福建烟瘴地方安插，不必解京。"

（高宗朝卷一四一五·页九上～一二下）

○乾隆五十七年（壬子）十一月丁巳（1793.1.4）

军机大臣等议复："大学士两广总督公福康安等奏：'阳八井庙宇前经奏准赏给济咙呼图克图。现在派拨喇嘛四十名焚修，请将阳八井庄田内地名江洛井一处每年应收青稞一百三十三石，给与养赡。'应如所请。"从之。

（高宗朝卷一四一七·页一六下～一七上）

○乾隆五十八年（癸丑）七月癸巳（1793.8.8）

谕军机大臣曰："和琳奏，查抄沙玛尔巴等资产估变银六万四千余两，又各处庄田每年应得租银七千一百余两，遵旨赏给达赖喇嘛，足敷每年如绷、甲绷、番兵等养赡之用，无需再从商上增补等语。已批该部知道矣。此项查抄物产赏给达赖喇嘛以为贴补如绷等口食，实属以公济公，但每年动用若干，余剩若干，均应由驻藏大臣核明，分报户部、理藩院以备稽核。现在藏内甫经整顿之后，是以仍留和琳在彼办理，以资驾驭，将来系松筠前往接办，亦属可信之人。但松筠亦不能久驻藏内，嗣后接手者岂能尽如伊二人之足资倚任，设再有如浮习浑者，见此项抄变存公银两无所考核，任令达赖喇嘛左右之人从中浮开冒销，甚至通同染指，更属不成事体。至达赖喇嘛商上出入，前亦有旨交驻藏大臣一体稽察。但恐商卓特巴等因官为查察，不能任意侵渔，借称商上用度不敷，此则不可。现在所添番兵，已将抄产赏给，支用尚有宽余。至达赖喇嘛用度，藏内本有赋税，且各蒙古、番众布施亦复不少，即有进益稍少之年，亦可裒多益寡，如经理得宜，自必有盈无绌，不至缺乏，和琳等惟当留心稽核也。总之，藏内诸事节经朕详悉指示，和琳俱能认真遵办，已有端绪，仍宜趁此斟酌尽善，永远可遵，再交与松筠接办数年，实力奉行，俾积习尽消，庶将来更换之人，即循谨自守，亦可率由旧章，不至仍前废弛，方为妥善。……"

寻奏："前将沙玛尔巴等资产估变银两，及每年各处庄田租息，遵旨赏给达赖喇嘛后，随即造册，将变产各物备文点交商上，并谕令商卓特巴将开除余剩数目，呈报驻藏大臣衙门查核。诚恐商卓特巴等从中侵蚀，不无弊窦，今于每年报部。惟查开垦地亩，须俟明年至八、九月间始能刈获，应请自明年秋收后每年于十一月造册报部。"下部知之。

（高宗朝卷一四三二·页一下～三下）

○乾隆五十八年（癸丑）十月辛未（1793.11.14）

（驻藏大臣尚书和琳、副都统衔成德）又奏："现获旧从沙玛尔巴出家之噶尔玛妥觉、噶尔玛策旺、噶尔玛敦垫三名，虽未同谋，究系逆犯徒弟。噶尔玛敦垫还俗娶妻，往来藏中数次，形迹尤属可疑，请旨办理。再，西宁来藏喇嘛向未领有路票，请饬理藩院行文各蒙古王、公、台吉等，嗣后均由本管王、公、台吉呈明本处钦差大臣给票，方准至藏。"

得旨："……又据（和琳等）奏，续行拿获沙玛尔巴徒弟三名，此内噶尔玛妥觉、噶尔玛策旺二犯即由四川总督定地发遣烟瘴地方安插；其噶尔玛敦垫一犯，俟至四川，该督即派员解送来京备讯。……"

（高宗朝卷一四三八·页一五下～一六下）

○乾隆五十九年（甲寅）二月癸亥（1794.3.6）

又谕（军机大臣等）："据和琳奏称：廓尔喀王拉特纳巴都尔等遣噶布丹苏拉毕尔卡达哩等赍进谢恩表贡，及请留驻习学汉字四人，并选西番头目子弟数人习学廓尔喀字等语。去年廓尔喀遣来噶箕第乌达特达巴等回时，降旨赏与拉特纳巴都尔等敕旨，并赏给翎顶、衣帽、缎匹等物，该国王领受表谢，恭顺可嘉，著再将赏给缎匹等物，发交和琳就近给领。但拉特纳巴都尔接奉此次赏给物件，不免又遣人赍表恭谢。今代和琳等拟定谕稿，一并赍往。和琳等于接到时，酌派妥人前往晓谕。其留驻习学汉字四人及西番头目子弟数人学习廓尔喀字，俱甚妥善，均照所奏办理。又据奏廓尔喀四人每月口粮，达赖喇嘛情愿由赏项内拨支等语。此项需用银两为数无多，且系公务，均可动用官项。况和琳折内既称抄没沙玛尔巴家产余出之项足敷支用，著即由此项支给，仍晓谕达赖喇嘛，言大皇帝矜恤尔等需用项多，此项已由官拨发，毋庸于尔赏项内支领。至此项抄没沙玛尔巴产业，现令何人掌管，究竟每年敷用与否，如不敷用，即稍加公用银两，亦无不可。和琳等惟当妥为稽察，勿任该管之人侵蚀。即习学汉字、廓尔喀字四人所支银两，亦须充足，不可令从中克短。著传谕和琳，妥为留心办理。仍将抄没沙玛尔巴产业通共若干，每年均于何事动用，何人经理之处，查明具奏。"

（高宗朝卷一四四六·页一〇上～一一下）

○乾隆五十九年（甲寅）二月甲子（1794.3.7）

又谕（军机大臣等）："上年九月内据和琳复奏：估变查抄沙玛尔巴资产银六万四千余两，招人开垦地亩耕种青稞，又各处庄田应收租银七千一百余两，遵旨俱赏给达赖喇嘛，为每年如绷、甲绷及番兵等应得口粮之用有盈无绌，请自五十九年秋收后，每年于十一月造册报部备案等语。此项变产银两既经和琳招人开垦荒地耕种青稞，迄今已届半年，此时开荒播种自已办有成效。所收租息，前据和琳奏计算，如绷、甲绷及番兵应得口粮有盈无绌。但计此项租息，每年可得若干，除支口粮外尚余若干，本年秋收后至十一月造报之期，自可得有总数。将来所余租银存贮何处，作何稽察，不致为商卓特巴等私自侵用，及支放口粮外有无别项开销之处，著传谕和琳等详晰查明复奏。"

（高宗朝卷一四四六·页一四下～一五下）

○乾隆六十年（乙卯）闰二月乙巳（1795.4.12）

又谕（军机大臣等）曰："浦霖奏安插重犯噶玛尔多布丹在配脱逃，请将疏纵之安溪县知县张森革职，留于地方协缉一折。已批交该部知道矣。噶尔玛多布丹系逆犯沙玛尔巴徒弟，解京审明后安插该省之犯，胆敢在配潜逃，情殊可恶。该犯系哲孟雄番夷，最易辨别。脱逃后或潜回川省，或尚在闽省，及沿途藏匿，均未可定。著传谕浦霖并沿途督、抚、督饬所属，严密查拿，于何处缉获。即于何处正法，毋任远扬漏网。"

（高宗朝卷一四七三·页一四下～一五上）

英人在廓尔喀侵藏战争中之动作

○乾隆五十八年（癸丑）三月辛丑（1793.4.18）

钦差大学士公管两广总督福康安等奏："前征廓尔喀时檄谕披楞协剿，因道远久无信息。兹接回禀，极为恭顺，且称未奉檄前，廓尔喀曾向求救，伊以尝在广东贸易却不援助，并戒令与唐古忒修好，将差人转代乞恩。查披楞发禀时尚未知廓尔喀悔罪投诚，现已将收复藏界，恩准廓尔喀输款纳贡，檄知该部落，令无庸差人前来。再，披楞另有信递达赖喇嘛及班禅额尔德尼、商卓特巴，辞意与回禀同。但后藏商卓特巴系班禅额尔德尼管事之人，未便令与外番通信。现惟令达赖喇嘛与班禅额尔德尼共拟回字，由臣等酌发。"

得旨："嘉奖。"

（高宗朝卷一四二四·页一一上～下）

○乾隆五十八年（癸丑）五月丁巳（1793.7.3）

谕军机大臣曰："和琳奏，接到拉特巴都尔禀称，遵奉来谕，各守境土，和睦邻封，并以噶哩噶达及拉卡纳窝各处部落听闻廓尔喀投顺天朝，俱差人至阳布贺喜，递送礼物，经和琳檄谕拉特纳巴都尔以各番倾心向化，因尔国归顺天朝，纷纷致贺，从此尔当感激天恩，益修和睦等语。……又据奏：噶哩噶达部长系第哩巴所属部落，巴尔底萨杂哩又系噶哩噶达所属小头人，其护送象、马，蒙赏物件，已属从优，若更颁与敕旨，似觉稍为过分；又，布鲁克巴其世袭第巴名号系天朝封给，上年福康安檄令出兵协剿，托言天热未发，此次象、马经过该处，预备草料，已经分别赏给，所有恩赏荷包等件，似只须发与谕帖，传旨赏给，亦无庸颁与敕书等语。所见皆是，可嘉。和琳著赏给御用大荷包一对、小荷包四个，以示奖励。所有前颁敕书二道，即著遇便缴回。……"

（高宗朝卷一四二九·页一六上～一七下）

○ 乾隆六十年（乙卯）十二月壬寅（1796.2.3）

谕军机大臣曰："朱珪奏英咭唎国呈进表贡一折。该国王因前年贡使进京赏赉优渥，特具表文、土物呈进，具见悃忱。虽未专使来粤，有何不可，已准其赏收，并发给敕书一道，谕以……至天朝从前征剿廓尔喀时，大将军统领大兵深入，连得要隘，廓尔喀震慑兵威，匍匐乞降。大将军始据情入奏，天朝仁慈广被，中外一体，不忍该处生灵咸就殊除，是以允准投诚。彼时曾据大将军奏及，尔国王遣使前赴卫藏投禀，有劝令廓尔喀投顺之语。其时大功业已告成，并未烦尔国兵力。今尔国王表文内以此事在从前贡使起身之后未及奏明，想未详悉始末。但尔国王能知大义，恭顺天朝，深堪嘉尚，兹特颁赐尔国王锦缎等件。尔国王其益励荩诚，永承恩眷，以副朕绥远敷仁至意。朱珪接到后，可即交与该国大班啵哴转送回国。……"

（高宗朝卷一四九三·页一六下～一七下）

对立功、伤亡官员弁兵的议叙、议赏、议恤

○ 乾隆五十六年（辛亥）十月癸丑（1791.11.7）

谕军机大臣等："前因都司徐南鹏守御营官寨尚属奋勉，已降旨令鄂辉等遇有应升之缺即行擢用。该都司于贼匪攻扰时竟能保守无虞，尚无绿营懦怯习气。至乌尔公阿原派在江孜防守，嗣因贼匪占据扎什伦布，保泰将伊调回，又因贼匪退去，恐往江孜滋扰，仍令前赴江孜，此皆保泰漫无主见，以致将弁无所适从，不能得力。徐南鹏、乌尔公阿二人尚无贻误，著鄂辉等到藏后即将伊二人传到，令其驰驿来京，以便垂询该

处贼匪起衅及如何滋扰情形。必须昼夜兼程行走到京，面询后再令伊二人仍回西藏，俟明春大兵进剿时，随同打仗。至前次派令前往贼巢询问情节之都司严廷良，嗣经保泰撤回后，该都司究在何处防御，曾否与贼接仗，总未据保泰奏及，并著鄂辉等查明，详悉具奏。若其人亦经出力，并著速来京。……"

（高宗朝卷一三八八·页二五下～二六下）

○ 乾隆五十六年（辛亥）十月癸亥（1791.11.17）

谕军机大臣等："据成德奏，巴塘副土司成勒春丕勒恳请带同伊弟泽旺诺尔布并家丁数十名前往效用，成德即带同前进等语。该土司踊跃急公，著成德酌量赏给缎匹，以示鼓励。……"

（高宗朝卷一三八九·页二一上～下）

○ 乾隆五十六年（辛亥）十一月壬午（1791.12.6）

又谕（军机大臣等）曰："……（保泰）又奏戴绷萨木珠令巴与贼打仗，得受枪伤身故等语。著鄂辉等查明，如实系打仗受伤身故，自当照例议恤。倘所报不实，亦当查明具奏，毋任冒滥。"

（高宗朝卷一三九〇·页二二上～二三上）

○ 乾隆五十六年（辛亥）十二月丙寅（1792.1.19）

谕曰："勒保奏青海扎萨克贝子罗布藏色布腾等感激朕恩，以大兵进剿廓尔喀，情愿随同照料，亲往新设台站巡查，实为出力奋勉，殊属可嘉。著即加恩将贝子罗布藏色布腾赏贝勒衔，公达玛琳赏贝子衔，台吉达什车木伯勒赏公衔，以示朕眷恤嘉奖之意。"

（高宗朝卷一三九三·页一一上～下）

○ 乾隆五十六年（辛亥）十二月己巳（1792.1.22）

谕："据勒保将预备驼马、巡察驿站之出力众王、公、扎萨克等查明分列等第具奏。青海王、公、扎萨克等俱知感激朕恩，此次军行支办驼马均能妥协，又请前赴驿站巡查，实为奋勉可嘉。著加恩将列为一等之贝勒济克默特伊什、德哩巴勒珠尔、贝子车尔登多尔济、齐默特丹巴、扎萨克察罕诺们罕每人各赏大八丝缎二匹、五丝缎二匹。其列为二等之王纳罕达尔济、贝子罗布藏色布腾、公根敦端多布、喇特纳锡第、达玛琳、扎萨克萨木都布扎木素、噶勒丹丹忠、吹忠扎布达什、车木伯勒班第每人各赏大八丝缎一匹、五丝缎一匹，以示奖励。"

（高宗朝卷一三九三·页一五上～一六上）

○乾隆五十七年（壬子）正月丁丑（1792.1.30）

谕曰："勒保奏，护理庄浪土司印务鲁孙氏呈称，近闻大兵进剿廓尔喀，情愿赶办干柴十二万斤，以备应用，现据该土司于十一月内，将所办干柴照数运至丹噶尔交纳等语。庄浪土司鲁璠在日，于剿捕甘肃逆回时曾经随征出力，赏戴花翎。今鲁孙氏一闻大兵进剿廓尔喀，即请备柴薪十二万斤，运至丹噶尔地方，以资应用。边徼土司，系属女流，能知大义，甚属可嘉！著赏给大缎二匹，伊子鲁纪勋现在年已十五岁，即著承袭指挥使世职，并加恩赏戴花翎，以示奖励。"

（高宗朝卷一三九四·页一二下～一三上）

○乾隆五十七年（壬子）正月庚寅（1792.2.12）

谕："据福康安奏，将出力之青海蒙古王、公、台吉等查明，开列名单请旨等语。此内将从前业经加恩者开除外，其扎萨克公根敦端多布，此次往返巡察台站甚属出力，根敦端多布著加恩赏戴花翎。台吉罗布桑垂多尔济著赏给大缎一匹。主事通福亦属出力，著交部议叙。"

（高宗朝卷一三九五·页三上～下）

○乾隆五十七年（壬子）正月辛卯（1792.2.13）

谕曰："福康安此次统兵进剿廓尔喀，由青海一路驰赴西藏，冲寒跋涉，朕心深为廑念，且道路遥远，所有沿途犒赏不无需费。著加恩于藏内军需银两内赏给银一万两，以备犒赏而示体恤。"

又谕："此次派出索伦达呼尔兵丁前赴卫藏进剿廓尔喀，所有带兵官员及兵丁等，业经加恩分别赏赉，但该兵丁等冲寒远涉，均堪轸念。著勒保于该官兵行抵西宁时，加恩每兵每名各赏给银二两，以资用度。至青海一带新设台站，该处道里遥远，所有坐台之蒙古兵丁等在彼常川伺候，亦属劳苦。亦著交勒保每兵每名一体各赏给银二两，以示体恤。"

（高宗朝卷一三九五·页四下～五下）

○乾隆五十七年（壬子）正月乙未（1792.2.17）

谕："据奎舒奏，郡王纳罕达尔济呈称，情愿照料索伦兵丁，送至青海西境，当即照伊所请，准其护送等语。纳罕达尔济感朕深恩，情愿跟随头队索伦兵丁，沿途寻觅有水草之地，护送至多伦巴图尔地方，暂行守候，俟各队兵丁全行过境后，仍前往巡查新设台站。所请甚属可嘉。著加恩将纳罕达尔济从前因伊旗下蒙古将唤去之番子引诱为盗案内部议所罚十年王俸尽行宽免外，仍赏给大缎二匹，以示奖励。"

（高宗朝卷一三九五·页八下～九上）

○乾隆五十七年（壬子）二月辛亥（1792.3.4）

谕："此次进剿廓尔喀，派出索伦达呼尔兵丁，前经加恩赏赉，并特降谕旨，每兵每名各赏银二两，以资用度。本日据海兰察奏，于正月二十五日行至多伦巴图尔地方，途次遇雪二次，间有瘴气等语。该兵丁等此次由青海行走，冲寒远涉，踊跃从征，殊堪轸念。著再加恩于该兵丁等抵藏后，每兵每名各赏给一月钱粮，以示优恤。"

（高宗朝卷一三九六·页一九下～二〇上）

○乾隆五十七年（壬子）二月辛酉（1792.3.14）

谕："此次屯兵等随从攻打聂拉木贼寨，奋勇受伤，殊属可悯。所有阵亡屯兵，著照阵亡例议恤。其带枪矢伤兵丁三名，著福康安等查明，优加赏赉。至奋往开路之乌珠拉旺及冻死并冻裂手足、被雪压倒帐房之各屯兵等，俱著福康安等一体查明，分别酌量赏恤，以示轸念戎行至意。再，带枪受伤及防卡屯练冻裂手足者二十三名内，如疗治痊愈尚可留用，即著留军营，倘已成残废，即令其各回本屯，用昭体恤。"

（高宗朝卷一三九七·页一四上～下）

○乾隆五十七年（壬子）三月甲戌（1792.3.27）

又谕曰："勒保奏：此次福康安等及各起带兵官员由西宁赴藏，甘肃提标马匹膘分平常，经该督驳换补解，仍有不堪备用之马，请将提督苏灵交部议处等语。苏灵所办马匹膘分平常，致干驳换。其补解之马仍有疲瘦难以备用者，实难辞咎。苏灵著交部严加议处。其勒保所奏承办军需在事出力之西宁镇总兵富尔赛、西宁道蔡廷衡、安肃道福庆、皋兰县知县应先烈俱著交部分别议叙。以示奖励。"

（高宗朝卷一三九八·页五上～下）

○乾隆五十七年（壬子）四月乙巳（1792.4.27）

谕："据和琳奏，驰抵成都，察看各站马匹，皆膘肥足用，弁兵等赍递文报，即值山径崎岖亦复尽力驰骤，可无虞迟误等语。此次进剿廓尔喀，一切文报往来关系紧要，各该省台站弁兵等上紧驰递，俱属迅速，并无迟误。从前剿办两金川，曾降旨将沿途台站弁兵加恩赏赉。现在正值军营文报络绎之际，著沿途设有台站省分，各该督、抚查照从前金川恩赏之例，将驰递文报奋勉之弁兵等查明先行分别赏赉一次，以示体恤。该部遵谕即行。"

（高宗朝卷一四〇〇·页一四上～下）

○乾隆五十七年（壬子）四月丙寅（1792.5.18）

又谕曰："福康安奏，达赖喇嘛感激朕恩，将现在进兵应需口粮、马匹、火药等项竭力捐办，且索伦、屯练各兵丁到藏，俱分别赠给银两等件，朕甚为欣慰。著加恩赏达赖喇嘛哈达一条、珍珠串一挂，以示优奖。达赖喇嘛嗣后于进剿廓尔喀事宜益当实心报效，以期迅速成功。"

（高宗朝卷一四〇一·页二四上～二五上）

○乾隆五十七年（壬子）闰四月乙亥（1792.5.27）

谕："前据鄂辉等奏请将剿聂拉木官寨贼匪在事出力人员分别奖赏一折，人数过多，恐不无冒滥等事，当经降旨令福康安查明实在出力者据实具奏，以昭公当。兹据福康安查奏：前次聂拉木官寨据守贼匪，经官兵攻扑堵截，悉就歼擒，虽鄂辉、成德调度未妥，办理迟延，而侍卫、官弁、兵丁等实属奋勇出力，除游击张占魁业经奉旨以参将升用应毋庸议，骁骑校塔清阿、阿朗阿、把总刘永青出力稍次此时毋庸升赏外，其余员弁兵丁，仍请分别奖擢等语。著照所请，都司张志林、千总尤汉玉俱著加一等升用。副都司成勒春丕勒著赏给匝勒巴图鲁名号，土都司都鲁斯达拉著赏给喀达布巴图鲁名号，土守备生根著赏给硕克巴巴图鲁名号，仍照例各赏银一百两。屯千总阿库、守备申扎朋俱著赏戴花翎。都司什格、蒲益章、候补守备马登朝、兵丁崇喜、行营都司雍忠拆里、守备阿咱纳、千总肯朋阿凯木赖、把总杨忠俱著赏戴蓝翎。土舍策旺诺尔布、土外委阿扎著各赏缎一匹，以示鼓励。"

（高宗朝卷一四〇二·页一〇上～一一下）

○乾隆五十七年（壬子）闰四月乙酉（1792.6.6）

又谕曰："孙士毅奏，打箭炉至前藏道里辽远，军储等项未能克期迅速，现带领干员亲赴察木多驻扎督办。此时福康安等正在集兵进剿，粮运军储最为吃紧，朕正为系念。今孙士毅移驻察木多，亲身督办，呼应既灵，而承办之员亦可随时禀商，听候调度，一切粮饷等项更可迅速趱行，事事应手。孙士毅不辞劳瘁，实心经理，殊属可嘉，著仍赏戴双眼花翎，并赏大小荷包，以示优眷。……又据孙士毅奏请将道员王启琨留驻打箭炉责成经理等语。王启琨经孙士毅委办出口各事务，甚为出力，自应留驻打箭炉，俾资照料，并著加恩赏戴花翎。用示鼓励。其先派往之道员林俊及所奏徐长发，经孙士毅派在口外总理台站，该员等是否实能出力，著孙士毅察看。如果办事奋勉，著传旨一体赏戴花翎，俾其益加鼓励。"

（高宗朝卷一四〇三·页八下～一〇上）

○乾隆五十七年（壬子）闰四月戊子（1792.6.9）

谕军机大臣曰："奎舒奏，达赖喇嘛前往青海等处购买马匹，当即晓谕蒙古、番子等挑选预备等语。达赖喇嘛因军行需用马匹，特令人前往青海等处购买，实为奋勉急公，朕心甚为嘉悦。著赏给碧霞玐念珠并大小荷包，鄂辉、和琳接到后，即转给达赖喇嘛祗领。……将此谕令福康安、鄂辉、和琳、奎舒知之。"

（高宗朝卷一四〇三·页一四上～下）

○ 乾隆五十七年（壬子）六月戊辰（1792.7.19）

又谕："德尔格等土兵远道赴剿，山路崎岖，途次均系步行，实为踊跃急公，不辞劳瘁，殊堪轸念！著加恩每名赏给银二两，以示鼓励。"

（高宗朝卷一四〇六·页二下）

○ 乾隆五十七年（壬子）六月丙子（1792.7.27）

又谕曰："廓尔喀贼匪在擦木地方凭据险要抵死拒守。福康安等细心调度，督率将弁兵丁分队堵截，即乘雨夜进兵，将士人人用命，奋勇争先，逾溪涉水，攀援而上，夺获贼碉，全歼贼众，实属奋勉出力，勤劳倍至，深堪嘉奖。福康安著赏给御用搬指一个、大荷包一对、小荷包四个。海兰察、惠龄著各赏玉搬指一个、大荷包一对、小荷包二个，用昭优眷。其带兵之哲森保、翁果尔海、墨尔根保、阿哈保、阿满泰、额勒登保、珠尔杭阿、安禄、桑吉斯塔尔、台斐英阿、德楞泰、张芝元著各赏大荷包一对、小荷包二个。并发去奶饼一匣，令侍卫、章京等一体分尝，均沾恩泽。所有打仗兵丁俱赏给一月钱粮，以示奖励。"

（高宗朝卷一四〇六·页一八下～一九下）

○ 乾隆五十七年（壬子）六月丁丑（1792.7.28）

又谕（军机大臣等）曰："福康安等奏行至玛噶尔、辖尔甲山梁歼戮贼匪一折，览奏欣慰。……昨因福康安等初仗得胜，业经优加赏赉，此次打仗督率将弁调度有方，福康安著再赉给镀金盒伽南手串一挂并大小荷包、鼻烟四瓶，用昭优眷。海兰察与贼接战，马匹受伤，幸未颠蹶，实赖上天护佑，为之额手虔谢，特赏给行幸常佩护身佛一尊，以为诸事吉祥佳兆。海兰察临阵勇往，是其素性，但身为参赞，所关甚重，以后接仗时固当督率士卒鼓锐直前，然究宜加意持重，不可轻于冒险，此必当遵朕训谕也。又，巴图鲁三等侍卫定西鼐胸前得有枪伤，幸系穿过护身佛龛，枪子未能打入。该侍卫打仗出力，甚属可嘉，并著升为二等侍卫，以示奖励。

所有此次领兵侍卫、章京等人数较多，著福康安等将在山半横冲贼队奋力截杀者详晰查明，如已经给有巴图鲁名号者，著即咨部议叙；其未经给有巴图鲁名号者，著开单进呈，候朕加恩赏给。所有受伤、阵亡兵丁俱著查明，照阵亡例咨部赏恤。……"

（高宗朝卷一四〇六·页二二上～二三下）

○乾隆五十七年（壬子）六月己卯（1792.7.30）

谕曰："福康安等统领大兵攻克济咙，痛歼贼众一千余人，所有带兵将领人员奋勇出力，甚属可嘉。其受枪阵亡之参将长春，著加恩照副将阵亡之例议恤。至火器营委署护军参领额勒谨、护军达春，皆系因病留于前藏，力疾告请随往军营，今在中途病故，甚为奋勉可悯。亦著加恩照阵亡例议恤。"

又谕："此次进剿廓尔喀之官员兵丁于擦木、玛噶尔、辖尔甲及济咙官寨攻克要隘，奋勇杀贼，甚属可嘉。台斐英阿著赏给散秩大臣。阿满泰俟有副都统缺出，即行补用。三等侍卫定西鼐前因打仗受伤，业经升授二等侍卫。桑吉斯塔尔著赏给萨尔丹巴图鲁，升为二等侍卫。吹扎普赏给绷增额巴图鲁。索尔多海赏给呢铿额巴图鲁。达尔精阿赏给喀勒崇依巴图鲁。呼伦贝尔副管领巴金达尔赏给锡济尔浑巴图鲁。布特哈佐领色尔棍赏给托默宏武巴图鲁。呼伦贝尔佐领拜萨勒图赏给塞勒巴图鲁。屯练游击朗噶尔结赏给喀达布巴图鲁。屯练都司斯丹巴赏给索洛克多尔巴图鲁。阿嘉赏给觉克博巴图鲁。屯练守备登什占布木赏给纳木巴巴图鲁。巴旺大头人阿达赏给达布凯巴图鲁。照例各赏银一百两。头等侍卫佐领阿穆勒塔著作为额外总管。齐齐哈尔佐领双宁、呼伦贝尔佐领讷色勒图、呼伦贝尔协领兼佐领多尔济、布特哈骁骑校英喀布、呼伦贝尔云骑尉扎丹保、甘肃副将达音泰、屯练守备阿拉、屯练千总生根、土司千总巴古木塔尔、屯练守备阿塔尔、阿那什璧、土司都司班达尔嘉、格布什咱大头人索诺木敦珠布俱著赏戴孔雀翎。布特哈领催新保、马甲毕什勒干、额哗恩彻、布勒特、呼伦贝尔马甲扎达肃、四川千总汤仲容、贺化龙、屯练游击策旺、屯练都司任沾尔结、毕叶噜什周、格布什咱小头人安固、布特哈领催高屯、辍提音、瑚舒岱、马甲得勒根彻、额尔棍彻、乌图保、成泰、哲勒克讷、呼伦贝尔领催得勒格尔、马甲富明阿、法彰察、甘达苏、色楞、屯练守备勒什尔甲、温布、阿什周、伸济、屯练千总伊什周、根登塔木、土司把总策旺普木、布特哈壮丁穆喀勒岱、四川外委刘成锦、土司守备彰布木、阿咱喇、屯练外委安布木俱著赏戴蓝翎。屯练游击衔穆塔勒、阿忠、番子游击衔色木里雍中著赏给副将衔。乾清门二等侍卫珠尔杭阿、翁果尔海著补授头等侍卫。三等侍卫克升额、阿那保著补授二等侍卫。蓝领侍卫窝尼保、福汉、传升、噶尔第、云骑尉阿达、乌勒哈鼐、萨木布鼐著补授三等侍卫。司辔伦布春、噶喇、宝班、谟信委署亲军校巴彦察、亲军特克讷、窝尔绥、将定、前锋富永、闲散哲克著补授蓝翎侍卫。呼伦贝尔骁骑校委署副参领博多果尔作为额外佐领，呼伦贝尔领催定博讷、布特哈领催博勒哈、恩保、布特哈壮丁哈达鼐、呼伦贝尔马甲济勒噶察、克什克、毕萨鼐作为额外骁骑校。其济咙打仗兵丁，著各赏一月钱粮，以示鼓励。"

（高宗朝卷一四〇六·页二六下～三〇上）

○乾隆五十七年（壬子）六月丙戌（1792.8.6）

谕军机大臣曰："福康安等奏攻克热索桥进临贼境一折，览奏欣慰。……该处为贼境门户，今已乘胜攻克，统兵深入，势如破竹，自早直捣贼巢。著赏给福康安洋表一个、御用大荷包一对、小荷包四个，海兰察洋表一个、大荷包一对、小荷包二个，惠龄洋表一个、大荷包一对、小荷包二个，用照优眷。并发去翎管十个、大小荷包各十对，交与福康安等查明，遇有带兵出力侍卫、章京、将领等酌量赏给。所有此次带兵绕道渡河杀贼之巴图鲁侍卫等实属奋勇出力，除阿满泰已于上次打仗得胜加恩以副都统即补外，前升头等侍卫之翁果尔海、头等侍卫哲森保俱著赏给副都统职衔，墨尔根保著升为二等侍卫。兵丁等亦著查明共有几人，一体加赏，以示奖励。其攀援独木偏桥前进之兵丁如有跌毙者，亦著查明咨部，照阵亡例议恤。至成德、岱森保等，前经福康安等派在聂拉木一路牵缀贼势。今经福康安等行知，令其酌量进攻，即于十二日分路前进，占住德亲鼎山，攻克头卡，枪毙贼匪多人，将二卡、三卡俱行攻克，焚毁木栅，搭桥前进，亦属奋勇可嘉。并著福康安等查奏打仗出力者，酌加奖赏，以示鼓励。……"

（高宗朝卷一四〇七·页五上～六下）

○乾隆五十七年（壬子）六月丁酉（1792.8.17）

谕："前次官军攻克济咙时，所有兵丁业经降旨赏给一月钱粮。本日又据福康安奏攻克协布噜贼寨，将弁兵丁等俱各不辞劳瘁，奋勇出力等语。除福康安、海兰察等及带兵之巴图鲁侍卫、章京业经分别赏赍外，所有此次打仗兵丁，著加恩赏给一月钱粮，以示鼓励。"

又谕曰："福康安等奏：道员林俊在后藏趱催军粮，将乌拉价值雇觅商民，设法运送，现已起运二千一百余石。林俊趱运军粮不辞劳瘁，殊属奋勉，著加恩赏给按察使职衔。又和琳奏：松茂道倭什布派办台站塘汛及运送军粮、军火等项，俱能遵照限期，驾驭番民，并无贻误，实为细心晓事等语。倭什布亦著加恩赏戴花翎，以示奖励。"

（高宗朝卷一四〇七·页二〇上～二一上）

○乾隆五十七年（壬子）七月辛亥（1792.8.31）

又谕："此次福康安、海兰察自第哩朗古、宗喀进兵，屡次克捷，收复济咙，攻克热索桥，深入贼境，捷音踵至。今又由协布噜进攻东觉山梁并雅尔赛拉、博尔东拉等处，将贼匪营寨、木城、碉卡全行攻克，痛歼贼众，捣穴擒渠，成功在即，该处林深箐密，路径险峻，福康安等带领官兵冒雨步战，手足胼胝，实属奋勇出力。可嘉之至。除此次出力之将领等，交福康安等查明具奏另行升赏外，福康安、海兰察俱著交部议叙。又据福康安奏此次带兵打仗，巴图鲁侍卫翁果尔海、哲森保、纳丹保、鄂尼保、富永等俱受有枪伤等语。翁果尔海、哲森保均于前次打仗得胜，赏给副都统职衔，恩无可加。此次哲森保受伤较重，著赏银一百两。翁果尔海受伤较轻，著赏银五十两。其中枪之三等侍卫纳丹保、鄂尼保俱著升为二等侍卫。蓝翎侍卫富永著升为三等侍卫，以示鼓励，所有打仗阵亡之索伦佐领多尔济、四川都司伊鲁尔图俱著交部照例议恤。其官弁兵丁等打仗伤亡者，仍著福康安等查明咨部，照例赏恤。"

又谕（军机大臣等）："福康安等奏进攻东觉山梁并雅尔赛拉、博尔东拉等处，将贼匪营寨木城、碉卡全行攻克，痛歼贼众。览奏深为嘉慰。……除降旨先将福康安、海兰察交部议叙外，著再赏福康安御用大荷包一对、小荷包四个，海兰察大荷包一对、小荷包二个，用示优眷。另发去鼻烟壶、小刀，著福康安查明带兵出力之巴图鲁侍卫、章京等分别赏给。仍择其实在奋勉者开单具奏，候朕赏给巴图鲁名号，并予升擢。其余出力官兵皆交部议叙，统俟大功告竣再降谕旨。……"

（高宗朝卷一四〇八·页二四上～二七下）

○乾隆五十七年（壬子）八月癸酉（1792.9.22）

谕曰："福康安统领大兵剿捕廓尔喀，自进兵以来，督率将弁兵丁摧坚破险，屡战屡捷，无不鼓勇争先，于调度布置一切机宜悉中窾要。且经越艰险，冒雨步战，手足胼胝，用兵之难为从来所未有，实属奋勇出力。现在大功将次告成，福康安著加恩实授为大学士。孙士毅自署川督以来，办理一切粮运，督率所属，尚属认真。且伊系汉人，能由察木多一带驰赴卫藏，会同和琳等筹备军需，俾资源源接济，甚为出力，孙士毅亦著加恩实授为大学士。和琳自到藏后，催办粮运，实心整顿，设法劝惩，俾该处疲玩积习日有起色。昨经奏请驰赴宗喀、济咙一带，与福康安所奏适合。现复奏报即日迅赴该处赶紧催趱，俾军食接济充裕，无误师行，奋勉可嘉。所有吏部满尚书员缺，著金简调补；其工部尚书员缺，即著和琳补授。和琳未回京以前，工部尚书事务仍著金简兼署。……"

（高宗朝卷一四一〇·页一四下～一五下）

○乾隆五十七年（壬子）八月乙亥（1792.9.24）

又谕曰："福康安等奏请将热索桥、协布噜、博尔东拉、东觉等处打仗奋勉官兵加恩鼓励一折。此次攻克热索桥等处，巴图鲁侍卫等冒雨陟险，逾越山梁，夺取碉卡，实为奋勇可嘉。护军统领台斐英阿著赏给都统衔。头等侍卫额勒登保、珠尔杭阿、健锐营翼长德楞泰著赏给副都统衔。二等侍卫安禄著赏给哈锡巴巴图鲁。永德著赏给伊青阿巴图鲁。三等侍卫鄂尼保著赏给噶勒珠巴图鲁。前锋参领七十五著赏给哈齐显巴图鲁。护军参领额勒金保著赏给觉多欢巴图鲁。甘肃副将达音太著赏给武尔古勒吉巴图鲁。呼伦贝尔佐领委参领讷色勒图著赏给楚鲁巴图鲁。索伦骁骑校委参领色穆博鼐著赏给库齐特巴图鲁。明安图著赏给都济尔巴图鲁。索伦额外骁骑校委防御迪穆博鼐著赏给索多巴图鲁。蓝翎侍卫伦布春著赏给色默尔亨巴图鲁，蓝翎索伦马甲毕什勒甘著赏给哈锡巴巴图鲁。降番都司嘎噶尔普穆著赏给章布巴图鲁。绰斯嘉著赏给定布巴图鲁。巴塘游击雅噜苏穆著赏给则吉克巴图鲁。小金川屯练都司安都尔著赏给额巴尔巴图鲁。九子寨屯都司库苏尔济著赏给图布丹巴图鲁。阿勒古塔尔著赏给喇布登巴图鲁。下孟东屯游击阿噶尔库穆布穆著赏给嘉穆巴巴图鲁。都司班达尔嘉著赏给绰瓦巴图鲁。上孟东屯守备嘉尔木著赏给色当巴图鲁。绰斯甲大头人安朋著赏给志布噜巴图鲁。杂谷脑屯都司安普穆著赏给恺丹巴图鲁。甘普屯都司嘉木绰斯嘉著赏给德罗特巴图鲁。嘉噶尔著赏给巴特博巴图鲁。哲珑番都司萨尔嘉著赏给喇布章巴图鲁。杂谷脑屯守备阿拉著赏给罗丹巴图鲁。本布塔尔著赏给噶图布巴图鲁。巴旺守备多尔嘉著赏给吉特卓巴图鲁。仍各赏银一百两。以示朕轸念戎行，普行施惠至意。"

（高宗朝卷一四一〇·页一九上~二一上）

○乾隆五十七年（壬子）八月丁亥（1792.10.6）

谕："前因屯土各兵远道赴剿廓尔喀，一路步行，殊堪轸念，曾经降旨令福康安等酌量情形特加赏赉。此次剿捕贼匪，屯土及随营各兵冒雨夜战，攻夺碉卡，打仗杀贼，均属奋勉出力。除福康安等业经遵旨按名赏给银两外，所有现在军营随同打仗出力之索伦、屯土各兵，著再加恩每名各赏给一月钱粮。其随同成德一路各兵未经多得地方，亦未甚受劳苦，著按名赏给半月钱粮，以示体恤，而励戎行。"

又谕："据福康安等奏，此次带兵侍卫奋勇打仗，甚为出力，请酌量加恩等语。著照所请。总管兼头等侍卫阿木勒塔著赏给副都统衔。乾清门二等侍卫阿尼雅布著赏多托哩巴图鲁。三等侍卫多隆武著赏托莫尔欢巴图鲁。默陈保著赏硕隆武巴图鲁。二等侍卫巴彦泰即著授为头等侍卫。三等侍卫萨宁阿、阿哈保、德勒克依、色玉慎、武勒呼纳、朝保俱授为二等侍卫。蓝翎侍卫温保、伦布春、前锋校巴兰俱著授为三等侍卫，以示鼓励。"

（高宗朝卷一四一一·页四上~五上）

○乾隆五十七年（壬子）八月戊子（1792.10.7）

又谕曰："方维甸等随营办理一切，毫无舛误。且自进兵以来冲风冒雨。步行陟险，实属奋勉。方维甸著赏给三品卿衔，长龄即以郎中补用，巴哈布以员外郎用，杨揆以侍读用。方维甸、长龄前已得有花翎，其巴哈布、杨揆著一体赏戴花翎，以示鼓励。"

又谕："据福康安等奏，副都统职衔乾清门头等侍卫哲森保因伤发身故等语。哲森保前再博尔东拉地方与贼打仗，身受重伤，经朕加恩赏给副都统职衔，回至协布噜地方伤发身故，殊堪悯恻！著该部照阵亡例议恤。"

（高宗朝卷一四一一·页一二下～一三上）

○乾隆五十七年（壬子）八月己丑（1792.10.8）

吏部奏大学士公福康安、大学士孙士毅，应授何殿阁及兼尚书衔。

得旨："福康安著授为武英殿大学士兼吏部尚书，孙士毅著授为文渊阁大学士兼礼部尚书。"

（高宗朝卷一四一一·页一七下）

○乾隆五十七年（壬子）九月己亥（1792.10.18）

谕："廓尔喀滋扰卫藏，肆行抢掠，命福康安等领兵进剿，屡次克捷，收复后藏边界济咙等处地方，深入贼境，痛歼贼众，贼酋畏惧震慑，投禀乞降，情词恳迫，因恐雨雪阻途，特颁谕旨准其纳款，令福康安等撤兵凯旋矣。……朕本拟俟福康安等直抵贼巢，缚丑献俘，于大功告竣时备加渥赏，用志酬庸。兹虽未得荡平贼境，而诸将士攀越险艰，手足胼胝，冒雨步战，实为劳苦出力。其带兵将弁，已经节次加恩，予以升擢及赏给巴图鲁名号。福康安等为统率大臣，调度布置悉协机宜，亦应加以甄叙。福康安著赏给一等轻车都尉，即令其子承袭。海兰察本系二等公爵，著晋封一等公。至孙士毅由打箭炉驰赴前藏督办粮运，和琳自到藏后催趱积滞，整饬颓习，均能认真督率，惠龄在济咙一带办理军需，亦属奋勉，并著交部议叙。"

又谕："此次官兵进剿廓尔喀，所有在玛噶尔、辖尔甲山上打仗、横冲贼队之侍卫、章京等，绕山陟险，截杀贼匪，实属奋勉出力。除未经给有巴图鲁名号者业经加恩赏给外，其原有巴图鲁名号之副都统职衔头等侍卫翁果尔海、额勒登保、珠尔杭阿、阿木勒塔，健锐营翼长德楞泰，头等侍卫五绍、巴彦泰，二等侍卫克兴额、定西鼐、那丹保、萨宁阿、阿哈保，索伦佐领博多果尔，俱著交部议叙。"

（高宗朝卷一四一二·页一下～三上）

○乾隆五十七年（壬子）九月丙午（1792.10.25）

谕："此次征剿廓尔喀办理军务，一切机宜俱经朕先期指示，军书文报络绎不绝。军机大臣承旨书谕，夙夜宣勤，均著劳勚。现在大功告成，福康安等业经降旨分别锡赏，军机大臣自应一体加恩，大学士公阿桂、大学士伯和珅、大学士王杰、尚书福长安、董诰、庆桂俱著交部议叙。"

又谕："此次办理廓尔喀军务，沿途驰递文报络绎，各该员弁等俱能奋勉出力，尚无贻误。现在军务告竣，各处台站自可渐次撤回，而各官员、兵丁等踊跃急公，宜加奖励。前此业经降旨，令各该督、抚等将弁兵等查明，先行赏赉一次。今大功告成，并著将前后所设台站之弁兵等查明，再加赏赉一次，以示恩奖。其承办驿站官员除贻误者扣除外，其出力之文武员弁，并著查明，交部分别议叙。"

（高宗朝卷一四一二·页二一下～二二下）

○乾隆五十七年（壬子）九月壬子（1792.10.31）

又谕："此次福康安等督兵进剿廓尔喀，深入贼境七百余里，瘴雨蛮烟，气候恶劣，将弁、官员、兵丁等间有染病身故者，殊堪悯恻。著福康安等查明此项在军营病故官兵，造册咨部，俱加恩照军营伤亡之例一体议恤。该部知道。"

（高宗朝卷一四一三·页四下）

○乾隆五十七年（壬子）十月辛未（1792.11.19）

谕军机大臣曰："福康安等奏官兵撤回，现在协布噜地方一折。览奏欣悦。前此大兵深入贼境，贼匪两次令奸细暗中窥伺，幸而福康安等于军营后路严密巡防，奸细即时拿获。其东觉窥探贼人，亦经官兵放枪击退。是以震慑声威，望风胆落，于屡次剿杀之后即畏威悔罪，再四吁恳投诚，真心慑伏，皆福康安等所办周到，深为可嘉。除该卡兵已经福康安等奖赏外，其首先盘获之王大伦，竟著以千总用，并送部引见。东觉一路击退窥探贼匪之侍卫色玉慎，业经福康安等奏升二等侍卫，仍著赏缎一匹，以示奖励。至协布噜地方拿获奸细，该贼匪始犹捏名狡供，因令前获贼目岗噶勒塔则西认识质证，无从狡赖，始据供吐实情。是岗噶勒塔则西尚知畏法，不敢庇其党与。福康安等曾否酌量赏给，是否已经遣回，或已起解之处，并著福康安查明具奏。"

寻奏："岗噶勒塔则西在军营甚为出力，屡经酌赏。现在廓尔喀投诚，该贼目不便遣回，应请解京，入于健锐营降番佐领下安插。且其人颇通廓尔喀文义，即可令其在京教习，以备通译。"

得旨："是。"

（高宗朝卷一四一四·页一三下～一四下）

○乾隆五十七年（壬子）十月戊子（1792.12.6）

谕："据福康安等奏，总兵诸神保带兵赴绒辖一路，搭桥牵缆，甚为得力等语。聂拉木带兵出力人员，前已降旨分别加恩。今诸神保在绒辖一路带兵既属奋勉，著加恩赏戴花翎，以示奖励。"

又谕："前经福康安等参奏道员承勋、知府重光办粮贻误，当经降旨将该道承勋革职，知府重光革职，并枷号示儆。今据福康安等奏：承勋办理军粮，赶紧接续起运，极知黾勉，重光亦能在噶喀认真督催，两路粮运均各疏通等语。承勋等自参革之后既知奋勉，设法筹办，俾粮运疏通，沿途边界存贮余粮足敷旋兵支给，功过尚足相抵，重光著即开释枷号，与承勋俟大兵撤回，军务告竣后，交该督一并给咨送部引见。"

谕军机大臣曰："……现在藏内应办善后事宜最关紧要，节经有旨，令福康安四人会同商办，务须事事尽善，详定章程，以期经久无弊。今赏福康安洋表一个、大荷包一对、小荷包四个，海兰察、孙士毅、惠龄、和琳洋表各一个、大荷包各一对、小荷包各二个。又，初次鲜鹿肉二十块，并著赏给福康安等四人及随从办事出力官员分尝，以示眷注。"

（高宗朝卷一四一五·页一四上～一八上）

○乾隆五十七年（壬子）十一月丙申（1792.12.14）

谕曰："福康安等奏：张芝元因在廓尔喀境内触染瘴疠，回至济咙因病身故，所遗松潘镇总兵员缺，请将诸神保调补等语。诸神保在川年久，熟悉番情。此次带兵前赴绒辖，亦属奋勉出力，著调补松潘镇总兵。至彭承尧带领瓦寺等处土兵，亦属出力，其诸神保所遗川北镇总兵员缺，即著彭承尧补授。候补总兵朱射斗仍著留于四川，俟有该省总兵缺出，著惠龄即行奏补。"

又谕："据福康安等奏，前此进攻甲尔古拉、集木集时，都统衔护军统领台斐英阿、副都统阿满泰、二等侍卫英贵、佐领棍德依俱各中枪身故等语。台斐英阿等身临行阵，夺隘攻坚，冲锋鼓勇，以致中枪阵亡，殊堪悯惜。台斐英阿著照都统例议恤，阿满泰著照副都统例议恤，英贵、棍德依俱著照例议恤。其余打仗阵亡官兵，著福康安等查明咨部分别议恤。"

（高宗朝卷一四一六·页一上~二上）

○乾隆五十七年（壬子）十一月壬子（1792.12.30）

又谕曰："福康安此次办理廓尔喀事务甚属奋勉，宜加懋奖。福康安著授为领侍卫内大臣，其内大臣员缺，著阿克东阿调补。福康安未到以前及赴广东总督任时，领侍卫内大臣仍著阿克东阿署理。再，福康安家福隆安曾为额驸，例有护卫官，今已裁撤。福康安到总督任时，虽有营弁跟随，不足示宠。著加恩照王公名下亲军校之例，赏给六品顶戴蓝翎三缺，听其于得力家人内给戴。……"

谕军机大臣曰："……再，此次福康安统兵进剿廓尔喀，如能直抵阳布，将拉特纳巴都尔、巴都尔萨野悉数生擒，解京献俘，其土宇分给附近各部落，克奏肤功，该处系边外荒徼，非如金川等可比，福康安果能捣穴擒渠，厥功甚大。前代功臣原有身非宗室晋封王爵之例。朕本拟俟红旗递到，加封王爵，以昭异数。今因廓尔喀畏罪投诚，十分恭顺，而藏内又复气候早凉，恐为雪阻，福康安等遂传旨受降，班师藏事。是以止将福康安赏给世职，海兰察原有公爵，晋封一等，不克副朕初愿。然由今思之，似此受降藏功，未始非上天嘉佑我君臣之意。盖福康安系孝贤皇后之侄，大学士傅恒之子，如果能成巨功，或可晋封王爵。在朕止以其勋劳甚大，用示酬庸，而天下无识之徒或谬议朕厚于后族，破格施恩，传之后世亦且以为口实，几与汉唐之宠任外戚者无异，朕将何以自解？而福康安父子兄弟多登显秩，福康安又荷王封，富察氏一门太盛，于伊家亦属无益。但福康安既成大功，朕又不得不加以殊恩，转觉两难。兹如此竣事，诸臻完善，朕既免加恩后族之嫌，福康安亦无盛满难居之虑，虽不克副朕初愿，而计虑及此，较之荡平廓尔喀地方倍为欣慰也。惟是福康安此次跋涉险阻，备尝艰苦，且调度有方，使廓尔喀震慑威棱，诚心向化，可期永靖边隅，仅予世职尚不足以酬劳勚。除已明降谕旨，将福康安授为领侍卫内大臣，俟福康安回京赴两广总督任时，仍令阿克东阿署理外，但念福康安之兄福隆安因尚公主例，有护卫等官职，自公主薨后，福隆安又已身故，其例得护卫翎顶俱经裁撤。福康安将来在总督任内，仅有千、把等官跟随，不足以示宠异，业已降旨照王公名下亲军校之例，赏给六品顶带蓝翎三缺，令福康安于伊得力家人内酌量给戴，用昭格外加恩优眷劳臣至意。"

（高宗朝卷一四一七·页二下～七下）

○乾隆五十七年（壬子）十二月庚午（1793.1.17）

谕曰："福康安等奏：降番等平日耕种荒地，自食其力，因金川处处皆山，地土硗瘠，而地方官限定额数太少，并另招内地民人占垦，以致番民日食每患不敷等语。金川屯番遇有剿捕之事，屡经檄调，最为出力。该处地亩在在皆山，土地硗瘠，自应尽番民等垦种，自食其力，俾生计有资。乃从前地方官限定额数既属太少，而转另招内地民人占垦，以致番民口食不敷。此系向来四川总督办理错谬，而历任总督不加查察，遂仍其旧，实为非是。姑念事经已往，且历任总督人数众多，从宽免其查究。惠龄现任总督，此奏即伊会衔，所有从前办理错误之处，伊自深悉底里。此项番地，即著惠龄于回任后详晰确查开垦地亩，酌定章程，按照拨给降番，嗣后不许地方官吏借端扰累。遇有征调出兵之家，即应酌量免差，俟一二年后该降番等地亩较多，差徭又少，庶生计敷裕，元气可复。惠龄务须妥为经理，永除积弊，以副朕体恤屯番至意。"

又谕曰："福康安等奏：查询戴绷萨木珠令巴伤亡一节，实系上年在僧格宗地方与廓尔喀打仗，带有枪伤，呕血身故等语。萨木珠令巴因打仗受伤，呕血身亡，亦属可悯。著加恩交部照伤亡例议恤。"

（高宗朝卷一四一八·页五下～七上）

○乾隆五十七年（壬子）十二月癸酉（1793.1.20）

谕曰："军机大臣等议驳福康安等奏请将随征出力之降番照屯练一体准其袭替官职一折，所驳虽是，但尚有未能详尽之处。此等降番随征出力，业经赏给巴图鲁名号及赏翎升等，已足酬其劳勋。若所得虚衔俱准降等承袭，而备弁等有管束兵丁之责，复准其子弟袭替，则该处向上出力兵丁既致拔补无阶。且伊等子弟袭职，又安保其俱能胜任。设遇庸懦无能之人，必致屯务废弛，岂慎重名器之道。譬若满洲大臣官员内五等之封例准世袭，至其所兼大小官职亦概予世袭，有是理乎？又如索伦达呼尔兵最为骁勇，屡著军功，其中有擢任大小官员者，亦并未悉予世职。即如海兰察晋封公爵，自当赏延于世，而其所兼领侍卫内大臣、都统亦无世袭之理。此明证也。所有此项降番，即打仗阵亡者，除本身所得虚衔准其亲支子弟降等戴用外，所赏花翎、蓝翎系属特恩，亦俱不当复准其子弟戴用。至该亲支子弟内如有实在奋勉晓事者，该督等原可随时察核，依次拔补职官。即如回疆阿奇木伯克、伊什罕伯克等俱系办事之人，从无承袭之理，而其本身职衔虽系贝子、公衔者，仍可补放六、七品小伯克。现在鄂斯璊之子迈哈默特鄂三即系贝子职衔充当小伯克。降番等原可照此办理，本不必以伊等所得虚衔较大，拘泥对品，转致向隅。况伊等如果奋勉，仍可逐渐递升，以次拔擢，原不碍其升路。"

（高宗朝卷一四一八·页一四上～一五下）

○乾隆五十七年（壬子）十二月甲午（1793.2.10）

是年，追予出师……廓尔喀阵亡副都统衔参领长春一员、协领策巴杰一员、佐领多尔济一员、都司伊鲁尔图一员、护军达春一名祭葬赠恤如例，俱入祀昭忠祠。

（高宗朝卷一四一九·页二五下）

○乾隆五十八年（癸丑）正月乙巳（1793.2.21）

谕："向例出征阵亡兵丁、绿营步兵赏恤银五十两，屯练降番只赏恤银二十五两，此次进剿廓尔喀屯练降番登山陟险，甚为劳苦。所有阵亡之屯练降番，俱著加恩改照绿营步兵之例，赏恤银五十两，以示体恤。并著永以为例。"

（高宗朝卷一四二〇·页一五下～一六上）

○乾隆五十八年（癸丑）正月辛亥（1793.2.27）

谕曰："福康安等奏：据随营之甘肃布政使景安呈称，伊父母俱年逾八旬，未能迎侍，恳请回旗终养等语。该藩司自随福康安到藏，留营效用，沿途催趱运粮军需甚为得力。今既因大功告竣，陈情乞养，景安著准其回京。现出有工部右侍郎员缺，即著景安补授。"

又谕曰："福康安等奏此次统领大兵，有委令赶运沿途军饷、军火及催雇人夫，往来东西两路，不辞劳苦之出力武职人员，请分别奖拔，以示鼓励。又另片奏粮运艰阻之时，有后藏克什米尔回民等办运接济奋勉得力，一并请加奖励等语。大兵进剿廓尔喀，粮运、军火最关紧要，催运出力人员自应量加奖拔。所有四川城守营参将杨长栋、甘肃督标游击杨宗泽、四川建昌营都司吕朝龙俱著加恩赏戴花翎，仍以应升处记名先用。陕西巩昌营游击雷仁著即以升缺补用。守备衔田占魁著以守备即用。马边营都司陈起凤、提标外委单大雄前因该管汛弁驰递奏折跌入雪窖一案，业经分别严议斥革，但念其均系公过，陈起凤著加恩仍留原任，单大雄著仍以原官补用。至克什米尔回民阿奇木觉尔办运既属奋勉，著加恩赏给五品顶戴并花翎。其译字通事之孙天成、罗万年及办粮之卓尼尔格桑拉布丹、第巴图多著赏给六品顶戴。所有通事程鹏厅、番民玛景诺尔布、纳木结、巴勒布商人巴陵觉丹、达尔兴及帮办长运之迭吉拉布丹等十二名，均著赏给金顶，以示鼓励。"

（高宗朝卷一四二一·页二上～三下）

○乾隆五十八年（癸丑）正月辛酉（1793.3.9）

谕军机大臣等："据福康安等奏查明军需实用款项，分别请捐、请销一折。所称分赏索伦、满汉、屯土各官兵衣履、银牌、牛羊等项,并照料病兵费用,除将恩赏银两给发外,尚用银二万余两,请公捐归款一节。此等官兵奉调赴剿,跋涉远道,殊为劳苦,而福康安等督兵筹运懋著劳勋,所有此项赏银不必令福康安等自行捐办,已谕令该部于核议时准其作正开销,用示体恤。至所奏查明张芝元实系在济咙病故缘由,张芝元向来带兵打仗尚为出力,此次进剿廓尔喀亦属奋勇,虽前次与廓尔喀许银说和一事,伊曾经与闻,但其事究系巴忠主持,张芝元职分较小,不能不听从差委,其咎尚有可原,今经福康安等查明,委系触染瘴疠,在济咙地方病故,殊为可悯。著加恩赏给银五百两,以资丧葬之费。并著惠龄查明伊子内如有年已长成者,于服阕后送部带领引见,以示轸恤。将此传谕福康安、孙士毅、和琳、惠龄知之。"

（高宗朝卷一四二一·页二三上～二四上）

○乾隆五十八年（癸丑）正月壬戌（1793.3.10）

又谕:"此次福康安等在藏,节次奏到筹办善后事宜,立定章程,详备周妥可期经久无弊,殊堪嘉奖。福康安、孙士毅、和琳、惠龄俱著交部议叙。至直隶、河南、山西、陕西、四川等省安设台站,驰递文报,并照料经过官兵去回,均能妥速无误,各该督、抚亦著交部议叙。其承办驿站之文武员弁,并著各该督、抚查明,一并咨部分别议叙,以示奖励。"

（高宗朝卷一四二一·页二四上～下）

○乾隆五十八年（癸丑）三月壬寅（1793.4.19）

谕:"上年进剿廓尔喀所调屯练降番,冒险攻碉,奋勇出力,前经降旨,令福康安等节次奖赏。现在该兵等俱已撤回,次第归屯,念其步行远涉,甚为出力,劳苦奋至,著惠龄再行查明,每名各赏给银三两,以示格外施恩,鼓励屯兵至意。"

（高宗朝卷一四二四·页一一下～一二上）

○乾隆五十八年（癸丑）四月辛巳（1793.5.28）

谕军机大臣等:"前经福康安等奏,巴塘土司吹忠扎布等十二员随征出力，请加奖励。因折内未将该土司等现在系何顶戴及曾否赏翎之处详悉声明，无由按其职分分别加赏，当经降旨传谕惠龄，详悉查明速奏。兹据该督奏称：前因远在军营，并无档案可稽，是以前次具奏，只将姓名开报，现已札饬藩司详悉查明，径由英善开单就近具奏等语。该藩司英善接准惠龄檄饬，自即速行饬查。该土司等屯寨较远，亦应催查速奏，何以迄今尚未奏到，著传谕英善速将该土司等现在系何项[顶]戴，及从前有无赏过花翎之处，即行查明具奏，毋任延缓，以便酌加奖励。"

（高宗朝卷一四二七·页一一下～一二上）

○ 乾隆五十八年（癸丑）四月庚寅（1793.6.6）

谕军机大臣曰："……又据惠龄奏阵亡各土兵请照屯练降番之例一并赏恤一折，自应如此办理。前经降旨，以察木多迤西军需有孙士毅、和琳在彼足资料理，令惠龄即启程回川。本日惠龄奏到之折尚在前藏拜发，想因未经接奉前旨，故未起程。但惠龄系四川总督，有应办地方事件，自应回至成都，未便在藏久驻。著传谕该督，即遵前旨速行回省。此时察木多以西军需计已办有头绪，又有和琳在彼可以就近核办，其察木多以东军需，孙士毅回程之便，即可一路查办。及至成都，只须与惠龄公同会商，得其大端，余亦可交与惠龄逐细查核，孙士毅即可回京供职。伊已年老，亦不必在外久留也。将此由六百里各谕令知之。"

（高宗朝卷一四二七·页二五上～下）

○ 乾隆五十八年（癸丑）五月壬寅（1793.6.18）

谕："向来绿营阵亡官弁俱给予世职，俟袭次完时，给予恩骑尉世袭罔替，原以轸恤勋劳，特加优典。至屯土旨弁，遇有征调无不踊跃争先，著有劳绩，而临阵捐躯者，向止给予赏恤银两，分别加衔，并未一体义给世职。该屯土员弁与绿营同一效命疆场，而恤典各殊，究未免稍觉向隅。嗣后屯土官弁，设遇调发，有随征阵亡者，均著照绿营之例，按照实任职分，给予世职袭次，俟袭次完时，再给予恩骑尉世袭罔替。至此等承袭世职人员，遇有该处屯土备弁缺出，著先尽此项人员酌量拔补。如此逾格加恩，永为定例。该屯土官弁等，益当倍加感激，尽力戎行，以副朕一视同仁，奖励忠荩之意。所有此次进剿廓尔喀应行议恤之阵亡屯土员弁，即照此例办理。并著宣谕知之。"

（高宗朝卷一四二八·页一三下～一四上）

○ 乾隆五十八年（癸丑）五月辛亥（1793.6.27）

谕："从前阿桂平定金川时，系封四字公爵。福康安剿办台湾贼匪，由嘉勇侯晋封公爵，此次办理廓尔喀，跋涉险阻，艰苦备尝，蒇功完善，著于'嘉勇'二字上再加'忠锐'二字，以示酬庸懋赏。"

又谕（军机大臣等）："金川土司今岁系应轮班入觐之年。前曾降旨，令福康安、惠龄将此次随征廓尔喀出力之屯上[土]将弁等拣派数人，于年底一同赴京瞻觐。倘因人数稍多，不妨将例应入觐之土司酌减为下班。嗣据福康安奏：于穆塔尔等五名之外，再添派甲噶尔绷等十二名一体入觐，其年班人数如何增减，届期开单俱奏等语。该土司等远道从征，备尝辛苦，本欲令于八月内前赴热河瞻觐，俾得与蒙古王公及各国使臣一体宴赉，以示奖励。特恐道里遥远，不能赶上，且该屯土将弁等不耐炎热，沿途未免劳顿。著传谕惠龄，即照福康安所奏，将穆塔尔、甲噶尔绷等十七名一并列入年班数内，于冬底到京，以备赏赉。其例派土司作何增减之处，亦著即开单先行具奏。"

（高宗朝卷一四二九·页九下～一二下）

○ 乾隆五十八年（癸丑）五月丁巳（1793.7.3）

谕军机大臣曰："……又，惠龄另片奏：接奉赏给屯练降番银两谕旨，飞咨将军、提督，并札饬藩司确查各兵番回寨实数，将银两按名给赏等语。此次进剿廓尔喀，所调屯练降番冒险攻碉，实为奋勇，已节次加恩奖赏。前又念该兵等俱已撤回归屯，步行远涉，复令惠龄再行查明，每名各赏银三两，以示格外恩施。但各番兵回寨实数必须确切查明，按名分给。除途次脱逃无庸赏给外，其阵亡屯土降番，前已降旨俱照绿营兵丁阵亡例一体优赏，所得银两自较此项恩赏倍多。然其中有在途病故者，既不能照阵亡例赏给；而未经回寨，又不能得此次恩赏，未免向隅。著惠龄饬查实在回寨兵丁数目，其有在途病故者，亦一体将银两给与家属收领，俾得均沾恺泽。所有惠龄奏片内已用朱笔尖出，该督务须遵照核实妥办，以副朕轸念勤劳至意。将此各传谕知之。"

（高宗朝卷一四二九·页一六上～二〇下）

○乾隆五十八年（癸丑）六月戊辰（1793.7.14）

谕："此次征剿廓尔喀，运送粮饷、军器，唐古忒等疏玩性成，几致误事。幸朕遣和琳前往督办军务，伊至后即鼓舞唐古忒番子，拣派能干噶布伦、喇嘛等，分路雇觅乌拉，亲身沿途催趱，始一切接续运到。连次来京各员俱如此具奏。可见和琳奋勉妥协，洵属可嘉。著加恩赏给世袭云骑尉，即令伊子良辅承袭，仍授为三等侍卫，在乾清门学习行走，以示奖励。"

（高宗朝卷一四三〇·页五下～六上）

○乾隆五十八年（癸丑）七月甲寅（1793.8.29）

予出师廓尔喀阵亡护军统领都统衔台斐英阿祭葬如例，谥"果肃"。

（高宗朝卷一四三三·页一一上～下）

○乾隆五十八年（癸丑）八月己巳（1793.9.13）

又谕（军机大臣等）："上年福康安等奏：攻破协布噜后，深入贼境。有贼匪数人在后窥探，当经卡兵王大伦盘获禀报，随即派员审明，实系奸细，即行正法等语。王大伦系守卡步兵，派防后路，能留心盘获奸细，实属可嘉。前经降旨，以千总升用，著再传谕惠龄，遇便将该员给咨送部引见。"

（高宗朝卷一四三四·页一〇下～一一上）

○乾隆五十八年（癸丑）八月辛未（1793.9.15）

谕："此次办理廓尔喀，所有随征出力之降番，前因其打仗立功时业经赏给巴图鲁名号及赏翎升等，既已优酬劳绩。今据福康安奏：此项降番屡经征调，最为奋勇，此次远征廓尔喀，更属劳苦出力，请照屯练之例，一体准其袭替等语。降番停袭世职，原为慎重屯务起见。但念伊等此次调遣远役，深入微外，劳苦备至，非寻常随征可比，著照福康安所奏，加恩准其各照本职一体袭替，以示轸念屯番，愈格恩施至意。"

又谕："现在办理廓尔喀事竣，一切军需奏销均须四川总督核办，虽有孙士毅在彼会同查核，但伊年老，恐精神不能周到。且藏内甫经安辑，正资整饬之时，而该省地通西路，统辖屯土各番，控制较为广远，非威重大臣不足以资镇抚。惠龄在彼虽能谨饬自守，但办事究欠精炼，福康安新经平定廓尔喀，威望素著。广东现无紧要事件，其海洋盗匪，节经福康安搜拿整顿，渐已敛迹。该省盐务改埠归纲，办理亦有端绪。而安南自袭封后人心镇定，边境粃宁，无必须福康安在彼经理之事，福康安著调补四川总督，俾其控制边陲，驾驭屯土番众，督办军需销算，更足以资倚任。……"

（高宗朝卷一四三四·页一一下～一三上）

○乾隆五十八年（癸丑）八月甲戌（1793.9.18）

又谕："据勒保等奏：廓尔喀所进驯象、马匹，派员出口照料，并令沿途各蒙古、番族预备牛羊、乌拉应用，按数给价，嗣据扎萨克等声称，应需羊只等项所值无几，不敢收领价值，现已准其办供等语。廓尔喀进贡象、马，经过青海地方，该扎萨克等预备羊只等项，并据称不敢请领价值，踊跃急公，出于至诚，殊属可嘉。扎萨克贝勒济克默特伊什、贝子车登多尔济、公拉特纳锡第俱著加恩各赏给缎二匹，以示奖励。"

（高宗朝卷一四三四·页一八下～一九上）

○乾隆五十八年（癸丑）十二月戊子（1794.1.30）

是年，追予出师廓尔喀阵亡委署笔帖式额尔棍车等三员、二等侍卫莫尔根保等三员、参领乌扎太等三员、佐领英卡布等二十二员、三等侍卫索多尔海一员、参领张占魁一员、游击年墉一员、都司魏玉龙等十六员、守备马登云等二员、土守备色丹巴一员、骁骑校济尔汉查等十六员、护军校噶鲁岱等三员、千总李殿元等六员、土千总儿谷偷等六员、把总余奉璋等十九员、土把总河什丹等八员、外委马耀林等十员、土外委俄尔结等十四员、额外外委赵得保一员、满汉屯土马步兵丁齐哈凯等一千二百一十一名祭葬赏恤如例，俱入祀昭忠祠。

（高宗朝卷一四四三·页一五上～一六上）

○乾隆五十九年（甲寅）八月辛巳（1794.9.20）

又谕曰："福康安奏酌给五寨屯练余丁钱粮，于本省茶息闲款动支，并委员丈出两金川闲空地亩增给降番等因一折。维州协所属杂谷、乾堡等五寨屯练兵丁自金川、兰州、石峰堡、台湾等处屡次调派，无不奋勉争先。前年调赴廓尔喀军营，往回万数千里，登艰涉险，尤为分外出力。边番素习劳苦，生计维艰，自应量加恩赉。著照福康安所请，将五寨余丁一千五百名，每名每年照正额饷银六两之例减半赏给银三两，即于川省茶息款项内动支，俾资衣食。至金川降番等历次调派，亦属勇往出力，除该处正项地亩已经开垦外，其余荒山瘠地，亦著照所请，准令该降番等于附近处所自行量加分段耕种，无庸交纳钱粮，以示朕惠爱番民恩施格外至意。"

（高宗朝卷一四五九·页四三上～四四上）

○乾隆五十九年（甲寅）十二月癸未（1795.1.20）

是年，追予出师廓尔喀阵亡参领巴图尔一员、佐领定博鼐一员、防御沙克都尔等二员、骁骑校库德勒等三员、委署笔帖式巴图一员、把总单世俊一员、参将衔土司甲太一员、守备衔土司江巴等二员、土千总生根等五员、土把总阿库等五员、土外委色郎等四员、领催巴彦都楞一名、土兵阿思里等三十一名祭葬恤赏如例，俱入祀昭忠祠。

（高宗朝卷一四六七·页二一下～二二上）

○乾隆六十年（乙卯）十月壬辰（1795.11.25）

谕军机大臣等："向来屯练降番其官阶至土守备而止，十余年来遇有征调奋勇出力者，叠经加恩，赏给二、三品职衔，并准食副将、参将实俸。其屯土兵丁，亦赏给钱粮二千分。但以千总、守备等员即赏二品顶戴，究于体制不协。该屯练降番等久隶总督、提、镇管辖，原与内地营员无异，即职分较大，亦可随时约束。与其赏给虚衔，莫若酌添实缺，或由守备以次递设都司、游击、参将，至副将而止。该处兵丁钱粮前已加恩酌给二千分，但均匀分拨，所得无几，亦应酌量增添，普沾恩泽。著福康安、和琳会同妥议具奏，俾兵弁多得上进之阶，生计又资宽裕，以示优奖勤劳、一视同仁至意。"

（高宗朝卷一四八八·页三二下～三三上）

○乾隆六十年（乙卯）十二月丁未（1796.2.8）

是年，追予廓尔喀出师阵亡之都司巴扬阿一员，三等侍卫鄂木保等三员，守备木太一员，蓝翎侍卫特克内一员，屯千总班达耳等三员，把总永忠等七员，外委肯本忠等七员，巡检方相衮一员，马兵林朝鼎等八十一名，兵丁张庆图等二百二十名祭葬恤赏如例，俱入祀昭忠祠。

（高宗朝卷一四九三·页二八上～下）

清厘军需核销，办理善后诸事宜，明定驻藏大臣权力，鼓铸官钱，设立边界鄂博，训练藏兵，酌定藏内善后章程

○乾隆五十六年（辛亥）九月庚子（1791.10.25）

又谕（军机大臣等）："廓尔喀所铸钱文向卫藏行使，原为贪图利息起见。后又欲将旧钱停止，专用新钱，每银一两只肯用钱六个，固属贪得无厌，而噶布伦、番众人等与彼交易，亦不免图占便宜。彼此惟利是图，各不相下，以致复滋事端。但卫藏地方行使廓尔喀钱文，总缘唐古忒人等、向与廓尔喀交易买卖，是以不得不从其便。今该贼匪反复无常，肆行抢掠，昨已降旨令将在前藏贸易之人概行逐去，即使廓尔喀震慑兵威恳求纳款，亦断不准其再通贸易。是廓尔喀所铸钱文，卫藏竟可毋须行用。我国家中外一统，同轨同文，官铸制钱通行无滞，区区藏地何必转用外番币货。况伊将所铸之钱易回银两，又复摅铜铸钱向藏内交易，源源换给，是卫藏银两转被廓尔喀逐渐易换，尤属不成事体。若于内地铸钱运往，程站遥远，口外又多夹坝，运送维艰，莫若于西藏地方照内地之例安设炉座，拨派官匠，即在彼鼓铸。驻藏大臣督同员役监制经理，自可不虞缺乏。将来剿办事竣，鄂辉当传齐达赖喇嘛、噶布伦等明白宣谕以唐古忒人等懦怯无能，又复固执贪利。此次因伊等与廓尔喀换易钱文纷争滋事，是以大皇帝为保护卫藏，派调大兵前来剿办，俾僧俗番众倚赖安全。所有廓尔喀贸易人等，俱不准其复来交易，永断葛藤。特于藏内鼓铸官钱，令其行用。

伊等旧存廓尔喀钱文概行销作银两，一律使用官钱。伊等当感激大皇帝爱护深恩，敬谨遵行，即可永资乐利。若狃于积习，不知感悟，仍欲与廓尔喀彼此交易，行使所铸钱文，则伊等竟系冥顽不灵，自贻伊戚，必将驻藏大臣一并撤回，任听伊等所为。即使贼匪再来滋扰，亦不复过问矣。如此明白谕知，该处僧俗番众自当各知醒悟遵照办理。……"

（高宗朝卷一三八七·页二六下～二八上）

○乾隆五十六年（辛亥）十二月丁未（1791.12.31）

谕军机大臣等："……至成德所奏请暂铸铜钱，以资兵丁换易行使，已据成德谕令商上暂为铸造。此系为目前兵丁需用起见，亦只可如此办理。其将来在藏安设炉座官铸钱文之处，统俟福康安于事竣后归入善后事宜内办理，非目前急务也。……"

（高宗朝卷一三九二·页八上～一〇上）

○乾隆五十七年（壬子）闰四月壬辰（1792.6.13）

又谕（军机大臣）："……再闻和琳平素敬佛，此次到藏时见达赖喇嘛、班禅额尔德尼自必照常瞻礼致敬，于佛法固当如此。但闻向来驻藏大臣不谙大体，往往因接见时瞻礼，因而过于谦逊，即与所属无异，一切办事与噶布伦等视若平行，授人以柄，致为伊等所轻，诸事专擅，并不关白大臣，相习成风，已非一日。即如四十九年沙玛尔巴前往廓尔喀地方，并未告知驻藏大臣，请领路引。前此达赖喇嘛令丹津班珠尔前赴廓尔喀讲和，驻藏大臣并未与闻，其许银赎地一节，亦未先行关白，而驻藏大臣等虽有所闻，亦佯为不知。此即噶布伦等专擅之明验也。鄂辉、和琳均系钦差大臣，除拜佛瞻礼之外，其办事原应与达赖喇嘛、班禅额尔德尼平等。至噶布伦等，即系属员，诸事自须禀命钦差办理，如伊犁将军之统辖伊犁，喀什噶尔参赞之统辖回疆，方足以符体制而肃纲纪。鄂辉、和琳在彼，应乘此时加意整饬，力矫从前积习，俾噶布伦等咸知天朝威令，不敢心生玩忽，庶事权归一，可期抚驭番民，永绥卫藏。……"

（高宗朝卷一四〇三·页二一上～二三下）

○乾隆五十七年（壬子）五月丙辰（1792.7.7）

又谕："……又据和琳等奏，现在噶布伦遗缺，已咨明福康安，先尽随赴大营及分派各路办粮之署噶布伦及戴绷等，择其奋勉出力者，知会拔补等语，所办甚当。向来蒙古本重世家，自前代已然，即我满洲向亦以此为重。但世家子弟贤否不一，若专取家世，不论其才干之能否办事，岂不可笑。至藏中办理诸事，从前总由噶布伦专擅辄行，并不关白驻藏大臣，以致任意妄为，屡构衅端。今和琳等如此办理，将来该处噶布伦俱可由驻藏大臣与达赖喇嘛商定奏请补放。黜陟从公，事权归一，藏务更易整饬，实属得当。……"

（高宗朝卷一四〇五·页九上～一一下）

○乾隆五十七年（壬子）八月戊子（1792.10.7）

谕军机大臣曰："福康安等带兵打仗，所向克捷，贼匪望风胆落，朕料其必差人赴营乞降，又虑及藏内气候骤寒，迭降旨令福康安等妥速藏事。……以现在情形而论，贼匪经兵威震慑，不敢再萌故智，边境粲宁，可保数十年无事。趁此收功，较安南投诚入觐尚为完善。即拉特纳巴都尔、巴都尔萨野心怀畏惧，不敢亲赴军门，数年之后，畏威怀德，见安南内附迭受恩施，自请入觐，亦事理所有。恐福康安等未奉朕旨，不敢遽行受降，已明降谕旨，将不得已用兵之故，及贼酋乞降俯准纳款缘由，宣示中外。廓尔喀既经内附，或三年、五年遣头人赴京具表进贡，如朝鲜、安南、暹罗、缅甸外藩一律办理，方成体制。从前来藏贸易之巴勒布人等愿留藏者，即编入户册，作藏内民人；不愿者，派兵押送出境，令回故土，永断葛藤。藏内行使钱文，设炉改铸宝藏字样，所有巴勒布银钱不许再行使用。自定立疆界后，廓尔喀人众固不许偷越藏界，即藏内人等亦不得私赴廓尔喀礼塔、贸易。至驻藏大臣二员，向俱驻扎前藏，于后藏事务鞭长莫及，嗣后应分驻一员，以资弹压，遇有事务就近办理。福康安等当会同驻藏大臣将应办各条参酌损益，妥协办理，以期经久遵行，边隅永臻宁谧。"

（高宗朝卷一四一一·页一三下～一五上）

○乾隆五十七年（壬子）八月癸巳（1792.10.12）

谕军机大臣等："昨已降旨令福康安等受降藏事，并将善后各条，令公同详酌妥办矣。但撤兵之后，该处应行另定章程，前旨尚有未经详尽之处，今思虑所及，再为逐条开示。福康安于撤兵后，即令海兰察带领巴图鲁侍卫、章京等分起回京，打仗官兵俱令归伍。会同孙士毅等将所指各款，熟筹妥办，务期经久无弊。

一、前后藏为达赖喇嘛驻锡之地，各蒙古及番众等前往皈依瞻拜，必其化身确实，方足宏衍禅宗。查藏内达赖喇嘛、班禅额尔德尼等呼毕勒罕示寂后，令拉穆吹忠作法降神，俟神附伊体，指明呼毕勒罕所在。乃拉穆吹忠往往受嘱，任意妄指，以致达赖喇嘛、班禅额尔德尼等亲族姻娅递相传袭，总出一家，与蒙古世职无异。甚至丹津班珠尔之子亦出有呼图克图之呼毕勒罕者。即仲巴与沙玛尔巴同为前辈班禅弟兄，仲巴系扎什伦布商卓特巴，坐享丰厚，沙玛尔巴居住廓尔喀，未能分润，唆使贼人抢掠。此呼毕勒罕不真及族属传袭之流弊也。嗣后应令拉穆吹忠四人认真作法降神，指出实在根基呼毕勒罕若干，将生年月日各书一签，贮金奔巴瓶内，令达赖喇嘛等会同驻藏大臣对众拈定，作为呼毕勒罕。不得仍前妄指，私相传袭。

一、前后藏租赋向归达赖喇嘛、班禅收贮。又众蒙古平时皈依喜舍，是以布达拉、扎什伦布两处商上蓄积饶多，驻藏大臣向不过问。其商卓特巴、噶布伦等任意侵蚀，各拥厚资。嗣后商卓特巴、噶布伦等缺，应听驻藏大臣秉公拣选，其收支一切，亦令驻藏大臣综核。凡换班官兵及驻藏大臣公用，俱不得于商上侵挪。其商上出息，除养赡喇嘛番众，或有羡余，即为添补唐古忒兵丁养赡之用。

一、派往驻藏办事之员多系中材谨饬。伊等前往居住只图班满回京，于藏中诸事并不与闻，听达赖喇嘛等率意径行，是驻藏大臣竟成虚设。嗣后藏中诸事，责成驻藏大臣管理。遇有噶布伦、商卓特巴、第巴、戴绷等缺，秉公拣选奏补，不得仍前任听达赖喇嘛等专擅，致滋弊端。倘原设章京、笔帖式等员数不敷，酌量添设，以资差委。

一、查系藏内边地，一一设立鄂博，毋许越界。驻藏大臣按季轮往稽查，并将各该处驻兵勤加操练。

一、廓尔喀抢掠扎什伦布物件，倘送出时即稍有短绌，不必过于查究。仍将物件给还该喇嘛，不必入官。

一、布达拉、扎什伦布两处商上改隶驻藏大臣综理，只须代为稽核，不可过于严切。其达赖喇嘛、班禅额尔德尼自用及公用各项，仍听其便，无庸管束太过，以示体恤。"

（高宗朝卷一四一一·页二二下～二五上）

○乾隆五十七年（壬子）十月戊子（1792.12.6）

谕军机大臣曰："福康安等奏遵旨受降撤兵回藏及廓尔喀凛遵约束情形一折。览奏欣慰。廓尔喀倾心向化，备具表贡，凛遵约束，并恭撰番字歌词呈进，极为恭顺，藏局实为完善。至福康安等奏，接到拉特纳巴都尔禀称，从前因银钱启衅，嗣后不再提一个当两个、个半行使之语，以表其诚心改悔。廓尔喀与唐古忒人等交通贸易由来已久，前因此事易启争端，是以有旨令福康安等谕知廓尔喀竟应停止贸易，以杜葛藤。今闻廓尔喀地方需用食盐、酥油等项，断不可缺，与俄罗斯之需用大黄相同，藏内亦需彼处米石。今廓尔喀业经归命投诚，若停止贸易，转非怀柔绥辑之意。但从前廓尔喀与藏内交易，俱系伊等自行说合，并无官为经理，以致噶布伦等从中牟利，丛滋弊端。今因俯示体恤，准其仍通买卖，所有贸易等事竟应官为办理，不准噶布伦等复行私自讲说，一切事宜应比恰克图之办理俄罗斯交易更为严密。或于一岁中酌定两次、四次准其通市，于抚辑之中予以限制。驻藏大臣仍不时稽查，亲加督察，令彼此公平交易，毋得稍有偏枯，既可遂其恭顺之心，又可免噶布伦等从中滋弊。至廓尔喀与藏地交易，自不能不行使银钱。现据廓尔喀呈禀此后不敢再提一个当两个个半之说，是该处银钱亦可公平定价，不致再有争执。此事著交福康安等四人会同详定章程，并明白晓谕廓尔喀及唐古忒人等永远遵奉。……现在藏内应办善后事宜最关紧要，节经有旨，令福康安四人会同商办，务须事事尽善，详定章程，以期经久无弊。今赏福康安洋表一个、大荷包一对、小荷包四个，海兰察、孙士毅、惠龄、和琳洋表各一个、大荷包各一对、小荷包各二个。又，初次鲜鹿肉二十块，并著赏给福康安等四人及随从办事出力官员分尝，以示眷注。"

（高宗朝卷一四一五·页一五上～一八上）

○乾隆五十七年（壬子）十一月丙午（1792.12.24）

又谕（军机大臣）："前降谕旨，令将扎什伦布商上每年所得羡余分给前藏所管唐古忒番兵，俾资贴补。原因扎什伦布商上素属丰裕，而派往后藏唐古忒兵丁系为保护班禅而设，是以酌为调剂，令将盈余分给前藏兵丁，共沾余润，同心固守之义。今据福康安等奏，该处商上自经兵燹之后迥不如前，一时元气未能骤复，自不必强其分给，所谓彼一时此一时也。且朕闻班禅额尔德尼年虽幼小，人竟聪慧，胜于达赖喇嘛，自由前辈班禅实非常人，故其慧性不泯。兹观其于福康安经过后藏时，跪请朕安，呈递佛像、哈达，并以此次派兵进讨，全为振兴黄教起见，专差喇嘛赴京恭进表贡谢恩，情词极为恳挚。又据福康安等奏萨嘉呼图克图于福康安等经过时，亦呈递佛像、哈达，一并进呈等语。前因撒迦沟人数众多，而该喇嘛又有捐办糌粑、牛只之事，尚知畏法奉公，已屡降谕旨，令福康安等传知该喇嘛，准其照旧焚修，毋庸迁徙。今福康安等察看情形，并未将初次欲行查办之意向其宣露，所见甚是，自应如此办理。惟达赖喇嘛亲族管事最易滋弊，此必当严禁。昨已降旨令和琳坚持定力，加意经理。和琳此次在藏实力整饬，厘剔积弊，朕得之意外，实在可嘉。至军需销算事宜，自应令和琳会同核办。藏内善后诸事经福康安等公同酌定后，俱已立法可行，无需和琳专驻该处办理，其前后藏一切军需条款，和琳原不妨往来查核，所有应行销算事宜，自察木多以西著交孙士毅、和琳、惠龄三人会同核实报销，察木多以东著交孙士毅与惠龄会办。如此，则和琳既可兼办报销，而藏务亦能就近查察，实为两有裨益。再，阿旺簇勒提木遗有庙宇财产，若无妥人管束，恐其徒众觊觎生心，互思攘夺，滋生事端。前据俘习浑等奏，将该喇嘛徒弟建巴多布丹作为扎萨克喇嘛，管理庙务徒众，当经允准。但其人是否妥协，并著和琳留心察看，如建巴多布丹尚能管束则已，否则或商之达赖喇嘛，另于别庙喇嘛内拣选一人作为堪布，令其掌管，免致滋事，方为妥善。……"

（高宗朝卷一四一六·页一六下～一九下）

○乾隆五十七年（壬子）十一月壬子（1792.12.30）

谕军机大臣曰："福康安等奏称：行抵前藏，将善后章程大意告知达赖喇嘛，察看达赖喇嘛感戴出于至诚，一切惟命是听，断不敢稍形格碍等语。朕节次所示条款内，如严禁达赖喇嘛左右近侍、亲族、噶布伦等干与滋事，并发去金奔巴瓶签掣呼毕勒罕各款，皆系保护黄教，去彼世袭嘱托私弊，达赖喇嘛自当一一遵奉。此系极好机会，皆赖上天所赐，福康安等当趁此将藏中积习湔除，一切事权俱归驻藏大臣管理，俾经久无弊，永靖边隅，方为妥善。又据奏达赖喇嘛告称，此次官兵进剿廓尔喀，收复边境，卫藏得以宁辑，实深欢感，即日专差喇嘛赴京进表谢恩等语。前据福康安等奏，班禅额尔德尼感激朕恩，恳请差人赴京赍进表贡。今达赖喇嘛亦有此请，自可与班禅额尔德尼所遣喇嘛一同来京。计此旨到日，福康安恐已在前藏起程。著传谕和琳，于班禅额尔德尼贡使到前藏时，即令与达赖喇嘛所遣之人一同赴京，不必分作两起，亦不必多派喇嘛，只须前后藏各差堪布一人赍送表贡，沿途行走较为便捷。……"

（高宗朝卷一四一七·页三上～四上）

○乾隆五十七年（壬子）十一月丁巳（1793.1.4）

谕军机大臣等："昨据侍卫安禄等将丹津班珠尔等解到，当令军机大臣详悉询问，其所供许银说和各情节大略俱已明悉。前此藏内两次滋事，皆由达赖喇嘛诸事惟听左右近侍亲族及噶布伦等专擅，率意径行，以致屡生事端。向来噶布伦缺出，达赖喇嘛皆于东科尔家道殷实内挑补，往往贻误公事。噶布伦系承办藏务之人，必须论其才干能否办事方可拔补，岂得专取世族及家资丰裕者滥行补用？若不论其贤否，而辄以世家富户充补，是犹内地世族、盐商、大贾俱可擢用显秩，有是理乎？前已节次降旨，遇有噶布伦缺出，令驻藏大臣与达赖喇嘛秉公拣选奏请补放，惟视其才具之优长，不在世族家道之贫富，方为公当。但此次噶布伦，现在询之丹津班珠尔，俱称每年并无得项，惟商上给与糌粑、酥油等项，亦无定额，其噶布伦内有官爵职衔者，向由理藩院发给银两、俸缎等语。噶布伦等既在藏办事，岂无用度。其有官爵职衔者，每年只借商上酌给糌粑、酥油。该噶布伦等或借称用度不敷，借端婪索，皆所不免。立法未为允协。福康安等当商之达赖喇嘛，或于商上空闲地亩内酌量拨给所收稞麦，分给若干作为定额，如回疆阿奇木伯克之例，俾该噶布伦办公有资，无可借口。自酌定得项后，如噶布伦等再有借端婪索之事，即可将伊治罪示惩办理，方为妥善。再，藏内设立噶布伦四缺，原俱系从民人内挑补。嗣后班第奏明参用喇嘛一人，由商上毕七克齐四人内择其有才具者充补。但此等喇嘛噶布伦，讯据丹津班珠尔称，不过管理达赖喇嘛零星事件；其藏内应办事件，俱系番民挑补之噶布伦管理等语。是噶布伦喇嘛一缺并不得力，而该喇嘛与达赖喇嘛亲近，易于进言。若达赖喇嘛能知大体，尚不致为其所惑。如系庸懦无识者，惟其言是听，遇有缺出，即可将伊亲族徇私充补，诸弊丛生，似与藏务无益。现在喇嘛噶布伦一缺，已据孙士毅、和琳奏明，照例将扎萨克喇嘛坚巴多布丹补授，此时亦无庸更换，俟将来该喇嘛噶布伦出缺时，竟当于番民内挑补，将喇嘛充当噶布伦之处永远停止。以上二条，著福康安等于办理善后章程内一并议入。又，前次福康安等将廓尔喀缴回扎什伦布物件开单进呈，当交军机大臣分别解京变价及留给驻防兵丁经费并给还扎什伦布各款，发交福康安等照办。今思济咙等处既不驻兵，无需经费。且廓尔喀前抢扎什伦布物件，除零星抛散及伊手下人等隐匿外，现在缴回之物不过十分之一。此次军务所费帑金不下巨万，亦何必计此区区耶？著传谕福康安等除已解京外，所有元宝、银器俱著赏还班禅商上。其应行变价者，亦毋庸变价，同缎匹等物一件赏还扎什伦布，听其料理，以示体恤。再，丹津班珠尔扎什敦珠布从前向廓尔喀许银说和，原有应得之罪，但念伊人尚明白，今事属既往，不加深究。应俟年班递丹舒克堪布喇嘛回藏时，即令伴送之员带回藏内。惟是丹津班珠尔被廓尔喀裹去，在阳布居住年余，难保无屈体恳求等事，到藏后断不可再令充当噶布伦。俟数年后无过，或令充当第巴等缺，尚属可行。著交和琳等存记，留心酌办。又阅福康安等前次所奏拉特纳巴都尔呈出之原立合同内有每年唐古忒人前往阳布朝搭抹拭白土一节，现在办理善后事宜，此事竟可永行停止。又，所有唐古忒与廓尔喀交通贸易之事，前已有旨交驻藏大臣官为经理，限定次数，不得任听私自交易。前因廓尔喀既已悔罪投诚，令福康安等于善后事宜内许其仍通贸易，官为经理，每年或分作四次或两次交易。今思此事不可遽行允准。福康安等于廓尔喀乞降时，应俟其再四恳求开市，方行允许，庶可以断葛藤而杜衅端。"

军机大臣等议复："大学士两广总督公福康安等奏：'阳八井庙宇前

经奏准赏给济咙呼图克图。现在派拨喇嘛四十名焚修，请将阳八井庄田内地名江洛井一处每年应收青稞一百三十三石，给与养赡。'应如所请。"从之。

（高宗朝卷一四一七·页一二下～一七上）

○乾隆五十七年（壬子）十二月庚午（1793.1.17）

又谕曰："福康安等奏酌定唐古忒番兵训练事宜、藏内鼓铸银钱各折。所称新设番兵经费，只须商上给番目钱粮二千六百余两，其余俱系以沙玛尔巴、仲巴资产及丹津班珠尔家缴出之项支给等语。此项查抄沙玛尔巴、仲巴资产并丹津班珠尔缴出庄田，自应一律归入达赖喇嘛商上，作为新设番兵经费之用。但廓尔喀与唐古忒滋事之由，皆因前次噶布伦索诺木旺扎尔于贸易时从中刻扣，私加税银。经廓尔喀呈诉，彼时留保住、庆麟等隐匿不奏。噶布伦索诺木旺扎尔畏罪服毒身死，虽已降旨将伊扎萨克台吉职衔革去，不准伊子承袭，但其家产尚未查出归入达赖喇嘛商上。该噶布伦系首先起衅之人，若任其子孙坐享丰膴，不足以示惩儆，且其罪重于丹津班珠尔。著福康安将索诺木旺扎尔所有家产逐一查明，同沙玛尔巴等田庄资产一律归入商上。此项财产只应以公济公，作为新设番兵三千名每年经费之用。其另折奏，于察木多等处抽拨兵六十名，拨调守备二员、把总一员、外委二员在江孜、定日等处驻扎巡查，所有例给换防之费，原系绿旗官办，仍照例官为支给，不必用其商上之项。再，所定藏内鼓铸银钱章程，亦只可如此办理。藏内既不产铜，所需鼓铸钱文铜斤仍须向滇省采买，自滇至藏一路崇山峻岭，购运维艰，自不若仍铸银钱，较为省便。但阅所进钱模，正面铸'乾隆通宝'四字，背面铸'宝藏'二字，俱用唐古忒字模印，并无汉字，于同文规制尚未为协。所铸银钱，其正面用汉字铸'乾隆宝藏'四字，背面用唐古忒字亦铸'乾隆宝藏'四字，以昭同文而符体制，已另行模绘钱式，发去遵办。"

军机大臣议复大学士两广总督公福康安等奏遵旨筹议番兵章程：

"一、唐古忒兵丁向来五千余名，系临时在各寨调遣，有名无实。请嗣后前后藏各设兵一千名，定日、江孜各设兵五百名，在该处就近挑补。原设戴绷五人，前后藏各驻二人，以一人分驻定日，再添设戴绷一人分驻江孜，各管兵五百名，督率教演。前藏归游击统辖，后藏及江孜、定日归都司统辖。

一、大小番目须分别等级，逐层管束。应于额设戴绷六名以下，设如绷十二名、甲绷二十四名、定绷一百二十名，递相统辖，分管番兵。遇有缺出，按照等差，由定绷以上依次递升。其东科尔世家充当兵目，亦一体办理，不准超越。

一、番兵酌给口粮。此项额兵三千名，每年各给青稞二石五斗。调遣征兵每日由商上各给糌粑一斤，并发给执照，免其徭役。至番目除戴绷六名例各给庄田一分，其余每年酌给钱粮。如绷各给银三十六两，甲绷二十四两，定绷十四两八钱，俱由前藏商上支取，交驻藏大臣转发。

一、兵丁技艺应令各将备督同番目训练，驻藏大臣于每次巡查时校阅优劣，分别赏罚。驻防将备即以所管兵目优劣，分别等第咨部。此项额兵定为五分鸟枪、三分弓箭、二分刀矛，军器、火药均按名分给。

一、定日、江孜二处为卫藏要路，已设弁兵，济咙、聂拉木各边界无庸另设番兵驻守。

一、更换驻防将备，现在即于随征营员内挑补，嗣后由四川总督派拨。内地官兵不得欺凌番兵。该管将弁戴绷不得私令番兵服役。

均应如所请。"从之。

又议复："福康安等奏称：藏地素不产铜，由内地拨运，不免糜费，应照上年奏准由商上铸造银钱，一律通行。成色纯用纹银，每元照旧重一钱五分。纹银一两，易钱六元。余银一钱，作为鼓铸工本。另铸一钱重银钱一种，每两易换九元。五分重银钱一种，每两易换十八元。其巴勒布及商上原铸旧钱低潮，定为每两易换八元。所有鼓铸工料，令商上经理，仍交驻藏大臣派员督同监造。如有搀杂，将该管噶布伦及孜绷、孜仲等与监造之员一并治罪。应如所请。"从之。

又议复："福康安等奏称：查江孜、定日两处，为各部落来藏要路，向来未设汛防。应于江孜添立一汛，派守备一、外委一，带兵二十名驻扎。定日添立一汛，派守备一、把总一、外委一，带兵四十名驻扎。所有兵丁，于察木多抽拨四十名，拉里拨十名，后藏拨十名，其员弁由川省派出，均照例班满更换，统归驻藏大臣于巡查时查验操演。应如所请。"从之。

大学士两广总督公福康安等奏："查达赖喇嘛所属前后藏番民每年租赋除交各项本色外，约银十二万七千两零。现在噶布伦、商卓特巴等缺，议归驻藏大臣会同拣选。所有商上用度应交驻藏大臣总核，并令济咙呼图克图就近稽查。其扎什伦布番民租赋亦应一体办理。……"报闻。

（高宗朝卷一四一八·页八上～一三上）

○乾隆五十七年（壬子）十二月辛卯（1793.2.7）

军机大臣等议复大学士两广总督公福康安等奏筹酌善后章程：

"一、驻藏大臣除上山瞻礼外，其督办事务，应与达赖喇嘛、班禅额尔德尼平等。自噶布伦以下番目及管理喇嘛等，事无大小，均应禀知办理。

一、大小番目应立定等级拣放。查噶布伦办理一切事务，戴绷管领番兵，商上孜绷、商卓特巴总司出纳，缺关紧要，不可越次补放。即各缺营官管理番民，亦应拣选充补。请嗣后噶布伦缺出，于戴绷及商上孜绷、商卓特巴内，由驻藏大臣会同达赖喇嘛拣选正陪奏补。商上孜绷、商卓特巴缺出，以管放口粮之业尔仓、管理刑名之协尔帮、噶厦办事之大中译及孜仲喇嘛升补。业尔仓、协尔帮缺出，以管理布达拉番民希约第巴、管拉撒番民朗仔辖密本、管达赖喇嘛马厂达本升补。希约第巴、密本、达本缺出，以大缺、边缺及噶厦卓尼尔升补。大中译缺出、以小中译、噶厦卓尼尔升补。大缺、边缺营官，以小缺营官调补及小中译补放。唯小缺各营官，始准于东科尔及喇嘛内拣补。其业尔仓、希约第巴两项，向有喇嘛者，仍准挑补。前藏商上铸钱，应专派铸钱孜绷、孜仲喇嘛各二名办理。均由驻藏大臣会同达喇嘛嘛挑选，发给清、汉字、番字印照。至扎什伦布管事皆系喇嘛，其商卓特巴缺出，以绥绷喇嘛、森本喇嘛升补。绥绷缺出，以孜仲喇嘛升补。森本缺出，以传事卓尼尔升补。其余寨落小缺，仍照向例。所有后藏商卓特巴缺出、森本各大缺及管地方营官，均照前藏例，由驻藏大臣会同班禅额尔德尼补放。

一、大小番目及前后藏管事喇嘛，均不得以达赖喇嘛、班禅额尔德尼族属挑补。

一、驻藏大臣二人同在前藏，应春秋两季轮流前往后藏巡查边界，顺便操兵。所用乌拉人夫，自行给价，不得扰累番民。

一、驻藏大臣衙门向设理藩院司员一、笔帖式一，应仍照旧例。惟前藏仅设粮务一员，后藏并无文员，稽查难周。应于前藏再添粮务一员，于同知州县内派往。后藏添县丞佐贰官一员，俱由川省拣派更换，边俸报满，照例办理。

一、驻藏大臣衙门及文武各员听差兵丁，应酌定数目。大臣衙门各三十名，游击八名，都司六名，守备每员四名，驻藏司员四名，笔帖式二名，千、把总每员一名，前藏粮员看库兵八名。遇操演日期，仍著一体训练。

均应如所请。"从之。

大学士两广总督公福康安等奏："钦奉颁发御制十全记，于圣祖仁皇帝御碑之旁竖立。恭查圣祖仁皇帝御碑在布达拉山前，为前后藏通衢，拟添建碑亭一座，砻石为方碑，正面刊国书，碑阴刊汉文，左刊蒙古字，右刊唐古忒番字。"报闻。

（高宗朝卷一四一九·页一七上～二一上）

○ 乾隆五十八年（癸丑）正月乙卯（1793.3.3）

军机大臣会同大学士九卿议复钦差大学士公管两广总督福康安等奏酌筹藏内善后章程：

"一、接壤藏地各番部落差人来藏，令边界营官禀明驻藏大臣验放。有禀驻藏大臣者，由驻藏大臣给谕。有呈达赖喇嘛者，俱禀送驻藏大臣译验，商发谕帖。其寄信噶布伦等，亦令呈驻藏大臣与达赖喇嘛商给回谕，不准噶布伦等私通信息，违者革退。

一、藏地边界如济陇、聂拉木、绒辖等处，道通廓尔喀，向无界址。现各设鄂博，厘定疆域，不准私越。

一、边界地方向能办事营官，因该处气候恶劣俱愿在前藏当差，滥派无能冗员往办，致滋弊端。请嗣后择干练之小缺营官及营兵之甲绷番目调补，三年换回，记名以戴绷等缺升用，不胜任者革退。

一、西藏世家子弟称为东科尔，凡大小番目均由达赖喇嘛挑补东科尔之通书算而家殷实者；其余番民无进身之路，且不告知驻藏大臣，请嗣后令驻藏大臣与达赖喇嘛公选；其非东科尔而技熟力勉之充当兵丁番民，亦准由定绷荐升戴绷；其余办事番目，仍选东科尔按等补用，不准袭祖父职，以杜冒滥；至挑取小中译、噶厦卓尼尔、小缺营官等番目，须核明年十八以上，不准幼小滥充。

一、堪布喇嘛系一寺首领，向多营求补放。请嗣后各大寺坐床堪布缺出，达赖喇嘛会同驻藏大臣拣补。小寺堪布仍专令达赖喇嘛拣补。

一、藏内各寨番众供应乌拉夫马，达赖喇嘛等向多滥给免差照票。又，噶布伦、戴绷及大喇嘛等庄户亦多求免差税牌票。请嗣后概行撤销。惟实著劳绩者，令达赖喇嘛告知驻藏大臣给票，其番民挑定额兵，亦由驻藏大臣及达赖喇嘛给票免差，事故革退缴销。

一、卫藏各寨地方虽统于达赖喇嘛，而户民增减去留无从稽核。请嗣后令达赖喇嘛将所管大小庙喇嘛造册，并令噶布伦将卫藏所管地方及呼图克图等所管寨落户口一体造册，于驻藏大臣衙门及达赖喇嘛处各存一分备查。

一、青海蒙古王公等差人赴藏延喇嘛诵经，向不尽禀知驻藏大臣。请嗣后令西宁办事大臣行文到藏，由驻藏大臣给照，咨明西宁办事大臣互相稽核。

一、喇嘛番目人等向多私用乌拉。请嗣后惟公事差遣，准禀明驻藏大臣及达赖喇嘛，给以印票，标定号数，沿途照用。

一、卫藏旧制，犯罪罚赎。近年噶布伦等意为高下，倍罚肥私，甚至挟嫌捏耸达赖喇嘛，抄没番目人等家产。请嗣后译写罚赎旧例一本，交驻藏大臣酌核拟办。

一、西藏官兵所需火药，工布地方产磺，制造火药较运从内地费省。请就近制运。其铅丸、火绳由川省运解。

一、达赖喇嘛赏给噶布伦、戴绷等官房庄田，向有事故缺出，不交后任者，请查明随任交代，不准私占。

一、喇嘛支领钱粮，向多先期透领。请嗣后按期支放，违者究治。

一、各寨征收租赋，向多牵混。请嗣后令商卓特巴按年立限，严催清交商上，并查实绝户荒田，随时豁赋。

一、驻藏大臣衙门向设译字房通事，不谙廓尔喀字迹、言语。请添设识廓尔喀字人役一名、通廓尔喀语通事一名，并另派唐古忒番民三四名，学习备充。

一、廓尔喀贡使进京道长，请每遇贡期，令该酋长预禀驻藏大臣，以便驻藏大臣及四川总督派员接替护送。

均应如所请。"从之。

（高宗朝卷一四二一·页一一下～一五上）

○ 乾隆五十八年（癸丑）正月辛酉（1793.3.9）

谕军机大臣等："据福康安等奏查明军需实用款项，分别请捐、请销一折。所称分赏索伦、满汉、屯土各官兵衣履、银牌、牛羊等项，并照料病兵费用，除将恩赏银两给发外，尚用银二万余两，请公捐归款一节。此等官兵奉调赴剿，跋涉远道，殊为劳苦，而福康安等督兵筹运懋著劳勚，所有此项赏银不必令福康安等自行捐办，已谕令该部于核议时准其作正开销，用示体恤。……将此传谕福康安、孙士毅、和琳、惠龄知之。"

（高宗朝卷一四二一·页二三上～二四上）

○ 乾隆五十八年（癸丑）二月丁卯（1793.3.15）

军机大臣等议准钦差大学士公管两广总督福康安奏："硕板多地方为察木多至前藏通衢，向驻都司、把总各一员。嗣将都司移驻后藏，惟驻把总，难资弹压，请改把总为驻防千总，添设驻防外委一员。"从之。

（高宗朝卷一四二二·页四下～五上）

○ 乾隆五十八年（癸丑）三月辛丑（1793.4.18）

谕军机大臣曰："……至藏内拉穆吹忠一事，前据福康安等续奏：亲加试验，俱不能用刀自扎，以舌舐刀，但若竟革去吹忠，势不能将前后藏略具聪明之幼孩遍加试验等语。所奏尚属未当。吹忠等所习幻术尚不及内地之师巫，积习相沿，最为可笑。若仍由该吹忠等降神指认，伊等皆可听受嘱托，假托神言，任意妄指，虽由金奔巴瓶内签掣，而所掣之人仍不能无徇情等弊，不过系一二权势之人主谋，而吹忠四人内大约即系拉穆一人主持，其弊已可概见。嗣后如遇应出呼毕勒罕时，原不必将前后藏所有报出幼孩尽皆试验，只须由驻藏大臣就所报之人，查其略有家世及素有声望之户所报幼孩，择其福相聪慧数人，将生年月日归瓶签掣，微贱户属及相貌陋劣者原可量加删汰，无庸一并签掣。此事惟在驻藏大臣主持秉公办理，本无格碍。现在达赖喇嘛、班禅额尔德尼年俱少壮，尚无应出呼毕勒罕之事。将来如遇有此等事，和琳等总当遵照办理一二次后，该处僧俗人等见掣签指定，公平允协，自必共相信服，渐知从前吹忠等之妄诞无稽，其吹忠作法降神之处，自可渐行革除。将此传谕福康安、孙士毅、和琳、惠龄知之。"

（高宗朝卷一四二四·页八上～一〇下）

○乾隆五十八年（癸丑）四月辛未（1793.5.18）

又谕曰："福康安奏，此次官兵赴藏，经过丹达山均无阻滞，山灵助顺，请加封号，并颁悬扁额等语。丹达山远在徼外，最为险峻，风雪不时。此次自军兴以来官员兵丁调遣至藏，以及事竣凯旋，均当冬令，经过该处，得以安稳逭行，毫无阻滞，实为神庥佑助，灵应聿昭。允宜列在祀典，锡之封号。著封为昭灵助顺山神，交该部载入祀典，春秋致祭，并颁去御书扁额，交驻藏大臣，饬令于山下旧建神祠敬谨悬挂，以答休应而示怀柔。"

御书扁曰："教阐遐柔。"

谕军机大臣等："此次福康安带兵远讨，廓尔喀畏罪投诚，所有善后事宜又遵照朕旨逐一清厘整顿，从此边隅永靖，卫藏敉宁，是以福康安自藏起程时，达赖喇嘛等先期下山于十里外恭设方幄，跪递哈达，恭请朕安。此极好事。且其真心感激，恳福康安代奏，至于泣下，尤为可怜可嘉！又据另片奏吹忠法术原属不堪等语。此事更有办法，已降旨嗣后前后藏暨各蒙古应出呼毕勒罕时，俱令各自寻找，呈报理藩院，驻藏大臣选择数名入瓶签掣，则吹忠积弊可渐革除，此时亦不必过急。……"

（高宗朝卷一四二六·页九下～一一上）

○乾隆五十八年（癸丑）四月庚寅（1793.6.6）

谕军机大臣曰："和琳奏：接到拉特纳巴都尔来禀，以廓尔喀东边交界拉结、撒党两处地方原系廓尔喀所管，恳求查明赏给，又译看寄班禅信内，以唐古忒与廓尔喀从此两家和好，所有底玛尔宗地方原是给了藏内的，可即差人前来管理。经和琳查明，拉结、撒党两处俱在热咙桥鄂博以外，本系廓尔喀地方，已谕令噶布伦转饬绒辖营官，仍听廓尔喀管理，不许越占滋事，其底玛尔宗亦系廓尔喀地方，现在该部落既附藩封，未便仍照前次和议令萨嘉呼图克图收受，已面谕戴绷、堪布毋得差人前往接管，并传知班禅一体札饬遵照等语。所办甚属公当，诸凡妥协。览奏深为欣悦。惟阅拉持纳巴都尔禀内称拉结、撒党两处原系廓尔喀所管地方，如今该处营官不许廓尔喀管理等语。后藏与廓尔喀交界处所，上年业经福康安派员带同第巴前往勘明，在热咙桥设立鄂博为界。拉结、撒党既在鄂博之外，何以该处营官又不许廓尔喀管理，即或因营官职分较小，不敢专主给与，亦当禀明驻藏大臣定夺，何得恃我兵威私占外域之地，和琳接到拉特纳巴都尔来禀，自应一面查明办理，一面将该营官量加惩处，使知畏惧，何以未经想及此一节，办理尚未周到。或和琳之意，以营官系达赖喇嘛属下，是以未经究治。但藏内正当整饬之际，凡属前后藏各务俱归驻藏大臣管理，其营官人等即与所属无异，尤应赏罚严明，用昭惩劝。若因营官系藏内所派之人，稍存岐视，不加约束，转不足以示公允。著传谕和琳，即将该管官酌量惩责示儆。嗣后务宜一体留心统率，勿存回护之见，方为妥善。……"

（高宗朝卷一四二七·页二三上～二五上）

○ 乾隆五十八年（癸丑）五月丁丑（1793.7.3）

谕军机大臣曰："……又据（和琳）奏：前藏新设番兵，系按户分派，将奉旨给与口粮及免其徭役之处逐条颁发告示，遍悬村落，一月之间，纷纷愿充者已得一千名等语。……又，孙士毅等另折奏：现在督同各员将自前藏以西一切续呈底册，漏夜详查赶办得有成数，即一面具奏，一面起程，逐站查摧至省，不敢稍涉稽延等语。军需奏销，头绪纷繁，核算原非易事，自当详慎妥速为之，毋任站员等借端浮冒。现在孙士毅等赶紧查办，其自前藏以西一切支销款项于四月二十左右得有成数，具奏后即顺道挨查东路军需，赶回成都核算，所办皆妥。但自察木多以西至前后藏一带为军需总汇之所，一切官员兵丁过往驻扎，及运送军火、粮饷等事，支销数目自较之察木多以东更为浩繁。孙士毅等务须将察木多以西与察木多以东所用军需划清界限，不得彼此通融，衰多益寡，以致稍有牵混。此时孙士毅、惠龄将察木多以西奏销办竣后，虽赶回成都，而察木多以东军需款项亦须逐案咨明和琳会核，庶彼此无从牵扯，而帑项益归核实。……"

（高宗朝卷一四二九·页一六上～一九上）

○乾隆五十八年（癸丑）六月己巳（1793.7.15）

谕曰："孙士毅等奏：办理廓尔喀军务报销各款，除米石价值遵照部驳核减外，其余乌拉加给回空守候、支给牵夫口粮及采买马价、喂养草干等项，实因道路险远，物价加昂，恳请饬部查照原奏准销等语。此次进剿廓尔喀，尽系蛮荒险道，兼之冰雪载途，节节艰阻，其山径陡仄之处并不能乘骑，俱系步行前往。所有乌拉等项运送，在在维艰，较之金川相距炉城路仅千余里者，险夷远近迥不相同。从前金川军需共用七千余万，其部驳不准报销银六百余万，朕尚加恩豁免。今藏内所用，合计东西两台亦不过如金川军需所免之数，况此项报销，福康安、孙士毅、和琳、惠龄等俱系身亲其事，彼此酌定，联衔会奏。伊等皆朕亲信大臣，岂尚有瞻顾站员稍涉虚浮之理。此次著照所请，准其报销。惟办理廓尔喀军务，实缘道途险远与他处不同，是以格外加恩，嗣后不得援以为例。"

谕军机大臣曰："孙士毅奏自藏起程，行过拉里，并一路逐站查核情形一折。览奏俱悉。察木多迤东军需，孙士毅于回程之便顺道查核，自已得其大概。惠龄现亦自藏起程回省，更可挨站复查，公同稽核。但四川总督本属孙士毅署理，惠龄系在藏内接印任事，所有东路军需头绪纷繁，俱系孙士毅一手经理。著传谕孙士毅务须会同惠龄将东路销算事宜详晰稽核，俟大局明楚，再回京供职。"

（高宗朝卷一四三〇·页六上～七下）

○乾隆五十八年（癸丑）六月辛卯（1793.8.6）

（四川总督惠龄）又奏："各站因军务告竣，尚有停运子药火绳等项，臣于催办报销之便查明，令该站员等就近运交驻防兵丁台汛收贮，作为操防之用。再，米石一项，前经续派天全、清溪两州县动碾食谷运交炉城米二千三百九十石，又采买米六千三百五十石运赴出口，以为搭放官弁口粮之需。今军务已竣，各起官兵进口，此项余剩米石饬交里塘等四台存贮，将来作为台米开销。"

得旨："好。知道了。"

（高宗朝卷一四三一·页二一上～下）

○乾隆五十八年（癸丑）七月癸巳（1793.8.8）

谕军机大臣曰："和琳奏查抄沙玛尔巴等资产估变银六万四千余两，又各处庄田每年应得租银七千一百余两，遵旨赏给达赖喇嘛，足敷每年如绷、甲绷、番兵等养赡之用，无需再从商上增补等语。已批该部知道矣。此项查抄物产赏给达赖喇嘛以为贴补如绷等口食，实属以公济公，但每年动用若干，余剩若干，均应由驻藏大臣核明，分报户部、理藩院以备稽核。现在藏内值甫经整顿之后，是以仍留和琳在彼办理，以资驾驭，将来系松筠前往接办，亦属可信之人。但松筠亦不能久驻藏内，嗣后接手者岂能尽如伊二人之足资倚任。设再有如浮习浑者，见此项抄变存公银两无所考核，任令达赖喇嘛左右之人从中浮开冒销，甚至通同染指，更属不成事体。至达赖喇嘛商上出入，前亦有旨交驻藏大臣一体稽察。但恐商卓特巴等因官为查察，不能任意侵渔，借称商上用度不敷，此则不可。现在所添番兵，已将抄产赏给，支用尚有宽余。至达赖喇嘛用度，藏内本有赋税，且各蒙古、番众布施亦复不少，即有进益稍少之年，亦可裒多益寡，如经理得宜，自必有盈无绌，不至缺乏，和琳等惟当留心稽核也。总之，藏内诸事节经朕详悉指示，和琳俱能认真遵办，已有端绪，仍宜趁此斟酌尽善，永远可遵，再交与松筠接办数年，实力奉行，俾积习尽消，庶将来更换之人，即循谨自守，亦可率由旧章，不至仍前废弛，方为妥善。又，另奏俘习浑等在藏起程一折。俘习浑、雅满泰、鄂辉俱因在藏办理不善，致获重咎，伊三人现已省释来京，藏内番俗人等如是赏罚办理以为何如，达赖喇嘛更有何言，于此三人中去取若何，有无议论，并孰为优劣之处，亦著访询明确，秉公据实复奏，勿稍回护。将此谕令知之。"

寻奏："前将沙玛尔巴等资产估变银两，及每年各处庄田租息，遵旨赏给达赖喇嘛后，随即造册，将变产各物备文点交商上，并谕令商卓特巴将开除余剩数目，呈报驻藏大臣衙门查核。诚恐商卓特巴等从中侵蚀，不无弊窦，令于每年报部。惟查开垦地亩，须俟明年至八、九月间始能刈获，应请自明年秋收后每年于十一月造册报部。"下部知之。

（高宗朝卷一四三二·页一下～三下）

○乾隆五十八年（癸丑）十月辛未（1793.11.14）

驻藏大臣尚书和琳、副都统衔成德奏："前藏自改铸乾隆宝藏十足银钱后，于廓尔喀贸易人甚便。惟唐古忒僧俗番民及克什米尔、巴勒布商人并内地汉商、兵丁等愚民无知，不谕银色高低，只较换钱多寡，现新铸一钱五分重银钱，每银一两止换六元，遂至停积。应请停铸，专铸一钱重及五分重者，每银一两仍旧换九元、十八元不等。其挽铜旧钱，虽系一钱五分重者，每两亦止准换九元。"

又奏："……再，西宁来藏喇嘛向未领有路票，请饬理藩院行文各蒙古王、公、台吉等，嗣后均由本管王、公、台吉呈明本处钦差大臣给票，方准至藏。"

得旨："和琳等奏，藏地僧俗番民不知银色高低、分两轻重，因一钱五分重新钱，所换元数较少，停积难行。今和琳等将此项银钱停铸，只铸一钱及五分重两种，照原定之数易换。而巴勒布旧钱亦一例准换九元。新旧通行。上下称便，所办甚好，可谓留心。自应如此办理。……至各蒙古人等前赴卫藏，虽有给票之例，而私行前往者想亦不免。令和琳等奏请一体给票验行，稽察固属周密，但各蒙古地方辽阔，其游牧处所距钦差大臣驻扎地方较远者，给票之例势难僻远周知。即使知有此例，而道路纡远，亦恐不能一一请领。驻藏大臣因其无票，不准来藏，则瞻礼达赖喇嘛、班禅额尔德尼及熬茶学经之人未免裹足不前，达赖喇嘛等所得布施或因此减少，亦非体恤之道。今朕为之定以限制，嗣后各蒙古人等赴藏，如在十人以上，即照和琳等所请，由本管王、公、台吉呈明理藩院及本处钦差大臣给与路票，方准至藏。其人数在十名以下者，若情愿遵例领票，仍著一体给领；若无力呈领路票者，只可听其自便。如此办理，于限制之中仍寓体恤之意，商上布施亦可不致缺乏，较为两便。"

（高宗朝卷一四三八·页一五上～一七下）

○乾隆五十九年（甲寅）正月乙巳（1794.2.16）

又谕（军机大臣）曰："孙士毅奏军需报销事宜口外台站已赶造清册，送与和琳核商会办，其自察木多前藏以至军营应销银两，遵旨划清界限，断不令与东台一带稍有牵混，亦不任冒滥耽延等语，所办好。现因秀林奏吉林挪亏库项一案，已派福康安驰驿前往查办，计往返约须两月，不能即赴四川总督之任。孙士毅前任川督，所有一切军需皆系一人经手。福康安未到之先，孙士毅务宜勉力为之，俾军需报销赶紧清厘，毋迟毋滥。其地方事务亦应留心妥办，以副委任。将此谕令知之。"

（高宗朝卷一四四五·页二下～三上）

○乾隆五十九年（甲寅）二月甲子（1794.3.7）

又谕（军机大臣等）："上年九月内据和琳复奏：估变查抄沙玛尔巴资产银六万四千余两，招人开垦地亩耕种青稞，又各处庄田应收租银七千一百余两，遵旨俱赏给达赖喇嘛，为每年如绷、甲绷及番兵等应得口粮之用有盈无绌，请自五十九年秋收后，每年于十一月造册报部备案等语。此项变产银两既经和琳招人开垦荒地耕种青稞，迄今已届半年，此时开荒播种自已办有成效。所收租息，前据和琳奏计算，如绷、甲绷及番兵应得口粮有盈无绌。但计此项租息，每年可得若干，除支口粮外尚余若干，本年秋收后至十一月造报之期，自可得有总数。将来所余租银存贮何处，作何稽察，不致为商卓特巴等私自侵用，及支放口粮外有无别项开销之处，著传谕和琳等详晰查明复奏。"

（高宗朝卷一四四六·页一四下～一五下）

○乾隆五十九年（甲寅）六月庚午（1794.7.11）

又谕曰："和琳奏设立唐古忒各边界鄂博及查阅前后藏汉、番官兵各折。唐古忒地方毗连外番，向因界址不甚分明，易致争扰。此次经和琳带同游击张志林等由沿边一带亲自履勘，悉心讲求，一律堆设鄂博。所有唐古忒西南外番布鲁克巴、哲孟雄、作木朗、洛敏汤、廓尔喀各交界，均已画然清楚，边界可期永远宁谧。至前后藏汉、番官兵，向来最为懦弱，今经和琳等严饬训练，亲加查阅，分别奖惩，使新设番兵皆成劲旅，实为卫藏所未有。和琳办理一切均为妥协,著赏给御用大荷包一对、小荷包四个,以示优眷。"

驻藏大臣和琳等奏:"前经奏准每年春秋二季驻藏大臣分往各边界巡阅。第卫藏地方较冷,三、四月间播种,八、九月间收获,凡巡阅之期,正值番民农忙,需用乌拉人夫,殊多不便。请嗣后驻藏大臣每年五、六月农隙时,阅边看兵一次。"

得旨:"是。知道了。"

(高宗朝卷一四五四·页三五上~三六下)

○乾隆五十九年(甲寅)八月丙寅(1794.9.5)

谕:"据和琳等奏宝藏局委员合江县知县张天爵在局监铸,实心经理,著有成效,现已期满等语。张天爵在藏监铸银钱,悉心妥办,钱法畅通,尚属认真。著送部引见,以示鼓励。至和琳此次于西藏地方建立御制十全记碑亭,调募工匠,采石刊勒,兹据将御制文四体字墨折进呈。又代廓尔喀王拉特纳巴都尔等恭进表文,办理俱属妥协。著赏给御用玉搬指一个、大荷包一对、小荷包四个,用昭优眷。"

谕军机大臣等:"据成德来京奏称和琳办事甚妥,且见达赖喇嘛不行叩拜,达赖喇嘛惟命是听等语。和琳如此举动甚为得体。数年以来,藏内风气日下,诸事废弛,今经和琳整顿,权归而令自易行。现派松筠赴藏办事,伊系蒙古,素遵黄教,倘不知自重,恐将来办事仍虞掣肘。著传谕松筠,抵藏后接见达赖喇嘛等不可叩拜,即使遵奉黄教,俟年满回京之日再行礼拜,亦无不可。"

(高宗朝卷一四五八·页三四上~三五上)

○乾隆六十年(乙卯)九月壬戌(1795.10.26)

又谕(军机大臣)曰:"孙士毅等奏廓尔喀军需副销民欠各款请分年完缴一折。此系大事,头绪亦多,已批交该部详议矣。但折内称民间帮贴人夫尚欠银八十九万七千余两,俱于应存项下垫支应行归款等语,此事不妥。历年办理军务,所有运送粮石、军火脚价及绳索、包裹各件,无不动支帑项,从未有一草一木派及民间之事。此必系办理军需官员为浮冒开销，借端派累地步。六十年来，朕于河工、海塘、军旅及蠲赈等事，所费国帑不下亿万，岂肯因此些微军务任令地方官累及闾阎之理？此语大奇骇听。著传谕孙士毅等将民欠一节详悉查明，据实具奏，毋任朦混干咎。该部亦详查向有类此事奏销否？"

（高宗朝卷一四八六·页五四上～五五上）

○乾隆六十年（乙卯）九月乙丑（1795.10.29）

谕："昨孙士毅奏廓尔喀军需各款内有民间帮贴一项，随交该部详查，向来有类此奏销与否。兹据军机大臣查奏：上次平定金川案内即有里民自行帮贴一款，系为资给加价、加赏及回空口粮之用，此次进剿廓尔喀，口内、口外安设汉、番各站，里民等以募夫冲寒远涉，请照金川用夫之例情愿自行帮贴等语。国家百数十年以来，除地丁正赋钱粮而外，并无加赋力役之征。即节次办理军务，所有运送粮石、军火脚价等项，无一不动用正项帑金，从未有一草一木派及闾阎之事。此必系从前办理军需局员滥行给与，分肥沾润，又虑无处开销，设为此等名目，以便浮冒派累地步。若云里民情愿帮贴，即当输供恐后，何以复有民欠，尤不可信。朕于蠲赈及河工、海塘等事所费国帑亿万，从无靳惜。即前此征剿金川豁免之项，亦不下千余万，岂肯因此些微军务任令地方官累及穷簷之理。所有此次办理廓尔喀军需项下民欠银八十九万余两，即著该部行文孙士毅，于承办之督、抚、司道及局员名下摊赔。如果不能，朕加恩酌免，未尝不可，毋得再向里民征收。该署督接奉此旨，即遍贴誊黄，俾家喻户晓。如有不肖州县胥役仍行私自征取者，一经查出，加倍治罪。嗣后并永行禁止，以示朕体恤小民，核实军储至意。"

（高宗朝卷一四八七·页三上～四下）

○乾隆六十年（乙卯）十月己卯（1795.11.12）

又谕（军机大臣）："户部议复四川廓尔喀军需各款内民欠帮贴一折，已依议行矣。此案前经孙士毅奏到，朕以历年办理军需一切俱系动支帑项，从无一草一木派及闾阎，必系局员等借端科敛，以为浮冒之地，曾降旨令孙士毅详悉查明，据实具奏。续又降旨将此项民欠银两著落承办之总督、司、道及局员名下按数摊赔。如果不能，候朕加恩酌免，未为不可。

现据部议，此项民欠银两，行令该督等查明按股摊赔，勿向里民征收。著传谕孙士毅彻底清查，遵照办理。并将此项民欠现已加恩豁免，遍贴誊黄，务令家喻户晓。如有不肖州县私行征取者，严参治罪，勿稍徇隐。其如何著落各该员名下分股摊赔之处，仍即详悉具奏。倘因银数较多，承办各员实在力不能完缴，并即据实奏闻，朕亦必加恩酌免也。"

（高宗朝卷一四八八·页四下～五上）

○乾隆六十年（乙卯）十一月庚午（1796.1.2）

谕军机大臣曰："孙士毅奏查明廓尔喀军需案内里民未完津贴银两一折，内称各士民等情愿以口内安居乐业之人帮贴口外人夫，系为乡谊起见等语。此奏不实，口外汉蛮人夫原有例给口粮、工价，各士民等谊敦桑梓，于官给雇费外情愿出银津贴，安得有如此良民？但津贴银两如果出自士民乐输，自必克期完缴，以与民矣。何以日久悬欠至八十九万余两之多？且从来办理金川、廓尔喀军需核算不下万万帑金，丝毫不以累及闾阎，尚何借里民等出银帮助。况里民等当军兴之际，如系分应派办之事，即当亲出己力前往，若无需伊等出力之处，即不得借端勒派分文，何致复有津贴名色，明系不肖地方官吏等将此项雇价私行侵蚀肥橐，又假名津贴，向民间科派银两，遂至日久悬欠。而孙士毅为其所愚，据以入奏，殊不足信。除民欠摊赔银两，俟孙士毅查明应赔各员，分股开单奏到再行核办外，著传谕孙士毅详细访查此项津贴银两究系如何勒派，地方官有无侵蚀雇价复行科敛之处，据实登答，无任属员朦混。……"

（高宗朝卷一四九一·页一四下～一六上）

金瓶掣签制度的创建

○ 乾隆五十七年（壬子）九月丙午（1792.10.25）

谕军机大臣曰："……再，前经降旨令达赖喇嘛等会同驻藏大臣将呼毕勒罕名姓并生年月日各书一签贮金奔巴瓶内，对众拈定，作为呼毕勒罕。是此项金瓶关系郑重，现派御前侍卫惠伦、乾清门侍卫阿尔塔锡第敬谨赍往，并亲解御佩小荷包二个，亦著带往，于迎见福康安、海兰察时传旨赏给，以示酬庸之意。"

（高宗朝卷一四一二·页二四下～二八下）

○ 乾隆五十七年（壬子）十一月丙午（1792.12.24）

又谕（军机大臣）："……又前发去金奔巴瓶，原为签掣呼毕勒罕之用，但不必俟该处大呼图克图转世方行试用。或现在藏内不拘何呼图克图应出呼毕勒罕，即可将金奔巴瓶先行签掣，如此办理数次，定为章程后，该处僧俗人等共相遵奉，将来遇有大呼图克图转世，照此签掣，更可坚众人崇信之心。而从前私相传袭积弊，亦可不动声色借以革除。"

（高宗朝卷一四一六·页一六下～一九下）

○ 乾隆五十七年（壬子）十一月壬子（1792.12.30）

谕军机大臣曰："……再，向来藏内出呼毕勒罕，俱令拉穆吹忠降神附体，指明地方、人家寻觅。其所指呼毕勒罕不止一人，找寻之人各将所出呼毕勒罕生年及伊父母姓名一一记明，复令拉穆吹忠降神祷问，指定真呼毕勒罕。积习相沿，由来已久。朕思其事，近于荒唐，不足凭信。拉穆吹忠往往受人嘱托，假托神言任意妄指。而藏中人等因其迹涉神异，多为所愚，殊属可笑。此等拉穆吹忠即系内地师巫，多以邪术惑人耳目。闻拉穆吹忠降神时，舞刀自扎，身体无害，是以人皆信之。此等幻术，原属常有。但即使其法果真，在佛教中已最为下乘。若使虚假，则更不值一噱。其妄诞不经，岂可仍前信奉？福康安等现在整饬藏务，正应趁此破其积弊，莫若在藏即令拉穆吹忠各将其法试演，如用刀自扎等项果能有验，则藏中相沿日久，亦姑听之。若福康安亲加面试，其法不灵，即当将吹忠降神荒唐不可信之处对众晓谕，俾僧俗人等共知其妄，勿为所愚。嗣后出呼毕勒罕，竟可禁止吹忠降神，将所生年月相仿数人之名，专用金奔巴瓶，令达赖喇嘛掣签指定，以昭公允。……"

（高宗朝卷一四一七·页三上～五下）

○乾隆五十八年（癸丑）二月丁卯（1793.3.15）

谕军机大臣等："前因吹忠从前所指呼毕勒罕虽不止一人，但人人向其嘱托，总有一人指得，与吏部掣签堂吏指缺撞骗相等，是以发给金奔巴瓶，令将吹忠认出之呼毕勒罕总以入瓶签掣为准。即吹忠所指不尽可信，而于瓶内掣出，令其承嗣衣钵，较前自属公允。惟当随时稽察，防其流弊，不使任意妄指。至吹忠降神一事，虽番众相沿日久，一时骤难革除，但当此整饬藏务之时，总当传来面试。即不以吞刀、剟肉等事令其搬演，亦应将难试之事穷其伎俩，俾番众等共知其妄，积弊自可渐除。此时福康安如尚在藏内，仍当公同试验。若福康安接奉前旨业已起程，即令和琳等遵照谕旨，再为面试，务令吹忠不能行其幻术，番众不为所愚，方为妥善。将此传谕福康安、和琳、成德知之。"

（高宗朝卷一四二二·页三下～四下）

○乾隆五十八年（癸丑）三月辛丑（1793.4.18）

谕军机大臣曰："……至藏内拉穆吹忠一事，前据福康安等续奏，亲加试验，俱不能用刀自扎，以舌舐刀，但若竟革去吹忠，势不能将前后藏略具聪明之幼孩遍加试验等语。所奏尚属未当。吹忠等所习幻术尚不及内地之师巫，积习相沿，最为可笑。若仍由该吹忠等降神指认，伊等皆可听受嘱托，假托神言，任意妄指，虽由金奔巴瓶内签掣，而所掣之人仍不能无徇情等弊，不过系一二权势之人主谋，而吹忠四人内大约即系拉穆一人主持，其弊已可概见。嗣后如遇应出呼毕勒罕时，原不必将前后藏所有报出幼孩尽皆试验，只须由驻藏大臣就所报之人，查其略有家世及素有声望之户所报幼孩，择其福相聪慧数人，将生年月日归瓶签掣，微贱户属及相貌陋劣者原可量加删汰，无庸一并签掣。此事惟在驻藏大臣主持秉公办理，本无格碍。现在达赖喇嘛、班禅额尔德尼年俱少壮，尚无应出呼毕勒罕之事。将来如遇有此等事，和琳等总当遵照办理一二次后，该处僧俗人等见掣签指定，公平允协，自必共相信服，渐知从前吹忠等之妄诞无稽，其吹忠作法降神之处，自可渐行革除。将此传谕福康安、孙士毅、和琳、惠龄知之。"

（高宗朝卷一四二四·页八上～一〇上）

○ 乾隆五十八年（癸丑）三月戊申（1793.4.25）

谕曰："达赖喇嘛、班禅额尔德尼系宗喀巴大弟子，世为黄教宗主，众蒙古、番民素相崇奉。近年因指认呼毕勒罕之古尔登巴等法术无灵，不能降神，且徇情妄指，或出自族属姻娅，或出自蒙古汗王公等家，竟与蒙古王公、八旗世职官袭替相似。论以佛法、必无此理。甚且至噶布伦丹津班珠尔之子，亦出有呼毕勒罕，以致众心不服。沙玛尔巴遂乘机起意，谋占班禅遗产，唆使廓尔喀抢掠扎什伦布，远烦大兵声罪致讨。朕护卫黄教，欲整饬流弊，因制一金奔巴瓶，派员赍往，设于前藏大昭，仍从其俗，俟将来藏内或出达赖喇嘛、班禅额尔德尼及大呼图克图等呼毕勒罕时，将报出幼孩内择选数名，将其生年月日、名姓，各写一签，入于瓶内，交达赖喇嘛念经，会同驻藏大臣，在众前签掣，以昭公当。又，众蒙古地方旧有各旗部落供奉之呼图克图甚多，此内大小不等，如概令赴藏，交达赖喇嘛会同驻藏大臣掣签，不免烦扰，且路途遥远。轸念众蒙古力量维艰，因于京城雍和宫内亦设一金奔巴瓶，如蒙古地方出呼毕勒罕，即报明理藩院，将年月、名姓缮写签上，入于瓶内，交掌印扎萨克、达赖喇嘛、呼图克图等在佛前念经，并交理藩院堂官公同掣签。其从前王公子弟内私自作为呼毕勒罕之陋习永行停止。朕之此旨，原为近来蒙古、番民等失其旧时淳朴之风，不思佛法，但知图利，必至谋夺财产，求为呼毕勒罕。久之亦如沙玛尔巴之唆讼肇衅滋事，朕甚悯焉。是以如此扫除积弊，潜移默化，各蒙古自当共知感激，副朕卫护黄教至意。乃喀尔喀赛因诺颜部落额尔德尼班第达呼图克图圆寂后，其商卓特巴那旺达什寻觅呼毕勒罕，赴藏恳达赖喇嘛、班禅额尔德尼、拉穆吹忠指示。讵达赖喇嘛等原不能具先知确切指认，反向商卓特巴询问名字。而商卓特巴遂私指出土谢图汗之子，呈报理藩院具奏。朕以此事可疑，其中必有弊窦，因一面派令松筠前往喀尔喀，查讯车登多尔济等，一面派令奎舒带同扎萨克喇嘛格勒克那木喀，前赴额尔德尼班第达呼图克图游牧附近，无论台吉属下人等，于其圆寂后一年内所生俊秀端方幼孩逐加询访数人，并令军机大臣讯之商卓特巴那旺达什。彼即供伊师圆寂后，为寻呼毕勒罕，至哲布尊丹巴呼图克图庙内行礼。在额尔德尼昭庙地方遇见土谢图汗车登多尔济，据伊告称，伊生一幼子，生时有一点微光，那旺达什即问明此子年庚及父母岁数，又回至公额琳沁多尔济家，问及额琳沁多尔济之子年庚及父母岁数，前往藏内，向拉穆吹忠求其指认。而拉穆吹忠初次、二次所指不明，那旺达什虑及再往多费，复求切实指示。拉穆吹忠看出那旺达什情形，用言试探，那旺达什遂将车登多尔济暨额琳沁多尔济二人之子向其告知。拉穆吹忠遂指车登多尔济之子是呼毕勒罕等语。并据松筠奏，讯明车登多尔济酉年生子，生时有一点微光，曾告知那旺达什。又额尔德尼昭庙年久未修，今欲粘补，恐有违碍，并令那旺达什赴藏之便，在达赖喇嘛处请示可否。所有呈递哈达、满达银两一并带去。达赖喇嘛以额尔德尼昭庙修理无妨等语回复。据所奏情形观之，此即车登多尔济贿嘱将伊子指为呼毕勒罕之明证，岂能逃朕洞鉴乎？车登多尔济意欲伊子为呼毕勒罕，而商卓特巴亦欲得一汗王子弟为呼毕勒罕，特未知伊二人内究系何人主见，因饬将车登多尔济押带来京，与那旺达什质讯。但念时至春深，恐车登多尔济身未出痘，或有传染，朕心有所不忍。复令松筠传旨讯问，据车登多尔济跪称，实欲伊子为呼毕勒罕，有意告知那旺达什是实等语。此事适当朕降旨立法之初，车登多尔济辄巧为尝试，若各蒙古相率效尤，成何政体？此端渐不可长。且佛法以虚寂为宗，无来无去，故释迦涅槃后并未出世，即宗喀巴阐演黄教，亦未出呼毕勒罕。达赖喇嘛、班禅额尔德尼系宗喀巴之二大弟子，始世世出有呼毕勒罕转世，共掌黄教有年。从前指认呼毕勒罕，尚无情弊。但藏内亦必须统摄之人，是以循照旧例，相沿办理。即如康熙年间有一丹巴呼图克图呼毕勒罕出世时，能自述前世之事，故封以清修禅师，后复授为五台山扎萨克喇嘛。乃竟因贪酒渔色，滋事妄为，即行革退。似此能言前事之真呼毕勒罕尚不免改弦易辙，况拉穆吹忠行私所指涉疑似之呼毕勒罕转可信以为实乎？且佛经秘密戒内，能先知一切者，必须能定心运气，观想正法。直参上乘者，方能梦中预知是非空色。今之达赖喇嘛甫学经卷，并未克造极诣，岂能有此法力？况为吹忠之古尔登巴又不能降神，用言试探，所指更属荒唐，又焉能知真呼毕勒罕哉？计那旺达什自藏回时，所有私寻呼毕勒罕之事，业经降旨禁止，乃车登多尔济明知奉旨禁革，尚恃达赖喇嘛及吹忠所指故为试探，而萨木丕尔多尔济、蕴端多尔济等俱系盟长、副将军之职，遇有此等事件即当严行饬驳，乃瞻徇转报。若以达赖喇嘛、吹忠之言不敢违背，岂转可不遵朕旨，漫为尝试乎？车登多尔济从前因私给乌拉票一案，即当从重治罪，经朕曲赐矜全，旋复令在乾清门御前行走，仍赏给花翎、黄褂授为副盟长，伊应如何感激思奋，今转如此有心尝试，图占便宜，本当重治其罪，姑念其不待到京质讯，即行据实供出，尚知畏法，可以量从末减。但若仍留伊汗爵暨花翎、黄褂，不足示惩。车登多尔济著革去汗爵、花翎、黄褂，加恩赏留顶戴，令其即由张家口回赴游牧，安分自悔。伊亦无颜见朕，不必又赴热河谢恩。其汗爵仍施恩令伊嫡子敏珠尔多尔济承袭。蒙古汗、王、贝勒、贝子、公、台吉等爵世袭罔替，已属尊荣，即如车登多尔济获罪革爵，仍得以伊子承袭，又何必欲占一呼毕勒罕，复谋喇嘛之利？在伊等私认呼毕勒罕之意，不过欲使一子袭爵，又使一子为呼毕勒罕，可得喇嘛财产，遂不问真伪，妄相攀引，殊属见小，可谓知有利而不知有义，实可笑矣！商卓特巴有意营谋汗王子弟为呼毕勒罕，代求达赖喇嘛，拉穆吹忠附会妄指，其罪具重，著剥去黄衣，发往河南地方安置。萨木丕尔多尔济等不审察是非，辄行瞻徇情面转为咨报，俱属非是，著交理藩院严加议处。朕办理庶务一秉大公，惟视其人之自取。盖此事之不得不彻底究办者，原为近年黄教之习愈趋愈下，若不亟加整顿，必致众蒙古等惟知牟利，罔识佛教正宗，复被坏法之吹忠古尔登巴等愚惑，陷于重罪，良用恻然！特示创惩。为保卫之计，是以不准蒙古王公之子弟为呼毕勒罕。至我满洲向无此事，众蒙古等勿窃意为朕欲与旗人效尤占地步也。从此各蒙古、番众等益当恍然共喻朕维持黄教正所以厚爱伊等，亦并非不令其尊崇佛教，不许布施达赖喇嘛及班禅也。经义中本以布施为上，六般若亦以施舍为首。达赖喇嘛、各呼图克图等积财既多，亦应散给贫苦，不得少存吝啬。朕方鼓励蒙古等令其布施，但不可如伍弥乌逊所参噶勒丹锡勒图呼图克图私遣徒众往各处募化耳！嗣后各蒙古、番民僧俗人等，务当仰体朕振兴黄教，力挽颓风至意，以期各辟愚蒙，永除争竞，共安乐利。伊等虽不能深悉精微，但即以那旺达什前赴西藏所费而论，计该商卓特巴至藏时，其呈递达赖喇嘛、班禅额尔德尼、拉穆吹忠礼物及各庙熬茶，途中往返盘费已逾万金，若赴京在雍和宫所设金奔巴瓶内签掣，不特程途甚近，即一切礼物、熬茶等费概可无需，即此省费一节，伊等岂亦不知之耶？著将此旨发交驻藏大臣，传知达赖喇嘛、班禅额尔德尼，并通行晓谕各处蒙古、番众等咸使闻知，共喻朕意。"

（高宗朝卷一四二四·页二三下～三二上）

○乾隆五十八年（癸丑）四月辛未（1793.5.18）

谕军机大臣等："……又据（福康安）另片奏吹忠法术原属不堪等语。此事更有办法，已降旨嗣后前后藏暨各蒙古应出呼毕勒罕时，俱令各自寻找，呈报理藩院，驻藏大臣选择数名入瓶签掣，则吹忠积弊可渐革除，此时亦不必过急。……"

（高宗朝卷一四二六·页一〇下～一一上）

○乾隆五十八年（癸丑）四月辛巳（1793.5.28）

谕："前因喀尔喀三音诺彦部落额尔德尼班第达呼图克图圆寂后，其商卓特巴那旺达什有意营谋汗王子弟为呼毕勒罕，代求达赖喇嘛、拉穆吹忠附会妄指，已分别治罪，并明降谕旨，通饬各蒙古、番众等矣。本日据和琳奏：询之达赖喇嘛，称那旺达什到藏时，向我问额尔德尼班第达的呼毕勒罕出在何方，我令他去问拉穆吹忠。他就赴吹忠处问过。吹忠批说，土谢图汗属鸡的儿子就是。我向来总据吹忠所说为凭，就照向例凭吹忠龙单上的语给他批了。并讯据吹忠之尼尔巴敦珠卜达尔结供，那旺达什于五十七年复至拉穆庙内，求问呼毕勒罕究竟在于何处，吹忠降神龙单内批令于东方中等人家找寻，过了几日，那旺达什来寺，又送银五十两、缎一匹、哈达一个，向吹忠告称，土谢图汗车登多尔济之子暨公林沁多尔济之子俱是属鸡的，此二人内是否真实，并开伊等父母年岁，求其降神。吹忠即于那旺达什所递字上批说，车登多尔济之子属鸡的，是真呼毕勒罕等语。是即该商卓特巴欲营求汗王子弟为呼毕勒罕之明证，益可见此事之不可不彻底查办矣。朕自乾隆八年以后，即诵习蒙古及西番字经典，于今五十余年，几余究心讨论，深识真诠。况本朝之维持黄教，原因众蒙古素所皈依，用示尊崇，为从宜从俗之计，初非如元人佞佛、优礼喇嘛，致有詈骂者割舌、殴打者断手之事。近因黄教之习愈趋愈下，蒙古、番民等失其旧时淳朴之风，惟知牟利，罔识佛教正宗，不得不亟加整顿，是以制一金奔巴瓶，派员赍往，设于前藏大昭。俟将来藏内或出达赖喇嘛、班禅额尔德尼及大呼图克图呼毕勒罕时，将报出幼孩内择选数名，将其生年月日、名姓各写一签入于瓶内，交达赖喇嘛念经，会同驻藏大臣公同签掣。并于京城雍和宫内亦设一金奔巴瓶，如蒙古地方出呼毕勒罕，即报明理藩院，将年月、名姓缮写签上，入于瓶内，一体掣签。其从前王公子弟内私自作为呼毕勒罕之陋习，永行停止。朕之此旨，原因各蒙古汗、王、贝勒等既有世爵可以承袭罔替，已极尊荣，何必复占一呼毕勒罕，又谋喇嘛之利。似此见小罔知大义，将来必致谋夺财产，启争肇衅，滋生事端。方今国家威棱远播，各蒙古扎萨克咸隶理藩院管理，遇有田产细故，俱为之秉公剖断。若任伊等牟利不已，久而或致争夺相寻，成何事体？是朕之整饬流弊，正所以护卫黄教，厚爱蒙古人等，使其各辟愚蒙，永除争竞。至佛法以虚寂为宗，无来无去，故释迦涅槃后并未出世，即宗喀巴阐演黄教，亦未出呼毕勒罕。达赖喇嘛、班禅额尔德尼系宗喀巴之二大弟子，始世世出有呼毕勒罕转世共掌黄教，相沿已久。从前五辈达赖喇嘛及来京之前辈班禅额尔德尼谙习经典，或尚能具有真慧。现在达赖喇嘛年纪尚轻，资质诚朴，甫学经卷，岂能直参上乘，先知一切。凡有求其指示呼毕勒罕者，惟凭拉穆吹忠之降神定夺，而吹忠不过如内地师巫之类。且内地师巫尚有用刀自扎及舐刀吞剑掩人耳目法术，今吹忠经和琳等面加演试，授以刀剑，俱各恐惧战栗，并师巫之不如。是其所指呼毕勒罕，荒唐更属显然。乃番众人等崇信已久，以其妄言休咎小有效验，遂传为神奇，一时竟有牢不可破之势。此亦习俗使然，自不必急于禁止。前已颁发金奔巴瓶，于大昭供奉之宗喀巴前掣签，所有找寻呼毕勒罕一事，永远不准吹忠指认。其番民推问吉凶等语，暂听仍旧。日久吹忠法术不行，亦将自败。总之大端既得，默化潜移，一切积弊亦无难逐渐革除。至藏内出产较少，布达拉商上给与众喇嘛养赡及番兵口粮等项需用繁多，所入不敷支给，向赖各蒙古、番众布施，以资用度。嗣后惟不准私指呼毕勒罕，其余熬茶瞻礼皆在所不禁。朕方鼓励蒙古等使之布施，但不可如那旺达什之用财营求将汗王之子附会妄指作为呼毕勒罕，并如年前噶尔丹锡勒图呼图克图之私遣徒弟到土尔扈特地方向人索取耳。从此各蒙古、番众等益当恍然于朕之扫除积弊，无非欲力挽颓风，振兴黄教，保全伊等，俾安乐利，永息争端，并非不令其尊崇佛教，不许布施达赖喇嘛、班禅额尔德尼也。所有办理此事缘由，著再通行晓谕各处蒙古、番众等，咸使闻知，共喻朕意。"

《御制喇嘛说》曰："佛法始自天竺，东流而至西番。其番僧又相传称为喇嘛。喇嘛之字，汉书不载，元、明史中或讹书为剌马。予细思其义，盖西番语谓上曰喇，谓无曰嘛，喇嘛者谓无上，即汉语称僧为上人之意耳。喇嘛又称黄教，盖自西番高僧帕克巴始盛于元，沿及于明，封帝师、国师者皆有之。我朝惟康熙年间只封一章嘉国师，相袭至今。其达赖喇嘛、班禅额尔德尼之号，不过沿元、明之旧，换其袭敕耳。盖中外黄教总司以此二人，各部蒙古一心归之。兴黄教即所以安众蒙古，所系非小，故不可不保护之，而非若元朝之曲庇谄敬番僧也。其呼图克图之相袭，乃以僧家无子，授之徒，与子何异，故必觅一聪慧有福相者，俾为呼毕勒罕，幼而习之，长成乃称呼图克图，此亦无可如何中之权巧方便耳。其来已久，不可殚述。孰意近世其风日下，所生之呼毕勒罕率出一族，斯则与世袭爵禄何异！予意以为大不然，盖佛本无生，岂有转世！但使今无转世之呼图克图，则数万番僧无所皈依，不得不如此耳。去岁廓尔喀之听沙玛尔巴之语劫掠藏地，已其明验。虽兴兵进剿，彼即畏罪请降，藏地以安，然转生之呼毕勒罕出于一族，是乃为私。佛岂有私，故不可不禁。兹予制一金瓶送往西藏，于凡转世之呼毕勒罕，众所举数人，各书其名，置瓶中掣签以定。虽不能尽去其弊，较之从前一人之授意者，或略公矣。夫定其事之是非者，必习其事而又明其理然后可。予若不习番经，不能为此言。始习之时，或有议为过兴黄教者，使予徒泥沙汰之虚誉，则今之新旧蒙古畏威怀德，太平数十年可得乎？且后藏煽乱之喇嘛即正以法，元、明曾有是乎？盖举大事者，必有其时与其会，而更在乎公与明。时会至，而无公与明以断之，不能也；有公明之断，而非其时与会，亦望洋而不能成。兹之降廓尔喀，定呼毕勒罕，适逢时会，不动声色以成之，去转生一族之私，合内外蒙古之愿。当耄近归政之年，复成此事，安藏辑藩，定国家清平之基于永久，予幸在兹，予敬益在兹矣。"

（高宗朝卷一四二七·页二上～八下）

○ 乾隆五十八年（癸丑）五月丁巳（1793.7.3）

谕军机大臣曰："……又据（和琳）奏：吹忠等屡次试演，实已计穷力竭，将来遇有应出呼毕勒罕，遵旨择有福相聪慧幼孩，归入金奔巴瓶内掣定为准等语。前因额尔德尼班第达呼图克图圆寂后，命奎舒同扎萨克喇嘛格勒克那木喀赴喀尔喀地方另行找寻，曾经找得聪慧幼孩五名具奏。随交雍和宫喇嘛念经，并派八阿哥及理藩院堂官监同将其名姓、生年月日入瓶签掣，掣得第五名之齐旺扎布。昨奎舒来至热河复命，面奏自找得五名幼孩后，俱令住在庙内，其余四名俱各归家，惟居末之齐旺扎布不肯回去。又掣定后那旺达什前制衣服、坐褥一分给与齐旺扎布，不肯穿坐，别制一分给与，始行穿坐等语。可见呼毕勒罕原有根基，吹忠降神实为诞妄，不足凭信。此一事殊为奇异，甚惬朕怀。著将复讯那旺达什及奎舒奉折并昨降谕旨，俱抄录发交和琳等阅看。将来藏内遇有应出之各呼毕勒罕，和琳当照此办理，则从前听信吹忠之积习自无难永远革除。……"

（高宗朝卷一四二九·一六上～一八下）

普免西藏民众历年欠赋，拨库银赈济灾民，减轻聂拉木、宗喀、济咙等地赋税，查禁前藏私用乌拉和苛派杂役

○乾隆五十七年（壬子）十月丙子（1792.11.24）

又谕（军机大臣等）："……至此次藏内用兵，乌拉一切皆系发帑给价，并未丝毫累及商上。而各番寨经兵燹之后，元气未能骤复，福康安请将应纳钱粮酌免一两年，所见甚是。但向来驻藏大臣类多阘冗，一切置之不问，不过三年闲住得润囊橐，班满即可回京，惟听达赖喇嘛亲近及噶布伦等专擅辄行，并不关白驻藏大臣，以致任意妄为，屡滋衅端。今经和琳到彼实力整顿，诸事日有起色，并将噶布伦俱由驻藏大臣从公拣选奏请补放。是藏内要务俱听驻藏大臣主持，一整从前积习。今酌免钱粮、修葺官寨二事俱关紧要，自亦应驻藏大臣督办。若仅告知达赖喇嘛，恐其见小糊涂，难保其必能遵行妥办。此二事均交和琳等查明办理，俾事权益归画一，更足以收实效而资整理。……"

（高宗朝卷一四一四·页二一上～二三上）

○乾隆五十七年（壬子）十二月庚午（1793.1.17）

大学士两广总督公福康安等奏："查达赖喇嘛所属前后藏番民每年租赋除交各项本色外，约银十二万七千两零。现在噶布伦、商卓特巴等缺，议归驻藏大臣会同拣选。所有商上用度应交驻藏大臣总核，并令济咙呼图克图就近稽查。其扎什伦布番民租赋亦应一体办理。至前后藏边界被贼侵扰，已据达赖喇嘛遵奉谕旨，于济咙、聂拉木、绒辖三处酌免租赋两年，宗喀、日喀尔达、春堆等处亦免租赋一年。其阖藏番民从前积欠全行蠲免，番目等欠项减半蠲免。"报闻。

（高宗朝卷一四一八·页一二下～一三上）

○ 乾隆五十八年（癸丑）三月庚申（1793.5.7）

又谕曰："恩达、硕板多一带地方三十九族番民，前于大兵进剿廓尔喀时，经福康安等派员前往雇办乌拉牛马，押赴各站，协济兵差，甚为急公出力。所有该番民应纳五十七年分马价银三百九十一两零，著加恩豁免，以示体恤远番、奖励勤劳至意。"

（高宗朝卷一四二五·页一四上～下）

○ 乾隆六十年（乙卯）闰二月庚寅（1795.3.28）

又谕："据松筠等奏，达赖喇嘛、班禅额尔德尼等请将伊等所属唐古忒等应交粮石及旧欠钱粮宽免，并赈济贫人、修理倒坏房屋之处请旨等语。达赖喇嘛、班禅额尔德尼等一闻朕降旨蠲免天下钱粮，伊等亦请将唐古忒等抚恤办理，实属善举，朕深为嘉悦。达赖喇嘛、班禅额尔德尼著各赏给哈达一个、紫金俐玛无量寿佛各一尊、碧玉手串各一卦、大荷包各一对、小荷包各三对，松筠等接奉时即转为赏给。但前藏地广，所交之项较多，达赖喇嘛既请宽免一年，即著照所请办理；后藏地狭，所交之项较少，恐不足班禅额尔德尼一年之用，即著免其一半。但赈济贫人、修理倒坏房屋等项，由达赖喇嘛之商中拨银三万两，由班禅额尔德尼之商中拨银几万两之处并未声明。达赖喇嘛等仰体朕意，既将唐古忒等抚恤办理，自不必拨用达赖喇嘛银两。著即动用该处正项，赏给前藏银三万两、后藏银一万两。松筠等务须悉心办理，毋致一人遗漏，以副朕一体轸恤番仆之意。"

（高宗朝卷一四七二·页一九上～二〇下）

○ 乾隆六十年（乙卯）五月甲寅（1795.6.20）

豁除西藏三十九族番民每年贡马银三百九十一两有奇。

（高宗朝卷一四七八·页九下）

○ 乾隆六十年（乙卯）六月丁未（1795.8.12）

驻藏办事大臣松筠奏："聂拉木、宗喀、济咙及沿边一带番民贫苦，俱系达赖喇嘛所属，自应轻其赋税。臣因阅边，沿途面询此数处百姓，并称每年应纳钱粮之外尚有别项折色,而济咙番民赋税尤重。前此曾向达赖喇嘛言及番民穷苦情形。据云如查有苦累之处,即应随时调剂。臣因向边民等谕以达赖喇嘛之意,每年止令交纳正项钱粮,其余概行豁免。其聂拉木百姓钱粮过重,已量为减额。尚有沿边各处番民赋纳皆属较重,概行查减。再,途次有番民禀诉,每年达赖喇嘛商上及大寺庙差人赴聂拉木等处贸易者,俱系边地百姓应付乌拉,随出示严谕,嗣后此项贸易者所需乌拉人夫,俱著发价雇用。其唐古忒各世家及达赖喇嘛亲属人等概不准私用乌拉。再,查前藏所属番民,每年差派杂役烦多,除边远游牧者尚无从摊派,其余种地番民一年交纳各项钱粮外,每户另出银帮贴夫费。此项差役系洒扫布达拉等处寺院,及秋季豆草交庙上应用,实属苦累。查庙上日需之草束,原有百姓一年所交折色银一万两,应用尚有赢余,尽可雇募应役,其格外苛派,概请严禁。"

得旨:"览奏俱悉。"

(高宗朝卷一四八一·页一八上～一九下)

镇慑果洛克滋扰

○ **乾隆五十四年（己酉）九月戊子（1789.10.23）**

谕军机大臣曰："李世杰等奏续获郭罗克抢夺番匪审明正法一折。此案匪犯前已拿获七名正法，并格毙六名，现又经官兵督同土目等拿获三名，格杀一名。并据该土司头人等再三哀吁，情愿严禁手下人等，嗣后再不敢赴青海地方滋事，亦只可如此而止。著传谕李世杰等，即将派出官兵撤回，不必在彼久驻为穷搜之举。惟须晓谕该土司等以此次业蒙大皇帝恩典，不复追究，尔土司等应知感激，嗣后务严禁属下人等，不得仍前滋事。若再有似此抢夺之案，必当按名拿获，不能宽贷。其擒献匪犯之土目，并酌加奖赏。如此恩威并用，庶夷番各知感惕，自不敢复滋事端，方为妥善。"

（高宗朝卷一三三八·页四下~五下）

○ **乾隆五十六年（辛亥）二月庚戌（1791.3.9）**

谕军机大臣等："据奎舒奏称，访得去岁抢夺赴藏喇嘛凯木楚克等什物之德尔格部落贼番等姓名，咨行四川总督查办，又抢夺尼雅木错部落牲畜郭罗克等，并咨行查拿等语。去岁奎舒将抢夺凯木楚克等什物贼犯奏请查拿时，朕即降旨交保宁迅速严缉，保宁接旨后虽经复奏派员访查，而鄂辉自接任以来有无拿获之处，尚未奏到。今奎舒已将贼匪姓名访获，尤易缉拿。总兵张芝元深知番人性情，著即派张芝元将此等贼犯指名要出，从重办理。再，郭罗克等胆敢伙结数百人抢劫尼雅木错部落牛羊，伤人致毙，甚属可恶。若不严办，不足示儆。著鄂辉严密查拿，从重办理示众。再，蒙古番子俱赖牛羊生理，乃自己并不加意防守，被劫后又不力为赶拿，但凭报官办理，伊得坐获牲畜，亦属不合。奎舒请将此项牛羊追出时一半给与事主，一半入官示罚，所奏亦是。著传谕鄂辉于追出后遵照办理。"

（高宗朝卷一三七二·页一〇下～一一下）

○乾隆五十六年（辛亥）三月癸未（1791.4.11）

又谕（军机大臣等）："据成德奏，尼雅木错部落被郭罗克番子抢去牛三千四百只、羊三千五百五十只，并抢去马匹、军器等物，现派参、游大员酌带妥干兵目前往郭罗克地方，传集土司头人，严行查拿等语。此案前据奎舒奏到，曾降旨饬令鄂辉派员前往督拿。兹据成德等接准青海来咨，选派员弁即赴郭罗克地方查缉。著传谕该将军等，选派熟谙番情大员亲往郭罗克查缉，务将此次抢夺贼番首伙全行拿获，从严究办。至尼雅木错被抢牛羊至六千余只之多，恐系该番人等希冀多得赔偿浮开赃数具报，均未可定。除降旨令奎舒查明咨会川省，并著传谕成德等饬谕查办各员确切查明办理，毋任冒混。"

又谕："据鄂辉奏，去岁六月据奎舒咨称，郭罗克等劫掳西宁所属尼雅木错部落番子等牛三千四百只、羊三千五百五十只，杀人四名，当即差拨官兵前往缉捕等语。除传谕鄂辉等严缉务获外，朕思从前郭罗克劫掳西宁番众，而甘肃番众复行劫掳青海蒙古，此皆由青海蒙古、番民素性懦弱，不能自顾游牧，以致数被劫掳。及被掳后，又不能自行追捕，惟凭报官代缉，已属恶习，且难免有捏报数目情事。著传谕奎舒将去岁被劫实在数目查明复奏，仍著晓谕该番等：数年以来，或甘肃番民劫掳青海蒙古，或郭罗克番民劫掳西宁番众，代缉纷纷，甚属无谓。嗣后如有不自行防范，至彼劫掳，而又图利捏报，则断不为办理。如此晓谕，庶伊等各知儆惧，加意防范，而被劫之事自鲜矣。"

（高宗朝卷一三七四·页一三下～一五下）

○乾隆五十六年（辛亥）十月己未（1791.11.13）

又谕："据孙士毅奏审明郭罗克抢夺番匪按律分别定拟一折。此案番贼纠伙抢劫，伤毙事主，实属凶顽不法。前经降旨，以总兵张芝元谙悉番情，令其前往办理。今张芝元带同游击关联升、刘国刚驰赴该处，除当场杀毙、跌死各贼番外，擒获宁柯等七十五名，解省审办，甚属奋勉。张芝元、关联升、刘国刚俱著交部议叙，以示奖励。至案内贼匪宁柯等十七犯，业经该督恭请王命分别凌迟斩枭。七勒等十犯俱系同谋抢夺，法无可宽，著照该督所奏即行斩决。余均照所奏完结。其在逃未获之甲让等五犯，仍着该督严饬土司等实力查拿，务期迅就弋获，办理示惩。"

（高宗朝卷一三八九·页一二上～一三上）

查办贵德、循化、德格、里塘、巴塘、阿足、察木多诸地"夹坝"窃劫，设立鄂博，分定界域，订立缉拿章程

○乾隆五十六年（辛亥）三月丙戌（1791.4.14）

谕军机大臣等："据勒保奏，拿获劫夺蒙古牲畜贼番，审明正法等语。贵德番民胆敢纠众伤人，劫夺牲畜，其情甚为可恶。今将拿获之叶噶、丹津、垂布藏等犯正法，所办甚是。但此案内垂布藏、阿都均系青海郡王所属蒙古，而反哄诱番民劫掳牛只，更属可恶。青海蒙古平素不能自顾牲畜，又不谨防卡座，一经被掳，即凭报官办理，实属恶习，前已屡经晓示。今反哄诱番民劫掳本处牲畜，其情尤可痛恨。若不严行禁止，成何事体。著传谕奎舒将未获之蒙古阿都等严行查拿，审明从重治罪。"

（高宗朝卷一三七四·页二九上～下）

○乾隆五十六年（辛亥）七月乙酉（1791.8.11）

又谕（军机大臣）："据勒保、奎舒奏称，循化番众纠伙抢掳青海扎萨克台吉沙喇布提理游牧牲畜，沙喇布提理带兵前往拒敌，中枪身毙，将贼番掳去马匹夺回，贼众溃散，随尾至贵德番地，访得贼番姓名，已饬属指名缉拿，严办示惩等语。此等番众掳掠青海蒙古牲畜，致伤人命，尚非有心戕害，然因循日久，亦不成事体。今既向郎杆番目都拉等访得贼番姓名，务须尽数拿获，严加惩办，以昭炯戒，毋使一人漏网。至西宁办事大臣仅管青海蒙古番众，其附近蒙古地方之贵德、循化等处，亦应归西宁办事大臣兼管。如遇有行窃事件，缉办较易。循化设有同知一员，贵德仅设有县丞一员，贵德地方亦应照循化改设同知管辖。著交勒保、奎舒将附近西宁地方番众应如何归并钦差大臣管辖，贵德地方应如何改设同知之处，会同妥议具奏。至纳罕达尔济，拿获循化所属沙布隆部落番夷罗扎克布沙

木等三人，既无行窃，复不匿盗，俱行指名举出，尚知法禁。如将伊等过事穷鞫，番众闻知，恐嗣后再遇此等事件，反至互相隐匿。奎舒用心过当，欲求详尽，反失机宜，此其不晓事体也。将此传谕奎舒外，并交勒保俟罗扎克布沙木等解到兰州时，只须问明情由，安慰赏赐，遣回游牧。该卡管辖不善之梅楞旺沁革退，兵丁责惩，沙喇布提理赏给银两之处，俱著照奎舒所奏办理。"

（高宗朝卷一三八二·页二〇下～二二上）

○乾隆五十六年（辛亥）七月丙戌（1791.8.12）

又谕（军机大臣等）："昨据奎舒奏称循化番众抢掳青海扎萨克台吉牲畜，枪伤沙喇布提理身毙一折，朕即谕令查拿严办示惩。嗣后附近青海地方之循化、贵德等处番众可否亦归西宁办事大臣兼管，贵德地方亦照循化改设同知管辖番夷之处，交勒保、奎舒会同妥议具奏矣。今思此事必应如此办理，此等附近蒙古地方番众遇有此等抢掳事件，若归西宁大臣督办，自必得力。倘仅恃地方官管辖，既属有名无实，一经事出，又复妄生疑惧，因循了事，徒使愚番恣肆。至贵德地方改设同知，亦当照循化之例作为旗缺，以满洲、蒙古人员选用。但循化、贵德番众内现设有百户夷目，俱经赏给五、六品顶戴，著交奎舒，其中如有能捕盗奋勉出众者，即行酌量奏请赏戴蓝翎。如此，则伊等管束所属既能得力，而于西宁办事大臣差遣亦大有裨益。著传谕勒保、奎舒，令其会同悉心妥议具奏。"

（高宗朝卷一三八二·页二八下～二九下）

○乾隆五十六年（辛亥）八月癸卯（1791.8.29）

谕军机大臣曰："成德等奏：前往西藏熬茶喇嘛在拉木托洛海地方被抢等案，据差往德尔格之都司张志林禀称，亲带弁兵，在于所辖寨落各番众内逐一搜查，当获有贼犯纳木鲁敦多克等五名，并起获被抢原赃，讯明此案番贼共有十余人，现在督拿等语。此等番贼胆敢于过往喇嘛及牧放牛羊地方肆行抢劫，实属悯不畏法，自应尽数查拿，严办示儆。今该都司率同该土司实力搜查，拿获多名，所办尚好。其未获各犯，现据该土司头人等禀称已访得贼人踪迹，现在设法擒拿，按名献出等语。著传谕成德等严饬该土司，务须督率员弁及土司头人等亲赴各寨落严行搜缉，迅速查拿，全数弋获，毋使一名漏网。"

（高宗朝卷一三八四·页二下～三下）

○乾隆五十六年（辛亥）九月丁丑（1791.10.2）

谕军机大臣曰："勒保等奏青海蒙古勾通番子抢杀，审明正法及会议循化、贵德两属番子归并西宁办事大臣管理二折，所办尚好，已于折内批示。并降清字谕旨，令奎舒将纳罕达尔济严行饬谕矣。此案和拉纳罕等勾通抢劫缘由，扎什一经到案即行供吐实情，将首从多人供出，得以按名缉获。及审讯和拉纳罕各犯时，均各狡展不认，复经扎什当堂指证，无从抵赖，始各供认不讳。是案内首伙各犯，若非扎什供指明确，几致凶徒漏网。该犯听从和拉纳罕同行为从，虽有应得之罪，但念其到案供明，指证各犯，尚属畏法。所有该督问拟扎什斩候之处，著加恩宽免。现在案内未获番贼尚多，若须扎什质对，仍著暂留备质。将来无须质证之时，即将扎什释回，俾番众等咸知感励，遇有此等案件，不肯互相容隐，庶正犯得以速获，不致稽诛漏网。其案内逸犯蒙古番子等，据扎什供出尚有二十余人，并著勒保等严饬该管各官及纳罕达尔济一体严拿务获，从重治罪。至青海等番子相隔遥远，本不便交地方官管理，向来由西宁报明内地，辗转缉拿，实有鞭长莫及之势。今勒保等遵旨议令归并西宁办事大臣就近管理，遇有抢掠案件，查缉要犯，呼应较灵，办理自为便捷。除将所议章程交军机大臣议奏外，将此谕令知之。"

又谕："据勒保等奏郡王纳罕达尔济旗下蒙古和拉纳罕勾通番子等偷窃扎萨克沙喇布提理旗下蒙古羊只，沙喇布提理追赶，被枪身死一案，业经审明，将贼犯等正法具奏一折。除另降汉字谕旨外，大凡蒙古等皆善于骑射鸟枪，时常猎兽，青海蒙古赋性庸懦无能，平时番子等聚众来掳牲畜，常不能抵御。今郡王纳罕达尔济旗下蒙古和拉纳罕以番子扎什养为己子，又商同索诺木旺喀勾引番子等偷窃扎萨克沙喇布提理旗下牲畜，戕害扎萨克，更属可恶。纳罕达尔济平日不能严束其下，致有下人勾通蒙古、番子偷窃之案，又复怯懦，不能即时派兵追剿，转袒护和拉纳罕不将贼情禀告奎舒，甚属糊涂无能，奎舒将其章京等带赴兰州，眼同将伊等勾通偷窃之处审明，尚属妥协。理应将纳罕达尔济交该院严加议处。著寄信奎舒，传谕纳罕达尔济曰：'尔青海蒙古赋性懦弱，以致不时被番子偷窃。今尔蒙古和拉纳罕勾通番子偷窃，尔既不觉察于事前，又复袒护于事后，且云和拉纳罕等并非贼犯，尤属糊涂不堪。今眼同审出实情，宁不知愧，此次姑将尔参奏议处。如再有此等事件，不但官不为代办，并将尔从重治罪。'如此严切申饬，明白开导。再，青海蒙古及毗连番子等理应各守边界，断不可越境杂处。著奎舒传谕纳罕达尔济，嗣后严饬所属，各于境内游牧。不得容留邻境番族潜匿，将现在容留番众查明逐出。如纳罕达尔济不以为事，复有此等案件，必重治其罪。奎舒若因已饬交纳罕达尔济，即不严查，复致蒙古、番子杂处，亦必一并将伊治罪。"

（高宗朝卷一三八六·页八下～一一下）

○ 乾隆五十六年（辛亥）九月戊寅（1791.10.3）

又谕曰："成德等奏折内称：接壤青海之德尔格部落穷番前赴青海所属尼雅木错、玉舒等番地潜匿，探知有赴藏者回至本地，纠众掠取牲畜物件。请交奎舒，嗣后德尔格番子有往青海所属各处者，无论有无滋事即行缉拿，解赴德尔格交该土妇等语。德尔格部落虽隶川省，多有在接壤青海所属尼雅木错、玉舒等番地居处者。德尔格番子潜赴青海所属番地，探知有人赴藏，擅敢纠众掳掠，情节可恶，理应严行查拿。著交奎舒通饬尼雅木错、玉舒所属各番土千户、百户，各宜严密搜察。现在伊等境内如有潜居之德尔格番子，即行缉拿审明。若曾滋事，从重办理示惩外，即并未滋事，但与该处番子为子、为奴糊口者亦即撤出，妥为解赴德尔格部落，交该土妇，令其严加约束。仍不时留心严查，如有类此潜赴隐居者，亦著照办，不可稍有疏懈。所有成德汉字奏片，抄寄奎舒阅看。"

（高宗朝卷一三八六·页一七下～一八下）

○ 乾隆五十六年（辛亥）九月癸未（1791.10.8）

军机大臣议复："陕甘总督勒保、青海办事大臣奎舒等奏请将循化、贵德两处生熟各番统归西宁办事大臣兼管。嗣后番地应纳番粮，及与汉民交涉命盗案件，仍归循化、贵德文员照例办理，由该管上司核转，会同题咨完结。其番子抢掠蒙古之案，径由西宁办事大臣就近缉拿。应如所请。但熟番内向设有千户、百户、乡约管辖，而生番并无头目，其应如何设立之处，仍令该督等再行悉心筹酌，会议具奏。至千户、百户等头目内果有奋勉缉贼之人，应令奎舒奏明，赏戴蓝翎，以示鼓励。此后蒙古等不能自行拿获赃贼，事后指为外来番贼呈报缉拿者，概不与之办理。再，查西宁镇总兵驻扎同城，嗣后如有案情稍大，需派官兵之事，应令西宁办事大臣酌量檄调。"从之。

（高宗朝卷一三八六·页二三上～下）

○ 乾隆五十六年（辛亥）十二月庚午（1792.1.23）

（陕甘总督勒保）又奏："军机大臣议将蒙古边界番众归并西宁办事大臣兼管，应于生番内设立千户、百户头目管束，令臣酌议。查循化、贵德生番居住深山，各就水草游牧，打牲插帐，搬移无定，与内地语言不通，从不肯入城见官。今欲设立头目，传谕则必躲避不前，若亲至其地代为选择，又恐番性多疑，张皇惊扰。应请暂仍其旧，惟饬地方官广为化导，俾稍知法度。俟情意渐孚，然后将番众所钦服者赏给千户、百户职衔，责令管策。"

得旨："所见是。且此时亦无暇及此。"

（高宗朝卷一三九三·页二〇上～下）

○ 乾隆五十八年（癸丑）六月辛卯（1793.8.6）

四川总督惠龄奏："里塘、巴塘一带向多夹坝出没，额兵不敷巡缉。臣经过各该处时，于所属孔道连界地方安设卡房，派土目、土兵巡查。至西藏往来差使及客商过境，令该土司等拨兵护送。倘能实心缉捕，一年之内拿获数案及所属并无抢夺案件者，分别奖赏。如防范不严，致财物被窃，除著令营官、土司赔缴外，仍奏明严处。再，口外抢夺仇杀之事阅时常有，亦责令该土司严行管束，嗣后如再犯者，除将凶手正法，并将该土司革职，另行更换。"

得旨："览奏俱悉。"

（高宗朝卷一四三一·页二〇下～二一上）

○乾隆五十九年（甲寅）二月乙丑（1794.3.8）

又谕（军机大臣）曰："孙士毅等奏：据峨眉县知县王赞武禀报，于上年十月内奉委管解台饷出口，差竣旋回，所带印信及行李等物令丁役管解随后行走，至阿足山地方忽遇贼番，割取皮箱，将印信及盘费、衣服一并劫去，现在严拿未获等语。巴塘、里塘一带向系夹坝出没处所，最为行李之害。前年军兴之际，曾经降旨令观成严饬该管地方汛弁实力查拿，从重惩治，俾贼番敛迹。事定未久，今阿足山地方何复有贼番等将出口官员所带印信、行李等物一并劫去，实属肆横无忌，可见该处夹坝尚未查拿净尽。著传谕孙士毅等，即派委镇、道督率附近汛弁兵丁实力缉拿，务将此案贼番按名弋获。其已经拿获，即在该处正法示儆。仍将未获逸犯，上紧查拿务获，毋任一名漏网。"

（高宗朝卷一四四六·页一八下～一九上）

○乾隆五十九年（甲寅）二月丁丑（1794.3.20）

又谕（军机大臣等）曰："勒保奏续获番贼强巴，审明正法一折。此案强巴与伊子滩布加同谋抢劫，枪毙事主。滩布加先经拿获正法，强巴一犯逃匿番地，经兵役等追捕盘获。可见认真侦缉，断无不能获犯之理。昨据特克慎奏：偷窃青海蒙古牛只之循化番贼查罕扎布一名，拿获后审明正法，尚有首从各犯二十余名现在逃逸，行令陕甘总督查拿等语。已有旨谕令该督一体严缉，著再传谕勒保即遵前旨督饬所属分投侦捕，务将逃逸首伙各犯按名弋获，迅速办理，毋得视为海捕具文，致令远飏漏网。"

（高宗朝卷一四四七·页二下～三上）

○乾隆五十九年（甲寅）三月辛卯（1794.4.3）

谕军机大臣曰："和琳奏查办夹坝窃劫差员一折，据称：峨眉县知县王赞武委解察木多饷银，带印出口，事竣回省，行至阿足、石板沟两界地方，突遇夹坝，抢去骡头、行李并峨眉县印一颗，当即飞饬兼管之察木多游击乌勒公阿驰赴该处，督同弁兵，实力迅速查拿等语。此案前据孙士毅奏到，业经降旨，令该署督派委镇、道督率附近汛弁兵丁，实力缉拿务获。今据和琳等奏，乍公在察木多迤东，土俗称为恶八站，其附近之夹坝沟一处通三暗巴，向为夹坝出没处所。是该处地方番民刁悍，实为奸薮，必须随时督饬查拿，方可使贼番敛迹。今止有游击兼管，恐不足以资弹压。应另派职分较大之员专管，督率搜捕，较为得力。著该署督察看情形，酌量妥办。至此案该县印信被贼窃劫，固由该县疏虞，贼番等未必知系差员，故行窃劫印信。但该员系奉公差往，人从较多，尚被抢窃，则往来行旅自必更易受其扰害。该处系出口通衢，官民行走络绎，似此贼番乘机窃发，殊有关系，必须严行搜捕，俾知敛戢。若贼番抢窃官物，尚不痛加惩创，势必盗风浸长，无所顾忌，更为行旅之害。除俟福康安赴任时，面为传谕，令其到任后，务须督饬员弁实力搜捕，净尽根株，共期肃清边徼外，此时孙士毅更当责令派出之镇、道等，迅速购线追踪，务将此案贼犯按名拿获，即行正法示儆。现在和琳等已派领戴绷带领番兵，随同该游击一体侦缉。亦当饬令上紧搜拿，克期弋获，毋任漏网稽诛。至成德历任成都将军、提督，今系驻藏大臣，该处地方是其管辖。现因更换进京，经过该处，见有此等夹坝肆窃，自当留驻督率搜捕。乃奏称现有游击在彼，自可了事，未便徒事张皇，致骇物听等语。竟若置身事外，未免存诿避之见。著传旨严行申饬。并著传谕成德，如接奉此旨伊已进口，此时贼番业已就获，即无庸转回。若成德尚未行过，该处正在搜拿贼番，即当留驻，督同严缉务获，毋得再有推卸，致干咎戾。"

（高宗朝卷一四四八·页九下～一一下）

○乾隆五十九年（甲寅）三月戊申（1794.4.20）

谕军机大臣曰："孙士毅等奏：据镇、道等禀，阿足地方所失峨眉县印信，访系招拉哇所抢，该军功刘文广带同番子前往该番寨，搜获印信等物，尚未将贼犯拿获，现在该镇、道计已行抵该处，和琳又派戴绷前往会拿，不难克期就获等语。口外地方夹坝出没无常，虽不能尽绝根株，若果随时查缉，严办示惩，番民等自当咸知儆畏。此案失去印信业经搜得，且知系招拉贼番所抢，该镇、道既亲赴该处，又有和琳派出戴绷协同缉捕，并晓谕该寨番人自行拿送，即不能悉数就擒。亦可将抢夺正犯迅速严拿，一面办理，一面奏闻。使番民知所惩创，庶口外地方夹坝敛戢，不敢肆行劫掠，方为妥善。将此谕令知之。"

（高宗朝卷一四四九·页五下～六下）

○乾隆五十九年（甲寅）三月辛亥（1794.4.23）

又谕曰："勒保奏拿获抢劫蒙古牲畜案内番贼什噶洛、都拉二犯，审明正法一折。阅折内称：河州回民苏有伏等七人赴番地贸易，于五十八年六月行至循化厅塌山地方，遇番贼十余人施放鸟枪，中伤苏有伏，身死，又打伤马伏良、马良才，劫得骡马、银物而逸，今拿获什噶洛、都拉二名，审明即系此案贼犯等语。循化厅管辖番回，与寻常内地不同，且事关番贼抢劫，伤毙事主，该督接据该厅禀报，自应一面奏明，一面饬缉。乃苏有伏等于上年六月内在塌山地方被劫，该督直至此时获犯后始行具奏，殊属迟缓，勒保著传旨申饬。至此案番贼共十余人，现止获犯二名，所有未获各犯，该督务宜通饬所属，上紧严缉务获，毋得日久生懈，致要犯远飏漏网。将此谕令知之。"

（高宗朝卷一四四九·页一〇上～一一上）

○乾隆五十九年（甲寅）四月戊辰（1794.5.10）

谕军机大臣曰："和琳等参奏疏防备弁分别办理一折，已将守备高云龙及署游击乌尔公阿分别革职，交部严议矣。卫藏地方甫经整顿之后，察木多一带夹坝时出抢劫，业经屡加惩劝，而现在三暗巴番人尚有抢劫差员驮只，遗失印信之事，可见该处夹坝尚未敛迹，而川省地方亦甚紧要，必须福康安与和琳二人在彼，实力整饬，督率筹办，方可绥靖地方，纾朕远廑。福康安前日陛辞时，曾有于明岁来京觐见之请。今看此情形，不但福康安到任后，正当将该省应办事宜次第经理，明岁不应来京，即和琳虽在藏已二年有余，亦未可遽离该处。总须再过一二年后，将川省及卫藏地方大小事务办理悉臻妥善，使边境肃清，番民畏服，方可另易生手。即朕于丙辰年归政，所有应行典礼，襄事有人，亦无必须伊二人来京襄办之事。福康安与和琳惟当仰体朕意，以地方为重。不必因此急思回京也。……"

（高宗朝卷一四五〇·页一〇上～一一上）

○乾隆五十九年（甲寅）五月癸巳（1794.6.5）

又谕（军机大臣）："据孙士毅奏，拿获夹坝贼番三犯。此案昨据孙士毅等奏到，已拿获五犯，审明正法，由驿驰递，故到在本日奏折之前。

此等边外夹坝抢劫行旅，固不可不加惩创。但番民愚懵无知，此次劫去差员王赞武驮只，以致箱内印信一并被窃，尚非明知官物肆行抢夺，亦无戕伤人命之事。一经该镇、道前往缉拿，该管喇嘛颇形畏惧，即交出贼犯活口四名，割取首级一名，并出具日后不敢再纵夹坝滋事甘结，是该处喇嘛、番民尚知畏法。且此案抢劫正犯既经拿获，五犯正法，已足示惩。著传谕福康安，即饬行该镇、道毋庸再行根究，辗转株连，致使番民疑惧也。成德如已行至该处地方，亦著遵照谕旨妥协办理，并谕孙士毅、成德知之。"

（高宗朝卷一四五二·页九下～一〇上）

○乾隆五十九年（甲寅）五月乙卯（1794.6.27）

又谕（军机大臣等）："据特克慎奏，郭密地方所有卡座，请俟冰化时停其安设，并抽撤续添兵丁，仍令西宁驻扎大臣每年亲查一次等语。黑河外岸设有卡座，原以杜众番冰冻偷渡，第伊等出没无常，即冰融时岂不能乘筏而济？况将兵丁抽撤必致匪窃更多。至每年仍敕驻扎大臣巡查，虽为防范起见，惟巡查卡座势须多带弁兵，蒙古人等预备供支，转致多费滋累。奎舒前在该处驻扎数年，情形自所熟悉。著将各卡座防范何处部落，及驻扎大臣巡查有无裨益之处，详悉具奏。将此谕令知之。"

（高宗朝卷一四五三·页二三上～下）

○乾隆五十九年（甲寅）六月己未（1794.6.31）

又谕（军机大臣）："据成德奏酌筹乍丫、口卡地方设立鄂博一折，内称：乍丫、口卡两处交界地方旧于山顶各设鄂博一处，相隔四里有余，夹坝出没常在鄂博之间，该处头人往往互相推诿，现亲加履勘，将旧设鄂博全行撤毁，另于山顶设立大鄂博一处，永为定界等语。乍丫、口卡旧设鄂博，相隔较远，遇有夹坝滋事，该处头人往往以不在己界，彼此推诿。此等情形亦属事之所有。今成德另于山顶设立大鄂博一处，以分界域，并定立缉拿夹坝章程，亦一办法。但是否实系妥协，抑尚有需酌筹更定之处，福康安于该处情形较为熟悉，仍著福康安详晰查明，妥协办理，以期永辑番境。"

（高宗朝卷一四五四·页一〇下～一一下）

○乾隆五十九年（甲寅）六月壬戌（1794.7.3）

谕军机大臣等："据奎舒复奏：河外卡座系防范贵德、循化番众，河内卡座系防范郭罗克。内有五卡，于冰冻时各添兵五十名，以杜河外郭密众番偷渡，冰融后即不抽撤，于蒙古生计仍无妨碍。至西宁驻扎大臣例有会盟及查阅旗务等事，就便亲查一次，自不致滋累蒙古，而番众益加畏惧等语。所奏自属实在情形，著谕知特克慎，令即遵照办理。"

（高宗朝卷一四五四·页一一下～一二上）

○乾隆五十九年（甲寅）六月庚午（1794.7.11）

谕军机大臣曰："和琳等奏，办理阿足地方差员被夹坝抢掠一案，约定章程，令各该处呼图克图等于所属紧要地方，派拨番民轮流巡防，嗣后再有夹坝出没，即将该呼图克图等交达赖喇嘛分别严惩等语。所办俱属妥协。惟折内所称仓储巴字样，已用朱笔点出。藏内所管仓库事务之人向俱称为商卓特巴，今卫藏事务俱系驻藏大臣督率管理，遇有陈奏之折，自应以商卓特巴字样声叙，不应相沿旧时承习之语，仍称为仓储巴。即如噶布伦之称为噶伦等类，亦皆应一律按照唐古忒字音译正，和琳等即未能谙悉，何妨传询讲求，一一通晓也。"

（高宗朝卷一四五四·页二五下～二六下）

○乾隆五十九年（甲寅）八月辛酉（1794.8.31）

调任四川总督大学士公福康安复奏："阿足山顶设立大鄂博一处，分画地界，应如成德所请办理。其江卡、黎树、石板沟、阿足、乍丫等汛弁，一年内地方宁谧，咨部议叙。如有抢劫等案，加等议处。推诿捏报，另行治罪。李功高所称贼匪拒捕尾追之说，全属虚饰，应革去守备，发往新疆。乌尔公阿扶同捏报，亦应革职。兵丁刘文广购线访获印信，尚为奋勉，只因昏夜往捕，所带人少，未敢进寨，情有可原。应照和琳原奏，赏给经制外委，以示鼓励。"

得旨："允行。"

（高宗朝卷一四五八·页二五上～二六上）

拒绝为哲孟雄、作木朗与廓尔喀分定疆界

○乾隆五十八年（癸丑）二月癸巳（1793.4.10）

是月，钦差大学士公管两广总督福康安等奏："哲孟雄头人却图鲁因大兵征服廓尔喀禀请派人往彼，照六辈达赖喇嘛时定界，划归该部落，并请添兵给粮，代为守御。查哲孟雄于大兵征廓尔喀时并未出力协助，其部落又非藏地，即所禀六辈达赖喇嘛时原界，多系昆布等小部落旧地，若差员往划，后有争论，即不能不为管理，当饬谕不准。嗣又差人禀称，廓尔喀声言大将军已将该部落赏彼，面诘廓尔喀护送象马头人，并无此语。除谕令廓尔喀不准滋事外，将哲孟雄虚诬檄饬指驳。"

得旨："所办皆妥。"

（高宗朝卷一四二三·页二○上～下）

○乾隆五十八年（癸丑）十一月甲午（1793.12.7）

驻藏大臣尚书和琳、副都统衔成德奏："廓尔喀王子叔侄詟服天威，诸事禀命。昨于八月初遣头人禀称：'哲孟雄所有各寨落俱归我国已十有余年，哲孟雄止有日尼杵及冈多二处。作木朗全境亦归廓尔喀多年。该部落止存该部长之叔苏班色一人。现在闻其往各部落借兵，希图恢复。各部落皆未出兵，我国亦未出兵穷追。诚恐苏班色造作语言，致生事端，求天朝勿听。并请差官与定交界。'臣等久知哲孟雄、作木朗二处，并非藏属，廓尔喀侵占已久。该王子叔侄恭顺小心，既来请示，因不可令其欺凌弱小，亦不值代为分定疆界。随谕来人：'哲孟雄、作木朗二部落，尔国久已据其土宇，本钦差断不肯令尔退还。但哲孟雄部长现仅有日尼杵、冈多二处栖身，作木朗亦仅有苏班色一人。尔等当体大皇帝好生之心，不可过于追迫，各安本分。归告尔王，总宜凛遵大皇帝谕旨，和睦邻封，爱惜百

姓。至极边地方，本钦差不值差官代定交界。'当据该头人伏地叩头，感激悦服，臣随量赏盘费，派员护送起行。仍严饬各边界头人，不得容留该二部落人，致滋事端。"

得旨："和琳等奏据廓尔喀差头人哈斯达、打尔萨野到藏请安递禀一折，所办得理。据其禀内称，作木朗、哲孟雄二部落之人素不安分，伊等地方经廓尔喀占了多年，惟恐该部落人等架说是非，又争地界，恳请驻藏大人勿听伊等之言，并请差官与之定立交界等语。廓尔喀因侵占邻近部落地方，惟恐其希图恢复，差人赴藏禀明。并又渎请差官定立交界。设遇胸无定见之人，又必听从所请，率为剖断边界，又致生事。即如藏内噶布伦及僧人俱以该二处虽不属藏内管辖，向与达赖喇嘛相好。彼处庙宇俱系经典所有，请仍照六辈达赖喇嘛所定地界，为之剖断。此等愚昧无知之人，一经该部落等到藏侵陵即懦弱无能，纷纷逃避。及仰仗天朝兵威平定后，又复借势贪占便宜，妄求定界。今和琳并不听信噶布伦等浮言，实属可嘉。即向廓尔喀所差头人明谕，既不准其欺陵弱小，亦不复更为分定疆界，既不听藏中觊觎之心，亦足以悦服廓尔喀之心。而哲孟雄等部落闻知天朝剖断公允，亦必益加感畏，办理实为得当。嗣后接任之员，遇有此等事件，俱当坚持定见，仿照办理，勿为浮言所惑，边界自可永臻宁谧也。"

（高宗朝卷一四四〇·页七下～一〇上）

调遣屯练土兵剿讨湖南苗民起事

○ 乾隆六十年（乙卯）闰二月癸未（1795.3.21）

又谕（军机大臣等）："湖南三厅两县腹内之地，俱被贼苗滋扰，蔓延百数十里，跬步皆山。……川省先已派调汉、土官兵二千名，孙士毅又续调降番六百名，穆克登阿前带兵八百名，复添调川北兵六百五十名，共计川省之兵已有四千余名。现因黔、楚、四川三省各行剿捕，未经会合，是以兵分见单。不日福康安、和琳将松桃、秀山一带逆苗剿净，并力全趋楚省，兵威已极壮盛。屯练降番登陟是其所长，于剿贼固属得力，但现已檄调有一千六百名，且该处道路相距遥远，一时恐不能即到，著福康安、和琳速行酌商。如无需添调，固属甚善。倘实有需调用土兵之处，即一面奏闻，一面飞调应用。"

（高宗朝卷一四七二·页二下～五下）

○ 乾隆六十年（乙卯）闰二月庚子（1795.4.7）

大学士公管云贵总督福康安奏："……现据观成奏，已带将弁番兵前往秀山，该处竟应令孙士毅与观成在彼督率兵丁协同防守，不可轻率远离，以期保护秀山，肃清后路。……"

（高宗朝卷一四七三·页二下～五上）

○ 乾隆六十年（乙卯）三月乙卯（1795.4.22）

谕军机大臣等："川河盖一带为秀山后路，和琳出其不意带兵剿捕，所杀贼匪虽尚不及福康安之大加歼戮，然该贼众经此一番剿杀，情形震慑。且后路廓清，设卡防堵，亦不致有乘虚抄袭之虑，更可安心前进。不料和琳竟能如此，著赏大小荷包，以示嘉奖。至头起屯练于十五日行抵军营，十六日即随同杀贼，实为出力，著赏给一月钱粮。其续到之屯练降番虽尚未打仗，但念近年以来屡经檄调，俱各争先勇往，此次复远道跋涉，并著加恩各赏半月钱粮，俾伊等倍知感奋，于剿贼更为有益。……"

（高宗朝卷一四七四·页六下～七上）

○乾隆六十年（乙卯）三月己卯（1795.5.16）

谕军机大臣曰："福康安等统领大兵攻克土空，打仗杀贼，几至三昼夜，将弁兵丁人人奋勇争先。且派令花连布等带兵分往永绥，将十八余日围城立时解散，实属出力可嘉，已明降谕旨，将福康安、和琳交部议叙。其守城官员亦一并加恩矣。著再赏给福康安、和琳大荷包各一对、小荷包各四个。……并带领降番之穆塔尔、朗尔结二人俱各赏大荷包一对，以示嘉奖。……"

（高宗朝卷一四七五·页一九上～二○上）

○乾隆六十年（乙卯）四月庚寅（1795.5.27）

谕曰："福康安、和琳奏称，查明节次打仗著有劳绩之侍卫章京、汉屯将备员弁兵丁，遵旨开具名单进呈等语。此次剿捕苗匪，经福康安、和琳等会合统兵至楚廓清后路以来，所有侍卫章京、汉屯将备员弁兵丁等，俱各属勇争先，不辞劳瘁。……至此次攻打滚牛坡时，贼众舍死抗拒，经官兵奋力剿杀，歼戮甚众。所有带兵出力各将弁，著福康安等查明，咨部议叙。汉、土屯兵丁等著再加恩赏给一月盐菜、口粮。其游击永舒、都司班第、屯千总巴图鲁雍忠、伊沙斯等杀贼阵亡，殊属可悯，俱著照原衔加一等议恤。至阵亡之千、把等七名，著福康安等查明咨部，亦加一等议恤。其余伤亡弁兵，亦著查明咨部赏恤。"

（高宗朝卷一四七六·页一一上～一二下）

○乾隆六十年（乙卯）四月戊申（1795.6.14）

又谕曰："福康安等奏，此次官兵攻克黄瓜山贼巢，适值大雨如注，士卒争先奋勇，两昼夜不遗余力，焚剿贼寨五十六处，杀死逆苗无数，生擒贼匪一百余名等语。除官弁等已加恩升擢外，所有此次打仗绿营、屯番各兵丁，奋勇杀贼，甚属可嘉。著加恩再各赏一月钱粮，以示鼓励。"

（高宗朝卷一四七七·页二〇上～下）

○乾隆六十年（乙卯）五月丁巳（1795.6.23）

又谕曰："福康安、和琳奏四月二十、二十一等日进剿逆苗，攻克苏麻寨一带贼巢，逼近西梁一折。……福康安、和琳俱著交部议叙，并著查明出力之侍卫章京、镇将备弁等一体咨部议叙。其此次打仗之绿营官兵及屯番等，俱著赏给一月钱粮，以示朕奖励勤劳恩加无已至意。"

（高宗朝卷一四七八·页一四下～一五下）

○乾隆六十年（乙卯）五月癸亥（1795.6.29）

谕曰："福康安、和琳奏官兵攻克上下西梁等处苗寨一折。……所有此次打仗之绿营官兵及屯番等，俱各再赏给一月盐菜、口粮，以示朕奖励戎行恩加无已至意。"

（高宗朝卷一四七八·页二一上～下）

○乾隆六十年（乙卯）五月辛未（1795.7.7）

谕曰："……此次复攻克大乌草河一带苗寨，官兵等昼夜冒雨打仗，无不奋勇争先，实为出力。……汗牛行营都司格宗多尔济赏给藏博巴图鲁名号。杂谷脑行营都司策旺赏给达木吉彦巴图鲁名号。河西行营游击达果赏给巴济彦巴图鲁名号。河西行营外委斯丹巴赏给吉雅克巴图鲁名号。仍照例各赏给银一百两。……河西行营千总阿桑、杂谷脑行营千总扎多阿思达、杂谷脑行营都司阿忠、……别斯满行营守备任扎尔吉、宅垄行营都司郎卡穆、河西行营守备朗喀尔吉均著换戴花翎。……宅垄屯外委普占、河西行营把总得日塔尔、汗牛行营把总噶图、别斯满行营外委阿卜穆、河东行营把总思丹巴尔吉、河西行营外委苏穆普、汗牛行营外委撤帕俱著赏戴蓝翎。……其绿营、屯番兵丁，俱著再赏一月钱粮，以示朕体恤戎行奖励勤劳至意。"

（高宗朝卷一四七九·页五上～七上）

○乾隆六十年（乙卯）六月癸未（1795.7.19）

谕军机大臣等："……再看贼匪情形，现尚蜂屯蚁聚，为数不少，而该处林深箐密，山径丛杂，处处可通，大兵愈进愈远，在在皆需兵力。恐现有之兵未免不敷派拨，若俟福康安等奏到再行添调，或至缓不济事。朕意远省之兵一时不能速到，而屯练降番现已调用二千有余，亦无可再调。著传谕福康安等酌量如尚须添调官兵，即一面奏闻，一面仍于川黔二省附近营汛再行檄调。……"

（高宗朝卷一四八〇·页六上～八下）

○乾隆六十年（乙卯）七月丙寅（1795.8.31）

谕军机大臣等："官兵现已乘胜渡过大乌草河，贼匪无险可恃，且与镇筸一路官兵业经会合。……至此次连克贼寨，夺过大乌草河，皆由福康安、和琳调度得宜，而在事将弁兵丁亦俱奋勇出力。且伊等当此炎风烈日之际，不辞劳瘁，触暑进攻，实堪嘉奖。福康安、和琳著各赏大小荷包、上用奶饼一匣。额勒登保、德楞泰、花连布、那丹珠、常明俱各赏给荷包。又发去奶饼七匣，交与福康安、和琳分赏巴图鲁侍卫、章京，及在事奋勇出众之镇将弁兵暨屯练降番等，俾得分尝珍味，以示劝励。统俟擒获首逆大功告成，再沛恩纶，普加懋赏。……"

（高宗朝卷一四八三·页三下～五上）

○乾隆六十年（乙卯）八月丁亥（1795.9.21）

谕军机大臣曰："福康安、和琳此次连日穷追痛剿，不分昼夜，且攀陟险阻，于崇山峻岭之间绕道进取，往来跋涉不下二三百里之遥，备尝劳勚，几于不忍披阅。特亲解小荷包二个，分赐福康安、和琳，以示优眷，仍各赏大荷包一对、小荷包二对。并赏额勒登保、德楞泰、花连布、常明、珠隆阿、那丹珠、豁隆武大小荷包。其打仗兵丁及屯番等，俱加赏一月钱粮，用示奖励。福康安、和琳当督率将士倍加奋勉，统俟大功告竣，再沛恩纶，同膺懋赏。……"

（高宗朝卷一四八四·页一八下～一九上）

○乾隆六十年（乙卯）九月己未（1795.10.23）

又谕："……和琳前岁在廓尔喀董办军需，诸凡妥协。彼时设非和琳沿途催趱，竭力转输，福康安几不能由济咙直入廓尔喀之境。此次又带兵剿捕，攻克炮木山梁，肃清后路，与福康安合兵长驱深入。前经赏戴双眼花翎，和琳著封为一等宣勇伯，用昭酬庸懋赏。其带兵出力之额勒登保、德楞泰等，著福康安、和琳查明劳绩，分别具奏。俟奏到日，再降恩谕。此次打仗兵丁及屯番各兵，俱著赏一月钱粮。……"

（高宗朝卷一四八六·页四三上～四五下）

○乾隆六十年（乙卯）十一月庚午（1796.1.2）

谕军机大臣曰："……至（孙士毅）另片奏称，散秩大臣衔屯守备穆塔尔随征苗匪，在军营患病，遣令回屯，在资阳县身故等语。穆塔尔由军营遣回，在途病故，殊属可惜。著加恩赏给银一百两料理丧事。至穆尔塔有无子弟，应如何酌量加恩，以示体恤之处，著孙士毅查明具奏。"

（高宗朝卷一四九一·页一四下～一六上）

审理番民和廓尔喀商人斗殴事件

○乾隆六十年（乙卯）六月庚辰（1795.7.16）

谕军机大臣等："据和宁奏唐古忒番民刃毙廓尔喀商民，审明正法一折。所办甚是。此案噶尔达因向穆吉赖索讨房租不给，两相争闹，噶尔达辄用小刀将穆吉赖刃伤殒命。前藏为各部落番民聚集之所，似此逞凶毙命，自应立正刑诛，以彰国宪。和宁于审明后即将噶尔达正法，所办尚为迅速。但穆吉赖系廓尔喀商民，在藏贸易，今被内地番民刃伤致毙，将来便中不妨将此案情节崖略告知拉特纳巴都尔，俾知天朝法律森严，中外一体毫无枉纵，自必益深敬畏，于藏地更为有益。将此谕令知之。"

（高宗朝卷一四八〇·页一上～二上）

藏族僧俗官员的封授、罢黜

○乾隆五十三年（戊申）十月辛丑（1788.11.10）

又谕："健锐营安插金川番子等，于诸凡差使勤慎，在军营亦甚奋勉。额设骁骑校一员，恐不敷约束，著加恩添设防御一员、骁骑校一员，分管番众，以示奖励。今日健锐营带领引见拟正之赏戴蓝翎领催彤锡曾在金川军营出力，即著补授防御。拟陪之赏戴蓝翎领催叶什木德尔济，著补放骁骑校。新添骁骑校一缺，领催阿噶尔甲在台湾军营实属奋勉，著即补放，以示鼓励。"

（高宗朝卷一三一四·页三九上～下）

○乾隆五十四年（己酉）三月癸未（1789.4.21）

以故四川琼布克鲁族土百户子格桑汪结袭职。

（高宗朝卷一三二五·页一五上～下）

○乾隆五十四年（己酉）五月戊午（1789.5.26）

谕："西藏自巴勒布滋事以来，业经大加惩创。但藏内诸务，必须一晓事大喇嘛帮同达赖喇嘛办理，方为有益。济咙呼图克图心地明白，熟习经典，素为唐古忒等敬信。著赏给毕里克图名号，任以扎萨克之职，前往西藏帮同达赖喇嘛办理一切，俾噶布伦等诸事得有遵循，以副朕又[乂]安全藏至意。"

（高宗朝卷一三二八·页一下～二上）

○乾隆五十五年（庚戌）四月壬子（1790.5.15）

以故西藏纳克书奔盆族百户谷鲁策丹子谷鲁擢袭职。

（高宗朝卷一三五二·页一下）

○乾隆五十五年（庚戌）九月甲申（1790.10.14）

又谕曰："保宁奏：卓克采凶番安布穆等图财害命，将投宿民人方志俸砍殴身死，张国潆、余现明亦皆受伤，经该土司聂噶尔布木拿获凶手禀报，审明正法，该土司头目人等虽有约束不严之咎，姑念其一闻喊救，即亲往查办，应从宽免议等语。土司聂噶尔布木于所属番人逞凶谋命，即行亲往查拿，将安布穆等拿获伏法，正凶不致漏网，尚属奋勉，不但应宽其失察之罪，并当加以赏赉。著保宁即传旨赏缎二匹，以示奖励。"

（高宗朝卷一三六二·页一四上～下）

○乾隆五十六年（辛亥）四月己酉（1791.5.7）

又谕："据成德奏金川河东土守备丹比西喇布病故等语。丹比西喇布前在军营奋勉打仗受伤，现今伤发病故，殊属可悯，朕心深为轸念。著加恩赏银一百两，以作善事。其所遗守备员缺，此次即著伊子郎尔结补授。丹比西喇布之母现已年老，著赏给都司半俸，养赡终身，以示体恤。"

（高宗朝卷一三七六·页六上～下）

○乾隆五十六年（辛亥）五月庚辰（1791.6.7）

又谕："据保泰等奏噶勒丹锡哷图萨玛第巴克什身故等语。萨玛第巴克什长于经典，两次赴藏协同达赖喇嘛办事，俱属妥协认真。今闻身故，朕心深为恻然！著加恩赏银五百两，以作善事。派雅满泰奠醊，仍赏大哈达一、噶布拉数珠一、铃杵一分，与萨玛第巴克什塔前永远陈设。"

谕军机大臣等："据保泰等奏萨玛第巴克什身故，请简派呼图克图赴藏，协同达赖喇嘛办事等语。著济咙呼图克图前往协同达赖喇嘛叉慎办事，不得因前有嫌隙，意见参差。并传谕达赖喇嘛知之。"

（高宗朝卷一三七八·页六上～下）

○乾隆五十六年（辛亥）十二月戊申（1792.1.1）

以故四川明正土司甲尔参德沁子甲木参诺尔布、……西宁白利族百长扎什丹津子班马旺庆各袭职。

（高宗朝卷一三九二·页一二下～一三上）

○乾隆五十七年（壬子）七月乙丑（1792.9.14）

以故四川松茂道车木塘寨土百户旺亲布木子泽楞扎什、磨下寨土百户阿旺进巴孙旺岂吉……各袭职。

（高宗朝卷一四〇九·页二七下）

○乾隆五十七年（壬子）十一月辛酉（1793.1.8）

又谕："据伍弥乌逊奏，噶勒丹锡哷图呼图克图遣伊徒弟额尔德尼达赉等，赴科布多各部落旗下化缘等语。前因噶勒丹锡哷图呼图克图年少，尚可造就，姑令执掌印务。昨据伍弥乌逊奏到，朕尚意或系别有喇嘛假借伊名。今据阿哥等会同军机大臣审讯，竟系噶勒丹锡哷图呼图克图所使，此真意想所不到。朕现在保护黄教，清理喇嘛一切弊端，而噶勒丹锡哷图呼图克图乃至如此，若不严行办理，断难整饬。著将噶勒丹锡哷图呼图克图革去扎萨克达喇嘛。其所遗之缺，著济咙呼图克图补授。济咙呼图克图未到之前，著果莽呼图克图署理。其果莽呼图克图副扎萨克达喇嘛之缺，著东科尔呼图克图署理。噶勒丹锡哷图呼图克图年少不谙事务，此事俱系商卓特巴罗卜藏丹津挑唆。著将罗卜藏丹津剥黄，发往江宁。所有科布多看守喇嘛黑人等，俱押解送部严行治罪。此案伍弥乌逊若苟且完事，不行具奏，朕必将伊一并治罪。今据实奏闻，甚属可嘉。伍弥乌逊著交部从优议叙。并著顺便寄知福康安、和琳，传谕达赖喇嘛、济咙呼图克图，以示朕振励佛教，整饬喇嘛流俗之至意。"

（高宗朝卷一四一七·页二一下～二二下）

○乾隆五十八年（癸丑）三月辛丑（1793.4.18）

以故四川松茂道属商巴寨土千户那木拉亚克子占巴拆论袭职。故阿树郎达寨土百户索诺木达尔结无子，以其妻折旺促袭职。

（高宗朝卷一四二四·页一一下）

○乾隆五十八年（癸丑）六月己巳（1793.7.15）

又谕（军机大臣）："据和琳奏称：丹津班珠尔所袭公爵，系伊祖父劳绩所得，现在丹津班珠尔获罪，应将公爵削去作为头等台吉，或仍留与丹津班珠尔本身，或令伊子敏珠尔索诺木班珠尔承袭之处请旨等语。丹津班珠尔所袭公爵，既系伊祖父奋勉出力，屡次晋封，今若因伊获罪，遂不准承袭，不惟没其前代勋劳，朕心亦有不忍。但伊从前私与廓尔喀讲和，此次又被廓尔喀诱去，若将应袭之爵仍留伊本身，不足以示警戒。著加恩将噶济奈从前所得头等台吉令丹津班珠尔之子承袭。丹津班珠尔身获重罪，不可仍以噶布伦补用，如果悔罪，俟二三年后或以第巴补放之处，著传谕和琳遵照前旨办理。"

（高宗朝卷一四三〇·页七下～八下）

○乾隆五十九年（甲寅）三月辛卯（1794.4.3）

以西藏扎萨克辅国公诺尔布朋楚克子额琳沁朋楚克袭爵。

（高宗朝卷一四四八·页一一下）

驻藏大臣及其他驻藏官员的任免、奖惩

○乾隆五十三年（戊申）十月壬寅（1788.11.11）

又谕（军机大臣）："巴勒布贼番无故侵扰后藏，前据庆麟等奏，由该处第巴等私扣税课起衅。从前藏内补放噶布伦、戴绷、第巴等缺及一切地方事务皆由达赖喇嘛、噶布伦等办理，钦差大臣全不留心经管，惟知崇奉达赖喇嘛、班禅额尔德尼，即第巴等有守土之职，其优劣亦概置不论。现在达赖喇嘛系一老诚之人，于办事未能周妥。此后凡补放噶布伦、戴绷、第巴及交界地方加兵防守、训练、巡查等事，皆须由驻藏大臣经理。雅满泰、庆麟庸懦无能，即此次巴勒布一事所办俱多错谬，将来巴忠回京后，该处不可无办事之人，因思舒濂现为伊犁参赞大臣，协办将军事务，彼处尚无紧要事件。舒濂虽系满洲，不谙蒙古语，然在军机处行走多年，尚能通晓藏事。今将舒濂调至藏内办事，庶有裨益。其伊犁参赞大臣员缺，候朕另行简放。著传谕舒濂，接奉此旨即迅速起程赴藏，并将此数日所降谕旨抄寄舒濂沿途阅看，俾悉该处现在情形，以便到藏后遵循妥办。至舒濂行抵四川，巴忠已将自藏回京，如途次相遇，即细询一切事宜尤为有益。将来藏内诸事务须悉心管理，凡属下办事人等以及绿营弁兵稽查管束不可不严，亦不可任意苛刻，以致人心离贰。再，雅满泰、庆麟糊涂虽属相等，雅满泰尚未敢稍涉虚伪，庆麟既不前赴后藏，复敢巧词饰奏，前已降旨革去公爵，赏给头等侍卫，犹不足以蔽辜。舒濂至藏，即著掌管钦差大臣关防，令雅满泰协办事务，仍传旨庆麟在蓝翎侍卫章京上行走，以赎前愆。舒濂惟当仰体朕意，酌定章程，以期宽严适中，永远无弊，使该处噶布伦、第巴等不致仍前任意妄为，方为不负任使。"

（高宗朝卷一三一四·页四七下～四九下）

○乾隆五十三年（戊申）十一月甲申（1788.12.23）

谕军机大臣等："据舒濂奏，接奉谕旨，即于十一月初三日起程赴藏等语。前因办理巴勒布贼寇，业将陆续所降训示雅满泰、庆麟、鄂辉、成德等谕旨抄寄舒濂阅看，想伊到藏后，诸事得所遵循，办理自有头绪。达赖喇嘛系主持黄教之人，藏内番众及蒙古诸部落，莫不尊崇敬奉。驻藏办事大臣亦应稍加优礼，固不可过于崇奉，俾擅事权，亦不可微露轻忽，致失众望。著传谕舒濂，务须留心体察，处置得宜。总之，外貌不妨稍示优隆，而遇事则斟酌妥办，仍勿稍存迁就。巴忠熟悉该处情形，晤见时向其详细询问，自更有益也。"

（高宗朝卷一三一七·页二〇下～二一上）

○乾隆五十三年（戊申）十二月癸未（1789.1.1）

又谕（军机大臣等）："……至前此生擒贼匪二名，雅满泰于该犯解到时，因讯供游移未及具奏，足见雅满泰之无能。而于采办粮石，并不及早设法运至军前，其迟误之咎，尚何待言！昨已将雅满泰降为头等侍卫，所有驻藏大臣印信，谕令交巴忠接管。巴忠于接印后，务将藏内应办诸务及筹运粮饷各事宜，悉心妥办，不可如雅满泰之玩忽，以致再有贻误。"

（高宗朝卷一三一八·页一五上～一六下）

○乾隆五十三年（戊申）十二月戊戌（1789.1.6）

又谕（军机大臣等）："据巴忠参奏庆麟占据唐古代[忒]等处地方，挖河乘船游玩，并造园舍亭台，令兵丁等演戏各款。前因庆麟、雅满泰办理巴勒布一事错杂无序，而庆麟复敢于朕前佈词巧奏，已将庆麟革去公爵，降为蓝翎侍卫，尚未知伊如此妄为。今阅巴忠此奏，是治伊之罪不啻上天示意于朕躬，实为可畏！但所奏各款内如止于挖河、造园、演戏等项，不过年轻任性，犹不至关系紧要。倘有奸宿番女，并滥行贪刻之事，尤当从重办理。著传谕巴忠，抵藏时严加审讯。若庆麟只系年少习气纵意游观，即在该处枷号示众。倘此外复有贪淫劣迹，即当奏明正法。巴忠务即审讯明确，据实奏闻。再，巴勒布滋扰一案。皆因庆麟、雅满泰种种办理不善，以致贻误至此。昨据成德奏，伊等办理粮务又复迟延怠玩，是以令庆麟在章京上效力行走，雅满泰亦降为头等侍卫，发往后藏办理粮饷，令巴忠于舒濂未到以前接管驻藏大臣印务。今巴忠所奏适与朕旨相合，现在雅满泰亦当审问，巴忠且不必往鄂辉、成德处帮办剿捕事宜，著即驻扎前藏，秉公办理一切。"

又谕："据巴忠参奏庆麟各款，已降旨令其审明办理。但思驻藏大臣等所住之房，系从前珠尔默特纳木扎勒所盖，原有园亭，并闻多栽树木，引水入内。后因入官，作为该大臣衙门，历任驻藏大臣俱略为修葺。庆麟年轻，或更加以粉饰，尚无关系。即买松石等物，如系发银交唐古忒转买，亦属事之所有。著再传谕巴忠，庆麟若止此数款，尚可毋庸深究，即将伊办理巴勒布一案种多错谬，及迟误粮米等事，定罪完结。倘审有奸宿番女及肆意贪刻各情弊，再行从重定拟具奏。至驻藏大臣二人从前原系同住一处，自珠尔默特纳木扎勒起事后，将伊房屋入官，始分两处居住。若令照旧同住一处，则彼此商办事宜，以及稽查情弊，耳目较近，自更有益。著鄂辉、成德、巴忠等，于办理善后事宜时，将驻藏大臣等仍令一同居住之处，一并入议奏闻。"

（高宗朝卷一三一八·页二七下～三〇上）

○乾隆五十三年（戊申）十二月己亥（1789.1.7）

谕军机大臣等："从前驻藏大臣所居闻系三层楼房，楼高墙固，即偶有意外之事，易于防守。而该大臣等同居一处，彼此商办事务，自有裨益，已令鄂辉等于办理善后事宜时，妥议具奏矣。至兵丁作为优人一节，尤大不可。驻藏兵丁特为防守地方，平日自当演习武艺。倘有不肖兵丁私学唱戏者，大臣等尚宜严禁，岂可反令改作优伶？此不过该大臣等不理政事，徒借此消遣烦闷耳！试思驻藏不过三年便当撤回。何闷之有？即或闲居无事，令兵丁等学习骑射，演试枪炮，不惟可以消遣，并可操练兵丁，何念不到此，而徒以游戏为事耶？嗣后该处除商民唱戏毋庸禁止外，倘该大臣等仍有听兵丁演戏者，朕必从重办理。又，六月内因庆麟服满演剧一款，尤为不堪陋习。况庆麟于六月服满，而令兵丁演习，系在伊服满之前，岂复尚有人心者乎？……"

（高宗朝卷一三一八·页三〇下～三一下）

○乾隆五十三年（戊申）十二月癸丑（1789.1.21）

又谕："前因巴勒布贼番侵扰藏界，据庆麟、雅满泰奏报，藏内唐古忒懦怯性成，未谙军旅，特派内地将军、大臣带兵前往。此皆朕矜恤达赖喇嘛、班禅额尔德尼暨唐古忒等番众，故不惮劳师远涉，以期绥靖边隅。但道路遥远，粮运维艰，从前西藏用兵，即在该处采买支应。乃庆麟、雅满泰愚昧无知，不思预为备办，并未将发价采买之处遍行晓谕，以致噶布伦等畏难推诿，将拯救伊等之举转似涉于骚扰。幸朕洞烛先几，预料庆麟、雅满泰不能办理此事，早派巴忠前往，相度机宜，宣播德意。今巴忠到藏，即向达赖喇嘛、班禅额尔德尼暨唐古忒番众，将朕爱怜伊等代为筹画万全，欲令永享敉宁之意明白宣示，伊等始俱欢忭踊跃。并将庆麟、雅满泰等平日任意妄为之处一一查出具奏。如修饰衙署、兵丁演戏等事已属不合，而去岁廓尔喀头目呈请愿进表纳款，庆麟等误听噶布伦等之言，以其呈词傲慢驳回未奏，尤属乖谬。外夷等愿通职贡，边疆大吏理宜据情入告，其可否准行，候朕降旨。即文词果有倨傲，亦当奏明定夺，小则训饬，大则征剿，俱无不可。乃庆麟等竟敢驳回不奏，其意只因平素噶布伦等向巴勒布苛派勒索，积怨已久，恐其到京呈诉，故尔有心欺隐。即此一事，其罪已应正法，姑念庆麟年少无知，被索诺木旺扎勒蒙蔽所致，庆麟著革职，在该处枷号三年，以示惩儆。雅满泰虽到藏日浅，并未将索诺木旺扎勒查参，亦属非是，著一并革职，摘去花翎，在笔帖式上行走。……驻藏大臣印务，前已将舒濂调补，著派普福前往协同办理。所遗西宁办事大臣员缺，著奎舒速往接办。普福俟奎舒到后，即行驰驿赴藏，不必前来请训。巴忠俟舒濂、普福俱抵西藏后再行来京。现在大兵云集，将巴勒布贼匪悉行驱逐歼除，而庆麟、雅满泰亦各分别治罪示罚。自此卫藏宁怗，庶几可以永享太平。著将此通谕中外，俾咸知朕意。"

谕军机大臣等："据巴忠奏到藏后即将访闻庆麟各款审讯明晰并查办诸事各折，俱属妥协。除将朕办理藏务始末及庆麟、雅满泰分别治罪之处明降谕旨外，著传谕巴忠，将庆麟藏内所有物件一并查抄，以昭儆戒。现在前藏乏人，巴忠毋庸久驻后藏，著仍遵前旨即回前藏办事。从前留保住在藏办理一切事宜虽尚周详谨慎，然未将索诺木旺扎勒等专恣不法查出具奏妥办。今留保住年已七十有余，如再令远赴该处，朕心实有不忍，是以雅满泰之缺，已将普福调任。巴忠偕舒濂、普福先后到藏，将一切事务交代明白再行回京，亦未为迟。至班禅额尔德尼情愿暂驻前藏，传习经典，可即照所请，俟明年六月内再送回扎什伦布。现在前后藏红教喇嘛甚多，自不便严行禁止，但煽聚日久，若致黄教渐入红教，则大不可。并著密为查察，务使两教画然不相紊杂，方为妥善。舒濂、普福到时亦著一体留心稽察，毋稍疏懈。"

（高宗朝卷一三一九·页二一下～二五上）

○乾隆五十四年（己酉）二月壬午（1789.2.28）

谕曰："福禄所出理藩院侍郎员缺，著普福补授。普福现在驻藏，其未来京以前，著佛住来京署理。佛住所遗察哈尔副都统员缺，著观明补授。"

（高宗朝卷一三二二·页一四上）

○乾隆五十四年（己酉）二月己亥（1789.3.8）

谕曰："现在西藏无甚事件，雅满泰在彼亦属无用。念伊前在库车、喀喇沙尔办事尚无错误，著加恩赏给二等侍卫，前往阿克苏作为领队大臣。雅满泰系曾经获罪之人，今特格外施恩宽免，赏给二等侍卫，遣往阿克苏办事，若不奋勉自赎，朕必加重治罪。"

（高宗朝卷一三二二·页二二下～二三下）

○乾隆五十四年（己酉）二月己酉（1789.3.18）

又谕（军机大臣等）曰："庆麟抵藏后任意修饰房屋，诸事废弛。又将巴勒布呈进表文，听信索诺木旺扎勒之言隐匿不奏。是以前降谕旨，将庆麟在彼枷号三年。但枷号庆麟之意，特为驻藏大臣、官员示儆，非以垂戒唐古忒人也。打箭炉为入藏通衢，大臣、官员俱由该处经过，触目警心，足昭炯戒，著将庆麟解赴打箭炉枷号三年，不必在藏办理。"

（高宗朝卷一三二三·页一六上）

○乾隆五十四年（己酉）八月丙辰（1789.9.21）

又谕曰："李世杰奏：巴塘汛弁李伸管解西藏饷银十万两，共计一百鞘，至察木多交卸，经管台官员眼同拆兑，内有一鞘少银三封，查明共短银二百十六两六钱。因在乍丫一带乌拉不齐，分起行走，前后不能兼顾，致被掉窃，除将该汛弁李伸照例责革，并提讯押解兵丁有无知情同窃等弊，究拟咨部外，其都司徐南鹏、守备李元勋虽据分赔完项，但于押解饷银不能慎选弁兵，致中途掉窃，请交部议处等语。打箭炉口外地方辽远，山径丛杂，遇有应解多银，原应分开陆续运解，并多派弁兵照料护送，以防疏失。乃以十万两之饷银仅交汛弁李伸管解，前后不能兼顾，遂致途次被窃，实属不成事体。李世杰何竟未计及此？嗣后务须酌减银数，多分起数，并添派官兵小心护送，以昭慎重。至此次短少银二百余两，虽已据都司徐南鹏、守备李元勋分赔完项，但该员等于运送饷银不能预为防范、倍加严谨，以致中途掉窃，仅予议处，不足示儆。徐南鹏、李元勋均著交部严加议处。"

（高宗朝卷一三三六·页四下～五下）

○乾隆五十四年（己酉）九月癸巳（1789.10.28）

又谕（军机大臣）："前经降旨，驻藏大臣等如有办事乖谬、任意妄行者，每年达赖喇嘛、班禅额尔德尼遣使呈递丹书，不妨将在藏办事大臣指名参奏。此特因庆麟等不能善理事务，竟被噶布伦索诺木旺扎勒欺朦，以致诸事错误，始降此旨。今舒濂、普福均系受朕重恩，伊等尚属晓事，谅不致如庆麟等种种错谬。倘因有此旨，将一切事宜竟令达赖喇嘛、众噶布伦等得操权势，动多掣肘，亦非慎重办公之道。著传谕舒濂、普福嗣后办理庶务，必须酌量情理。如达赖喇嘛所言，合理则行，不合则止。断不可惧其控告，以致诸事畏缩。要之舒濂、普福等若果持身清正，凡事循理而行，伊等自能畏服也。"

（高宗朝卷一三三八·页二一上～下）

○乾隆五十五年（庚戌）三月壬寅（1790.5.5）

以西藏办事大臣舒濂为户部右侍郎。

（高宗朝卷一三五一·页二五上）

○乾隆五十五年（庚戌）四月戊寅（1790.6.10）

又谕曰："鄂辉现往前藏查办事件，孙士毅著兼署成都将军印务。川省土司入觐已派令成德带领来京。所有四川提督印务，亦著孙士毅兼署。"

（高宗朝卷一三五三·页三七下）

○乾隆五十五年（庚戌）四月庚辰（1790.6.12）

谕曰："舒濂革去户部左侍郎，仍留副都统，在藏办事。所有户部右侍郎员缺，著庆成补授。"

（高宗朝卷一三五三·页四○下～四一上）

○乾隆五十五年（庚戌）五月戊戌（1790.6.30）

又谕："舒濂今已革副都统，摘去花翎，赏给三品职衔。伊职衔既小，其驻藏办事大臣关防，著普福执掌办事。"

（高宗朝卷一三五五·页三上～下）

○乾隆五十五年（庚戌）五月辛丑（1790.7.3）

谕："据舒濂参奏普福、济隆呼图克图又擅行奏请令达赖喇嘛弟兄办理达赖喇嘛琐屑事务，已属错谬，今第穆呼图克图恳请遣伊徒弟等赴内地京城之处，伊又并未具奏，尤属冒昧。舒濂竟不可令其办理紧要地方事务。雅满泰驻藏日浅，尚无大罪。且伊究曾驻藏年余，该处事务已略悉晓，著雅满泰赴藏，协同普福办理事务。但道路遥远，雅满泰著驰驿趱行，务期迅速遄往。雅满泰抵藏后舒濂再由彼处自备资斧前往阿克苏，以领队大臣效力行走。舒濂未至以前，其阿克苏事务，著毓奇兼署。"

（高宗朝卷一三五五·页九下～一○下）

○乾隆五十五年（庚戌）七月己卯（1790.8.10）

又谕曰："普福在藏所办事务甚属姑息，著革去侍郎，降为三等侍卫。"

（高宗朝卷一三五八·页三下～四上）

○乾隆五十五年（庚戌）八月丙寅（1790.9.26）

又谕曰："保泰现遣赴藏办事。所遗员缺，著乌尔图纳逊署理。……"

（高宗朝卷一三六一·页八上）

○乾隆五十五年（庚戌）十二月丁卯（1791.1.25）

谕曰："舒濂办理藏务诸凡不妥，又与达赖喇嘛之弟兄结交，其咎甚重。本应交刑部治罪，姑念伊此次照料达赖喇嘛之弟兄来京，尚属妥速。著加恩赏给员外郎职衔，在军机处效力行走，以赎前愆。"

（高宗朝卷一三六九·页一四上～下）

○乾隆五十六年（辛亥）九月壬辰（1791.10.17）

谕曰："奎林现派往西藏办事，所有福建水师提督员缺，著哈当阿调补，仍兼管台湾镇总兵印务。"

又谕："西藏现有廓尔喀等肆行强梁、抢占地方、掳去噶布伦等之事，保泰、雅满泰殊属昏愦，所办均无章程。除将保泰、雅满泰革职仍留该处效力赎罪外，保泰所遗正红旗蒙古都统员缺著奎林补授，前往西藏驻扎办事。奎林接奉此旨，急速驰驿前往西藏，无庸来京请训。奎林所管都统事务，仍著永琨署理。舒濂从前曾在西藏坐办事务，嗣经调回军机处行走，丁廓尔喀等滋事之由，及如何降旨指示办理之处，舒濂尚属知晓，著施恩赏给副都统职衔，驰驿前往，协同奎林办理事务。"

（高宗朝卷一三八七·页一一上～一二上）

○乾隆五十六年（辛亥）十一月辛巳（1791.12.5）

谕："上次廓尔喀因盐税细务与唐古忒人等彼此争执，鄂辉、成德同巴忠前往该处查办，并未能剖断明确，一切皆听巴忠谬为办理，以致复滋事端。兹巴忠畏罪自戕，伊二人本有应得之咎，经朕格外加恩，不即问罪，仍令带兵赴藏，立功自赎。鄂辉、成德理应倍加奋勉，迅速趱程，克期抵藏，剿杀贼匪，以赎前愆。今伊二人任意延缓，每日只按站行走，出口多日尚未到藏。节据保泰奏报，廓尔喀贼匪于抢掠扎什伦布之后，尚在定结、第哩朗古等处逗留观望，未经退回，此正天夺其魄，俾其坐待歼诛。若鄂辉、成德行程迅速，早抵藏内，即可跟踪追剿，歼戮无遗。乃竟濡滞不前，坐失机会，其错谬甚大，岂可复膺封疆专阃？鄂辉著革去总督，赏给副都统衔，驻藏办事，仍令舒濂帮办。成德亦著革去将军，赏给副都统衔，在领队大臣上行走，听候福康安调度差遣。鄂辉、成德均系获罪之人，今复加委任，务须激发天良，勉力自赎，以观后效。若再仍前贻误，必当从重治罪，断难复邀宽贷。所有成都将军，著奎林补授，仍在参赞大臣上行走。其未到任以前，仍著观成署理，俟军务告竣，奎林再赴新任。四川总督员缺，著惠龄补授。其山东巡抚员缺，即著吉庆补授。惠龄现已谕令来京陛见，俟将卫藏应办事宜面加指示后，即驰驿赴藏，先在参赞大臣上行走，同福康安剿办廓尔喀贼匪，事竣再回成都接印任事。现在应行备办军需粮饷等项，孙士毅悉心筹画，均极周详，仍著在彼一手经理。俟惠龄事竣到任，再行交印起程，来京供职。其应支总督廉俸，仍著孙士毅、惠龄各半支领，以示体恤。"

（高宗朝卷一三九〇·页一九下～二一下）

○乾隆五十七年（壬子）正月丙戌（1792.2.8）

谕："据鄂辉奏，舒濂染患痢疾身故。舒濂甫经到藏，旋即病故，殊堪悯惜！著加恩赏银五百两办理丧事，仍交该部查照副都统应得恤典，照例办理。"

谕军机大臣等："驻藏事务，现据鄂辉奏，令额勒登保暂驻前藏代办事件。鄂辉所办尚是，可谓知人。……"

（高宗朝卷一三九五·页一下）

○乾隆五十七年（壬子）二月乙巳（1792.3.22）

谕："前经有旨，令鄂辉回至前藏，俟进剿廓尔喀奏凯后，协同成德在藏办事。今思鄂辉人本软弱，成德遇事粗疏，二人驻藏未能得力。侍郎和琳心思详细，堪以管理藏务。著即驰驿赴藏，一切应行查办事件，即妥为经理，以副委任。"

（高宗朝卷一三九七·页二五下～二六上）

○乾隆五十七年（壬子）八月庚辰（1792.9.29）

谕："从前普福驻藏时，廓尔喀遣大头目苏必达多喇拉木等来称拉特纳巴都尔等业经封王，请赏俸禄、地方。经普福饬驳，并晓示天朝特封王爵，并优加赏赉，已属格外施恩，且现在纳贡之国甚多，从无赏给地土、俸禄之例，所办尚属得体。此等关系外藩之事，应据实奏闻。乃当时既未入告，及陛见时又未面陈，实属错谬，不便稍为宽宥。著博兴驰往库抡代理事务，传旨将普福革职，拿送刑部治罪。"

又谕（军机大臣等）曰："……又据孙士毅奏廓尔喀差人恳求赏给俸禄、地方一节，询系普福任内之事，经普福严行斥回。普福告知雅满泰，雅满泰又告知俘习浑。普福到京后，并未奏闻，亦未告知军机大臣，殊不可解。已派博兴驰往库抡办事，即传旨将普福革职拿问，解交刑部治罪。至俘习浑、雅满泰既经闻知此事，亦并未奏及，其昏愦糊涂更不可解。俘习浑、雅满泰著孙士毅监看重责四十板，以示惩儆。"

（高宗朝卷一四一〇·页二九上～三一下）

○乾隆五十七年（壬子）十一月戊戌（1792.12.16）

谕军机大臣曰："鄂辉现因五十五年廓尔喀呈进表贡匿不具奏一事已革职，交福康安等严审具奏矣。驻藏大臣尚乏帮办之员，朕意成德前丁鄂辉、巴忠与廓尔喀许银说和时，伊始尚以带领多兵应行进剿，不当说和完事，只以鄂辉、巴忠一系将军、一系钦差，成德职分较小，不得不听从办理。其扶同回护之咎，尚有一线可原，且人才难得。若成德于鄂辉压搁表贡之处未经与闻，尚可弃瑕录用，俾驻藏帮办，予以自效之途。此时藏内诸务正当整饬之际，关系紧要，朕意原欲令松筠前往办事，但伊在库伦驻扎七年，甫经换回，未便即令远出。而成德才具，亦止可在藏帮办，不能总理一切。目下有和琳在彼主持经理，自可倚恃。俟二三年后，松筠亦已在京休息数年，伊系军机章京，尚为更事，维时再令松筠前往，更换和琳。而成德随同和琳办事二三年，于藏务渐能熟悉，令其帮同松筠，亦可无误。计福康安于十月中旬可抵前藏，与孙士毅、惠龄、和琳商办善后事宜，及审讯鄂辉等一案，须有数旬耽搁。所有成德帮办藏务之处，福康安意以为何如，著即体察情形据实复奏。"

（高宗朝卷一四一六·页三上～四下）

○乾隆五十七年（壬子）十一月己亥（1792.12.17）

调……西藏办事大臣额勒登保为镶红旗蒙古副都统。

（高宗朝卷一四一六·页六上～下）

○乾隆五十七年（壬子）十一月壬子（1792.12.30）

又谕："前因驻藏大臣尚乏帮办之员，朕以成德前于鄂辉、巴忠许银说和一事，伊尚欲带兵进剿，其后此扶同之咎尚有一线可原。曾经降旨令福康安体察情形，将成德可否帮办藏务之处据实复奏。今思鄂辉业已降旨革职，应行质审，且伊现在患病，藏中正当整顿之际，事务繁多，和琳亦不可无帮办之员，应即令成德在藏随同和琳协理一切。"

（高宗朝卷一四一七·页二上～下）

○乾隆五十八年（癸丑）二月丁卯（1793.3.15）

谕："据成德奏，接奉谕旨责问五十五年隐匿廓尔喀所进表文贡物一事，据称此事鄂辉回川时，曾经向伊告知。其如何告知及因何隐匿之处，并未明白声叙。仅以不敢瞻徇鄂辉，代伊捏饰等语连篇累牍，琐屑陈奏，甚属糊涂。成德著严行申饬。仍著将鄂辉如何向伊告知及隐匿未奏缘由，明白据实具奏。成德现又经朕格外加恩，补授驻藏协办大臣，伊若仍前粉饰具奏，则是不知感恩，自取重罪矣。"

（高宗朝卷一四二二·页三上～下）

○乾隆五十八年（癸丑）四月戊子（1793.6.4）

又谕："前因俘习浑、雅满泰、鄂辉办理廓尔喀事务未妥，将伊等在彼永远枷号，以示炯戒。今廓尔喀业已蒇事，藏务均已完结，著加恩释放回京。"

（高宗朝卷一四二七·页二二下～二三上）

○ 乾隆五十九年（甲寅）四月己卯（1794.5.21）

谕曰："成德前在廓尔喀办事，迎合巴忠，获咎甚重。经朕加恩宽宥，赏给副都统衔，命往驻藏协同办事。嗣因伊年迈，令其来京。现在杭州将军员缺一时简用乏人，若即将伊补授，未免稍优，著仍以副都统衔前往署理。此时杭州将军印务尚有吉庆暂署，成德即著来京请训，再赴新任。"

（高宗朝卷一四五一·页一二上）

○ 乾隆五十九年（甲寅）七月甲辰（1794.8.14）

又谕："……和琳奉差以来，办理一切卫藏边疆、军需各事宜，定立章程，抚辑各部落，训练番兵，均能实心整饬，经理妥协。且于四川口内口外地方各情形皆为谙悉，军需款项亦系熟手。所有四川总督员缺，即著和琳补授。松筠此次奉差湖北经过卫辉府时，适遇地方被水，即能体朕如伤在抱之意，留驻该处督率抚恤，并不置身事外，深堪嘉奖。足资倚任。现在卫藏甫经和琳整顿之后，正须妥员接代，慎守成章，以期更臻宁谧。虽有和宁在彼，伊系甫用之人，恐未能经理裕如，松筠即升授工部尚书，前往驻藏办事。其荆州审办关税一案本非紧要，无难即日完结。著松筠于审案事毕，拜发奏折后，即由荆州就近驰驿，前往西藏办理驻藏事务，实心任事，用副委任。"

（高宗朝卷一四五七·页一〇下～一三上）

○ 乾隆五十九年（甲寅）七月乙巳（1794.8.15）

又谕（军机大臣等）："昨已降旨……其驻藏事务，令松筠前往办理……卫藏地方经和琳悉心整顿，定立章程，一切驾驭各部落、训练番兵，所办俱有条理。仍著和琳再向松筠将巨细事宜面为告知，俾得循照成规经理，倍臻妥协，以副委任也。将此由五百里各谕令知之。"

又谕："……松筠于审案完竣，即当由荆州驰驿迅速赴藏。和琳俟松筠抵藏，面行交代，并将应办事宜详悉告知后，即速加紧驰驿来京陛见，面聆训示，速行驰回四川新任，以便孙士毅迅速来京办理阁务。现在川省地方及奏销事件均关紧要，和琳未到任以前，此数月中不得不令孙士毅在彼督办，一俟和琳回川，孙士毅即可交代来京。并著孙士毅于和琳未到之前，即将军需销算预行趱办查核完竣，以便和琳一到，即可交代克期起身来京供职也。将此由五百里各传谕之。"

（高宗朝卷一四五七·页一九下～二一上）

○ 乾隆五十九年（甲寅）八月丙寅（1794.9.5）

谕："据和琳等奏，宝藏局委员合江县知县张天爵在局监铸，实心经理，著有成效，现已期满等语。张天爵在藏监铸银钱，悉心妥办，钱法畅通，尚属认真。著送部引见，以示鼓励。至和琳此次于西藏地方建立御制十全记碑亭，调募工匠，采石刊泐，兹据将御制文四体字墨拓进呈。又代廓尔喀王拉特纳巴都尔等恭进表文，办理俱属妥协。著赏给御用玉搬指一个、大荷包一对、小荷包四个，用昭优眷。"

谕军机大臣等："据成德来京奏称，和琳办事甚妥，且见达赖喇嘛不行叩拜，达赖喇嘛惟命是听等语。和琳如此举动甚为得体。数年以来，藏内风气日下，诸事废弛，今经和琳整顿，权归而令自易行。现派松筠赴藏办事，伊系蒙古，素遵黄教，倘不知自重，恐将来办事仍虞掣肘。著传谕松筠，抵藏后接见达赖喇嘛等不可叩拜，即使遵奉黄教，俟年满回京之日再行礼拜，亦无不可。"

（高宗朝卷一四五八·页三四上～三五上）

朝贡与封赐

八世达赖

○乾隆五十四年（己酉）九月戊子（1789.10.23）

又谕（军机大臣）："据巴忠等奏，达赖喇嘛、班禅额尔德尼因巴勒布事竣，特遣堪布等来京谢恩，于闰五月内由藏起身，自川、陕一带内地行走进京等语。西藏距川省不过数千里，计达赖喇嘛等所遣来使此时已早过成都，何尚未据李世杰奏及？著传谕该督即将堪布等于何时过境，并计算程期约于何时可以抵京之处，迅速奏闻。"

寻奏："堪布等于六月二十八日始自前藏起身，约十月中旬过成都，十二月初旬抵京。"

得旨："览。"

（高宗朝卷一三三八·页五下～六上）

○乾隆五十五年（庚戌）八月戊辰（1790.9.28）

谕："本年系朕八旬大庆，达赖喇嘛、班禅额尔德尼俱遣使来递丹舒克，朕心甚为欣悦。……至达赖喇嘛之兄弟、商卓特巴等，如此舞弊殃民，将商上物件均致亏缺，有伤达赖喇嘛颜面，以致众怨沸腾，即是达赖喇嘛仇人，非但不应袒护，并应痛加惩治。特令此数人来京，实为保全达赖喇嘛，以期于藏中有益之意。今览达赖喇嘛所奏，于此事全未知悉，皆伊兄弟及商卓特巴等私自违背黄教所致。今已悔过感恩，敬谨具奏，朕心深为怜悯，特加恩赏给达赖喇嘛珍珠数珠一串，嗣后惟当勤习经典，庶得常受朕恩。鄂辉接奉此旨，即将珍珠数珠赏给达赖喇嘛，并将此项情节明白宣示。……"

（高宗朝卷一三六一·页一一上～一三下）

○乾隆五十七年（壬子）四月丙寅（1792.5.18）

又谕曰："福康安奏，达赖喇嘛感激朕恩，将现在进兵应需口粮、马匹、火药等项竭力捐办，且索伦屯练各兵丁到藏，俱分别赠给银两等件，朕甚为欣慰。著加恩赏达赖喇嘛哈达一条、珍珠串一挂，以示优奖。达赖喇嘛嗣后于进剿廓尔喀事宜益当实心报效，以期迅速成功。"

又谕（军机大臣）曰："……又，十二[六]辈班禅额尔德尼失去金册，现已饬照办一分，遇便赏给扎什伦布尊藏，著福康安先告知达赖喇嘛、班禅额尔德尼以示卫护体恤之意。……"

（高宗朝卷一四〇一·页二四上～二八上）

○乾隆五十七年（壬子）闰四月戊子（1792.6.9）

谕军机大臣曰："奎舒奏，达赖喇嘛前往青海等处购买马匹，当即晓谕蒙古、番子等挑选预备等语。达赖喇嘛因军行需用马匹，特令人前往青海等处购买，实为奋勉急公，朕心甚为嘉悦。著赏给碧霞念珠并大小荷包，鄂辉、和琳接到后，即转给达赖喇嘛祗领。惟青海去藏甚远，达赖喇嘛所遣买马之人总须八月间方能到藏。此项马匹，断不能济进兵时之用，将来大兵凯旋总须马匹应用，著传谕鄂辉、和琳俟达赖喇嘛之人解到此项马匹时，饬令善为喂养，以备凯旋时应付需用。仍照所买数目发给价值，以示优恤。将此谕令福康安、鄂辉、和琳、奎舒知之。"

（高宗朝卷一四〇三·页一四上～下）

○乾隆五十八年（癸丑）二月甲子（1793.3.12）

谕："现在卫藏添设唐古忒兵丁，每年所需经费，虽降旨令将抄出叛产归入商上，以公济公，但恐该处商上蓄积尚不能多有羡余，达赖喇嘛应需日用之项难以取给。嗣后竟著于办公项下，每年赏给达赖喇嘛银一千两，俾得用度充裕，以示格外体恤恩施。其商上收支、出纳等项，驻藏大臣等更可核实稽查，不准噶布伦等丝毫侵冒，皆所以为达赖喇嘛及抚养众番也。倘噶布伦及达赖喇嘛之左右有借端浮支之处，即著驻藏大臣随时查究办理。"

（高宗朝卷一四二二·页一下～二上）

七世班禅

○乾隆五十四年（己酉）九月戊子（1789.10.23）

又谕（军机大臣）："据巴忠等奏，达赖喇嘛、班禅额尔德尼因巴勒布事竣，特遣堪布等来京谢恩，于闰五月内由藏起身，自川、陕一带内地行走进京等语。西藏距川省不过数千里，计达赖喇嘛等所遣来使此时已早过成都，何尚未据李世杰奏及？著传谕该督即将堪布等于何时过境，并计算程期约于何时可以抵京之处，迅速奏闻。"

寻奏："堪布等于六月二十八日始自前藏起身，约十月中旬过成都，十二月初旬抵京。"

得旨："览。"

（高宗朝卷一三三八·页五下～六上）

○乾隆五十五年（庚戌）三月庚戌（1790.5.13）

谕曰："舒濂等奏称，班禅额尔德尼呼毕勒罕之父公巴勒丹敦珠克瘟逝等语，朕心甚为悯恻。著遣普福致奠外，仍著拨赏该处库银五百两，以襄善事。"

（高宗朝卷一三五一·页三八上）

○乾隆五十五年（庚戌）八月戊辰（1790.9.28）

谕："本年系朕八旬大庆，达赖喇嘛、班禅额尔德尼俱遣使来递丹舒克，朕心甚为欣悦。……"

（高宗朝卷一三六一·页一一上～下）

○乾隆五十六年（辛亥）正月乙未（1791.2.22）

敕谕班禅额尔德尼呼毕勒罕曰："朕抚御天下，惟期寰宇众生安居乐业。尔前世体朕尊崇正教普育群生至意，维持法门，广布经典，甚属妥协。今尔特遣来使堪布罗布藏班珠尔来请朕安，贡献方物，呈进丹书克，具见悃忱，朕躬荷麻祥，尔亦自当协吉。惟尔幼稚，须知勉绍前因。仲巴呼图克图、绥绷堪布皆系朕素识之人，恩待优渥。朕今闻尔性资颖慧，勤习经典，仲巴呼图克图等侍奉呼毕勒罕自宜尽心善导，俾得专习经传，阐兴黄教。达赖喇嘛弟兄朦蔽达赖喇嘛舞弊，朕皆持平办理。仲巴呼图克图虽断不至如是妄为，倘呼毕勒罕长成，左右一有类此之人，必当照办。仲巴呼图克图其善为护持呼毕勒罕，务以近正人远小人为要。钦哉毋忽！兹尔来使回藏，锡尔敕谕，并赐银茶桶一、壶一、盏一、各色大缎二十匹、大小哈达各十条，交来使堪布罗布藏班珠尔赍回，以示恩眷。特谕。"

（高宗朝卷一三七一·页四上～五上）

萨迦呼图克图

○乾隆五十四年（己酉）九月辛丑（1789.11.5）

谕军机大臣等："据舒濂等奏萨嘉呼图克图遣人赴藏请安，贡献佛像诸物，尚属恭顺，应赏赉以示鼓励。著传谕舒濂晓谕萨嘉呼图克图：'尔请安入贡，业代奏闻。仰蒙圣鉴，有旨前来。尔从前未禀明驻藏大臣，私差人与巴勒布讲和，本属不合。今蒙大皇帝加恩，不究已往。尔系红教，与黄教不同，当今各奉教律，毋相参越。兹以尔悚惧恭顺，大皇帝锡尔手帕、铃杵。尔其祗领，当益感圣恩，钦遵毋怠。'"

（高宗朝卷一三三九·页六下～七上）

噶伦班第达

○乾隆五十七年（壬子）闰四月壬辰（1792.6.13）

谕："班第达办理噶布伦事务多年，尚属奋勉。今闻溘逝，朕心甚为轸念！著加恩赏银一百两，以作善事，即于藏库内动给。"

（高宗朝卷一四〇三·页一八下～一九上）

金川土司头人

○乾隆五十五年（庚戌）七月己丑（1790.8.20）

（前略）金川、木坪宣慰司甲勒参纳木卡等三十人、哈萨克汗杭和卓之弟卓勒齐等五人入觐。上御卷阿胜境召见。……各赏赉有差。

（高宗朝卷一三五八·页一三下）

○乾隆五十五年（庚戌）七月壬辰（1790.8.23）

上御澹泊敬诚殿，赐扈从王、贝勒、贝子、公、大臣，蒙古王、贝勒、额驸、台吉等，回部王、公、伯克……金川土司，台湾生番等宴。

（高宗朝卷一三五八·页二〇上）

○乾隆五十五年（庚戌）七月甲午（1790.8.25）

朝鲜国正使黄仁点、副使徐浩修等入觐，上御卷阿胜境召见，同扈从王、贝勒、贝子、公、大臣，蒙古王、贝勒、贝子、公、额驸、台吉，回部王、公、伯克……金川土司，台湾生番等赐食，至丁酉皆如之。

（高宗朝卷一三五九·页一上～下）

○乾隆五十五年（庚戌）八月己酉（1790.9.9）

上御同乐园，赐王、贝勒、贝子、公、大臣，蒙古王、贝勒、贝子、公、额驸、台吉，回部郡王、伯克……金川土司，台湾生番等食。至甲寅皆如之。

（高宗朝卷一三六〇·页一下）

○乾隆五十五年（庚戌）八月辛酉（1790.9.21）

御太和殿，王、贝勒、贝子、公、文武大臣官员，蒙古王、贝勒、贝子、公、额驸、台吉……金川土司，台湾生番等行庆贺礼，作乐宣表如仪，礼成。上幸宁寿宫，赐王、公、大臣，蒙古王、贝勒、贝子、公、额驸、台吉，外藩使臣等宴。

（高宗朝卷一三六〇·页二六下～二七上）

○乾隆五十八年（癸丑）正月戊申（1793.2.24）

谕军机大臣等："上年剿办廓尔喀，所有打仗出力之穆塔尔已加赏副都统职衔，此外随征之屯土将弁有如穆塔尔等出力之人，自应一体加恩赏赉。本年虽非金川土司年班入觐之期，著传谕福康安、惠龄，令穆塔尔、穆太尔二员即于本年作为年班一同入觐，其余如色密里雍忠、阿惠朗、噶尔结、巴旺等前经福康安具奏，有赏赉巴图鲁名号及予升衔者，自系一体出力之人，亦著福康安、惠龄于此内择其打仗奋勉者，酌派数人一同赴京瞻觐，即人数稍多，不妨将年例应入觐之土司酌减，将派出之屯土将弁等列入，俾得同邀宴赉，以示奖励。嗣后仍著以五年为期。"

（高宗朝卷一四二〇·页一六下～一七上）

○ 乾隆五十八年（癸丑）五月辛亥（1793.6.27）

又谕（军机大臣等）："金川土司今岁系应轮班入觐之年。前曾降旨，令福康安、惠龄将此次随征廓尔喀出力之屯上[土]将弁等拣派数人，于年底一同赴京瞻觐。倘因人数稍多，不妨将例应入觐之土司酌减为下班。嗣据福康安奏于穆塔尔等五名之外，再添派甲噶尔绷等十二名一体入觐。其年班人数如何增减，届期开单俱奏等语。该土司等远道从征，备尝辛苦，本欲令于八月内前赴热河瞻觐，俾得与蒙古王公及各国使臣一体宴赉，以示奖励。特恐道里遥远，不能赶上，且该屯土将弁等不耐炎热，沿途未免劳顿。著传谕惠龄，即照福康安所奏，将穆塔尔、甲噶尔绷等十七名一并到入年班数内，于冬底到京，以备赏赉。其例派土司作何增减之处，亦著即开单先行具奏。"

（高宗朝卷一四二九·页一一下～一二下）

○ 乾隆五十八年（癸丑）八月庚寅（1793.10.4）

成都将军观成、署四川总督惠龄奏："前奉谕旨，将此次随征廓尔喀之屯土将弁拣选数人，于年底赴京瞻觐，并令将年班入觐土司量为酌减。查军营出力屯土弁共十七名，除木泰尔、色木哩雍忠、噶多尔济三人已经病故，现只十四名，业已先期檄调。本年例应入觐土司十五处，亦未便抽减，致怀觖望。但照旧例每土司一名准带大小头人及土舍等或一二名，人数过多。臣等议将各土司仍行概调，其余头人等均毋庸派入，合之屯土弁共二十九名，现拟于九月内，酌派总兵、副、参分起带领起程。"报闻。

（高宗朝卷一四三五·页三四上～三五上）

○乾隆五十八年（癸丑）十月戊子（1793.12.1）

谕："四川省现在办理军需奏销、福康安本应即赴川省督率查办，但本年金川土司年班入觐，伊等皆系随福康安带兵打仗之人，岁底到京时由福康安带领瞻觐，更足以联情款而昭威重。福康安此时且无庸前赴川省，俟该土司等到京瞻觐，于新正筵宴事毕起程后，福康安再赴四川总督之任。……"

（高宗朝卷一四三九·页一二上～下）

○乾隆五十八年（癸丑）十二月庚辰（1794.1.22）

上幸瀛台，土尔扈特扎萨克多罗郡王策伯克扎布等、杜尔伯特扎萨克头等台吉普尔普达尔扎等、叶尔羌二品伯克阿克伯克等、金川、明正宣慰司甲木参诺尔布等于西苑门外瞻觐。

（高宗朝卷一四四三·页八下）

○乾隆五十八年（癸丑）十二月壬午（1794.1.24）

上御抚辰殿大幄次，赐蒙古王、贝勒、贝子、公、额驸、台吉等、土尔扈特扎萨克多罗郡王策伯克扎布等、杜尔伯特扎萨克头等台吉普尔普达尔扎等、叶尔羌二品伯克阿克伯克等、金川、明正宣慰司甲木参诺尔布等宴。

（高宗朝卷一四四三·页九上～下）

○乾隆五十九年（甲寅）正月辛丑（1794.2.12）

御山高水长，赐蒙古王、贝勒、贝子、公、额驸、台吉，回部郡王、台吉……并金川土司等食，至癸卯皆如之。

（高宗朝卷一四四四·页八下）

廓尔喀

○乾隆五十四年（己酉）七月壬辰（1789.8.28）

又谕（军机大臣等）："据鄂辉等奏，巴勒布王子复遣大头人赴营禀称，情愿具表纳贡，永归王化等语。巴勒布王子巴都尔色赫普于上年即欲呈献贡物，因驻藏大臣等隐匿不奏未及举行。今复遣头目抒诚进贡，恭顺可嘉，现交军机大臣存记。俟其来使呈赍表贡至京时，再行酌量施恩，予以封爵，并赏给该头目等职衔，用示鼓励。著传谕鄂辉等，俟巴勒布头目恭赍表文贡品到藏，即派委妥员护送进京，一面先行具奏。"

又谕："据鄂辉等奏巴勒布复遣大头人前来呈请进表纳贡一折，内称巴勒布王子名唤喇纳巴都尔，伊叔大头目名唤巴都萨野。前据奏到折内又称伊王子名巴都尔色赫普，伊头目名苏尔巴尔达布哇。前后所奏名字各不相同。巴勒布既抒诚纳贡，愿附外藩之末，将来贡使到京，自应按名赏以品级，即赐伊王子敕书内亦应填写姓名，似此称名互异何以办理？此皆因鄂辉等未谙唐古忒语，巴忠又不在彼会同妥办，遽尔遄归之故。著传谕巴忠于会见沙玛尔巴呼图克图时，务将巴勒布王子究系何名，伊叔及总理事务大头目又何姓氏，一一详悉询明具奏。……"

（高宗朝卷一三三四·页二一下～二二下）

○乾隆五十四年（己酉）八月乙卯（1789.9.20）

四川成都将军鄂辉、四川提督成德奏："巴勒布贡使已于六月十三日自该部落起程。查该外番系初次入贡，经行内地，臣成德请亲带领进京，以便长途照料。"

得旨："嘉奖。"

（高宗朝卷一三三六·页三下）

○乾隆五十四年（己酉）八月癸亥（1789.9.28）

西藏办事大臣巴忠奏："巴勒布王子名喇纳巴都尔。其总办事务系王子之叔，名巴都萨野。感恩入贡，不日抵扎什伦布，恳将来使赐以顶戴。至带领进京，已由提臣成德奏明。但该番等语言成德未能通晓，或交臣带领进京。"

谕军机大臣等："据巴忠奏：巴勒布赍表进贡头目，不日将抵扎什伦布，或听成德带领进京，抑或交巴忠照料行走，请旨遵行等语。前降旨令巴忠回至扎什伦布，原欲其面见沙玛尔巴呼图克图，将节次所降恩旨并赏赉物件详晰宣示。今巴忠驰赴扎什伦布，或已会晤沙玛尔巴呼图克图，将诸事逐一办妥，而巴勒布贡使适至，则竟交巴忠带领进京。倘沙玛尔巴呼图克图业已转回，必须遣人传唤，巴忠尚须在彼守候，则该贡使等即交成德带来。务于岁底到京，俾得与朝鲜、琉球等国贡使一同瞻觐，毋致稍有迟误。至巴勒布部长，此时尚未给予封爵，若遽将所遣头目赏给顶戴，转觉未协。现交军机处存记，俟该头目等到京后，再为酌量施恩。又，此次随从各番目内是否带有该处乐工，如有此项人等同来，固属甚善。否则，亦不必令其携带，并无庸向伊等询及也。"

（高宗朝卷一三三六·页一三上～一四下）

○乾隆五十四年（己酉）八月辛未（1789.10.6）

又谕（军机大臣等）："昨据鄂辉等奏，巴勒布专遣大头人巴拉叭都尔喀哇斯、哈哩萨野二名并小头人散番二十三名恭赍表贡，于七月十五日已抵扎什伦布。现在妥为照料，伴送进京等语。上年缅甸贡使及本年安南贡使前抵热河瞻觐，经过沿途地方，各督、抚俱令叩见，演剧筵宴，并优加犒赏绸缎等物。巴勒布远处西陲，从前并未通职贡，且不娴中国礼仪，非如缅甸、安南近届南服、久慕华风者可比。著传谕各督、抚，于该贡使过境时，止须照每年达赖喇嘛、班禅所遣呈递丹舒克堪布过境之例，妥与居处饮食，或演戏与看尚可。并计算日期，务令于年前到京瞻觐，不必如缅甸、安南贡使，令其叩见，又须犒赏，以省烦费也。"

（高宗朝卷一三三七·页九上～下）

○乾隆五十四年（己酉）八月甲戌（1789.10.9）

又谕（军机大臣等）："据巴忠奏，八月初旬已抵前藏，即赴扎什伦布与沙玛尔巴呼图克图相见等语。巴勒布所遣头目献表纳贡，于七月十五日已抵扎什伦布，谅巴忠断不能携带此项人等同来。巴忠倘拘泥前奏，迟留数日俟伊同来，恐年终尚不能到京。著传谕巴忠，即将此项人等仍交成德带来，务于十二月二十日内到京，与各外藩贡使一体筵宴，毋致迟误。"

（高宗朝卷一三三七·页一八下～一九上）

○乾隆五十四年（己酉）九月庚戌（1789.11.14）

又谕（军机大臣等）："据巴忠奏称，巴勒布贡使于十二月初十日前后到京，尚觉从容，巴忠由川省驰驿，意欲加紧行走，比巴勒布先到数日等语。此可不必，巴勒布来使现有成德带领，并有通事之人，巴忠先来亦无紧要事件，何必趱程行走。况巴忠既欲迅速前来，必致额外扰动驿站。此乃巴忠思念家室，故借端具奏。著传谕巴忠，令伊按站行走，毋庸加紧驰驿，以致徒劳邮传也。"

（高宗朝卷一三三九·页二八上～下）

○乾隆五十四年（己酉）十一月甲申（1789.12.18）

四川提督成德奏："巴勒布贡使经过各土司地方，礼貌极为恭敬。而各土司素奉佛教，见官兵赴藏凯旋，远夷来归，接替应付夫马，莫不踊跃输将。兹于十月初十日抵打箭炉城，酌将各土司予以赏赍，均极感戴欢欣。再，臣带有两金川屯练三十余名随同行走，甚属安静，亦已量为赏给。派令员弁带由章谷一路就近各回本处。"

得旨："嘉奖。"

（高宗朝卷一三四二·页五上～下）

○乾隆五十四年（己酉）十一月辛亥（1790.1.14）

四川总督李世杰等奏："巴勒布头人贡使由打箭炉入内地以来，见一路标营军容壮盛；经由邛州、新津、双流等处平畴沃野，人烟稠密；至成都省更见规模宏整，百货丰盈。该番等钦慕华风，倍形鼓舞。惟即日由川赴京正值严寒，该番等涉远而来，随带衣履无多，自应量加体恤，先经臣等查照该番所穿服色，制备温暖皮衣并靴帽等件，随传齐该大小头人番众面加赏赉，并犒以羊酒。该番等叩首欢欣，同声感颂。臣等随饬经过川省各站，将应用夫马妥为应付。并咨明陕西、山西、直隶各省一体照料外，臣成德带领该番自成都起程，督同将备等沿途经理，务于十二月上旬到京。"报闻。

（高宗朝卷一三四三·页二二下～二三下）

○乾隆五十四年（己酉）十二月甲戌（1790.2.6）

　　上御抚辰殿大幄次，赐……廓尔喀等国使臣宴。

（高宗朝卷一三四五·页一一上）

○乾隆五十四年（己酉）十二月庚辰（1790.2.12）

　　上御重华宫，赐……廓尔喀使臣等茶果，并赏赉有差。

（高宗朝卷一三四五·页一九下～二〇上）

○乾隆五十四年（己酉）十二月辛巳（1790.2.13）

　　上御保和殿，赐朝正外藩筵宴。……廓尔喀使臣巴拉叭都尔喀哇斯、哈哩萨野……等至御座前赐酒成礼。

（高宗朝卷一三四五·页二二下～二五下）

○乾隆五十五年（庚戌）正月丁亥（1790.2.19）

　　上御紫光阁，赐……廓尔喀等国使臣宴。

（高宗朝卷一三四六·页一四下）

○乾隆五十五年（庚戌）正月壬辰（1790.2.24）

　　谕军机大臣等："廓尔喀通事外委马廷相现在伴送该国贡使来京，传译语言，尚为明晓，已赏给千总顶戴，著传谕孙士毅，俟马廷相回川后，即以实缺千总拔授，用示鼓励。"

（高宗朝卷一三四六·页二二下）

○乾隆五十五年（庚戌）正月癸巳（1790.2.25）

　　上御山高水长大幄次，赐……廓尔喀等国使臣宴。

（高宗朝卷一三四六·页二三下）

○乾隆五十五年（庚戌）正月甲午（1790.2.26）

　　上御山高水长大幄次，赐……廓尔喀等国使臣茶果，并赏赉有差。

（高宗朝卷一三四六·页二五下）

○乾隆五十七年（壬子）十二月戊子（1793.2.4）

上幸瀛台，……廓尔喀贡使噶箕第乌达特塔巴等四人于西苑门外瞻觐。

（高宗朝卷一四一九·页一二下～一三上）

○乾隆五十八年（癸丑）正月壬寅（1793.2.18）

上御紫光阁，赐……廓尔喀贡使等宴，赏赉有差。

（高宗朝卷一四二〇·页一二上）

○乾隆五十八年（癸丑）正月丁未（1793.2.23）

上御山高水长，赐……廓尔喀贡使等食。至己酉皆如之。

（高宗朝卷一四二〇·页一六上～下）

○乾隆五十八年（癸丑）正月癸丑（1793.3.1）

上御山高水长，赐……廓尔喀贡使等食。

（高宗朝卷一四二一·页七下～八上）

○乾隆五十八年（癸丑）三月乙巳（1793.4.22）

又谕（军机大臣）："本日秦承恩奏，凯旋官兵过境。折内称适噶箕等自京西旋，同时过境，于预备食物之外，又复捐备朝珠、绸缎等件分别散给等语。此等外藩贡使过境，前已降旨经过省分督、抚等，惟当照常犒赏，不得过滥。今秦承恩于噶箕等过境给以朝珠、绸缎等件，未免太优。似此踵事增华，徒滋繁费，殊属无谓，著传旨严行申饬。嗣后凡贡使经过之各该督、抚，遇外藩使臣过境，务须遵照前旨，止应照常犒赏，不得例外加增，以节繁费而示例限。将此各谕令知之。"

（高宗朝卷一四二四·页一七下～一八上）

○乾隆五十八年（癸丑）五月戊申（1793.6.24）

谕军机大臣曰："福康安奏，廓尔喀贡使噶箕第乌达特塔巴等行抵打箭炉，即来谒见，备述受恩优渥，顶戴难名，并称随来番子内有拉纳兴塔巴等十六名，俱系在拉特纳巴都尔前当差之人，伊等羡慕天朝顶戴，在京时欲向中堂大人回禀，又恐冒昧干咎，可否仰恳代为奏明赏给顶戴等因。福康安已允为代奏。酌将拉纳兴塔巴等四名给与六品顶戴，撒噶第萨野等十二名给与金项。并请敕下和琳遵旨，谕知拉特纳巴都尔等知悉等语。此等徼外小番跟随头目进京，即思得受天朝项戴，未免与体制不合。但伊等因福康安系办理廓尔喀受降藏事之人，于途次面求转奏，不敢在禀中提及，尚属小心。福康安既允其代奏，且念该番等万里远来，长途劳顿，而拉特纳巴都尔叔侄进表纳贡十分恭顺，亦只可俯照所请，给与顶戴。著传谕和琳，檄谕拉特纳巴都尔等以福康安据噶箕第乌达特塔巴等所禀，转奏大皇帝，俯念尔等悔罪投诚，真心向化，遣使进贡，具见悃忱，拉纳兴塔巴等跟随尔贡使到京，沿途小心照料，跋涉为劳，蒙恩允准福康安所请，将拉纳兴塔巴等四名赏给六品顶戴，撒噶第萨野等十二名赏给金顶。并谕知本部堂檄谕尔知悉。此系大皇帝念尔恭顺可嘉，推恩下逮，为从来未有旷典，尔国益当感沐恩慈，永遵约束。但天朝名器不可滥邀，此等殊典异数，尔国源源入贡，不得因有此例下次再有干渎也，如此详晰谕知，俾拉特纳巴都尔等知感知畏，于体制亦为允协。和琳接奉此旨后，即遵照檄谕，不必专人赍往，俟该国遣人到藏投递禀帖，或遇买卖人回阳布之便，交给带往，方合体制。将此遇便传谕和琳，并谕成德知之。"

（高宗朝卷一四二九·页二下～四下）

○乾隆五十八年（癸丑）五月庚戌（1793.6.26）

又谕（军机大臣）曰："福康安昨奏于打箭炉途遇噶箕等，仍以吉服接见一节。廓尔喀甫经投诚，又不谙内地体制，若福康安遽行易服相见，未免致滋猜疑。今福康安从权办理，甚为得体。……"

（高宗朝卷一四二九·页九上～下）

○乾隆五十八年（癸丑）八月甲子（1793.9.8）

又谕（军机大臣）曰："和琳奏拉特纳巴都尔接到敕书恭表谢恩一折，内称拉特纳巴都尔禀称，该部落向来不识汉字，今既属天朝子民，恳准遣人赴藏学习汉字，以便具禀事件更得明晰。经和琳核谕该国王奏明请旨，应否准其学习汉字，抑止令学习唐古忒字等语。廓尔喀自列藩封，诚心归顺，一切表章文禀在所常有，若皆须重译而行，未免过繁。今既希慕同文，恳请遣人到藏学习汉字，具见其向化情殷，益彰一道同风之盛。自应准其所请，令其遣人到藏习学汉字。和琳接奉此旨后，并将朕嘉许该国王恭顺悃忱、求通声教之意，详晰谕知，俾其倍加感激。将此谕令知之。"

（高宗朝卷一四三四·页六下～七上）

○ 乾隆五十九年（甲寅）二月癸亥（1794.3.6）

又谕（军机大臣等）："据和琳奏称，廓尔喀王拉特纳巴都尔等遣噶布丹苏拉毕尔卡达哩等赍进谢恩表贡，及请留驻习学汉字四人，并选西番头目子弟数人习学廓尔喀字等语。去年廓尔喀遣来噶箕第乌达特达巴等回时，降旨赏与拉特纳巴都尔等敕旨，并赏给翎顶、衣帽、缎匹等物，该国王领受表谢，恭顺可嘉，著再将赏给缎匹等物，发交和琳就近给领。但拉特纳巴都尔接奉此次赏给物件，不免又遣人赍表恭谢，今代和琳等拟定谕稿，一并赍往。和琳等于接到时，酌派妥人前往晓谕。其留驻习学汉字四人及西番头目子弟数人学习廓尔喀字，俱甚妥善，均照所奏办理。又据奏廓尔喀四人每月口粮，达赖喇嘛情愿由赏项内拨支等语。此项需用银两为数无多，且系公务，均可动用官项。况和琳折内既称抄没沙玛尔巴家产余出之项足敷支用，著即由此项支给，仍晓谕达赖喇嘛，言：'大皇帝矜恤尔等，需用项多，此项已由官拨发，毋庸于尔赏项内支领。'至此项抄没沙玛尔巴产业，现令何人掌管，究竟每年敷用与否，如不敷用，即稍加公用银两，亦无不可。和琳等惟当妥为稽察，勿任该管之人侵蚀。即习学汉字、廓尔喀字四人所支银两，亦须充足，不可令从中克短。著传谕和琳，妥为留心办理。仍将抄没沙玛尔巴产业通共若干，每年均于何事动用，何人经理之处，查明具奏。"

（高宗朝卷一四四六·页一〇上～一一下）

布鲁克巴等

○乾隆五十八年（癸丑）五月丁巳（1793.7.3）

谕军机大臣曰："和琳奏，接到拉特巴都尔禀称，遵奉来谕，各守境土，和睦邻封，并以噶哩噶达及拉卡纳窝各处部落听闻廓尔喀投顺天朝，俱差人至阳布贺喜，递送礼物，经和琳檄谕拉特纳巴都尔以各番倾心向化，因尔国归顺天朝，纷纷致贺，从此尔当感激天恩，益修和睦等语。……又据奏：噶哩噶达部长系第哩巴所属部落，巴尔底萨杂哩又系噶哩噶达所属小头人，其护送象、马，蒙赏物件，已属从优。若更颁与敕旨，似觉稍为过分。又，布鲁克巴其世袭第巴名号系天朝封给，上年福康安檄令出兵协剿，托言天热未发。此次象、马经过该处，预备草料，已经分别赏给。所有恩赏荷包等件，似只须发与谕帖，传旨赏给，亦无庸颁与敕书等语。所见皆是，可嘉。和琳著赏给御用大荷包一对、小荷包四个，以示奖励。所有前颁敕书二道，即著遇便缴回。……"

（高宗朝卷一四二九·页一六上～一七下）

赈灾、免赋

○乾隆五十五年（庚戌）五月壬寅（1790.7.4）

谕："本年逢朕八旬万寿大庆，业经将天下民户应纳钱粮概行宽免矣。因念西藏所属三十九部落番子等亦有应纳款项，自当一体同沛恺泽，著加恩将本年应纳马折钱粮银三百九十余两宽免，以示朕一视同仁，加惠天下臣仆之至意。"

（高宗朝卷一三五五·页一〇下）

○乾隆五十七年（壬子）十二月庚午（1793.1.17）

大学士两广总督公福康安等奏："……至前后藏边界被贼侵扰，已据达赖喇嘛遵奉谕旨，于济咙、聂拉木、绒辖三处酌免租赋两年，宗喀、日喀尔达、春堆等处亦免租赋一年。其合藏番民从前积欠全行蠲免，番目等欠项减半蠲免。"报闻。

（高宗朝卷一四一八·页一二下～一三上）

○乾隆五十七年（壬子）十二月戊寅（1793.1.25）

又谕曰："惠龄奏署打箭炉同知徐麟趾禀称，据惠远庙喇嘛报称，十月十七日该处地震，将墙垣震塌，并震倒碉房数百间，并未伤损人口，当即派员查明抚恤等语。前据孙士毅奏七月二十一日打箭炉明正土司及附近各土司地方地震，间有坍塌墙垣压毙番民之事，惠远庙墙垣亦有倒塌，业经委员确查核办，照例先行抚恤。今泰宁惠远庙又复地震，墙垣房间多有倒塌。此时惠龄尚在藏地，著交英善就近饬委妥员前往照例抚恤。其前此被震各地方抚恤事宜是否查办俱已周妥，并著一体察看妥办。"

（高宗朝卷一四一八·页三〇下～三一上）

○乾隆五十八年（癸丑）三月庚申（1793.5.7）

又谕曰："恩达、硕板多一带地方三十九族番民，前于大兵进剿廓尔喀时，经福康安等派员前往雇办乌拉牛马，押赴各站，协济兵差，甚为急公出力。所有该番民应纳五十七年分马价银三百九十一两零，著加恩豁免，以示体恤远番、奖励勤劳至意。"

（高宗朝卷一四二五·页一四上～下）

○乾隆五十八年（癸丑）四月辛巳（1793.5.28）

又谕："上年据四川总督奏到打箭炉口外于七月二十一日、十月十七日两次地震情形，当经降旨交英善就近委员前往抚恤。今据英善奏称：节次委员驰往确勘，照例每大口一名赏银二两，小口一两，楼房每间赏银一两，平房每间五钱，业经挨户抚恤，实皆按名具领，毫无遗漏等语。第念该处边番上年两次地震被灾未免稍重，殊可悯恤。若仅照例给予赏银，犹恐或有拮据。此时惠龄尚未回川，著英善派委妥员，按照前次查明各户，再行照数加赏一次，俾得益资安辑，以副朕加惠边隅优恤番民至意。"

（高宗朝卷一四二七·页八下～九下）

○乾隆五十八年（癸丑）六月己卯（1793.7.25）

谕曰："惠龄奏泰宁一带于四月初六日地震，庙宇、民居多有倒塌，共压毙汉、番僧俗男妇二百余名口，受伤三十余名口，震塌碉房七十余处，现委干员前往查勘，分别抚恤等语。上年打箭炉口外地震，曾降旨加倍赏恤。今泰宁一带又因地震坍塌房屋，压毙人口，殊堪悯恻。著照上年打箭炉地震抚恤之例，亦即加倍赏给。该督务宜董饬所属，详悉查明，妥为经理，俾资安辑，以副朕轸念边隅优恤番民至意。该部即遵谕行。"

（高宗朝卷一四三一·页二下～三上）

○乾隆六十年（乙卯）五月甲寅（1795.6.20）

豁除西藏三十九族番民每年贡马银三百九十一两有奇。

（高宗朝卷一四七八·页九下）